Digital Signal Processing with Python

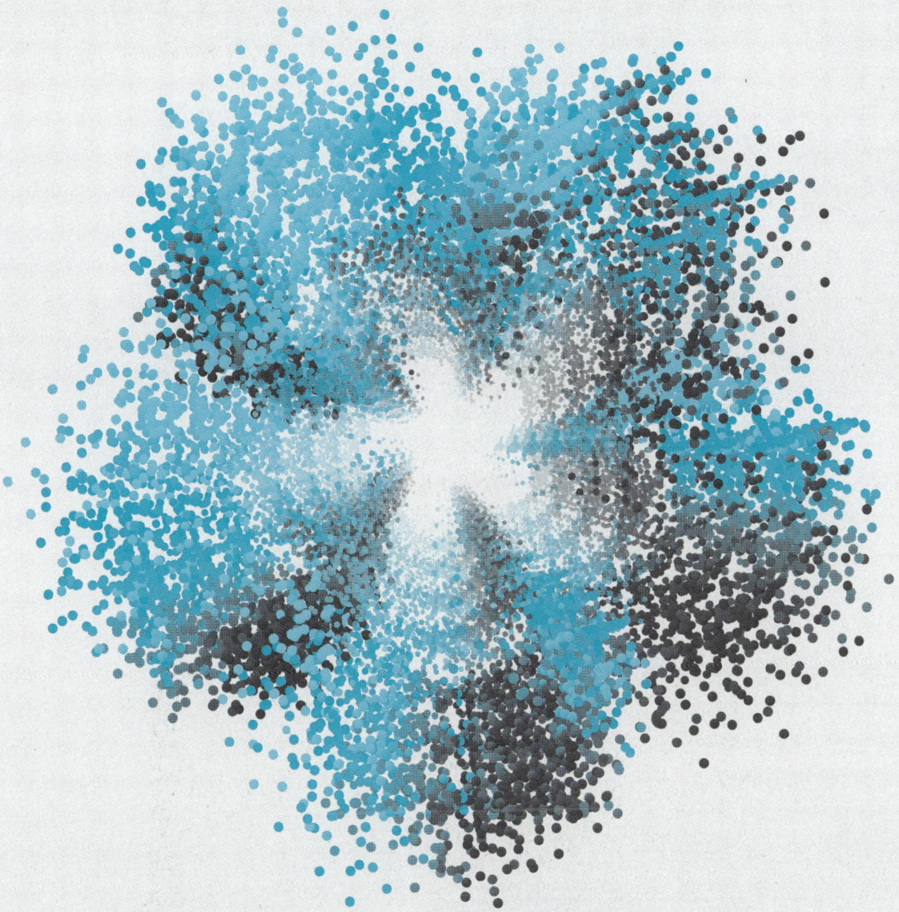

파이썬으로 배우는

디지털 신호처리

하석운 지음

생능출판

저자 소개

하석운

부산대학교 전기기계공학과 공학사
부산대학교 전자공학과 공학석사
부산대학교 전자공학과 공학박사
University of California, Riverside 전기공학과 연구교수
현재: 경상국립대학교 항공우주및소프트웨어공학전공 명예교수

파이썬으로 배우는 디지털 신호처리

초판발행 2020년 6월 26일
제1판2쇄 2022년 8월 5일

지은이 하석운
펴낸이 김승기
펴낸곳 (주)생능출판사 / **주소** 경기도 파주시 광인사길 143
출판사 등록일 2005년 1월 21일 / **신고번호** 제406-2005-000002호
대표전화 (031)955-0761 / **팩스** (031)955-0768
홈페이지 www.booksr.co.kr

책임편집 신성민 / **편집** 이종무, 김민보, 유제훈 / **디자인** 유준범, 표혜린
마케팅 최복락, 김민수, 심수경, 차종필, 백수정, 송성환, 최태웅, 명하나, 김민정
인쇄 · 제본 (주)상지사P&B

ISBN 978-89-7050-423-0 93000
정가 26,000원

- 이 도서의 국립중앙도서관 출판예정도서목록(CIP)은 서지정보유통지원시스템 홈페이지(http://seoji.nl.go.kr)와 국가자료공동목록시스템(http://www.nl.go.kr/kolisnet)에서 이용하실 수 있습니다.
(CIP제어번호: CIP2020021587)

머리말

오늘날 우리는 고도로 발달된 디지털 시대에 살고 있다. 스마트폰이나 컴퓨터와 같은 디지털 기기와 함께하지 않는 경우가 없고 디지털이라는 용어도 마치 필수 언어처럼 매우 익숙해져 있는 현실이다. 이러한 디지털 기기들은 연결된 키보드나 마이크나 카메라를 통해서 문자나 음성이나 영상을 입력받기도 하고 모니터나 프린터 등으로 출력하기도 한다. 이와 같은 입출력을 행하기 위해서는 사실 디지털 기기 내부에서 신호 또는 데이터를 디지털로 처리하는 어떤 복잡한 과정들을 거치게 되어 있다. 또한 산업 현장에서도 각종 생산 및 측정 장비들이 연결된 센서들로부터 신호를 입력받아서 원하는 출력을 얻기까지 특정한 디지털 형태의 신호처리를 수행함으로써 고도의 생산 능력을 발휘하고 있다. 군사나 항공우주와 같이 고도의 기술을 요하는 분야에서도 디지털 기기와 디지털 신호처리를 적용해야만 소기의 목적을 달성할 수 있다는 것은 널리 알려져 있는 사실이다.

디지털 신호처리는 누구나 쉽게 접근할 수 있는 학문은 아니지만 전기전자나 통신, 그리고 컴퓨터공학 분야에서는 필수적으로 배워야 하는 기본 과목으로 가르치고 있다. 필자는 대학에서 이 과목을 올해로 27년 동안 한 해도 거르지 않고 가르쳐 왔다. 그 동안 포트란, 파스칼, C 언어를 사용해서 그 이론을 이해하는 실습을 병행해 왔을 뿐만 아니라, 매트랩이나 랩뷰와 같은 매우 효율적이고 가시적인 그래픽 구현 환경을 제공하는 상용 툴들을 사용하기도 했으며, 더불어 디지털 신호처리기(DSP)를 사용해서 실제 하드웨어적으로 구현해 보는 실습을 병행하기도 했으나, 최근에 와서는 이들 상용 소프트웨어 사용에 관한 제약으로 인해 학생들이 이 과목을 손쉽게 수강하거나 교수가 활용하기에 높은 비용적인 장벽이 있어 왔다.

필자는 이러한 교육 현장에서의 어려움을 해소하기 위해 고심하던 중에 파이썬이라는 새로운 언어를 접하게 되었고 자유스러운 환경에서 누구나 이용할 수 있는 점을 고려하여 이 디지털 신호처리 전반에 걸친 실습을 교수나 학생들이 비용에 관한 제약 없이 실행해 볼 수 있도록 모든 실습에 필요한 주프로그램과 서브프로그램을 파이썬을 기반으로 만들어서 모든 이론들을 실습을 통해 검증해 볼 수 있는 기회를 제공하게 되었다.

먼저 이 교재는 대학에서 필수 또는 선택과목으로 한 학기 동안 배울 수 있는 분량으로 집필했지만 다른 교재들에서 소홀하게 다루고 있는 필터 설계 부분을 많이 첨가했기 때문에 다소

시간을 요하는 면이 있다. 하지만 기본 개념들이 반복되는 점을 고려하고 배우는 학생들이 수업 시간 외에 별도로 자율 실습을 하면 한 학기 동안 배우기에는 적정할 것으로 여겨진다. 그리고 본 교재는 Thomson 사에서 출판한 Vinay K. Ingle과 John G. Proakis의 "Digital Signal Processing Using MATLAB"을 참조하였음을 밝히며 디지털 신호처리에 관한 기본 개념뿐 아니라 응용까지도 이해할 수 있도록 세세한 내용을 알게 해준 저자들에게 깊은 감사를 드리는 바이다. 아울러 필자는 차후에 교재에 수록된 내용과 소스코드들에 관한 설명들을 이 교재를 통해 디지털 신호처리에 대해 알고자하는 모든 이들에게 동영상을 제공할 계획이다.

필자는 이 교재에서 실습을 위해 아나콘다 파이썬을 설치하였으며, 파이썬의 기본 문법을 제공하지는 않지만 파이썬 언어의 구조가 나이든 필자가 접근하고 소스코드를 직접 만들 수 있을 정도인 점을 고려해볼 때 조금만 관심을 기울이면 쉽게 이해하고 또 도전할 수 있을 것으로 확신하며, 이 책을 통해 파이썬 언어를 익힘과 동시에 디지털 신호처리도 배울 수 있으니, 적극적이고 진취적인 공학도들에게 많은 도움이 되기를 바란다.

끝으로 이 책을 출판하는 데 물심양면으로 도움을 주신 생능출판사 임직원 여러분께 깊은 감사를 드린다.

2020년 6월

하석운

이 책의 특징

디지털 신호처리라는 학문에 접근하기 위해서는 이론을 먼저 이해해야 하지만 그 수학적 배경을 볼 때 쉽지 않은 것은 사실이다. 하지만 실습을 통해서 그 이론의 배경을 이해하고 결과를 통해 나타나는 현상을 그래픽하게 볼 수 있다면 매우 효과적인 공부방법이 될 것이다. 최근에는 하드웨어나 측정 장치를 사용하지 않고도 그 결과를 가시적으로 볼 수 있게 해주는 몇 가지 상용 소프트웨어 툴들이 제공되고 있어 이를 이용하는 것은 좋은 접근방법이 될 것이다.

더불어 최근에는 고부가가치를 창출하는 소프트웨어 회사들에서도 상용 툴 개발 언어로 각광을 받고 있는 파이썬이라는 프로그래밍 언어가 개발되고, 급기야 제4차 산업혁명의 기반이 되는 인공지능 구현의 필수 프로그래밍 언어로 자리매김하고 있어, 이 파이썬 언어를 사용해서 디지털 신호처리를 공부해 보는 재미가 만만치 않을 것 같이 여겨진다.

이 파이썬은 오늘날 많은 대학에서 C 언어와 더불어 기초 프로그래밍 언어로 병용하여 배우고 있는 점을 고려할 때 디지털 신호처리에 관한 내용을 배우기에 다소 이른 감이 있지만 다른 상용 툴들을 사용하는 데 드는 비용을 고려하면 언젠가는 부딪쳐야 하는 문제로 이 책을 통해 가르치는 이나 배우는 이에게 그 시발점이 되기를 희망해 본다.

1. 실습 언어로 파이썬을 사용하였다.

파이썬은 프리웨어로 제공되는 언어로써 교육용으로 사용하기에는 매우 적절한 프로그래밍 언어이다. 그래픽 처리를 통한 가시적인 효과나 연산처리 능력은 매트랩이나 랩뷰를 능가할 정도이다. 따라서 파이썬의 기본 제어 구조만 익힌다면 매우 유용하게 사용할 수 있으며, 본 책에서 제공하는 소스코드를 사용해서 곧 바로 실행하여 그 결과를 살펴보면 디지털 신호처리의 이론적 배경을 이해할 수 있을 뿐만 아니라 나아가서 파이썬을 이용한 프로그래밍 응용 능력도 키울 수 있다.

2. 이론에 알맞은 예제를 제공하였다.

디지털 신호처리 이론은 행렬, 삼각함수, 복소수와 같은 관련 수학함수들을 기반으로 전개

된다. 그러므로 그 수학적 구조로 인해 이해하는 데 어려움을 가질 수 있으나, 예제를 통하면 손쉽게 이해할 수 있다. 따라서 본 책에서도 각 장마다 관련 예제들을 풍부하게 제공하고 있으며, 이 예제들을 풀어봄으로써 역으로 이론을 이해하는 접근방법에 많은 도움이 될 것이다.

3. 예제별로 소스코드의 부분 해석을 곁들였다.

예제별로 전체 소스코드의 부분들을 순서대로 그 결과와 함께 비교하면서 이해할 수 있도록 해석을 곁들임으로써 전체 소스코드를 자연스럽게 이해할 수 있게 하였다. 뿐만 아니라 각 장들마다 예제들에서 공통으로 사용하는 코드 부분들을 별도로 모듈 형태로 불러 쓸 수 있도록 각 장의 끝부분에 모듈 소스코드 전체를 제공하였으므로 각 예제별로 참조하여 사용하면 된다.

4. 연습문제를 많이 제공하였다.

예제들은 이론을 이해하기에 알맞은 정도로 한정되기 때문에 배운 기초 이론을 확실히 이해하고 보다 확장해 보기 위해서는 연습문제를 많이 풀어보는 것이 도움이 된다. 따라서 이 책에서도 다양하게 응용한 연습문제들을 각 장별로 많이 제공하였으며 프로그래밍 문제도 곁들였으므로 프로그래밍 능력 향상에도 도움이 될 것이다.

강의 계획안

총 15주 과정의 한 학기 수업에 필요한 강의 계획안은 다음과 같은 내용으로 구성할 수 있으며, 예제 실습을 과제로 제공하면 한 학기 수업에 적절할 것으로 사료된다.

주	해당 장절	강의 주제
1	1장	신호와 시스템, 디지털 신호처리 개요
2	2장	푸리에해석 개요, 정현파신호 및 복소지수신호, 연속시간 푸리에해석
3	3.1~3.4절	이산시간신호와 이산신호, 이산신호 연산과 이산시스템
4	3.5~4.2절	차분방정식, 이산시간 푸리에급수 및 이산시간 푸리에변환
5	4.3~5.1절	이산 푸리에변환과 고속 푸리에변환, z-변환 개요
6	5.2~5.5절	z-변환의 주요 특성과 시스템 표현, 차분방정식의 해
7	중간고사	
8	6.1~6.3절	디지털필터 구조의 기본 소자와 IIR 필터 구조 실습
9	6.4~7.2절	필터 구조와 실습, 디지털필터 설계 기초와 FIR 필터 설계 기법
10	7.3~7.6절	위상 특성과 선형위상 FIR 필터 특성 실습
11	7.7~7.8절	창 설계 기법과 최적 등-리플 설계 기법에 의한 FIR 필터 설계
12	8.1~8.3절	디지털 IIR 필터 설계 기본과 아날로그 IIR 필터 설계
13	8.4절	아날로그-디지털 변환에 의한 디지털 IIR 필터 설계
14	8.5~8.6절	주파수대역변환 설계와 SciPy 라이브러리 함수 사용 설계
15	기말고사	

차례

CHAPTER 01 디지털 신호처리 개요

CHAPTER 02 연속시간신호의 분석

CHAPTER 05 z-변환

CHAPTER 06 디지털필터 구조

CHAPTER 07 디지털 FIR 필터 설계

CHAPTER 08 디지털 IIR 필터 설계

CHAPTER 01

디지털 신호처리 개요

Digital Signal Processing

contents

01 디지털 신호처리 개요

제1장에서는 먼저 신호란 무엇인지 그리고 신호를 어떻게 분류하는지 알아보고, 다음으로는 신호를 처리하는 시스템을 정의한 다음, 마지막으로 디지털 신호처리, 즉 이산신호처리의 개요에 대해 알아본다.

1.1 신호

1.1.1 신호의 정의

신호(signal)는 〈위키피디아〉를 참고하면, "물리적 세계에서, 시간의 변화나 공간의 변화를 나타내는 어떤 양은 잠재적으로 물리적 시스템의 상태에 대한 정보를 제공하는 일종의 신호다."("In the physical world, any quantity exhibiting variation in time or variation in space is potentially a signal that might provide information on the status of a physical system")라고 정의하고 있다. 다시 말하면 시공간에서의 어떤 변화를 나타내는 물리량이라고 말할 수 있다.

또한 통신이나 전기공학에서는 신호를 어떤 현상의 행위나 속성에 대한 정보를 전달하는 하나의 기능이라고 정의하고 있다. 좀 더 현실적으로 정의하면 시간에 따라 변하는 전압, 전류, 또는 전자기파("In electronics and telecommunication, this is a time varying voltage, current or electromagnetic wave used to carry information") 등을 일컫는다.

예를 들면, 우리가 살고 있는 물리적 시공간 세계에서는 온도의 변화, 빛의 세기의 변화, 기압의 변화와 같은 물리량의 변화가 항상 발생하고 있다. 이러한 물리량은 눈에 보이는 것이 아니기 때문에 그 실체를 표현하기가 쉬운 일이 아니다. 따라서 이러한 물리량, 즉 신호를 이해하고 분석하고, 표현하고, 또 응용하기 위해서는 그 변화량을 측정할 필요가 있으며,

이를 위한 측정기기는 대부분 전기장치로 만들어져있기 때문에 그림 1-1에서처럼 물리량의 변화를 전기적 신호로 바꾼다면 그 신호의 특성이나 현상을 눈으로 볼 수 있고, 또한 수학적 도구를 적용하여 해석을 할 수도 있을 것이다.

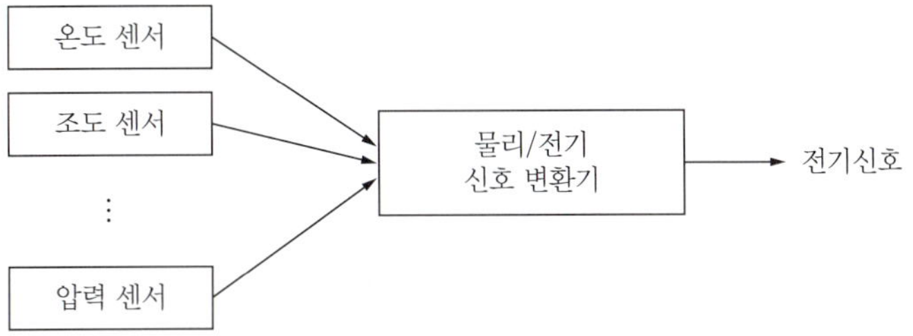

그림 1-1 물리량에서 전기적 신호로의 변환

온도, 빛, 압력 등과 같이 여러 형태의 신호를 측정하는 데는 물리적 특성에 적합한 센서를 사용해야 한다. 이 센서를 통해서 나타나는 물리량의 변화를 변환장치를 통해서 전기적 신호로 변환하고, 측정된 전기신호에 대해 특정한 처리를 거쳐서 디스플레이 장치에 그래프나 영상 형태로 나타내면 비로소 신호의 실체를 눈으로 볼 수 있게 된다. 예를 들어서 그림

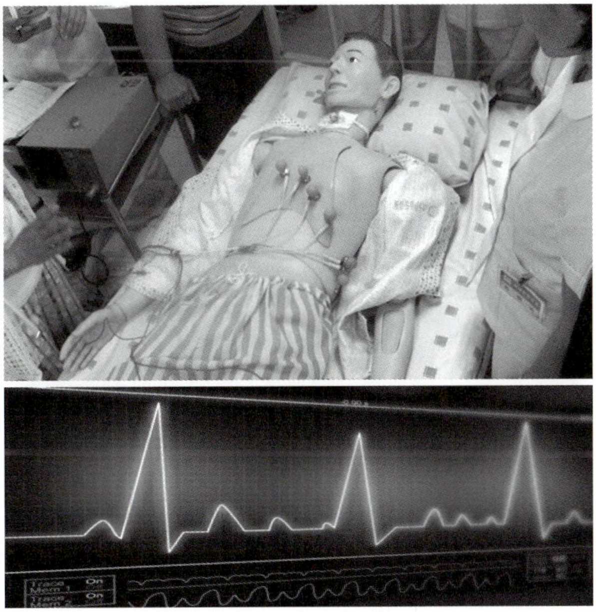

그림 1-2 1차원 신호(심전도그래프)의 예(Medical Observer 제공)

1-2는 심장박동 상태를 시간에 따라 1차원적으로 보여주고 있는 심전도그래프이다. 이 신호로부터 심장박동의 이상 유무를 분석하기 위해서 어떠한 처리를 하는 것을 1차원 신호처리(1-dimensional signal processing)라 하며, 일반적으로 신호처리(signal processing)라 한다.

그리고 그림 1-3에서처럼 인공위성과 같은 정보수집기체 등에 카메라를 탑재해서 특정 대상을 촬영하게 되면 카메라로부터 출력되는 신호는 연속적인 1차원 신호이지만 이 신호를 특정한 간격으로 잘라서 2차원으로 배열하면 우리가 보는 사진(picture) 또는 영상(image)이 된다. 이와 같이 생성된 영상에 대해 특별한 처리를 통해서 그 영상이 가지고 있는 컬러, 주파수 등의 정보들을 분석하는 것을 2차원 신호처리(2-dimensional signal processing) 또는 영상처리(image processing)라 한다.

그림 1-3 2차원 신호(위성으로부터 찍은 영상)의 예

따라서 1차원 또는 2차원 신호처리는 어떤 객체가 생성하는 물리량을 획득해서 그 물리량이 보유하고 있는 특성(properties)이나 특징(features)을 분석하는데 필요한 매우 중요한 기술이다.

1.1.2 신호의 분류

신호는 그 특성에 따라 다음과 같이 여러 가지 형태로 분류할 수 있다.

- 연속시간신호와 이산시간신호
- 아날로그신호와 디지털신호
- 주기신호와 비주기신호
- 유한길이신호와 무한길이신호
- 인과적 신호, 반인과적 신호, 비인과적 신호
- 우함수신호와 기함수신호
- 결정적 신호와 비결정적 신호

(1) 연속시간신호와 이산시간신호

물리량의 변화가 시간에 대해 끊이지 않고 연속적으로 나타나는 경우의 신호를 연속시간신호(continuous–time signal)라 하며, 시간에 대해 값이 연속적이지 않고 중간에 끊어지는 형태로 나타나는 신호를 이산시간신호(discrete–time signal)라 한다. 이 신호들은 다시 그 값이 연속적인지 이산적인지에 따라 다음의 네 가지로 구분한다.

- 연속시간/연속값(continuous–time/continuous value) ⇒ 아날로그신호
- 연속시간/이산값(continuous–time/discrete value)
- 이산시간/연속값(discrete–time/continuous value)
- 이산시간/이산값(discrete–time/discrete value) ⇒ 디지털신호

위의 네 가지 경우의 신호들을 표현하면 그림 1–4와 같다. 이산시간신호는 연속시간신호를 시간축을 따라 일정한 시간 간격으로 샘플링(sampling)해서 얻는다.

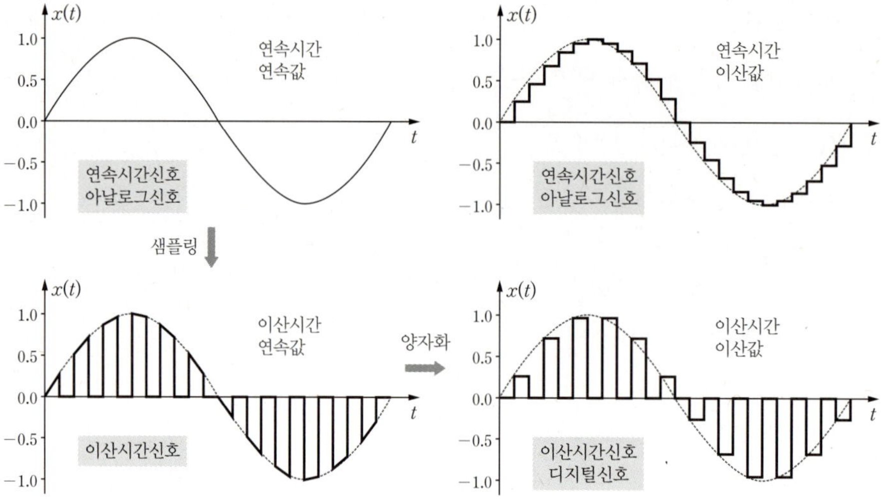

그림 1-4 연속시간신호와 이산시간신호(Quora 제공)

(2) 아날로그신호와 디지털신호

그림 1-4에서 연속시간신호는 그 값이 연속이든 이산이든 모두 연속신호 또는 아날로그신호(analog signal)라 하며, 연속시간신호를 샘플링하여 얻은 이산시간신호를 다시 양자화(quantization)하여 얻은 이산값을 가지는 이산시간신호를 디지털신호(digital signal)라 한다. 특히 그림 1-5와 같이 그 값이 0 또는 1의 둘 뿐인 디지털신호를 이진신호(binary signal)라 한다.

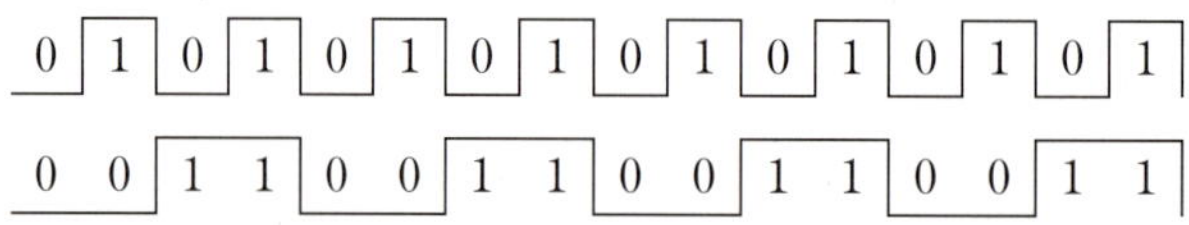

그림 1-5 이진신호

(3) 주기신호와 비주기신호

신호가 시간축을 따라서 일정 간격마다 되풀이하여 나타나는 경우를 주기신호(periodic signal)라 하며, 그렇지 못한 경우를 비주기신호(aperiodic signal)라 한다. 주기신호는 식 (1-1)과 같은 수학적 표현으로 정의할 수 있으며, 그림 1-6에 주기신호와 비주기신호의 예를 나타내었다. 여기서 t는 시간을 나타내며, T는 주기를 나타낸다.

$$x(t) = x(t + T) \quad (1\text{–}1)$$

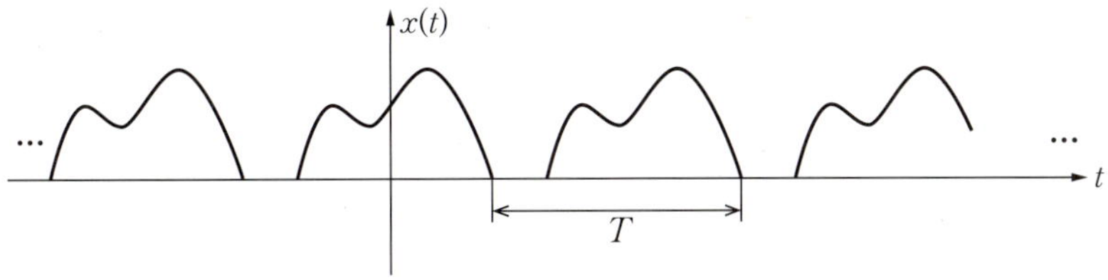

(a) 주기 T를 가지는 주기신호

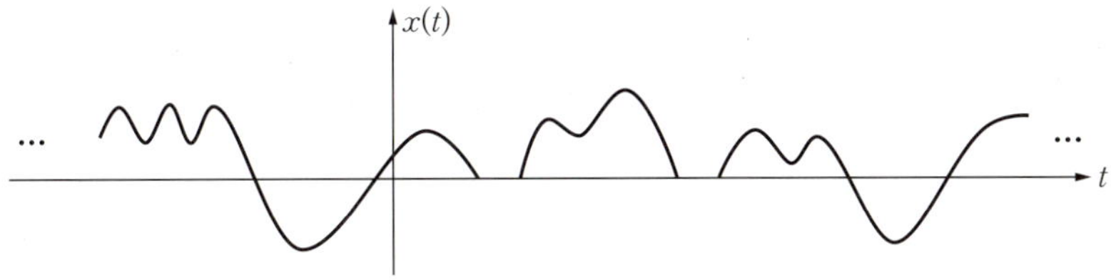

(b) 비주기신호

그림 1–6 주기신호와 비주기신호

(4) 유한길이신호와 무한길이신호

명칭이 함축하고 있는 바와 같이, 신호가 존재하는 구간이 유한(finite–length)한지 무한(infinite–length)한지에 따라 나누어지는 표현 방법이다. 유한길이신호는 식 (1–2)에서와 같이 시간축을 따라 유한한 구간 t_1 에서 t_2 까지 구간에서만 값을 가지는 신호를 말한다.

$$t_1 \leq x(t) \leq t_2 \quad (1\text{–}2)$$

여기서 $t_1 > -\infty$, $t_2 < \infty$ 이다.

무한길이신호는 명칭 그대로 시간축을 따라 신호가 존재하는 구간이 무한인 신호를 말하며, 함수로는 식 (1–3)과 같이 표현된다.

$$-\infty \leq x(t) \leq \infty \quad (1\text{–}3)$$

이산신호를 취급하는 경우에는 대부분이 일련의 주어진 값들의 시퀀스로 구성되는 유한길이신호이다. 따라서 이산신호처리(DSP, discrete signal processing)에서는 유한길이의 이산신호를 입력으로 하여, 그 신호의 특성을 이해하고 분석하고 표현하게 된다. 이산신호처리에서 사용하는 유한길이의 신호는 이산시간신호라 하지 않고 단순히 이산신호라 하며, 이산시간신호에서 시간 개념을 제하고 일련의 시퀀스로 개념을 전환한 것이다. 이산신호는 연속신호로부터 이산신호를 생성하기까지의 과정을 통해서 그 개념을 이해할 수 있을 것이다.

(5) 인과적 신호, 반인과적 신호, 비인과적 신호

인과적(因果的, causal)이라는 것은 현재의 결과를 가져오는 데는 원인이 존재한다는 의미이다. 그러므로 현재의 출력을 내는데 있어서 현재 입력이나 과거 입력은 그 원인이 될 수 있으나 미래 입력은 인과관계에 있어서 원인이 될 수가 없을 것이다. 따라서 디지털시스템에 있어서 신호의 특성이 인과적, 반인과적(anti-causal), 또는 비인과적(non-causal)이라 하는 것은 현재의 출력을 내는데 있어서 원인이 되는 입력으로 현재 값이나 과거 값을 사용하는지 아니면 미래 값을 사용하는지에 따라 특징지어진다. 현재 출력이 현재 값과 과거 값에 의존

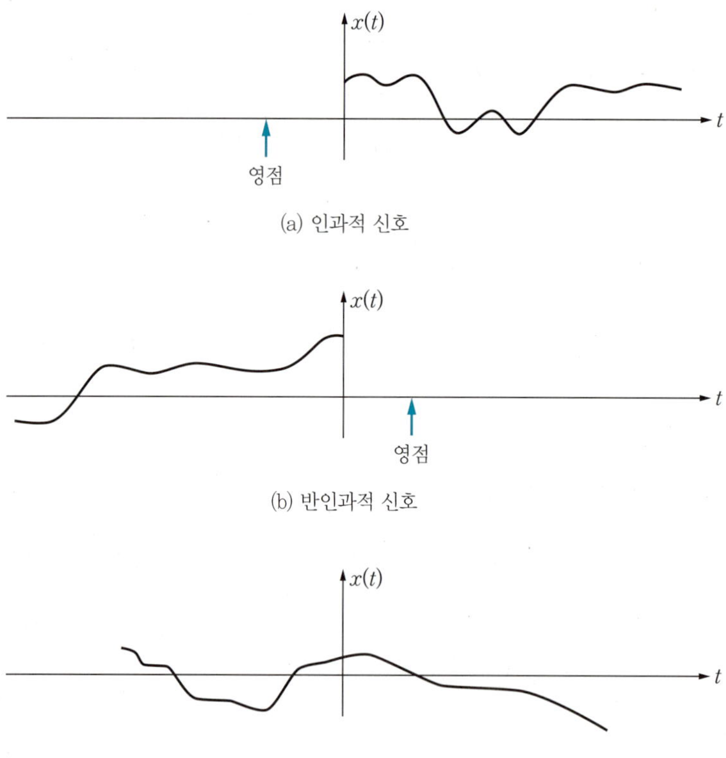

그림 1-7 인과적, 반인과적, 비인과적 신호

하는 특성을 가지는 신호를 인과적 신호(causal signal)라 한다. 신호처리에서 인용되는 대부분의 실질적인 신호는 여기에 속한다. 반면에 현재 출력이 현재 값과 미래 값에 의존하는 특성을 가지는 신호를 반인과적 신호(anti-causal signal)이라 하며 미래 값을 사용하므로 현실적이지 않다. 또한 현재 출력이 과거, 현재, 미래 값들 모두에 의존하는 경우의 신호를 비인과적 신호(non-causal signal)라 한다. 디지털 신호처리를 실행하는 디지털시스템에서는 현재의 입력 데이터나 메모리에 저장해둔 과거 데이터를 사용하여 모든 처리를 행하기 때문에 인과적 신호를 기반으로 한다는 것을 알 수 있다. 물론 어떤 예측시스템은 현재나 과거 데이터뿐만 아니라 이들을 기반으로 하여 추정한 미래 데이터를 사용하는 경우도 있기 때문에 비인과적 처리를 한다고 할 수 있다. 그림 1-7에 이들에 관련된 신호 형태를 나타내었다.

(6) 우함수신호와 기함수신호

우함수신호(even signal)와 기함수신호(odd signal)는 시간에 대해 각각 식 (1-4)와 같이 표현되는 신호를 말하며, 그림 1-8과 같이 나타내어진다.

$$\text{우함수}: x_e(t) = x_e(-t) \qquad \text{기함수}: x_o(t) = -x_o(-t) \tag{1-4}$$

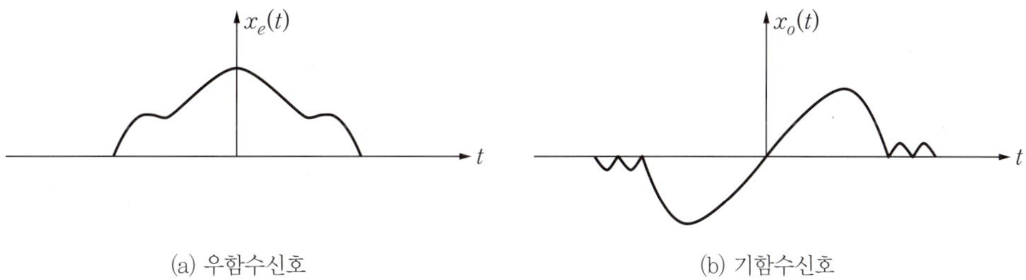

그림 1-8 우함수신호와 기함수신호

식 (1-4)의 우함수신호와 기함수신호의 수학적 정의를 사용하면, 일련의 신호를 이 두 신호의 조합으로 나타낼 수 있다. 즉 모든 신호는 식 (1-5)와 같이 우함수신호와 기함수신호의 조합으로 표현할 수 있다.

$$\begin{aligned} x_e(t) &= \frac{x(t)+x(-t)}{2}, \quad x_o(t) = \frac{x(t)-x(-t)}{2} \\ x(t) &= x_e(t) + x_o(t) \\ &= \frac{1}{2}(x(t)+x(-t)) + \frac{1}{2}(x(t)-x(-t)) \end{aligned} \tag{1-5}$$

그림 1-9의 예를 통해서, $x(t)+x(-t)$가 우함수신호의 조건을 만족하며, $x(t)-x(-t)$가 기함수신호의 조건을 만족하는 것을 볼 수 있다.

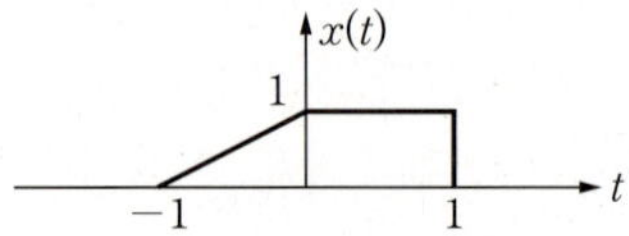

(a) 우함수와 기함수 분해 방법을 통해서 복원해야 할 신호

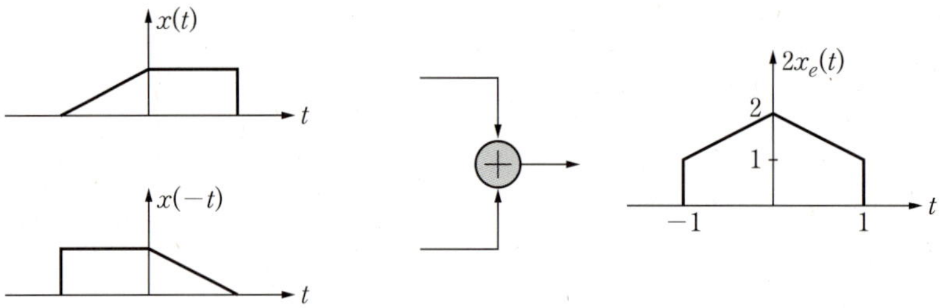

(b) 우함수 부분: $x_e(t)=(x(t)+x(-t))/2$

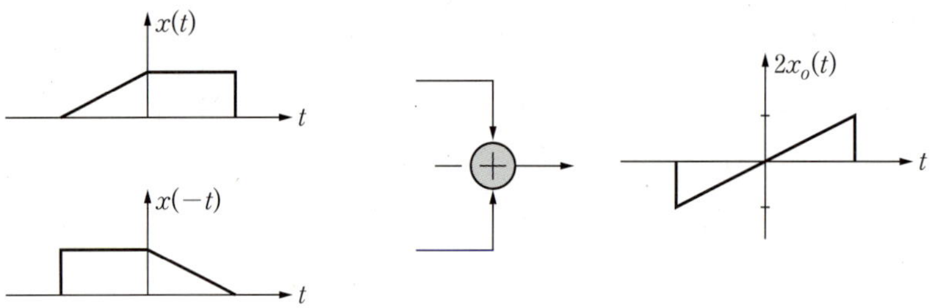

(c) 기함수 부분: $x_e(t)=(x(t)-x(-t))/2$

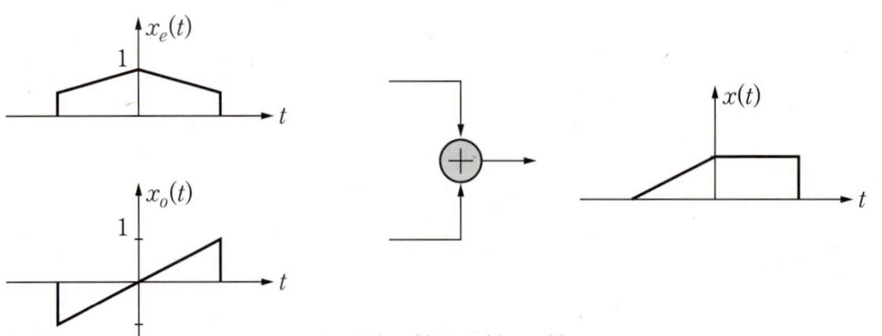

(d) $x_e(t)+x_o(t)=x(t)$

그림 1-9 우함수와 기함수의 조합 표현

(7) 결정적 신호와 비결정적 신호

그림 1-10과 같이 신호의 값들이 고정되어 있고 수학적인 표현 규칙 또는 표에 의해 결정될 수 있는 신호를 결정적 신호(deterministic signal)라 한다. 그렇기 때문에 신호의 미래 값들도 과거 값들로부터 계산될 수 있으며, 그 결과를 신뢰할 수 있다. 반면에 비결정적 신호(non-deterministic signal) 또는 불규칙(무작위, 랜덤, random) 신호는 그 동작에 있어서 확실하지 못한, 즉 큰 불확실성을 가지는 신호를 말하며, 비결정적 신호의 미래 값은 정확하게 예측할 수 없고, 신호의 어떤 집합에 대해 평균값으로 추측할 수 있을 뿐이다.

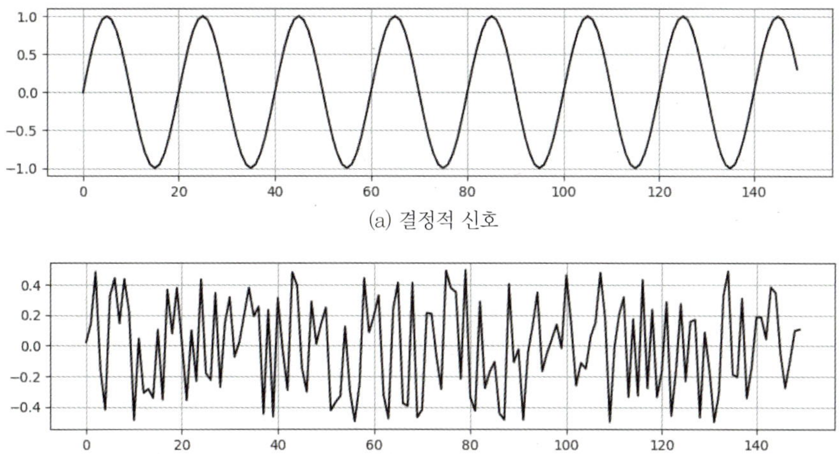

(a) 결정적 신호

(b) 비결정적 신호

그림 1-10 결정적 신호와 비결정적 신호

1.1.3 이산신호

연속시간신호를 일반적으로 연속신호라고 하며, 연속신호의 한 예로 코사인(cosine)신호를 표현하면 식 (1-6)과 같다.

$$x(t) = \cos(2\pi ft) \tag{1-6}$$

여기서, f는 주파수를 나타내는 상수이고, t는 시간을 나타내는 독립변수이다.

이 연속시간신호를 시간에 대해 일정한 시간 간격 T_s로 샘플링하면 식 (1-7)과 같이 이산시간신호가 된다.

$$x(nT_s) = \cos(2\pi f n T_s), \qquad n = 1, 2, 3, 4, \cdots \tag{1–7}$$

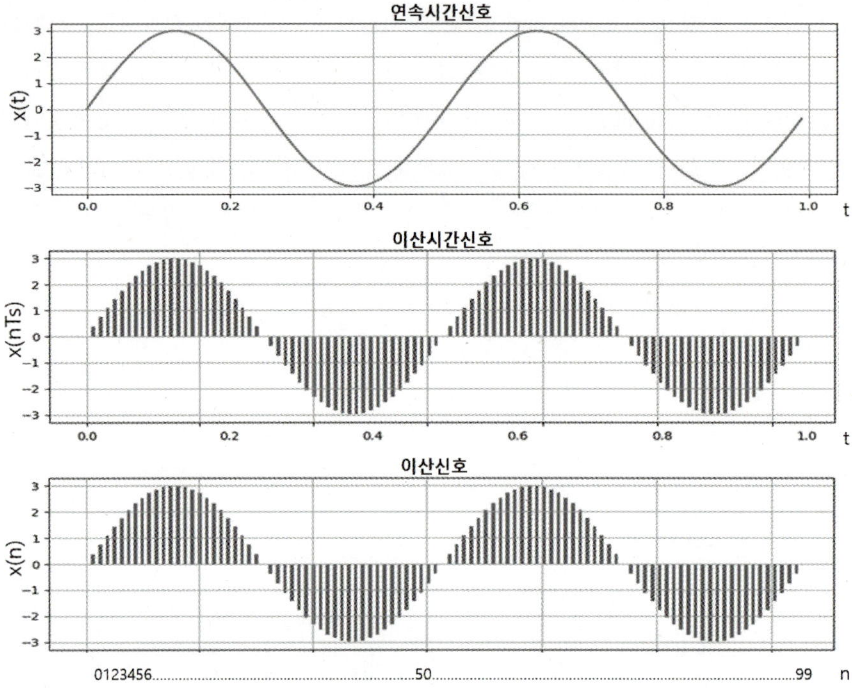

그림 1–11 연속시간신호, 이산시간신호, 이산신호

이산시간신호는 시간에 종속적인 신호이다. 그러나 이 신호에서 시간 개념을 생략하면 일련의 연속하는 값들의 열, 즉 시퀀스로 표현할 수 있게 된다. 따라서 위의 이산시간신호 표현식에서 시간 간격 T_s를 생략하면, 이산시간신호를 일련의 시퀀스로 표현할 수 있으며, 이를 이산신호라 한다. 이산신호는 이산시간신호 표현에서 시간 개념인 T_s를 생략하고 식 (1–8)과 같이 $x(n)$의 형태로 표현한다.

$$x(n) = \cos(2\pi f n), \qquad n = 1, 2, 3, 4, \cdots \tag{1–8}$$

그림 1–11은 연속시간신호, 이산시간신호, 그리고 이산신호의 형태를 나타낸 것이다.

1.1.4 디지털신호 및 이진신호

연속시간신호로부터 표본화를 거쳐서 이산시간신호를 형성하고, 여기에 시간 개념을 제거하여 얻은 이산신호에 대해 양자화(quantization) 과정을 거치면 디지털신호가 생성된다. 메모리나 마이크로프로세서와 같은 디지털소자들로 만들어지는 기기(device) 또는 장치(equipment)에서는 입력신호로 그 표현값이 특정한 값으로 한정되어 있는 신호를 사용한다. 예를 들어서 8비트 기기는 0부터 255까지의 값을 사용할 수 있다. 이와 같이 디지털기기의 특성에 따라 한정된 값으로만 표현될 수 있는 신호를 디지털신호라 하고, 표현할 수 있는 값이 0과 1의 두 가지 뿐인 경우의 신호를 이진신호라 하며, 이진신호는 일반적으로 이진부호(binary code)라고 부른다. 이와 같이 양자화를 거친 이산신호를 이진코드로 변환하는 과정을 코드화(coding)라 한다. 그림 1-12는 이산신호를 2비트로 양자화, 즉 4레벨 양자화와 이진코드화의 예를 보여주고 있다.

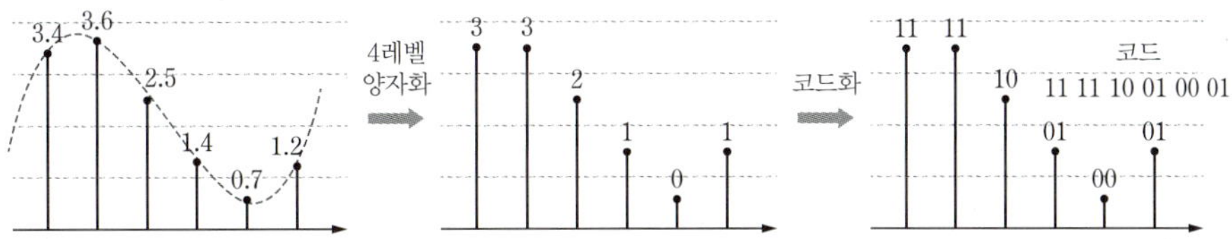

그림 1-12 2비트 양자화(4레벨 양자화) 및 이진코드화의 예

양자화는 식 (1-9)와 같이 양자화 비트수(quantization bit depth)에 따라 표현할 수 있는 값의 범위, 즉 양자화 레벨수(quantization level number)가 결정된다.

$$L = 2^n \qquad (1\text{-}9)$$

여기서, n은 양자화 비트수이다. 그림 1-12는 양자화 비트수가 $n=2$(bits)인 경우, 즉 양자화 레벨은 $L=2^2=4$(levels)인 경우이다. 일반적으로 음성을 전달하는 전화기에서는 8비트, CD 등과 같은 음향 기기에서는 16비트, 그리고 스튜디오 기기와 같은 경우는 20비트 내지 24비트를 양자화 비트수로 사용하고 있다.

코드화 과정을 통해서 이진코드로 변환된 신호는 메모리나 하드디스크와 같은 디지털 저장기기에 파일로 저장되며, 일반적으로 그림 1-13과 같이 이진코드를 4비트씩 묶어서 비트의 값에 따라 0부터 F까지 16가지의 값으로 표현하는 16진 코드(hex code)로 변환하여 저장한다.

$1111 \Rightarrow F$,	$1110 \Rightarrow E$,	$1101 \Rightarrow D$,	$1100 \Rightarrow C$
$1011 \Rightarrow B$,	$1010 \Rightarrow A$,	$1001 \Rightarrow 9$,	$1000 \Rightarrow 8$
$0111 \Rightarrow 7$,	$0110 \Rightarrow 6$,	$0101 \Rightarrow 5$,	$0100 \Rightarrow 4$
$0011 \Rightarrow 3$,	$0010 \Rightarrow 2$,	$0001 \Rightarrow 1$,	$0000 \Rightarrow 0$

```
000034f0 | 54 b5 dd 4d e8 bf 0a 3c c6 5d ee 0b 97 3d b7 11  TµÝMè¿.<Æ]î.—=·.
00003500 | 91 72 e9 f5 96 89 80 3c 9a 0b 31 ce a6 fb f4 f9  'réõ–‰€<š.1Î¦ûôù
00003510 | 1c 04 df 70 96 e6 5d c2 b9 65 25 cb 9f 0e e7 23  ..ßp–æ]Â¹e%ËŸ.ç#
00003520 | ca 6c 62 8c dd a6 1a db dc 19 d3 f1 fd 06 27 33  ÊlbŒÝ¦.ÛÜ.Óñý.'3
00003530 | a8 21 dc ce a3 53 94 6f 0c 05 8e ad 62 f9 3a b5  ¨!ÜÎ£S"o..Ž-bù:µ
00003540 | d9 df dd e8 a4 b0 49 7d 46 91 85 22 e2 4e 0e 79  ÙßÝè¤°I}F'…"âN.y
00003550 | ed 6b 61 0d 1a e8 f4 da 6e 1e 20 00 8f 0b 5c 05  íka..èôÚn. . .\.
00003560 | db 4f c5 45 09 d6 05 f3 ef c6 e8 78 e1 ef d5 e6  ÛOÅE.Ö.óïÆèxáïÕæ
00003570 | d7 93 a3 19 16 5d b3 d3 ba 46 38 6a c6 31 81 71  ×"£..]³Óº F8jÆ1 q
00003580 | 60 dc bc 56 6a 02 9f 16 34 f7 31 6e 60 02 d2 7a  `Ü¼Vj.Ÿ.4÷1n`.Òz
00003590 | fa ba 59 86 b5 48 bf 18 1b 0a 21 66 e6 48 95 15  úºY†µH¿...!fæH•.
000035a0 | e4 de 1d e7 59 64 59 23 bb cc c5 c0 af 16 4a a4  äÞ.çYdY#»ÌÅÀ¯.J¤
000035b0 | f1 a4 79 7e af 45 71 5e 46 04 cf 63 74 c9 6d eb  ñ¤y~¯Eq^F.ÏctÉmë
000035c0 | d8 11 9d 00 d9 c8 31 e7 13 28 8c 01 2a 83 3e 85  Ø. .ÙÈ1ç.(Œ.*ƒ>…
000035d0 | 61 9f 98 a4 40 c3 ab c2 06 04 b5 fd 51 52 20 59  aŸ˜¤@Ã«Â..µýQR Y
000035e0 | 4c 6d 62 f6 6e 1e e6 e8 ba 45 95 cb 89 0c 9a 74  Lmbön.æèºE•Ë‰.št
000035f0 | 19 cf ee 56 be 30 96 13 87 86 30 8a 24 26 e4 60  .ÏîV¾0–.‡†0Š$&ä`
```

그림 1-13 이진코드화를 거쳐서 저장장치에 저장되어 있는 파일의 예

1.2 시스템

1.2.1 시스템의 정의

시스템(system)이라는 용어는 〈위키피디아〉을 참고하면, 라틴어 "*systēma*"에서 유래된 말로써, 어떤 통일된 전체를 형성하는 상호작용하거나 상호 관련된 개체들의 그룹으로 정의하고 있다. 단적으로는 여러 부분이나 구성들로 이루어진 집합 또는 전체의 개념이라고 할 수 있다. 시스템은 그림 1-14와 같이 입력과 출력이 있으며, 그 입출력을 결정짓는 기능과 구조를 가지고 있어야 한다.

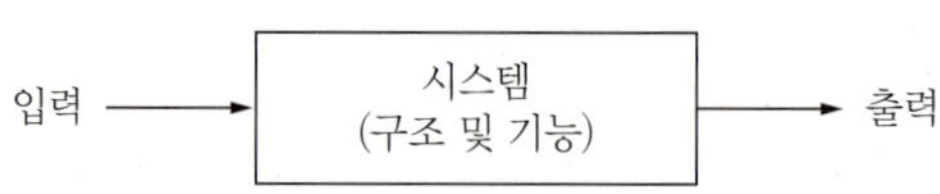

그림 1-14 시스템의 구성

시스템은 그 입출력신호가 연속신호인지 이산신호인지에 따라 연속시스템과 이산시스템으

로 구분할 수 있다.

1.2.2 연속시스템과 이산시스템

연속시스템은 연속신호를 입력으로 받아서 다른 원하는 연속신호를 출력하는 시스템을 말하며, 이산시스템도 마찬가지로 이산신호를 입력으로 받아서 다른 원하는 이산신호를 출력하는 시스템을 말한다. 그림 1-15는 두 시스템을 비교하여 보여준다.

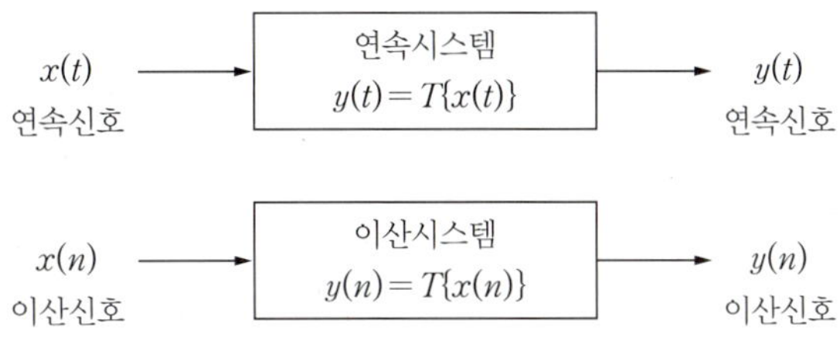

그림 1-15 연속시스템과 이산시스템

연속시스템은 연속신호를 입력으로 받아서 원하는 연속신호로 변환하여 출력하는 시스템이므로 입출력의 관계는 식 (1-10)으로 나타낼 수 있다.

$$y(t) = T\{x(t)\} \tag{1-10}$$

마찬가지로 이산시스템의 입출력 관계는 식 (1-11)로 나타내어진다.

$$y(n) = T\{x(n)\} \tag{1-11}$$

1.3 디지털 신호처리

1.3.1 디지털 신호처리의 개요

디지털 신호처리(digital signal processing)는 그림 1-16에서처럼 연속신호를 샘플링하여 생성된 이산신호를 대상으로 그 신호의 특성을 이해하고, 분석하며, 원하는 신호를 출력하기 위해 행하는 일련의 모든 처리 과정을 말한다. 다르게 표현하면, 특별한 수학적 기법들을 적용하여 신호로부터 특징이 되는 정보를 추출하고, 이 정보를 수정하거나 강화하여 저장하거나 전달하기 위한 일련의 설계된 연산이라고 할 수 있다. 이러한 처리를 행할 수 있도록 설계된 하드웨어 프로세서를 신호처리기(signal processor)라 하며, 디지털신호를 취급하는 신호처리기를 디지털 신호처리기(DSP, digital signal processor)라 한다. 또한 이러한 디지털 신호처리를 할 수 있도록 설계된 소프트웨어를 디지털 신호처리 소프트웨어 또는 툴(digital signal processing software or tool)이라 부른다.

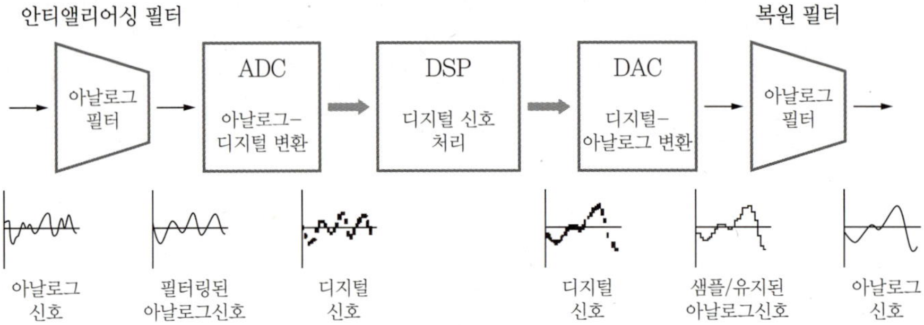

그림 1-16 디지털 신호처리시스템(DESIGNSPARK 제공)

위의 그림에서처럼 디지털 신호처리시스템의 전체 처리 과정은 다음과 같다. 먼저 안티앨리어싱 필터라는 아날로그 필터를 통해서 신호와 함께 섞여 들어온 허용 범주에 들지 않는 고주파신호를 제거한다. 그리고는 아날로그-디지털 변환기(ADC, analog-to-digital convertor)를 통해서 아날로그신호를 디지털신호로 변환시킨다. 그런 다음 원하는 모든 신호처리를 수행한다. 신호처리가 완료되면 역으로 디지털-아날로그 변환기(DAC, digital-to-analog convertor)를 통해서 디지털신호를 아날로그신호로 역변환하고, 샘플/유지와 복원을 담당하는 아날로그 필터를 거쳐 아날로그신호로 복원된다.

1.3.2 디지털 신호처리의 범주

디지털 신호처리는 그림 1-17에서와 같이, 크게 디지털 신호 분석(digital signal analysis)과 디지털 신호 필터링(digital signal filtering)의 두 가지 범주로 구성되어 있다.

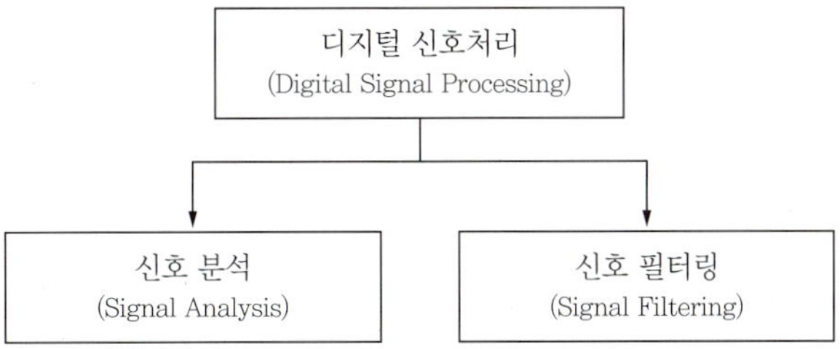

그림 1-17 디지털 신호처리의 범주

먼저 신호 분석은 신호가 가지고 있는 특성을 분석하는 것으로써 다음과 같은 분야들이 있다.

- 이산시스템의 표현과 분석
- 시간영역에서의 신호의 흐름과 입출력 관계 분석
- 푸리에변환을 통한 주파수영역에서의 스펙트럼 분석
- z-변환을 통한 z-영역에서의 특성 분석

그리고 신호 필터링은 필터 처리를 위한 설계와 구현에 관한 것으로써 다음과 같은 분야들이 있다.

- 시간영역에서의 이산신호의 필터 처리
- 주파수영역에서의 주파수 성분 필터 처리
- 디지털 필터의 설계 및 구현

연습문제

1. 신호란 무엇인지 정의하고, 물리량의 변화로부터 전기적 신호를 얻는 과정에 대해 설명하시오.

2. 1차원 신호처리와 2차원 신호처리에 대해 예를 들어 설명하시오.

3. 연속시간신호와 이산시간신호, 그리고 아날로그신호와 디지털신호의 개념을 비교 설명하시오.

4. 주기신호와 비주기신호의 특징을 비교하여 설명하시오.

5. 연속시간신호를 (   )하면 (   )신호를 얻을 수 있으며, 이 신호로부터 (   )을 생략하면 (   )신호를 얻을 수 있게 된다.

6. 아날로그신호로부터 이진신호를 얻기까지는 (   ), (   ), 그리고 (   )의 세 단계 과정을 거친다. 그리고 이 전체 과정에 대해 설명하시오.

7. 연속시스템과 이산시스템의 특성을 비교 설명하시오.

8. 디지털 신호처리시스템의 전체 구성을 블록 다이어그램으로 나타내고, 세부 기능들을 설명하시오.

9. 디지털 신호처리에서 신호 분석에 관해서는 어떤 분야들이 있는지 알아보고 분야별로 간단하게 설명하시오.

10. 디지털 신호처리에서 신호 필터링에 관해서는 어떤 분야들이 있는지 알아보고 분야별로 간단하게 설명하시오.

CHAPTER 02

연속시간신호의 분석

Digital Signal Processing

contents

02 연속시간신호의 분석

신호에 함유되어 있는 정보를 분석하기 위해서는 푸리에분석(Fourier Analysis)을 적용한다. 제2장에서는 먼저 푸리에분석에 대해 소개하고, 등각속도 회전운동에 기반하여 정현파 신호 생성과 특성에 대해 알아본 다음, 복소지수 형태의 신호 표현에 대해 알아본다. 그리고 연속시간 주기신호의 분석에 적용되는 연속시간 푸리에급수와 연속시간 비주기신호의 분석에 적용되는 연속시간 푸리에변환에 대해 알아보고, 마지막으로 아날로그신호의 샘플링과 복원에 대해 알아본다.

2.1 푸리에해석

프랑스의 수학자이자 물리학자인 장바티스트 조제프 푸리에(Jean-Baptiste Joseph Fourier)는 1803년, 그의 저서 「열의 해석적 이론」에서 「임의의 함수는 삼각함수의 급수로 나타낼 수 있다」고 주장했다. 이 주장을 푸리에정리(Fourier theorem)라고 부른다.

푸리에정리를 바탕으로, 주기함수를 삼각함수의 급수로 나타내는 것을 푸리에급수(Fourier series)라 하고, 주기함수가 아닌 유한구간에서 정의된 함수를 주기함수로 만들어서 삼각함수의 급수로 나타내는 것을 푸리에전개(Fourier expansion)라 하며, 이것을 무한구간으로 확장한 것을 푸리에변환(Fourier transform)이라고 한다. 이와 같이 푸리에급수, 푸리에전개, 그리고 푸리에변환을 통해 함수를 해석하는 것을 통칭하여 푸리에분석(Fourier analysis)이라고 한다.

2.2 정현파신호

2.2.1 등각속도 회전운동

신호처리에서 사용되는 기본적인 신호는 푸리에정리에서 말하는 삼각함수 곧 정현파신호(sinusoidal signal)이며, 이 정현파신호는 복소지수함수(complex exponential function) 형태의 신호로 표현할 수 있다. 이와 같은 정현파신호 또는 복소지수함수 형태의 신호들은 진폭(amplitude), 주파수(frequency), 그리고 위상(phase)과 같은 요소들로 구성되어 있으며, 따라서 이러한 구성요소들을 이해하기 위해서는 먼저 등각속도(constant angular velocity) 회전운동(rotation motion)을 이해할 필요가 있다. 그림 2-1에서와 같이 두 물체가 직선운동(linear motion)을 함에 있어서는, 이들이 t초 동안 동일한 거리를 움직여서 동일한 지점에 도착했다면, 두 물체는 동일한 속도 v, 즉 등속도(constant velocity)로 이동해야만 한다. 이들의 이동거리는 식 (2-1)로 주어진다.

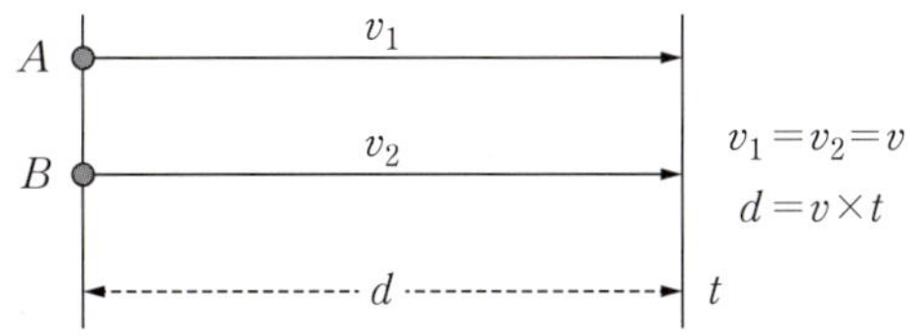

그림 2-1 두 물체의 등속도 직선운동

$$\text{이동거리} = \text{등속도} \times \text{이동시간},\ d(t)=v\times t \tag{2-1}$$

그러나 이번에는 이들 두 물체가 그림 2-2와 같이 동일한 원점에서 출발하여 회전운동을 하는 경우를 생각해보자.

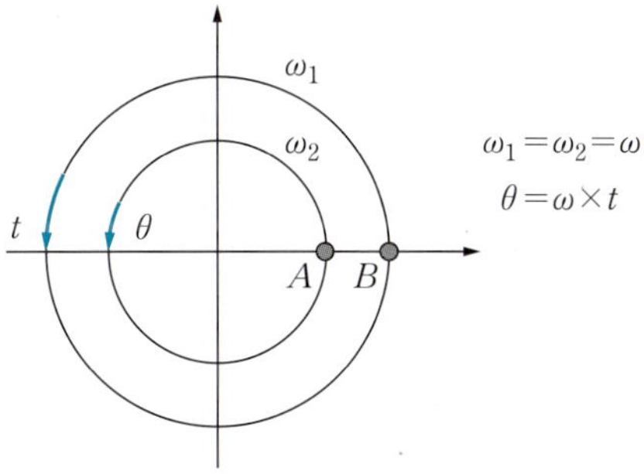

그림 2-2 두 물체의 등각속도 회전운동

그림 2-2에서 두 물체가 동일한 지점에서 출발하여 시간 t초 동안 회전운동을 해서 동일한 각도 θ 지점에 동시에 도착하려면 물체 B가 물체 A보다 더 빠른 속도로 이동하여야 하므로 두 물체의 이동속도가 다르게 된다. 하지만 여기에 단위시간에 얼마나 많은 각도로 회전했는지를 나타내는 단위가 [radians/sec]인 각속도(angular velocity) ω를 도입하면 등속도 직선운동에서와 마찬가지로 식 (2-2)와 같은 등각속도 회전운동을 정의할 수가 있다.

$$\text{각도} = \text{등각속도} \times \text{회전시간}, \ \theta(t) = \omega \times t \qquad (2\text{-}2)$$

주파수와 주기

위와 같이 등각속도 회전운동에서 물체 A나 B가 1초에 몇 회전하는지를 주파수라 하며, 단위는 [cycles/sec] 또는 [Hz]이며 f로 표기한다. 그리고 식 (2-2)에서 등각속도를 나타내는 ω를 라디안주파수(radian frequency)라 하며, 단위는 [radians/sec]이다. 주파수 $f=1$이라는 것은 한 바퀴를 회전하는 것이므로 각도로 말하면 2π 라디안과 같다. 그러므로 주파수 f와 라디안주파수 ω와의 사이에는 식 (2-3)의 관계를 가진다.

$$\omega = 2\pi f \qquad (2\text{-}3)$$

또한 등각속도 회전운동에서는 두 물체가 출발한 위치에 도착하는 시간도 일정하게 동일하며, 이것을 주기(period)라 하고 T로 표기한다. 주파수 f와 주기 T의 관계는 식 (2-4)와 같으며, 등각속도 즉 라디안주파수 ω와 주파수 f, 그리고 주기 T 사이의 관계는 식 (2-5)와 같다.

$$f = \frac{1}{T} \qquad (2\text{-}4)$$

$$\omega = 2\pi f = \frac{2\pi}{T} \qquad (2\text{-}5)$$

2.2.2 정현파신호의 생성

앞 절의 등각속도 회전운동에서 물체 A나 B의 회전운동 자취를 시간에 따라 추적하면 정현파신호를 생성할 수 있다. 정현파신호에는 사인파(sine wave)와 코사인파(cosine wave)의 두 종류가 있으며, 그림 2-3에서와 같이 등각속도 회전운동에서 물체의 y값의 자취는 사인파를 생성하고, 물체의 x값의 자취는 코사인파를 생성한다. 이 경우에 신호 $y(t)$와 $x(t)$는 식 (2–6)과 같이 삼각함수식으로 표현할 수 있다.

$$\begin{aligned} y(t) &= \sin(\theta) = \sin(\omega t) = \sin(2\pi f t) = \sin\left(\frac{2\pi}{T}t\right) \\ x(t) &= \cos(\theta) = \cos(\omega t) = \cos(2\pi f t) = \cos\left(\frac{2\pi}{T}t\right) \end{aligned} \tag{2–6}$$

또한 이 정현파신호들은 1회전할 때마다 동일한 파형이 반복하여 생성되므로 주기신호이며, 식 (2–7)과 같이 나타낼 수 있다.

$$\begin{aligned} \tilde{y}(t) &= \tilde{y}(t+kT), \quad k = 0, 1, 2, \cdots \\ \tilde{x}(t) &= \tilde{x}(t+kT), \quad k = 0, 1, 2, \cdots \end{aligned} \tag{2–7}$$

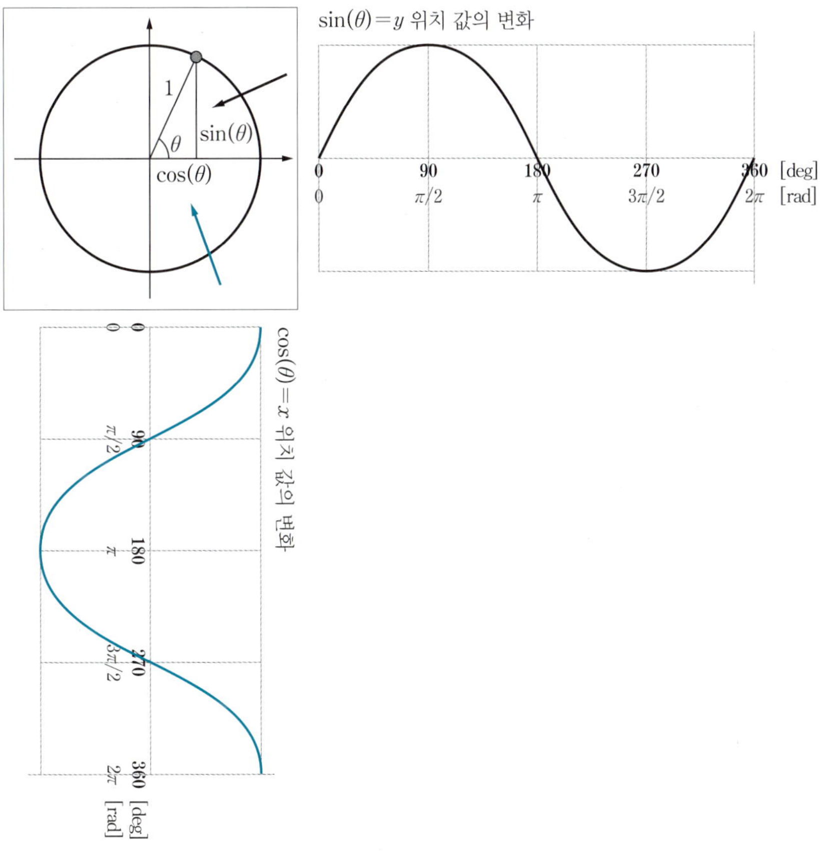

그림 2–3 등각속도 회전운동을 통한 정현파신호의 생성

(1) 연속시간 정현파신호

그림 2-3으로부터 생성한 정현파신호를 일반화하여 표현하면 식 (2-8)과 같이 나타낼 수 있다.

$$y(t) = A\sin(\omega t+\phi) = A\sin(2\pi ft+\phi) \quad \text{or} \qquad (2\text{-}8)$$
$$x(t) = A\cos(\omega t+\phi) = A\cos(2\pi ft+\phi)$$

여기서, A는 정현파신호의 진폭을 나타내는 상수이며, ϕ은 위상변이(phase shift)를 나타내는 상수이다. 위상변이라 함은 그림 2-2에서 물체가 각도 0 라디안에서 출발하지 않고 각도 ϕ 라디안만큼 먼저 출발하거나 나중에 출발하는 경우에 발생하는 각도의 차이를 나타내며, 단순히 위상이라고도 한다. 정현파신호를 표현할 때는 사인파를 사용하기도 하고 코사인파를 사용하기도 한다.

또한 정현파신호의 표현식 (2-8)에서 알 수 있듯이 진폭, 주파수, 그리고 위상을 정현파신호를 구성하는 세 가지 기본 요소라 하며, 이 세 가지 기본 요소들은 앞으로 행해질 신호처리에서 신호의 특성을 결정하는 중요한 역할을 담당한다.

식 (2-8)과 같이 표현한 정현파신호는 시간에 대해서 연속적인 값으로 나타나므로, 시간에 대해 연속적이 아닌 정현파신호와 구분하기 위해 연속시간 정현파신호(continuous-time sinusoidal signal)라고 부른다.

진폭이 다른 정현파신호

다음의 두 정현파신호들은 주파수 $f_1 = f_2 = 2\text{Hz}$, 위상은 $\phi_1 = \phi_2 = \pi/2$로 동일하지만, 진폭에 있어서 $x_1(t)$의 진폭은 $A_1 = 1$이고, $x_2(t)$의 진폭은 $A_2 = 2$로서 $x_1(t)$ 진폭의 두 배이다.

$$x_1(t) = \cos(4\pi t+\pi/2) = 1\cdot\cos(2\pi\cdot 2\cdot t+\pi/2)$$
$$x_2(t) = 2\cos(4\pi t+\pi/2) = 2\cdot\cos(2\pi\cdot 2\cdot t+\pi/2)$$

위상이 다른 정현파신호

다음의 두 정현파신호들은 주파수 $f_1 = f_2 = 2\text{Hz}$, 진폭은 $A_1 = A_2 = 3$으로 동일하지만, 위상에 있어서는 $x_1(t)$의 위상은 $\phi_1=\pi/2$이고 $x_2(t)$의 위상은 $\phi_2=\pi/4$로 서로 다르다.

$$x_1(t)=3\cos(4\pi t+\pi/2)=3\cos(2\pi\cdot 2\cdot t+\pi/2)$$
$$x_2(t)=3\cos(4\pi t+\pi/4)=3\cos(2\pi\cdot 2\cdot t+\pi/4)$$

주파수가 다른 정현파신호

다음의 두 정현파신호들은 진폭은 $A_1=A_2=2$, 위상은 $\phi_1=\phi_2=\pi/2$로 동일하지만, 주파수에 있어서는 $x_1(t)$의 주파수는 $f_1=2\text{Hz}$, $x_2(t)$의 주파수는 $f_2=3\text{Hz}$로 서로 다르다.

$$x_1(t)=2\cos(4\pi t+\pi/2)=2\cos(2\pi\cdot 2\cdot t+\pi/2)$$
$$x_2(t)=2\cos(6\pi t+\pi/2)=2\cos(2\pi\cdot 3\cdot t+\pi/2)$$

(2) 이산시간 정현파신호

연속시간 정현파신호는 식 (2-8)과 같이 함수식으로 표현할 수 있는 결정신호이다. 따라서 이산시간 정현파신호는 연속시간 정현파신호를 일정한 샘플링주기 T_s로 샘플링하면 정현파신호에서 샘플링 순간의 값들만 모을 수 있게 되어 값이 연속시간이 아닌 이산시간으로 존재하게 되므로 이를 이산시간 정현파신호(discrete-time sinusoidal signal)라 하고, 식 (2-9)와 같이 나타내어진다.

$$\begin{aligned} x(t) &= A\cos(2\pi ft+\phi)=A\cos(\omega t+\phi) \\ &\downarrow \\ &\text{샘플링}(t=nT_s), \quad n=\cdots,-2,-1,0,1,2,\cdots \\ &\downarrow \\ x(nT_s) &= A\cos(2\pi fnT_s+\phi) \end{aligned} \tag{2-9}$$

(3) 이산 정현파신호

이산시간 정현파신호를 표현하는 식 (2-9)에서 이산시간을 나타내는 T_s가 상수이므로 이것을 생략하면 이산시간 축이 단지 숫자로만 구성되는 순서시퀀스 축으로 변경된다. 이와 같이 표현한 신호를 이산 정현파신호라 하고, 식 (2-10)과 같이 표기된다.

$$x(n)=A\cos(2\pi fn+\phi), \qquad n=\cdots,-2,-1,0,1,2,\cdots \tag{2-10}$$

다시 말하면 이산신호는 식 (2-11)의 예와 같이 연속시간신호를 일정한 시간 간격으로 샘플링한 신호의 크기들을 순서대로 모아놓은 일련의 샘플시퀀스라 할 수 있다.

$$x(n) = \{\cdots, x(-3), x(-2), x(-1), x(0), x(1), x(2), x(3), \cdots\} \tag{2-11}$$

그림 2-4는 크기 $A=3$, 주파수가 $f=2\text{Hz}$ 인 연속시간 정현파신호 $x(t)$에 대해 샘플링 주파수 $f_s=100\text{Hz}$, 즉 샘플링주기 $T_s=0.01[\text{sec}]$로 샘플링한 이산시간 정현파신호 $x(nT_s)$, 그리고 $n=0,1,2,\cdots,99$까지 총 100개의 샘플시퀀스로 나타낸 이산 정현파신호 $x(n)$를 함께 나타내었다.

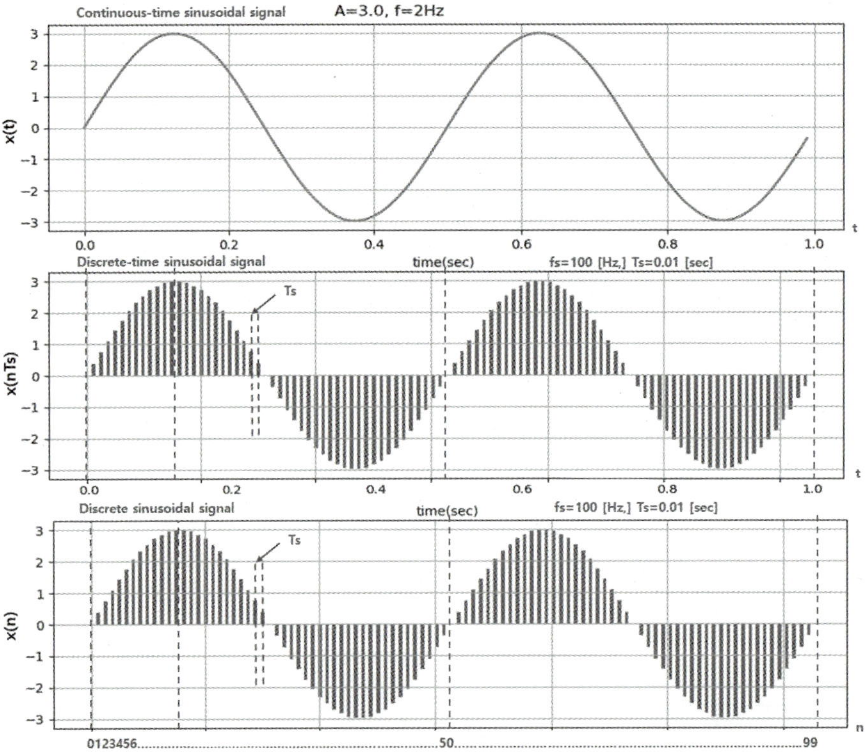

그림 2-4 연속시간 정현파신호, 이산시간 정현파신호, 이산 정현파신호의 예

2.3 복소지수신호

정현파신호를 표현하는 다른 방법으로는 복소지수 형태의 신호로 표현하는 것이다. 복소지수 형태의 신호 표현은 신호의 주파수 분석에 유용한 표현기법이다.

2.3.1 복소수

복소수(complex number)는 다음 표현과 같이 실수(real number)와 허수(imaginary number)로 구성되는 수를 말한다.

$$\text{복소수} = \text{실수} + j\ \text{허수}$$

여기서 j는 허수부를 나타내는 표시자이다. 복소수는 그림 2-5와 같은 직각좌표계를 사용하는 복소평면(complex plane)을 사용해서 표시할 수 있다.

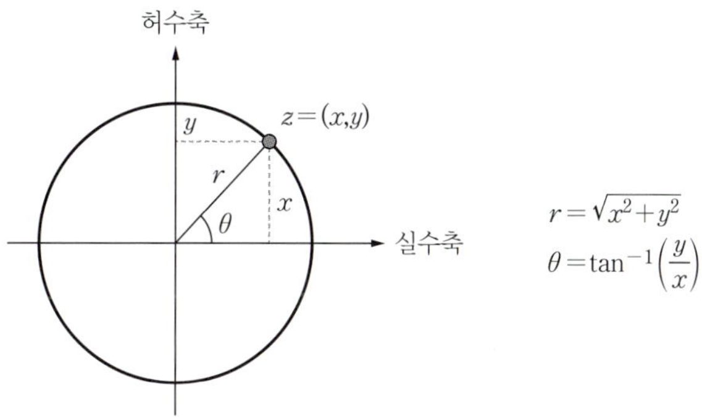

그림 2-5 복소평면

그림 2-5에서 임의의 복소수 z는 반지름이 r이고, 각도가 θ인 원주 상에 위치하고 있으며, 직각좌표계(rectangular coordinate)를 사용하여 표현하면 식 (2-12)와 같이 나타내어진다.

$$z = x + jy \tag{2-12}$$

여기서 반경, 즉 z의 크기는 $r=\sqrt{x^2+y^2}$ 이고, $\theta=\tan^{-1}\left(\frac{y}{x}\right)$는 x축과 이루는 각도이다.

복소수는 이 반경과 각도를 사용하여 식 (2–13)과 같이 극좌표계(polar coordinate)로 표현할 수도 있다.

$$z = r \angle \theta \tag{2–13}$$

이 두 좌표계 사이의 변환은 다음과 같이 행해진다. 먼저 직각좌표 (x, y)를 알고 있을 때, 극좌표 (r, θ)는 식 (2–14)와 같이 구할 수 있다.

$$r = \sqrt{x^2 + y^2}, \quad \theta = \tan^{-1}\left(\frac{y}{x}\right) \tag{2–14}$$

역으로 극좌표 (r, θ)를 알고 있을 때, 직각좌표 (x, y)는 식 (2–15)와 같이 구할 수 있다.

$$x = r\cos(\theta), \quad y = r\sin(\theta) \tag{2–15}$$

두 좌표 사이의 변환을 이용한 복소수 표현은 복소수 지수신호의 표현에 적용된다.

2.3.2 복소지수 정현파신호

(1) 복소지수

복소지수(complex exponent)는 어떤 수를 밑(base)으로 하는 지수(exponent)가 복소수일 때의 수를 말한다. 또한 지수가 복소수이고 그 복소수가 변수일 때 얻어지는 값을 복소지수함수(complex exponential function)라고 한다. 따라서 밑이 e이고 지수 변수가 θ이면 복소지수함수는 $e^{j\theta}$로 표시할 수 있다. 이 복소지수함수는 오일러 공식(Euler's formula)을 활용하면 식 (2–16)과 같이 사인함수와 코사인함수로 나타내어진다.

$$e^{j\theta} = \cos(\theta) + j\sin(\theta) \tag{2–16}$$

이 오일러 공식을 적용하면 식 (2–12)에서의 복소수를 식 (2–17)과 같은 관계로 표현할 수 있다.

$$z = x + jy = r\cos\theta + jr\sin\theta = r(\cos\theta + j\sin\theta) = re^{j\theta} \tag{2-17}$$

(2) 복소지수 정현파신호

이제 그림 2-5의 복소평면에서 임의의 물체가 반경이 r인 원주 위를 등각속도 회전운동을 한다고 하면, 이 운동은 식 (2-18)과 같은 복소지수함수로 표현할 수 있다.

$$z(t) = re^{j\theta} = re^{j(\omega t + \phi)} \tag{2-18}$$

여기서 r은 상수이며, θ는 등각속도운동을 나타내기 위해 $\theta = \omega t + \phi$를 적용하였다. 만약 반경이 $r=1$이면, 단위원의 원주를 따라 회전운동을 하는 것이다. 식 (2-18)은 식 (2-19)와 같이 나타낼 수 있다.

$$\begin{aligned} z(t) = re^{j(\omega t + \phi)} &= r\cos(\omega t + \phi) + jr\sin(\omega t + \phi) \\ &= r\cos(2\pi f t + \phi) + jr\sin(2\pi f t + \phi) \end{aligned} \tag{2-19}$$

그러므로 식 (2-19)의 복소수 표현에서 r 대신에 정현파신호의 크기 A를 첨가하면 이 복소지수함수는 식 (2-20)과 같이 복소지수 정현파신호가 된다. 여기서 $Re\{..\}$은 복소지수 정현파신호의 실수부를 나타내며, $Im\{..\}$은 복소지수 정현파신호의 허수부를 나타낸다. 결국 복소지수 정현파신호의 실수부는 코사인 정현파신호가 되고 허수부는 사인 정현파신호가 된다.

$$\begin{aligned} z(t) &= A\cos(\omega t + \phi) = Re\{Ae^{j(\omega t + \phi)}\} \\ z(t) &= A\sin(\omega t + \phi) = Im\{Ae^{j(\omega t + \phi)}\} \end{aligned} \tag{2-20}$$

2.3.3 정현파신호의 주파수영역 표현

앞 절에서 정현파신호는 복소지수신호의 형태로 표현할 수 있었다. 복소지수신호 형태의 표현은 정현파신호가 가지고 있는 주파수 성분을 찾는데 매우 유용하다. 식 (2-20)에서 코사인신호를 기본 라디안주파수 $\omega_0 = 2\pi f_0$에 대해 오일러 공식을 적용하여 복소지수 형태로 다시 나타내면 다음 식과 같이 나타낼 수 있다.

$$
\begin{aligned}
z(t) &= A\cos(\omega_0 t+\phi) = A\left\{\frac{e^{j(\omega_0 t+\phi)}+e^{-j(\omega_0 t+\phi)}}{2}\right\} \\
&= \frac{A}{2}\{e^{j(\omega_0 t+\phi)}+e^{-j(\omega_0 t+\phi)}\} = \frac{A}{2}\{e^{j\phi}e^{j\omega_0 t}+e^{-j\phi}e^{-j\omega_0 t}\} \\
&= \frac{A}{2}\{e^{j\phi}e^{j2\pi f_0 t}+e^{-j\phi}e^{-j2\pi f_0 t}\} \\
&= \frac{A}{2}e^{j\phi}e^{j2\pi f_0 t}+\frac{A}{2}e^{-j\phi}e^{-j2\pi f_0 t}
\end{aligned}
$$

위의 식을 종합하여 주파수영역에서의 값으로 나타내면 다음과 같이 쓸 수 있다.

$$
X(f) = \begin{cases} \frac{A}{2}e^{j\phi}, & f = f_0 \\ \frac{A}{2}e^{-j\phi}, & f = -f_0 \\ 0, & \text{otherwise} \end{cases}
$$

따라서 위의 주파수영역에서의 값들을 그래프로 표현하면 다음 그림과 같이 나타낼 수 있다. 이와 같이 신호의 주파수 성분을 주파수영역에서 표현한 것을 주파수스펙트럼(frequency spectrum)이라 하며, 선 모양으로 보이기 때문에 선스펙트럼(line spectrum)이라고 부르기도 한다.

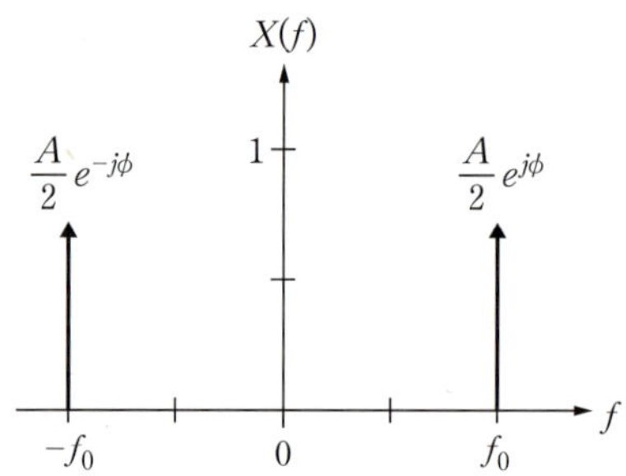

2.4 연속시간 푸리에급수

앞 절에서 푸리에급수는 주기함수를 삼각함수의 급수로 나타내는 것이라고 정의했다. 이것을 신호의 관점에서 다시 정리하면, "모든 주기신호는 진폭과 주파수가 다른 정현파들의 급수로 나타낼 수 있다."로 표현할 수 있다. 예를 들어서 식 (2-21)과 같은 연속시간 주기함수 $x(t)$가 있을 경우,

$$x(t) = \sin(2\pi t) + \frac{1}{3}\sin(6\pi t) + \frac{1}{5}\sin(10\pi t)$$
$$= \sin(2\pi \cdot 1t) + \frac{1}{3}\sin(2\pi \cdot 3t) + \frac{1}{5}\sin(2\pi \cdot 5t) \qquad (2\text{-}21)$$

이 신호는 진폭이 1이고 주파수가 1인 사인파신호, 진폭이 1/3이고 주파수가 3인 신호, 그리고 진폭이 1/5이고 주파수가 5인 신호들의 합성(synthesis)이라고 할 수 있다. 이와 같이 임의의 연속시간 주기신호를 다른 연속시간 정현 고조파신호들의 합으로 표현하는 것을 연속시간 푸리에급수(CTFS, continuous-time Fourier series)라고 한다.

예제 2-1 식 (2-21)에 나타낸 연속시간 주기신호에 대한 CTFS의 특성을 그래프로 나타내시오.

풀이 식 (2-21)은 유한개의 정현파신호들의 급수로 나타낼 수 있는 경우의 연속시간 정현파신호이다. 이 신호는 단지 3개의 정현파신호들로만 구성되어 있으며, 구형파에 가까이 가는 중간 단계에서의 닮은 신호임을 알 수 있다.

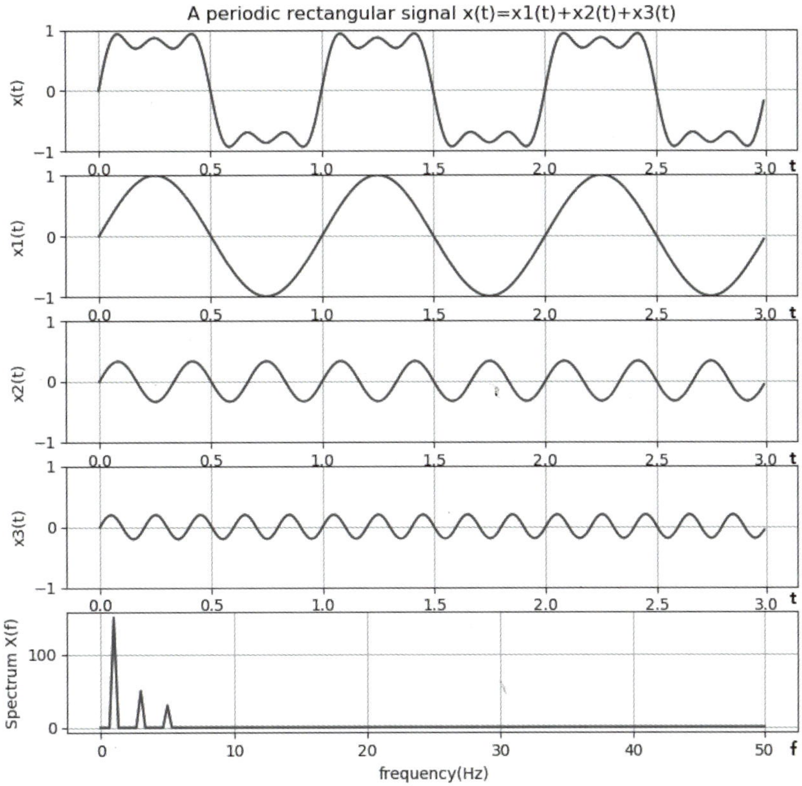

$$x(t) = \sin(2\pi t) + \frac{1}{3}\sin(6\pi t) + \frac{1}{5}\sin(10\pi t)$$
$$= \sin(2\pi \cdot 1t) + \frac{1}{3}\sin(2\pi \cdot 3t) + \frac{1}{5}\sin(2\pi \cdot 5t) = x_1(t) + x_2(t) + x_3(t)$$

예제 2-1의 소스코드는 다음과 같으며, "chap02_ex01.py" 파일로 저장한다.

chap02_ex01.py

```
import numpy as np
import matplotlib.pyplot as plt

fs=100; dt=1/fs; N=300  #샘플링주파수=100Hz, 0.01초 간격으로 300개 샘플
t=np.arange(0,N)*dt  #시간축은 0.01초*300샘플=3초
x1t=1.0*np.sin(2*np.pi*1*t)  #크기 1, 주파수 1Hz 정현파신호
x2t=1/3*np.sin(2*np.pi*3*t)  #크기 1/3, 주파수 3Hz 정현파신호
x3t=1/5*np.sin(2*np.pi*5*t)  #크기 1/5, 주파수 5Hz 정현파신호
xt=x1t+x2t+x3t  #세 신호의 합성

df=fs/N  #주파수간격
f=np.arange(0,N)*df  #주파수축 0~50 Hz(0~fs/2)
Xf=np.fft.fft(xt)  #주파수별 크기 계산 (FFT)

plt.subplot(5,1,1); plt.plot(t,xt,"b"); plt.ylim(-1,1); plt.grid()
plt.ylabel("x(t)")
plt.title("A periodic rectangular signal x(t)=x1(t)+x2(t)+x3(t)")
plt.subplot(5,1,2); plt.plot(t,x1t,"b"); plt.ylim(-1,1); plt.grid()
plt.ylabel("x1(t)")
plt.subplot(5,1,3); plt.plot(t,x2t,"b"); plt.ylim(-1,1); plt.grid()
plt.ylabel("x2(t)")
plt.subplot(5,1,4); plt.plot(t,x3t,"b"); plt.ylim(-1,1); plt.grid()
plt.ylabel("x3(t)")
plt.subplot(5,1,5); plt.plot(f[0:int(N/2+1)],np.abs(Xf[0:int(N/2+1)]),"b");
plt.xlabel("frequency(Hz)"); plt.ylabel("Spectrum X(f)"); plt.grid()
```

식 (2-21)에서와 같은 연속시간 주기신호 $x(t)$는 그 형태가 구형파에 가까운 신호이지만 이 신호의 CTFS를 보면 단지 3개의 유한 개수의 정현 고조파신호로 구성되어 있는 것을 알 수 있다. 즉 $x(t)$를 구성하는 정현 고조파신호가 단지 3개밖에 없으므로 완전한 구형파는 되지 못한다는 것이다.

그렇다면, 식 (2-22)에서와 같이 연속시간 주기신호 $x(t)$의 CTFS가 무한개의 정현파신호로 구성되어 있다면 $x(t)$는 거의 완전한 구형파가 될 것이다.

$$
\begin{aligned}
x(t) &= \sin(2\pi t) + \frac{1}{3}\sin(6\pi t) + \frac{1}{5}\sin(10\pi t) + \frac{1}{7}\sin(14\pi t) + \cdots\cdots \\
&= \sin(2\pi \cdot 1t) + \frac{1}{3}\sin(2\pi \cdot 3t) + \frac{1}{5}\sin(2\pi \cdot 5t) + \frac{1}{7}\sin(2\pi \cdot 7t) + \cdots\cdots
\end{aligned} \tag{2-22}
$$

지금까지의 CTFS 과정을 통해서 구형파가 크기와 주파수가 다른 정현 고조파신호들로 구성되어 있다는 사실, 달리 말하면 크기와 주파수가 다른 무한개의 정현 고조파신호들을 합성하면 구형파를 얻을 수 있다는 사실은 매우 흥미로운 발견이다.

그렇다면 연속시간 주기신호 $x(t)$의 CTFS가 10개 정도의 정현 고조파신호들로 구성되어 있는 경우에 $x(t)$가 예제 2-1에서 보다 구형파에 더욱 가까운 신호가 되는지 다음 예제를 통해 살펴보자.

예제 2-2 다음과 같이 연속시간 주기신호 $x(t)$의 CTFS가 10개의 정현 고조파신호들로 구성되어 있을 경우에 예제 2-1에서보다 $x(t)$가 더 구형파에 가까운 신호인지를 알아보시오.

$$
\begin{aligned}
x(t) &= \sin(2\pi t) + \frac{1}{3}\sin(6\pi t) + \frac{1}{5}\sin(10\pi t) + \frac{1}{7}\sin(14\pi t) + \cdots + \frac{1}{19}\sin(38\pi t) \\
&= \sin(2\pi \cdot 1t) + \frac{1}{3}\sin(2\pi \cdot 3t) + \frac{1}{5}\sin(2\pi \cdot 5t) + \cdots + \frac{1}{19}\sin(2\pi \cdot 19t)
\end{aligned}
$$

풀이 위의 CTFS 식을 사용하여 프로그램으로 계산한 결과, 더 많은 정현 고조파신호들을 합성하면 구형파에 더 가깝게 닮은 구형파 주기신호를 얻을 수 있음을 알 수 있다.

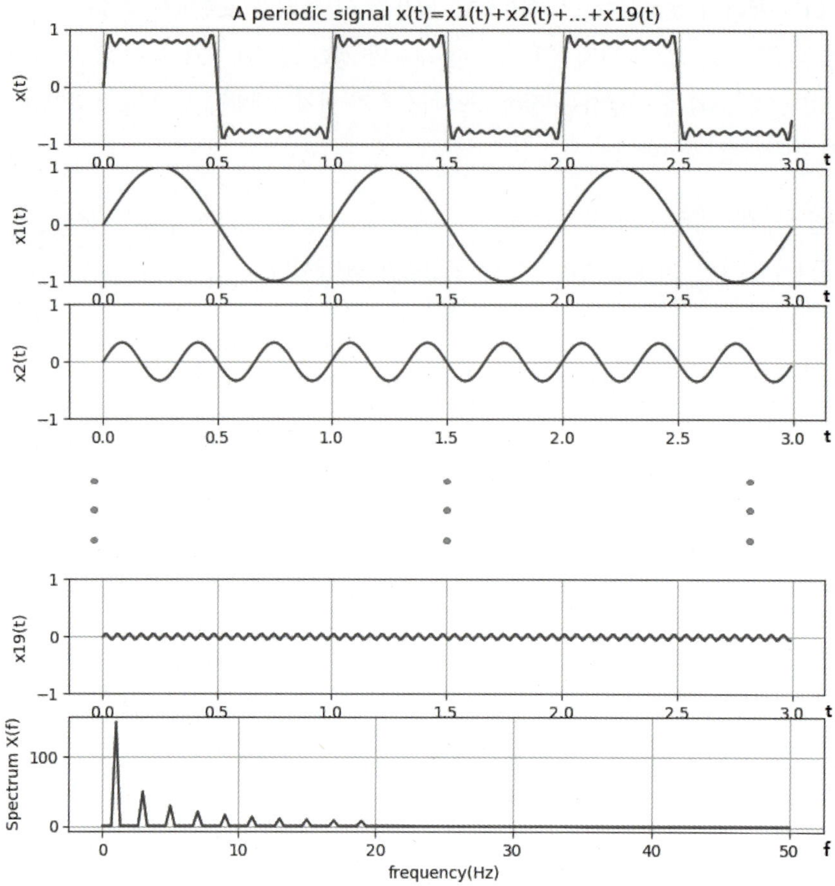

예제 2-2의 소스코드는 다음과 같으며, "chap02_ex02.py" 파일로 저장한다.

chap02_ex02.py

```
import numpy as np
import matplotlib.pyplot as plt

fs=100; dt=1/fs; N=300  #샘플링주파수=100Hz, 0.01초 간격으로 300개 샘플
t=np.arange(0,N)*dt  #시간축은 0.01초*300샘플=3초
x1t=1.0*np.sin(2*np.pi*1*t)  #크기 1, 주파수 1Hz 정현파신호
x2t=1/3*np.sin(2*np.pi*3*t)  #크기 1/3, 주파수 3Hz 정현파신호
x19t=1/19*np.sin(2*np.pi*19*t)  #크기 1/19, 주파수 19Hz 정현파신호
sum=0
for i in range(1,20,2):  #열 아홉개 신호의 합성
```

```
    sum=sum+1/i*np.sin(2*np.pi*i*t)
xt=sum

df=fs/N  #주파수간격
f=np.arange(0,N)*df  #주파수축 0~50 Hz(0~fs/2)
Xf=np.fft.fft(xt)  #주파수별 크기 계산 (FFT)

plt.subplot(6,1,1); plt.plot(t,xt,"b"); plt.ylim(-1,1); plt.grid()
plt.ylabel("x(t)")
plt.title("A periodic signal x(t)=x1(t)+x2(t)+...+x19(t)")
plt.subplot(6,1,2); plt.plot(t,x1t,"b"); plt.ylim(-1,1); plt.grid()
plt.ylabel("x1(t)")
plt.subplot(6,1,3); plt.plot(t,x2t,"b"); plt.ylim(-1,1); plt.grid()
plt.ylabel("x2(t)")
plt.subplot(6,1,5); plt.plot(t,x19t,"b"); plt.ylim(-1,1); plt.grid()
plt.ylabel("x19(t)")
plt.subplot(6,1,6); plt.plot(f[0:int(N/2+1)],np.abs(Xf[0:int(N/2+1)]),"b");
plt.xlabel("frequency(Hz)"); plt.ylabel("Spectrum X(f)"); plt.grid()
```

2.4.1 삼각함수에 의한 연속시간 푸리에급수

식 (2-21)이나 식 (2-22)와 같은 연속시간 주기신호의 CTFS를 삼각함수식으로 일반화하면 식 (2-23)과 같이 나타낼 수 있다.

$$\tilde{x}(t) = a_0 + \sum_{k=1}^{\infty} a_k \cos(k\omega_0 t) + \sum_{k=1}^{\infty} b_k \sin(k\omega_0 t) \qquad (2-23)$$

여기서 각 항의 계수는 다음과 같으며, CTFS 계수(CTFS coefficient)라고 부른다.

$$a_0 = \frac{2}{T}\int_T \tilde{x}(t)dt, \qquad a_k = \frac{2}{T}\int_T \tilde{x}(t)\cos(k\omega_0 t)dt$$
$$b_k = \frac{2}{T}\int_T \tilde{x}(t)\sin(k\omega_0 t)dt$$

여기서 $\int_T$은 주기신호 $x(t)$의 한 주기 동안의 적분을 의미한다. 그리고 ω_0은 기본 라디안 주파수(fundamental radian frequency)를 나타내며, 주기가 T_0이면 $f_0 = \frac{1}{T_0}$이다.

예제 2-3 다음과 같은 주기신호에 대해 기본 주파수를 구하고, 각 항들의 주파수가 기본 주파수의 몇 배인 고조파인지를 알아보시오.

$$x(t) = \cos(2\pi t) + \cos(\pi t) + \cos\left(\frac{2\pi}{3}t\right)$$

풀이 위의 식을 다시 쓰면, 다음과 같다.

$$x(t) = \cos(2\pi t) + \cos\left(2\pi \frac{1}{2}t\right) + \cos\left(2\pi \frac{1}{3}t\right)$$

여기서 각 항들의 주파수는 각각 $f_1 = 1$, $f_2 = \frac{1}{2}$, $f_3 = \frac{1}{3}$ 이다. 따라서 기본 주파수는 이들의 최대공약수인 $f_0 = \frac{1}{6}$ 이며, 각 항들은 이 기본 주파수 f_0 의 6배, 3배, 2배의 고조파임을 알 수 있다.

예제 2-3에서와 같이 푸리에급수를 구성하는 각 항의 신호들을 기저신호(basis signal)라 하며, 기저신호들로 사용한 정현파신호들은 기본 주파수 f_0 의 정수배인 고조파신호(harmonic signal)들이다. 이 고조파신호들은 서로 직교(orthogonal)하는 성질을 가지고 있다.

예제 2-4 주기신호를 구성하는 정현파신호들인 $x_m(t)$ 와 $x_n(t)$ 가 다음의 성질을 만족하면 서로 직교함을 나타내시오. 여기서 E는 신호의 에너지를 나타낸다.

$$\int_a^b x_m(t)x_n^*(t)dt = \begin{cases} E, & m=n \\ 0, & m \neq n \end{cases}, \qquad m, n = 0,\ \pm 1,\ \pm 2,\ \cdots$$

풀이 위 식에서 $x_n^*(t)$ 는 $x_n(t)$ 가 복소신호일 때의 공액(conjugate)을 의미한다. 기저신호로 코사인신호를 사용하면 위의 식은 다음과 같이 쓸 수 있다.

$$x_m(t) = \cos(mt),\ x_n(t) = \cos(nt), \qquad m, n = 1, 2, 3, \cdots, \qquad 0 \leq t \leq 2\pi$$

$$\begin{aligned}\int_0^{2\pi} x_m(t)x_n^*(t)dt &= \int_0^{2\pi}\cos(mt)\cos(nt)dt\\ &= \int_0^{2\pi}\left\{\frac{\cos(m+n)t}{2}+\frac{\cos(m-n)t}{2}dt\right\}\\ &= \frac{1}{2}\int_0^{2\pi}\cos(m+n)tdt+\frac{1}{2}\int_0^{2\pi}\cos(m-n)tdt\end{aligned}$$

위 식에서 $m=n$ 인 경우이면 결과는 다음과 같이 π 이다.

$$\begin{aligned}&\frac{1}{2}\int_0^{2\pi}\cos(m+n)tdt+\frac{1}{2}\int_0^{2\pi}\cos(m-n)tdt\\ &=\frac{1}{2}\int_0^{2\pi}\cos(m+n)tdt+\frac{1}{2}\int_0^{2\pi}1dt=\frac{1}{2}\frac{1}{2m}\left[\sin(2mt)\right]_0^{2\pi}+\frac{1}{2}[t]_0^{2\pi}\\ &=\frac{1}{2}\frac{1}{2m}\left[\sin(4\pi mt)-\sin(0)\right]+\frac{1}{2}[2\pi-0]=\frac{1}{4m}(0-0)+\frac{1}{2}[2\pi]=\pi\end{aligned}$$

그러나 $m\neq n$ 인 경우이면 결과는 다음과 같이 0이 된다.

$$\begin{aligned}&\frac{1}{2}\int_0^{2\pi}\cos(m+n)tdt+\frac{1}{2}\int_0^{2\pi}\cos(m-n)tdt\\ &=\frac{1}{2}\left\{\frac{1}{m+n}\left[\sin(m+n)t\right]_0^{2\pi}+\frac{1}{m-n}\left[\sin(m-n)t\right]_0^{2\pi}\right\}\\ &=\frac{1}{2}\left\{\frac{\sin(2\pi(m+n))-\sin(0)}{m+n}+\frac{\sin(2\pi(m-n))-\sin(0)}{m-n}\right\}\\ &=\frac{1}{2}\left(\frac{0-0}{m+n}-\frac{0-0}{m-n}\right)=0\end{aligned}$$

따라서 위의 결과를 통해서 다음 식과 같이 기본 주파수의 정수배인 고조파신호들은 서로 직교함을 알 수 있다.

$$\int_a^b x_m(t)x_n^*(t)dt=\int_a^b\cos(mt)\cos(nt)dt=\begin{cases}\pi, & m=n\\ 0, & m\neq n\end{cases}$$

참고로 푸리에급수를 해석하기 위해 필요한 삼각함수 공식을 표 2-1에 나타내었다.

표 2-1 푸리에해석을 위한 기본적인 삼각함수 공식

명칭	삼각함수 공식
단위원의 방정식	$\sin^2\theta + \cos^2\theta = 1$
덧셈 공식	$\sin(\alpha \pm \beta) = \sin(\alpha)\cos(\beta) \pm \cos(\alpha)\sin(\beta)$
	$\cos(\alpha \pm \beta) = \cos(\alpha)\cos(\beta) \mp \sin(\alpha)\sin(\beta)$
곱셈 공식	$2\sin(\alpha)\cos(\beta) = \sin(\alpha+\beta) + \sin(\alpha-\beta)$ $2\cos(\alpha)\sin(\beta) = \sin(\alpha+\beta) - \sin(\alpha-\beta)$
	$2\cos(\alpha)\cos(\beta) = \cos(\alpha+\beta) - \cos(\alpha-\beta)$ $2\sin(\alpha)\sin(\beta) = \cos(\alpha-\beta) - \cos(\alpha+\beta)$
배각 공식	$\sin(2\theta) = 2\sin(\theta)\cos(\theta)$
	$\cos(2\theta) = \cos^2(\theta) - \sin^2(\theta)$

2.4.2 복소지수에 의한 연속시간 푸리에급수

식 (2–23)에서와 같이 삼각함수에 의한 연속시간 푸리에급수는 사인 항과 코사인 항의 가중합 항으로 표현된다. 하지만 여기에 복소지수함수를 적용하면 하나의 가중합 항으로 나타낼 수 있다. 오일러 공식에 의해서 복소지수함수는 코사인함수와 사인함수의 결합으로 나타낼 수 있기 때문이다.

$$\text{오일러 공식: } e^{j\theta} = \cos(\theta) + j\sin(\theta), \qquad e^{-j\theta} = \cos(\theta) - j\sin(\theta)$$

위의 오일러 공식을 사용하면 다음 식과 같이 코사인함수와 사인함수를 지수함수로 나타낼 수 있다.

$$\cos(\theta) = \frac{e^{j\theta} + e^{-j\theta}}{2}, \qquad \sin(\theta) = \frac{e^{j\theta} - e^{-j\theta}}{2j}$$

따라서 위의 오일러 공식을 적용하면 식 (2–23)의 두 번째 항과 세 번째 항은 다음과 같이 나타내어진다.

$$
\begin{aligned}
&\sum_{k=1}^{\infty} a_k \cos(k\omega_0 t) + \sum_{k=1}^{\infty} b_k \sin(k\omega_0 t) \\
&= \sum_{k=1}^{\infty} a_k \frac{e^{jk\omega_0 t} + e^{-jk\omega_0 t}}{2} + \sum_{k=1}^{\infty} b_k \frac{e^{jk\omega_0 t} - e^{-jk\omega_0 t}}{2j} \\
&= \sum_{k=1}^{\infty} a_k \frac{e^{jk\omega_0 t} + e^{-jk\omega_0 t}}{2} + \sum_{k=1}^{\infty} b_k \frac{(-e^{jk\omega_0 t} + e^{-jk\omega_0 t})j}{2} \\
&= \sum_{k=1}^{\infty} \frac{a_k - jb_k}{2} e^{jk\omega_0 t} + \sum_{k=1}^{\infty} \frac{a_k + jb_k}{2} e^{-jk\omega_0 t}, \qquad \text{put) } c_k = \frac{a_k - jb_k}{2},\ c_{-k} = \frac{a_k + jb_k}{2} \\
&= \sum_{k=1}^{\infty} c_k e^{jk\omega_0 t} + \sum_{k=1}^{\infty} c_{-k} e^{-jk\omega_0 t}
\end{aligned}
$$

그러므로 삼각함수 신호에 의한 CTFS 식 (2–23)은 복소지수함수 신호에 의한 식 (2–24)와 같이 가중합 항이 하나뿐인 매우 간편한 식으로 표현할 수 있게 되었다.

$$
\begin{aligned}
\tilde{x}(t) &= a_0 + \sum_{k=1}^{\infty} a_k \cos(k\omega_0 t) + \sum_{k=1}^{\infty} b_k \sin(k\omega_0 t) \\
&= c_0 + \sum_{k=1}^{\infty} c_k e^{jk\omega_0 t} + \sum_{k=1}^{\infty} c_{-k} e^{-jk\omega_0 t}, \quad c_0 = a_0 \\
&= c_0 + \sum_{k=1}^{\infty} c_k e^{jk\omega_0 t} + \sum_{k=-1}^{-\infty} c_k e^{jk\omega_0 t} \\
&= \sum_{k=-\infty}^{\infty} c_k e^{jk\omega_0 t}
\end{aligned}
\tag{2–24}
$$

식 (2–24)로부터 CTFS를 통해 얻은 주파수 성분들을 스펙트럼으로 나타내면 다음 그림과 같은 선스펙트럼이 된다.

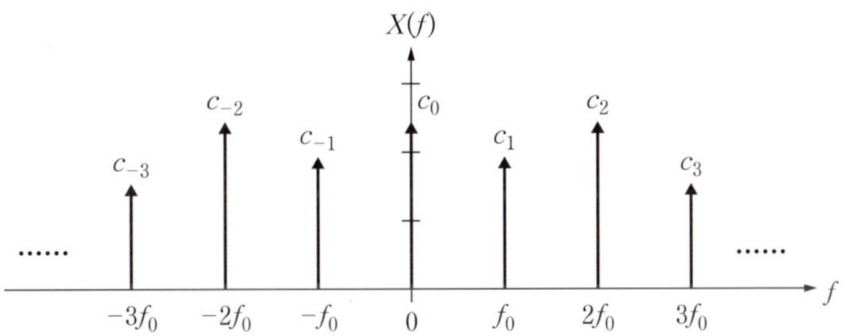

식 (2–24)에서 c_k는 복소지수 형태의 연속시간 주기신호에 대한 CTFS 계수이며, 식 (2–25)와 같이 정의된다.

$$c_k = \frac{1}{T}\int_T \tilde{x}(t)e^{-jk\omega_0 t}dt = \frac{1}{T}\int_T \tilde{x}(t)e^{-jk2\pi f_0 t}dt \tag{2-25}$$

식 (2–24)와 식 (2–25)를 연속시간 푸리에급수쌍(A pair of CTFS)이라 부른다. 둘 다 나타내면 식 (2–26)과 같다.

$$c_k = \frac{1}{T}\int_T \tilde{x}(t)e^{-j2\pi kf_0 t}dt, \qquad \tilde{x}(t) = \sum_{k=-\infty}^{\infty} c_k e^{j2\pi kf_0 t} \tag{2-26}$$

식 (2–24)와 같이 연속시간 주기신호는 CTFS 해석을 통해서 복소지수신호들의 합으로 나타낼 수 있으며, CTFS의 계수들은 결국 연속시간 주기신호에 포함된 주파수 성분들의 크기를 나타낸다. 그리고 이 푸리에급수 계수들을 각각의 주파수 성분들에 따라 주파수 축에 주파수스펙트럼 또는 선스펙트럼으로 나타낼 수 있다.

예제 2–5 다음 식과 같은 연속시간 정현파신호의 푸리에급수 계수를 구하고, 선스펙트럼으로 나타내시오.

$$x(t) = \cos(\omega_0 t) + \sin(\omega_0 t)$$

풀이 식 $x(t)$에 오일러 공식을 적용하면 다음과 같아진다.

$$\begin{aligned} x(t) &= \cos(\omega_0 t) + \sin(\omega_0 t) \\ &= \frac{e^{j\omega_0 t} + e^{-j\omega_0 t}}{2} + \frac{e^{j\omega_0 t} - e^{-j\omega_0 t}}{2j} = \frac{e^{j\omega_0 t} + e^{-j\omega_0 t}}{2} + \frac{(-e^{j\omega_0 t} + e^{-j\omega_0 t})j}{2} \\ &= \left(\frac{1-j}{2}\right)e^{j\omega_0 t} + \left(\frac{1+j}{2}\right)e^{-j\omega_0 t} \end{aligned}$$

따라서 푸리에계수는 다음과 같다.

$$c_1 = \left|\frac{1-j}{2}\right| = \frac{\sqrt{1+1}}{2} = \frac{\sqrt{2}}{2}, \quad c_{-1} = \left|\frac{1+j}{2}\right| = \frac{\sqrt{1+1}}{2} = \frac{\sqrt{2}}{2}$$

계수 값을 스펙트럼으로 나타내면 다음 그림과 같다.

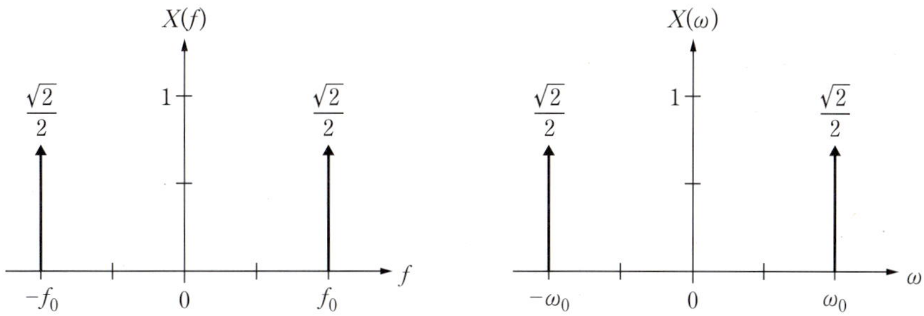

2.5 연속시간 푸리에변환

앞 절에서는 연속시간 주기함수에 대해 그 주파수 성분을 찾기 위해서 푸리에급수(Fourier series)를 적용하였다. 그러나 실제에서의 실질적인 신호들은 대부분이 주기신호가 아닌 비주기신호들이다. 따라서 비주기신호들의 주파수 성분을 찾는 방법이 필요하며, 이 방법으로 연속시간 푸리에변환(CTFT, Continuous−time Fourier transform)이라 부르는 방법이 있다.

주기신호에서 한 주기를 떼 내어서 그 주기를 무한대로 크게 하면 비주기신호가 될 것이다. 따라서 비주기신호는 기본 주기가 무한대인 주기신호라고 가정할 수 있다. 또한 한 주기의 신호를 동일하게 유지하면서 주기를 점점 증가시키면 주기와 주파수의 역관계로 인해서 스펙트럼선들의 사이, 즉 주파수 사이의 간격이 점점 줄어들게 된다. 그러므로 주기를 무한대로 접근하게 한다면 선 간격은 0으로 줄어들어 극한으로는 모든 선이 연결될 것이다. 결국 비주기신호의 스펙트럼은 그림 2−6에서와 같이 연속스펙트럼이 된다.

비주기 연속시간신호에 대한 연속시간 푸리에변환 CTFT를 변환 쌍으로 나타내면 식 (2−27)과 같다.

$$X(\omega)=\int_{t=-\infty}^{\infty}x(t)e^{-j2\pi ft}dt \quad\Leftrightarrow\quad x(t)=\frac{1}{2\pi}\int_{f=-\infty}^{\infty}X(\omega)e^{j2\pi ft}df \tag{2−27}$$

식 (2−27)에 라디안주파수 $\omega=2\pi f$ 를 적용하면 CTFT 변환 쌍은 식 (2−28)과 같이 된다.

$$X(\omega)=\int_{t=-\infty}^{\infty}x(t)e^{-j\omega t}dt \quad\Leftrightarrow\quad x(t)=\frac{1}{2\pi}\int_{f=-\infty}^{\infty}X(\omega)e^{j\omega t}d\omega \tag{2−28}$$

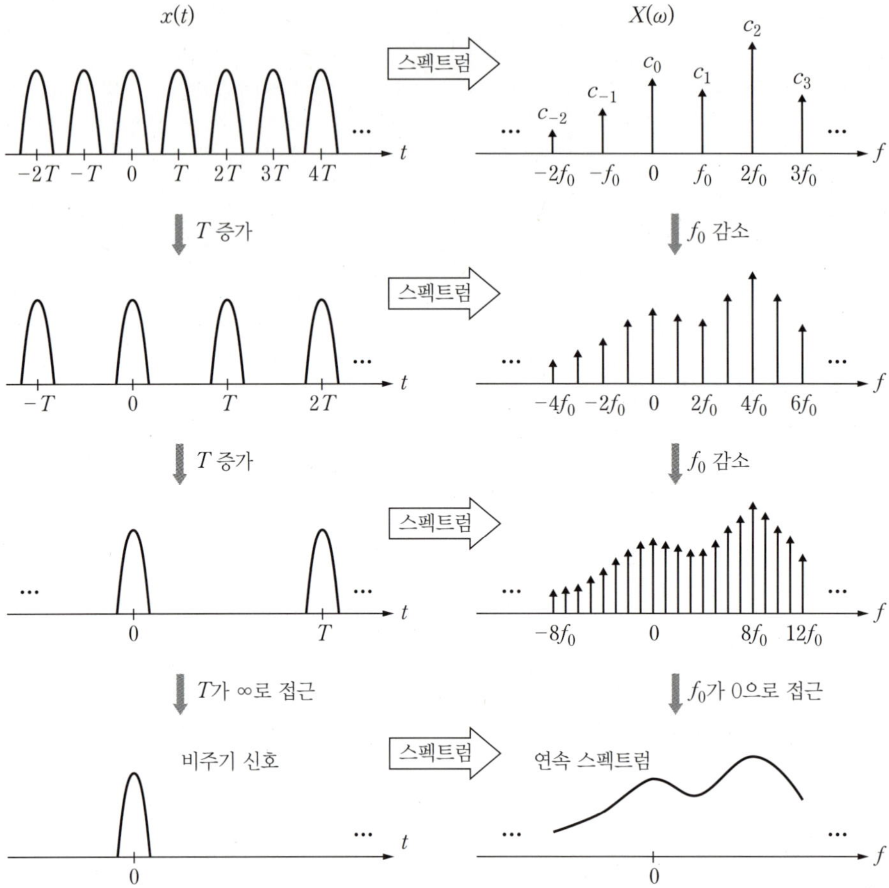

그림 2-6 연속시간 푸리에변환에서의 비주기신호와 주파수스펙트럼의 관계

예제 2-6 다음과 같은 구형파신호의 연속시간 푸리에변환을 구하고, 선스펙트럼을 나타내시오.

$$x(t) = \begin{cases} 1, & -\dfrac{T}{2} \le t < \dfrac{T}{2} \\ 0, & \text{otherwise} \end{cases}$$

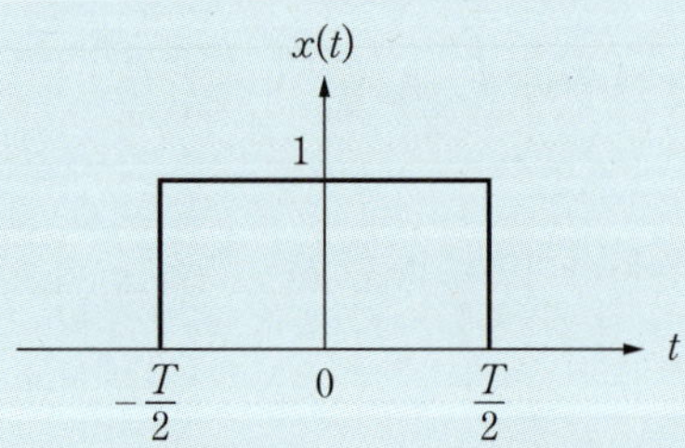

풀이 비주기 구형파신호를 연속시간 푸리에변환식 (2–28)에 대입하면 구형파신호의 연속시간 푸리에변환은 다음과 같다.

$$X(\omega) = \int_{t=-\infty}^{\infty} x(t)e^{-j\omega t}dt = \int_{t=-\frac{T}{2}}^{\frac{T}{2}} 1 \cdot e^{-j\omega t}dt$$

$$= \left[-\frac{1}{j\omega}e^{-j\omega t}\right]_{-\frac{T}{2}}^{\frac{T}{2}} = -\frac{1}{j\omega}\left(e^{-j\omega\frac{T}{2}} - e^{j\omega\frac{T}{2}}\right)$$

$$= -\frac{1}{j\omega}\left(-2j\sin\left(\frac{\omega T}{2}\right)\right) = \frac{\sin\left(\frac{\omega T}{2}\right)}{\frac{\omega}{2}} = \frac{\sin(\pi f T)}{\pi f} = \frac{\sin(\pi f)}{\pi f}, \quad \text{put) } T = 1$$

결과와 같은 형태의 신호를 싱크(sinc)신호라 한다. 이 싱크신호를 계산할 때, 위의 식에서 $\omega=0$ 일 때는 계산이 불가능하므로 $\omega=0$ 에 대해서는 싱크신호의 크기를 1로 둔다.

예제 2–6에서와 같은 비주기 구형파신호의 푸리에변환을 스펙트럼으로 나타내면 다음 그림과 같다. 이 스펙트럼은 주파수 사이의 간격을 0으로 계산할 수 없으므로 미세한 간격 값(라디안으로 0.1)으로 나타낸 경우이다. 이 간격을 0에 가까이 접근시키면 실제 스펙트럼은 그림에서의 포락선처럼 연속스펙트럼이 된다.

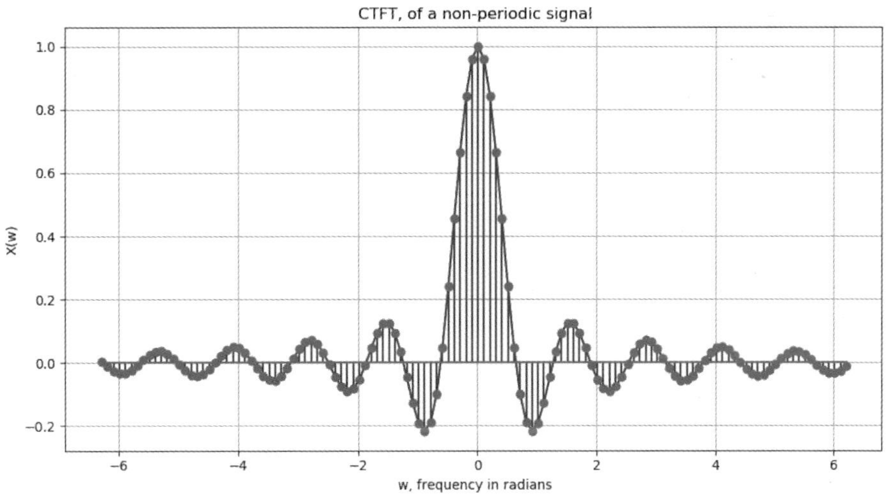

소스코드는 다음과 같으며, "chap02_ex06.py" 파일로 저장한다.

chap02_ex06.py

```
import numpy as np
import matplotlib.pylab as plt

w=np.arange(-2*np.pi,2*np.pi,0.1)    #주파수축 설정
N=len(w)    #전체 주파수축 길이
Xw=np.zeros(N)    #CTFT 결과 계수 저장 어레이
T=1    #주기를 1로 둔다.
for i in range(-int(N/2),int(N/2)):
    if i==0:
        Xw[i+int(N/2)]=1    #싱크함수 f=0에서의 조건
    if i!=0:
        Xw[i+int(N/2)]=np.sin(i*T/2)/(i/2)    #CTFT 계수 X(f) 계산

plt.plot(w,Xw,"blue")
plt.stem(w,Xw,"blue"); plt.grid()
plt.xlabel("w, frequency in radians"); plt.ylabel("X(w)")
plt.title("CTFT, of a non-periodic signal")
```

2.6 샘플링과 복원

많은 응용에서, 예를 들면 디지털통신 등에서 실제 아날로그신호는 샘플링(sampling)과 양자화(quantization)(집합적으로 아날로그-디지털 변환 또는 ADC라고 불린다.) 동작을 거쳐서 이산신호로 전환된다. 그리고 이산신호는 디지털 신호처리기(digital signal processor)를 통해서 처리되고, 처리된 신호는 복원(reconstruction)(집합적으로 디지털-아날로그 변환 또는 DAC라고 불린다.) 동작을 통해서 아날로그신호로 전환된다.

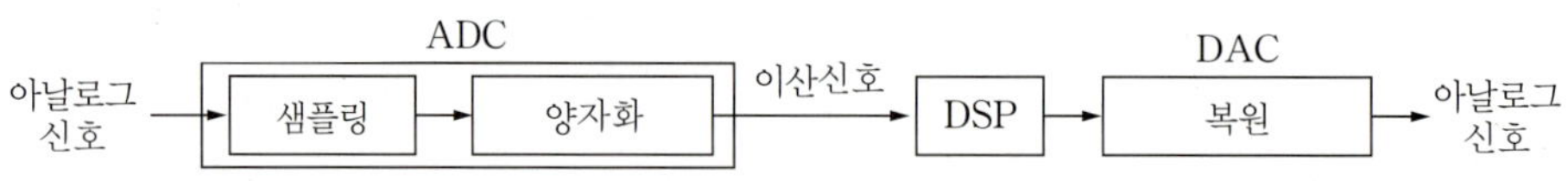

그리고 푸리에분석을 통해, 주파수영역의 관점에서 샘플링 동작을 기술하고, 그것의 효과를 분석하고, 그 다음에는 양자화와 복원 동작에 대해 알아본다.

2.6.1 샘플링

신호 $x(t)$가 절대적으로 적분 가능한 연속시간신호일 때, 그것의 CTFT는 다음 식과 같이 식 (2-28)로 주어진다.

$$X(\omega)=\int_{-\infty}^{\infty}x(t)e^{-j\omega t}dt$$

여기서 ω는 [radians/sec] 단위의 아날로그 라디안주파수이다. 그리고 연속시간 푸리에 역변환(ICTFT, inverse CTFT)은 다음 식으로 나타내어진다.

$$x(t)=\frac{1}{2\pi}\int_{-\infty}^{\infty}X(\omega)e^{j\omega t}d\Omega$$

이산신호 $x(n)$을 얻기 위해서 식 (2-29)에서처럼 T_s 초만큼의 샘플 간격(sample interval)으로 $x(t)$를 샘플링한다.

$$x(n)=x(nT_s) \tag{2-29}$$

따라서 연속시간신호 $x(t)$로부터 이산신호 $x(n)$을 얻는 과정을 도식적으로 나타내면 다음과 같다.

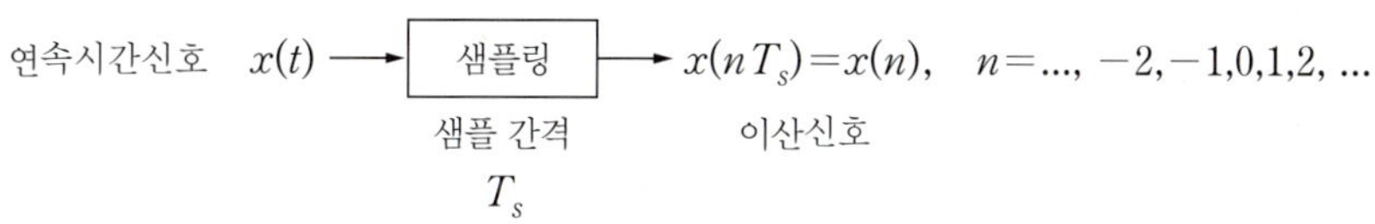

$X(\Omega)$가 이산신호 $x(n)$의 이산시간 푸리에변환(DTFT)이면, 그때 $X(\Omega)$는 식 (2-30)과 같이 아날로그신호 $x(t)$의 푸리에변환, 즉 CTFT인 $X(\omega)$를 크기조정(magnitude-scaled), 주파수조정(frequency-scaled), 그리고 이동(translated)한 버전이라고 할 수 있다.

$$X(\Omega)=\underset{\text{크기조정}}{\underset{\uparrow}{\frac{1}{T_s}}}\sum_{l=-\infty}^{\infty}X\left(\underset{\text{주파수조정}}{\underset{\uparrow}{\frac{\omega}{T_s}}}-\underset{\text{이동}}{\underset{\uparrow}{\frac{2\pi}{T_s}l}}\right) \tag{2-30}$$

그리고 아날로그 라디안주파수 ω와 디지털 라디안주파수 Ω는 샘플 간격인 T_s를 통해서 식 (2–31)의 관계를 가지고 있다.

$$\Omega = 2\pi F = 2\pi f/f_s = \omega/f_s = \omega T_s \qquad (2\text{–}31)$$

반면에 샘플링주파수 f_s는 샘플 간격 T_s와 식 (2–32)의 관계가 있다.

$$f_s = \frac{1}{T_s}\,[\text{samples/ sec}] \qquad (2\text{–}32)$$

그림 2–7은 이산시간 푸리에변환 DTFT와 연속시간 푸리에변환 CTFT 사이의 관계를 시간영역과 주파수영역에서 대비하여 보여준다. 여기서 ω_0은 입력신호가 가지는 주파수대역폭(frequency bandwidth)을 나타낸다.

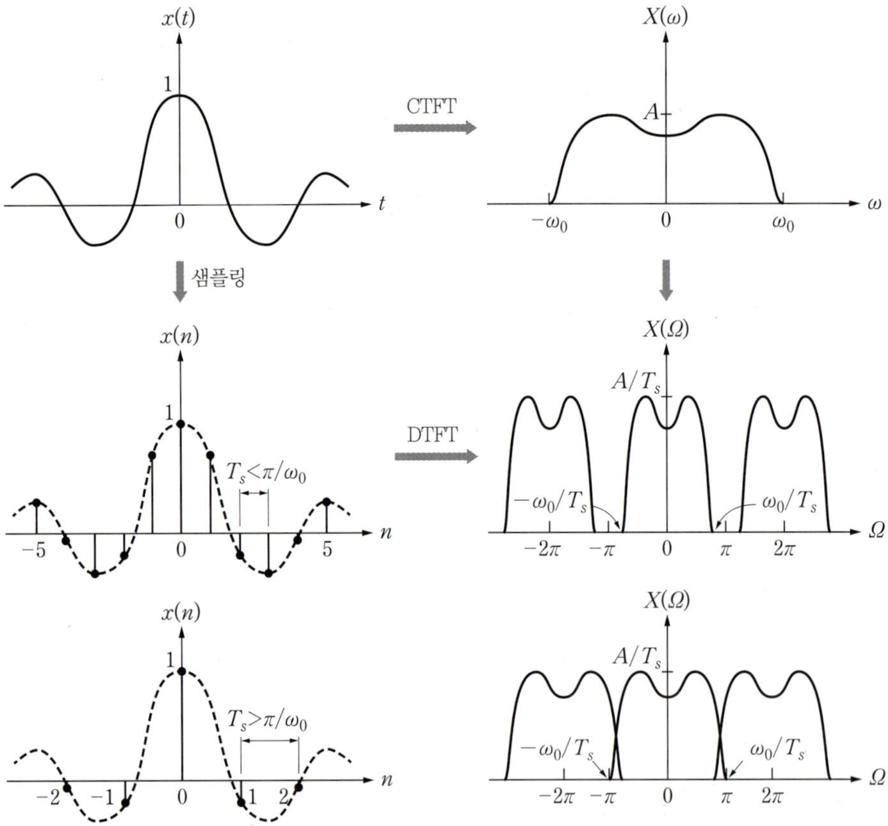

그림 2–7 시간영역에서의 샘플링에 대한 주파수영역에서의 해석

그림 2-7에서 일반적으로 이산신호의 주파수스펙트럼 $X(\Omega)$는 그 대응되는 아날로그신호의 주파수스펙트럼 $X(\omega)$의 복제버전(aliased version)이라는 것을 관찰할 수 있다. 만약 $X(\omega)$의 무한대 복제(replicas)들이 $X(\Omega)$를 형성하는데 있어서 서로 중복(overlap)되지 않으면 DTFT $X(\Omega)$로부터 CTFT $X(\omega)$를 복원시키는 것이 가능하다. 하지만 서로 중복이 일어나면 $X(\Omega)$로부터 $X(\omega)$를 복원시키는 것이 불가능하다.

샘플링 정리

대역폭이 ω_0인 한정대역신호 $x(t)$는 식 (2-33)과 같이 만약 샘플링주파수 $f_s = \frac{1}{T_s}$이 $x(t)$의 대역폭 ω_0의 두 배보다 더 크면 그것의 샘플 값들인 $x(n) = x(nT_s)$으로부터 복원될 수 있다. 즉 "샘플링주파수는 입력신호의 주파수대역폭의 두 배 이상이어야 한다."는 것이 샘플링 정리(Sampling theorem)이다.

$$f_s \geq 2\omega_0 \tag{2-33}$$

입력신호의 주파수대역폭은 입력신호가 내포하고 있는 최대주파수 f_m으로 결정되므로 다음과 같이 나타낼 수도 있다.

$$f_s \geq 2f_m$$

여기서 $f_s = 2f_m$일 때의 샘플링주파수를 나이키스트주파수(Nyquist frequency)라고 부른다. 따라서 샘플링 정리에 의하면, 연속시간신호 $x(t)$를 샘플링하여 얻은 이산시간신호 $x(n)$이 나타낼 수 있는 가장 높은 아날로그주파수는 $\frac{f_s}{2}$[Hz]이다.

2.6.2 복원

샘플링 정리에 따르면 대역제한신호 $x(t)$를 그것의 나이키스트 비율 이상으로 샘플링하면 샘플 $x(n)$으로부터 $x(t)$를 다시 복원(reconstruction)할 수 있다. 복원은 다음과 같이 두 단계로 행해진다.

- 먼저 샘플들을 식 (2-34)와 같이 가중치 임펄스 열로 변환한다.

$$\sum_{n=-\infty}^{\infty} x(n)\delta(t-nT_s) = \cdots + x(-1)\delta(t+T_s) + x(0)\delta(t) + x(1)\delta(t-T_s) + \cdots \quad (2\text{-}34)$$

- 그 다음에, 임펄스 열을 다음과 같이 $[-f_s/2,\ f_s/2]$의 구간으로 대역이 제한된 이상적인 아날로그 저역통과필터(sinc 함수)를 통해 필터링시킨다.

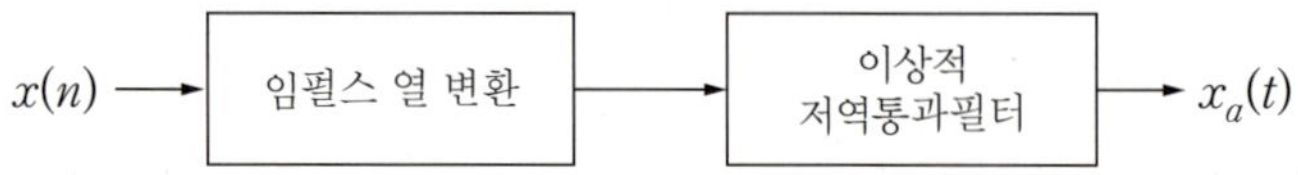

위의 두 단계 과정은 보간공식을 사용해서 식 (2-35)와 같이 수학적으로 기술될 수 있다. 보간이 이루어진 신호 $x_a(t)$는 식 (2-35)와 같다.

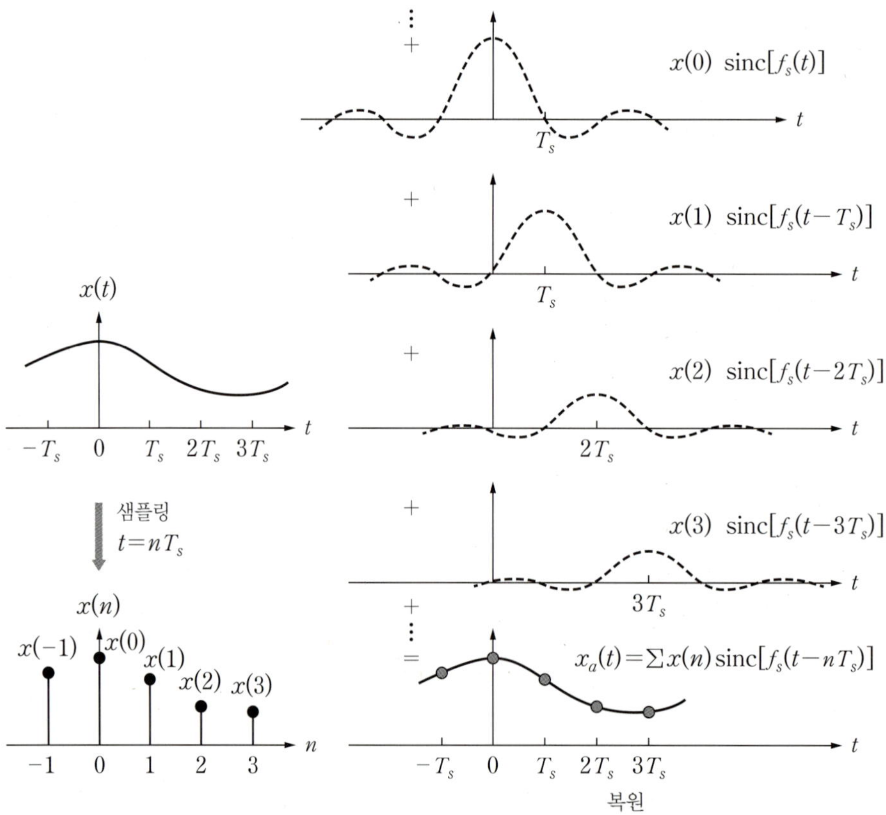

그림 2-8 대역제한 신호의 복원

$$x_a(t) = \sum_{n=-\infty}^{\infty} x(n)\text{sinc}[f_s(t-nT_s)] \tag{2-35}$$

여기서 $\text{sinc}(x) = \dfrac{\sin(\pi x)}{\pi x}$ 은 보간함수(interpolating function)이다.

식 (2-35)의 복원 과정의 물리적인 해석을 그림 2-8에 나타내었다.

그림 2-8로부터 이산신호의 전체 구간에 대해 싱크신호를 이동하면서 연속적으로 곱의 합 연산을 통해 보간 값을 구하게 된다. 이 방법으로 이상적인 복원을 이루기 위해서는 무한구간의 연산이 필요하므로 실제적으로 가능하지 않다. 하지만 예제 2-7에서와 같이 미세 간격의 구간으로 계산하는 것은 가능하다.

식 (2-35)를 구현하기 위해서는 넘파이의 "np.sinc()" 함수를 사용하면 된다. 이 함수를 사용하기 위해서 유한구간 $[x(n),\ n_1 \le n \le n_2]$을 설정하고 시간 간격을 Δt로 두면, 식 (2-35)는 식 (2-36)과 같이 나타낼 수 있다.

$$x(m\Delta t) \approx \sum_{n=n_1}^{n_2} x(n)\text{sinc}[f_s(m\Delta t - nT_s)], \qquad t_1 \le m\Delta t \le t_2 \tag{2-36}$$

예제 2-7 연속시간신호 $x(t)$을 $f_s = 5,000[\text{samples/sec}]$로 샘플링해서 다음 식과 같은 이산시간신호 $x(n)$을 얻었다. 함수를 사용하여 $x(t)$를 복원하시오.

$$x(n) = e^{-1000|nT_s|}, \qquad -25 \le n \le 25$$

풀이 f_s=5,000[samples/sec]이므로 샘플링주기는 $T_s = \dfrac{1}{f_s} = \dfrac{1}{5000} = 0.0002[\text{sec}]$이다. 그리고 신호는 $x(n) = e^{-1000|nT_s|},\ -25 \le n \le 25$이므로, 시간으로는 −0.005초에서 0.005초까지 구간이며, 51개의 샘플로 구성된다. 그림 2-9의 상단 그림과 같다. 그리고 복원을 위해 싱크함수를 적용하는데 유한시간 구간 $-0.005 \le t \le 0.005$에 대해 무한대의 시간 구간을 사용할 수 없으므로 매우 작은 0.00005의 시간 구간으로 원래 샘플수보다 4배가 많은 샘플로 확장 적용한다. 식 (2-36)에 대하여 "np.sinc()" 함수를 사용하여 복원한 결과는 그림 2-9의 하단 그림과 같다.

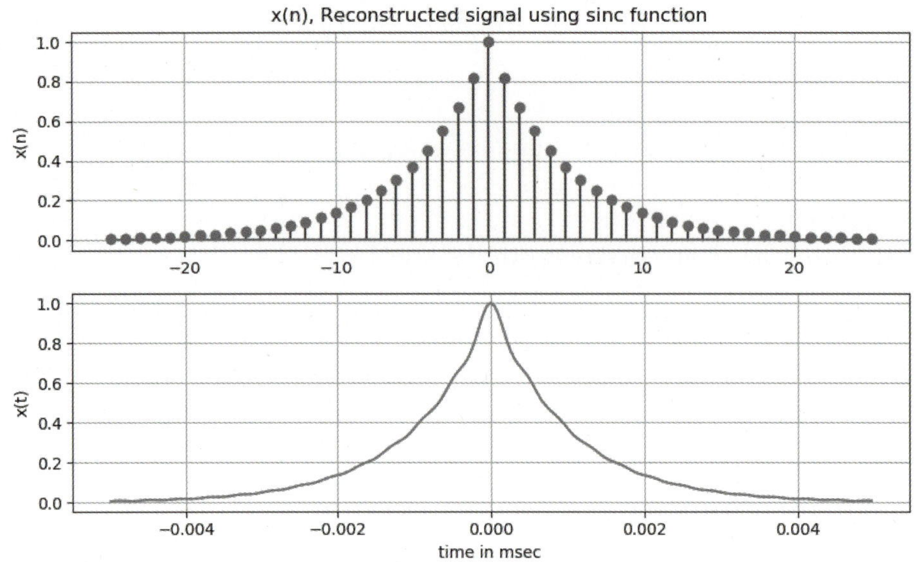

그림 2-9 예제 2-7의 복원된 신호 결과

그림 2-9에서 복원 결과는 가시적으로 원 신호에 매우 가깝게 잘 복원된 것처럼 보인다. 소스코드는 다음과 같으며, "chap02_ex07.py"로 파일에 저장한다.

chap02_ex07.py

```
import numpy as np
import matplotlib.pylab as plt

fs=5000; Ts=0.0002    #샘플링주파수와 샘플링주기
n=np.arange(-25,26)    #인덱스 어레이
xn=np.exp(-1000*np.abs(n*Ts))    #샘플신호(이산신호)
N=len(n)

dt=0.00005    #시간 간격
t=np.arange(-0.005,0.005,dt)    #sinc함수 시간축
Nt=len(t)    #sinc함수 시간축 길이

sinc_out=np.zeros(Nt)    #복원결과 출력배열
for i in range(Nt):
    sum=0
    for j in range(N):    #각각의 n 위치마다, 싱크함수와의 곱의 합을 구한다.
```

```
        sum=sum+xn[j]*np.sinc(fs*(i*dt-j*Ts))
    sinc_out[i]=sum     #각각의 n 위치마다 출력배열에 저장한다.

plt.subplot(2,1,1); plt.stem(n,xn,"blue"); plt.ylabel("x(n)"); plt.grid()
plt.title("x(n), Reconstructed signal using sinc function")
plt.subplot(2,1,2); plt.plot(t,sinc_out,"red")
plt.xlabel("time in msec"); plt.ylabel("x(t)"); plt.grid()
```

실제적인 D/A 변환기

대역제한 신호를 복원하는 데 있어서, 실제적으로는 식 (2-36)에 따르는 싱크함수(이상적인 저역통과필터)를 사용하는 것이 아니라 다른 접근 방식을 사용하며, 이상적인 저역통과필터를 실제적인 저역통과필터로 대체한다. 식 (2-36)은 사실 무한차수의 보간 방법이며, 이것을 유한차수의 보간 방법으로 대체하려는 것이다. 여기에는 다음과 같은 몇 가지 방법이 있다.

1. **영차유지 보간**(Zero-order hold interpolation)

이 보간 방법은 식 (2-37)에서와 같이 현재 샘플로부터 다음 샘플까지의 구간 동안을 현재의 샘플 값으로 일정하게 유지하게 하는 방법이다. 입출력 사이를 방정식으로 나타내면 영차방정식이 되므로 영차유지 보간 방법이라 부른다.

$$\tilde{x}_a(t) = x(n), \qquad nT_s \le n < (n+1)T_s \tag{2-37}$$

이것은 식 (2-38)과 같은 형태의 보간 필터를 통해서 임펄스 열을 필터링함으로써 얻어질 수 있다.

$$h_0(t) = \begin{cases} 1, & 0 \le t \le T_s \\ 0, & \text{otherwise} \end{cases} \tag{2-38}$$

처리 결과는 예제 2-8의 복원 결과 그림에서와 같이 일련의 조각형-상수파형(a piecewise-constant waveform)의 모양이 된다. 정확한 파형 복원을 위해서는 적절하게 설계된 아날로그 후처리필터(analog post-filter)를 거쳐야 한다.

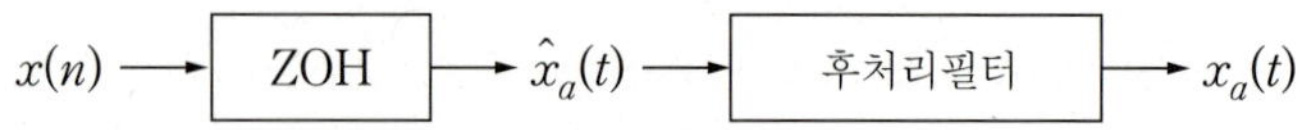

예제 2-8 예제 2-7의 $x(n)$을 영차유지 보간법을 사용하여 복원하시오.

풀이 이산시간신호 $x(n)$은 $x(n) = e^{-1000|nT_s|}$, $-25 \le n \le 25$이다. 소스코드를 작성하고 "chap02_ex08.py" 파일로 저장한다. 복원 결과는 그림 2-10과 같다.

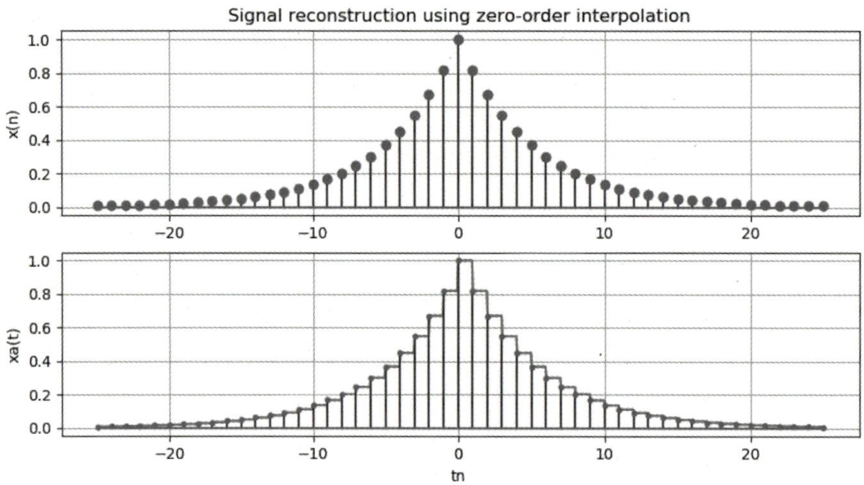

그림 2-10 예제 2-8의 영차유지 보간법을 이용한 신호 복원 결과

보간을 위해서 "scipy" 라이브러리를 참조한다. "interpolate" 모듈에서 "interp1d()" 함수를 사용하고, 보간 종류로는 "previous"를 사용한다. 결과를 보면 영차유지 보간에 의한 복원은 싱크함수에 의한 복원에 비하면 매우 부족한 복원으로 보인다. 따라서 이후에 후처리 필터를 거치게 되는 것이다. 소스코드는 다음과 같으며, chap02_ex08.py로 저장한다.

chap02_ex08.py

```
import numpy as np
import matplotlib.pylab as plt
from scipy.interpolate import *

Ts=0.0002     #샘플링 주기
```

```
n=np.arange(-25,26)     #순서시퀀스 어레이
xn=np.exp(-1000*np.abs(n*Ts))     #샘플시퀀스

ft=interp1d(n,xn,kind="previous")   #영차보간 적용
tn=np.linspace(-25,25,1000)  #보간할 미세구간 설정

plt.subplot(2,1,1); plt.stem(n,xn,"blue"); plt.ylabel("x(n)"); plt.grid()
plt.title("Signal reconstruction using zero-order interpolation")
plt.subplot(2,1,2); plt.plot(tn,ft(tn),"red"); plt.grid()
plt.xlabel("tn"); plt.ylabel("xa(t)")
plt.stem(n,xn,"blue",".")  #덧그리기
```

2. **일차유지 보간**(First-order hold interpolation)

이 보간 방법은 식 (2-39)에서와 같이 이웃하는 샘플들 사이를 직선으로 연결하는 방법이다. 입출력 사이의 관계를 방정식으로 나타내면 1차방정식이다. 따라서 일차유지 보간 방법이라 부른다.

$$h_1(t)=\begin{cases}1+\dfrac{t}{T_s}, & 0\le t\le T_s\\ 1-\dfrac{t}{T_s}, & T_s\le t\le 2T_s\\ 0, & \text{otherwise}\end{cases} \tag{2-39}$$

이 방법에서는 복원 대상 이산신호에서 $n=0$ 지점에서처럼 변곡점이 있는 경우에는 뾰족한 채로 복원된다. 따라서 영차유지 보간에서와 마찬가지로 정확한 복원을 위해서는 이후에 적절하게 설계된 아날로그 후처리필터가 필요하다.

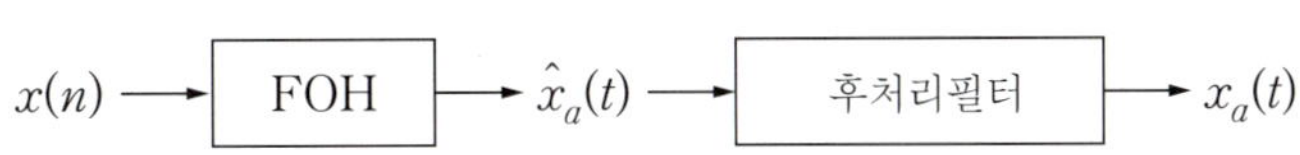

예제 2-9 예제 2-7의 $x(n)$에 대해 일차유지 보간법을 사용하여 복원하시오.

풀이 이산시간신호 $x(n)$은 $x(n)=e^{-1000|nT_s|}$, $-25\le n\le 25$ 이다. 소스코드를 작성하고

"chap02_ex09.py" 파일로 저장한다. 복원 결과는 그림 2-11과 같다.

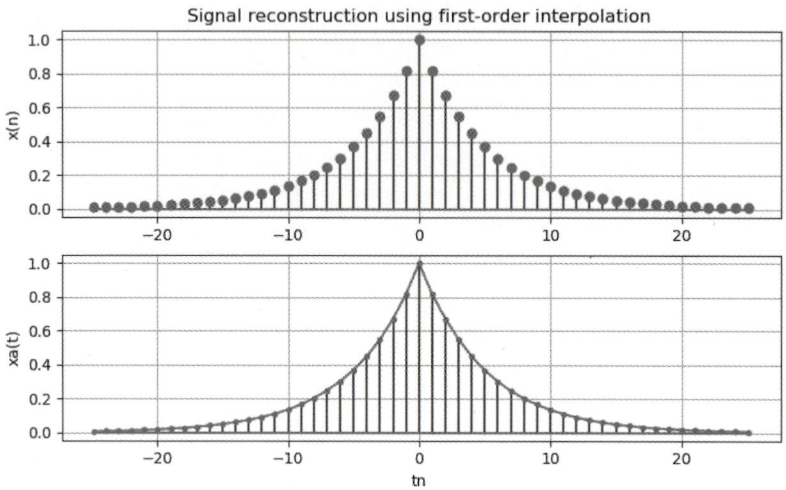

그림 2-11 예제 2-9의 일차유지 보간법을 이용한 신호 복원 결과

보간을 위해서 "scipy" 라이브러리를 참조한다. "interpolate" 모듈에서 "interp1d()" 함수를 사용하고, 보간 종류로는 "linear"를 사용한다. 결과를 보면 영차유지 보간에 비해 나은 것 같지만, $n=0$ 에서의 피크가 너무 뾰족하여 역시 아직은 만족스럽지 못하다. 따라서 이후에 처리가 더 필요하다. 소스코드는 다음과 같다.

chap02_ex09.py

```
import numpy as np
import matplotlib.pylab as plt
from scipy.interpolate import *

Ts=0.0002     #샘플링 주기
n=np.arange(-25,26)     #순서시퀀스 어레이
xn=np.exp(-1000*np.abs(n*Ts))     #샘플시퀀스
ft=interp1d(n,xn,kind="linear")     #일차보간 적용
tn=np.linspace(-25,25,1000) #보간할 미세구간 설정

plt.subplot(2,1,1); plt.stem(n,xn,"blue"); plt.ylabel("x(n)"); plt.grid()
plt.title("Signal reconstruction using first-order interpolation")
plt.subplot(2,1,2); plt.plot(tn,ft(tn),"red"); plt.grid()
```

```
plt.xlabel("tn"); plt.ylabel("xa(t)")
plt.stem(n,xn,"blue",".") #덧그리기
```

3. 큐빅-스플라인 보간(Cubic-Spline interpolation)

큐빅-스플라인 보간은 보다 정밀하고 유연한 보간을 위해서 3차 보간식을 적용한다. 보간 함수식은 식 (2-40)과 같다.

$$h_c(t) = \alpha_0(n) + \alpha_1(n)(t - nT_s) + \alpha_2(n)(t - nT_s)^2 + \alpha_3(n)(t - nT_s)^3 \qquad (2\text{-}40)$$

여기서 $\{\alpha_i(n),\ 0 \le i \le 3\}$은 샘플 값들에 대해 최소제곱법을 사용해서 결정한 다항식 계수들이다.

예제 2-10 예제 2-7의 $x(n)$에 대해 큐빅-스플라인 보간을 사용하여 신호를 복원하시오.

풀이 이산시간신호 $x(n)$은 $x(n) = e^{-1000|nT_s|}$, $-25 \le n \le 25$이다. 소스코드를 작성하고 "chap02_ex10.py" 파일로 저장한다. 복원 결과는 그림 2-12와 같다.

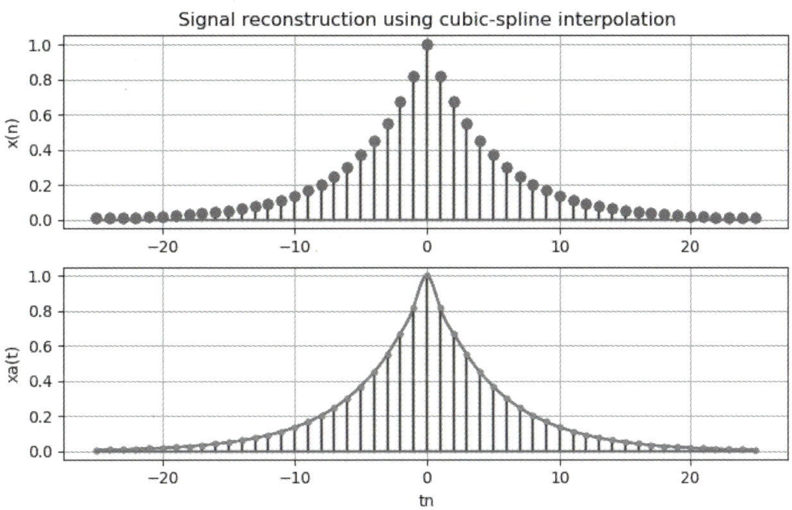

그림 2-12 예제 2-10의 큐빅-스플라인 보간법을 이용한 신호 복원 결과

큐빅-스플라인 보간법에 의해 복원된 신호는 일차유지 보간법에 의해 복원된 신호에서 $n=0$ 에서 피크가 날카롭게 나타났던 것이 훨씬 더 부드럽게 복원된 것을 볼 수 있다. 따라서 이 보간 방법에 의한 복원은 매우 바람직한 것을 알 수 있다. 소스코드는 다음과 같다.

chap02_ex10.py

```
import numpy as np
import matplotlib.pylab as plt
from scipy.interpolate import *

Ts=0.0002     #샘플링 주기
n=np.arange(-25,26)     #순서시퀀스 어레이
xn=np.exp(-1000*np.abs(n*Ts))     #샘플시퀀스
ft=interp1d(n,xn,kind="cubic")     #큐빅-스플라인보간 적용
tn=np.linspace(-25,25,1000)  #보간할 미세구간 설정

plt.subplot(2,1,1); plt.stem(n,xn,"blue"); plt.ylabel("x(n)"); plt.grid()
plt.title("Signal reconstruction using cubic-spline interpolation")
plt.subplot(2,1,2); plt.plot(tn,ft(tn),"red"); plt.grid()
plt.xlabel("tn"); plt.ylabel("xa(t)")
plt.stem(n,xn,"blue",".")  #덧그리기
```

연습문제

1. 등각속도 회전운동을 통해서 정현파신호가 생성되는 것을 나타내시오.

2. 정현파신호의 표현식을 쓰고, 세 가지 구성요소와 각각을 정의하시오.

3. 다음과 같은 정현파신호들의 합성신호에 대해 복소지수신호 형태로 변경하고 주파수 성분에 대해 선스펙트럼으로 나타내시오.

   (1) $x(t)=\cos(2\pi t)+\cos\left(4\pi t+\frac{\pi}{3}\right)$

   (2) $x(t)=2\cos(2\pi t)+\cos\left(4\pi t+\frac{4\pi}{3}\right)$

4. 연속주기신호에 대한 연속시간 푸리에급수식을 정의하고 설명하시오.

5. 연속주기신호의 주파수스펙트럼에 기초하여, 연속비주기신호에 대한 연속시간 푸리에변환의 주파수스펙트럼이 연속스펙트럼이 되는 이유를 설명하시오.

6. 다음과 같은 구형파신호에 대해 $T=1$인 경우의 연속시간 푸리에변환을 구하고 스펙트럼을 나타내시오.

$$x(t)=\begin{cases}1, & -\frac{T}{2}\le t<\frac{T}{2}\\ 0, & \text{otherwise}\end{cases}$$

7. 샘플링 정리에 대해 상세하게 설명하시오.

8. 이산신호를 아날로그신호로 복원하는 방법에 있어서 영차유지 보간과 일차유지 보간, 그리고 큐빅-스플라인 보간 방법들에 대해 나타내고 그 특성들을 비교하여 설명하시오.

9. 연속시간신호 $x(t)$를 $f_s=2,500[\text{samples/sec}]$로 샘플링해서 다음 식과 같은 이산시간신호 $x(n)$을 얻었다. 싱크함수를 사용하여 $x(t)$를 복원하시오.

$$x(n)=e^{-1000|nT_s|},\qquad -25\le n\le 25$$

CHAPTER 03

이산시간신호와 시스템

Digital Signal Processing

contents

03 이산시간신호와 시스템

제2장에서는 연속시간신호와 분석, 그리고 샘플링과 복원 방법들에 대해 알아보았다. 제3장에서는 연속시간신호를 샘플링하여 얻은 이산시간신호와 이산신호로의 전환, 이산신호의 종류, 이산시스템과 응답, 그리고 입출력 관계와 연산에 대해 알아본다. 특히 시스템 분석을 위한 연산에 적용되는 컨볼루션 연산과 차분방정식에 대해 알아본다.

3.1 이산시간신호와 이산신호

3.1.1 이산시간신호

제1장의 그림 1-4에서 나타낸 바와 같이 연속시간신호를 샘플링하면 이산시간신호를 얻을 수 있고, 다시 이산시간신호를 양자화하면 이산적인 값만을 가지는 이산시간신호를 얻을 수 있는데 이것을 디지털신호라 한다. 연속시간신호는 $x(t)$로 표기하였다. 여기서 변수 t은 초 단위의 시간을 나타낸다.

그리고 이산시간신호는 샘플 주기 T_s를 포함하는 표기를 사용하여 $x(nT_s)$로 표기하였다. 이산시간신호 $x(nT_s)$에서 샘플 주기는 일정한 상수이므로 생략하게 되면 $x(n)$으로 표기할 수 있으며, 샘플링할 때의 이산순간(discrete instances)에서의 값들만을 모아놓은 일련의 시퀀스(sequence)만 남는다. 이 시퀀스를 이산신호(discrete signal)라 하며, 이후부터의 모든 해석에는 이 이산신호 개념을 적용하게 된다.

3.1.2 이산신호

이산신호를 표현하기 위해서는 샘플링 순간에서의 샘플 값들의 배열, 즉 샘플시퀀스(sample sequence)와 샘플링 차례를 정수 형태로 나타내는 숫자시퀀스(number sequence), 즉 순서시퀀스(order sequence)도 함께 제공되어야 한다.

이산신호를 표기하는 데는 다음의 두 가지 방법을 사용한다. 첫째로는 먼저 샘플시퀀스 $x(n)$과 순서시퀀스 n, 둘 다를 나타내는 방법이다.

$$x(n) = \{2, 6, 3, 4, 8, 0, 7, 2, 5\}, \quad n = \{-3, -2, -1, 0, 1, 2, 3, 4, 5\}$$

위의 시퀀스 $x(n)$은 순서 n을 참조하면 이 신호의 영점이 네 번째 샘플에 있다. 즉 $x(n)$에서 네 번째에 있는 샘플 값 4가 영점에 위치한 샘플이다. 따라서 시퀀스 $x(n)$은 이 영점을 기준으로 음과 양의 방향으로 순서가 정해진다.

둘째로는 순서시퀀스 n을 따로 나타내지 않고 샘플시퀀스 $x(n)$에 직접 영점인 지점을 위로 향하는 화살표로 표기하는 다음과 같은 방법이다.

$$x(n) = \{2, 6, 3, \underset{\uparrow}{4}, 8, 0, 7, 2, 5\}$$

예를 들어서 위의 이산신호를 그래프로 나타내려면, 샘플시퀀스 $x(n)$과 순서시퀀스 n이 모두 제시되어야 한다. 다음과 같은 이산신호 $x(n)$을 그래프로 나타내본다.

$$x(n) = \{2, 1, -1, \underset{\uparrow}{0}, 1, 4, 3, 7\}$$

이산신호 $x(n)$은 샘플 값이 0인 지점에 화살표가 있으므로 이 위치가 곧 순서로 영점이 있는 지점이며, 순서시퀀스는 다음과 같음을 짐작할 수 있으며, 이 시퀀스를 그래프로 나타내면 다음과 같이 나타내어진다.

$$n = \{-3, -2, -1, 0, 1, 2, 3, 4\}$$

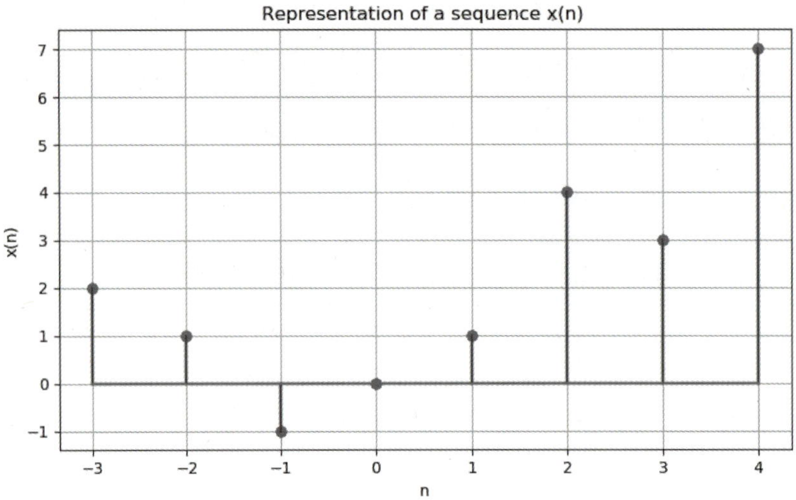

그리고 $x(n)$을 그래프로 나타내기 위해서, 파이썬으로 코드를 작성하려면 우선 수치 계산 처리를 지원하는 넘파이(numpy) 라이브러리와 그래픽 처리를 지원하는 메트플롯(matplotlib) 라이브러리를 다음과 같이 참조해야 한다.

```
import numpy as np
import matplotlib.pylab as plt
```

전체 소스코드는 다음과 같으며, 이산신호의 기본 신호들을 그래프로 나타내기 위한 소스코드를 "chap03_basic_sequences.py"라는 이름의 파일로 저장한다.

chap03_basic_sequences.py

```
import numpy as np
import matplotlib.pylab as plt

n=[-3,-2,-1,0,1,2,3,4]    #순서시퀀스
xn=[2,1,-1,0,1,4,3,7]    #샘플시퀀스
plt.figure(1)    #1번 그림창 할당
plt.stem(n,xn,"blue"); plt.grid()    #그래프 그리기, 눈금 그리기
plt.xlabel("n"); plt.ylabel("x(n)")    #x축, y축 이름
plt.title("Representation of a sequence x(n)")    #그래프 제목
```

3.2 이산신호의 종류

디지털 신호처리에서 해석을 목적으로 사용되는 몇 가지 기본 신호, 즉 기본 시퀀스(basic sequences)에는 다음과 같은 것들이 있다.

- 단위샘플(unit sample) 시퀀스 또는 단위임펄스(unit impulse)
- 단위계단(unit step) 시퀀스
- 실수지수(real-valued exponential) 시퀀스
- 복소지수(complex-valued exponential) 시퀀스
- 정현파(sinusoidal) 시퀀스
- 무작위(random) 시퀀스
- 주기(periodic) 시퀀스

1. 단위샘플 시퀀스

단위샘플 시퀀스는 식 (3-1)과 같은 델타함수로 표기한다.

$$\delta(n)=\begin{cases}1, & n=0\\ 0, & n\neq 0\end{cases}, \qquad \delta(n)=\{\cdots,0,0,\underset{\uparrow}{1},0,0,\cdots\} \tag{3-1}$$

$n=0$ 인 위치에서만 단위샘플이 존재하고 그 외에서는 0인 시퀀스를 말한다.

단위샘플 시퀀스 $\delta(n)$을 그래프로 나타내기 위해서는 샘플시퀀스에서 단위샘플이 존재하는 위치, 샘플시퀀스의 시작과 끝을 지정할 수 있는 사용자정의함수를 만들어서 사용하고, 다른 시퀀스들은 주로 "numpy" 라이브러리에 내장되어 있는 함수들을 사용한다. 제3장에 필요한 사용자정의함수들을 모아두는 파일을 "chap03_module.py"라는 이름으로 만들고, 그 안에 다음과 같이 "impseq()" 함수를 다음과 같이 작성한다.

```
def impseq(n0,n1,n2):    #단위샘플시퀀스
    N=n2-n1+1    #데이터수
    n=np.arange(N)    #순서시퀀스
    xn=np.zeros(N)    #데이터어레이 설정
    for i in range(N):    #단위샘플시퀀스 생성
        if (i+n1)==n0: xn[i]=1
    return xn    #리턴
```

$n=0$ 에 단위샘플이 있는 시퀀스를 만들고 "chap03_basic_sequences.py" 파일에 추가하고 저장한다. 생성된 시퀀스와 소스코드는 다음과 같다.

```
Unit sample sequence= [1. 0. 0. 0. 0. 0. 0. 0. 0. 0. 0. 0. 0. 0. 0. 0. 0. 0. 0. 0. 0.]
```

```
n0=0; n1=0; n2=20    #단위샘플위치:n0, 순서시퀀스 시작:n1, 끝:n2
N=n2-n1+1; n=np.arange(N)  #시퀀스길이, #순서시퀀스
xn=impseq(n0,n1,n2); print("Unit sample sequence=",xn)    #단위샘플시퀀스생성
plt.figure(2)
plt.stem(n,xn,"blue"); plt.grid()    #그리기, 눈금그리기
plt.xlabel("n"); plt.ylabel("x(n)")    #x축, y축 이름
plt.title("Unit sample sequence")    #그래프 제목
```

생성된 파형은 다음과 같으며, $n=0$ 에서 크기가 1인 샘플이 존재하는 단위샘플 시퀀스가 생성되었다.

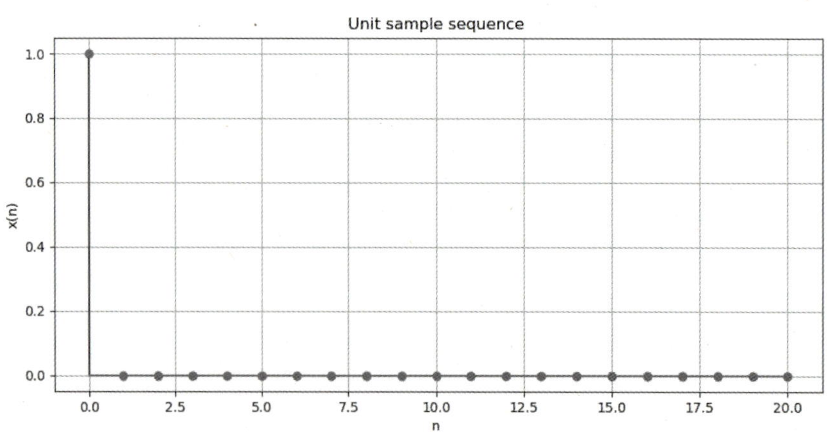

2. 단위계단 시퀀스

단위계단 시퀀스는 식 (3-2)와 같이 단위샘플의 연속으로 정의된다.

$$u(n)=\begin{cases}1, & n\geq 0\\ 0, & n<0\end{cases},\qquad u(n)=\{\cdots,0,0,0,\underset{\uparrow}{1},1,1,\cdots\} \tag{3-2}$$

단위계단 시퀀스를 이루는 단위샘플들의 시작 위치, 단위계단 시퀀스의 시작과 끝을 지정하는 "stepseq()" 함수를 "chap03_module.py" 파일에 추가 작성한다.

```
def stepseq(n0,n1,n2):     #단위계단시퀀스
    N=n2-n1+1     #데이터수
    n=np.arange(N)     #순서시퀀스
    xn=np.zeros(N)     #데이터어레이 설정
    for i in range(N):     #단위계단시퀀스 생성
        if (i+n1)>=n0: xn[i]=1
    return xn     #리턴
```

"chap03_basic_sequences.py" 파일에 다음 소스코드를 추가한다. 생성된 시퀀스와 소스코드는 다음과 같다.

```
Unit step sequence= [1. 1. 1. 1. 1. 1. 1. 1. 1. 1. 1. 1. 1. 1. 1. 1. 1. 1. 1. 1. 1.]
```

```
n0=0; n1=0; n2=20     #단위계단시작위치:n0, 순서시퀀스 시작:n1, 끝:n2
N=n2-n1+1; n=np.arange(N)  #시퀀스길이, #순서시퀀스
xn=stepseq(n0,n1,n2); print("Unit step sequence=",xn)     #단위계단시퀀스생성
plt.figure(3)
plt.stem(n,xn,"blue"); plt.grid()     #그리기, 눈금그리기
plt.xlabel("n"); plt.ylabel("x(n)")     #x축, y축 이름
plt.title("Unit step sequence")     #그래프 제목
```

생성된 파형은 다음과 같으며, $n=0$에서 시작하는 크기가 1인 샘플들이 연속으로 계단 형태로 존재하는 단위계단 시퀀스가 생성되었다.

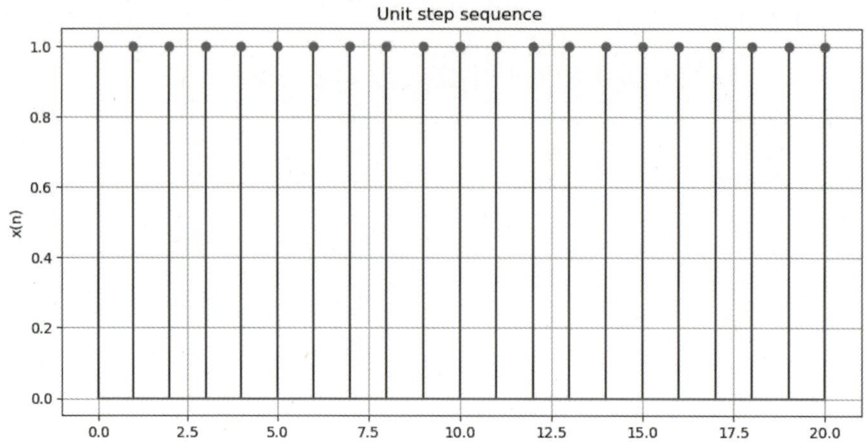

3. 실수지수 시퀀스

실수지수 시퀀스는 식 (3-3)과 같이 정의되는 신호이다.

$$x(n) = a^n, \qquad \forall n; a \in R \tag{3-3}$$

$a<0$ 인 경우의 이 시퀀스는 1에서부터 시작해서 지속적으로 감소해서 0에 근접해가는 형태의 이산신호가 된다.

다음 코드를 "chap03_basic_sequences.py" 파일에 추가로 작성한다.

```
a=0.7
N=20; n=np.arange(N)     #순서시퀀스
xn=np.power(a,n); print("Real-Valued exponential=",xn)  #실수지수 시퀀스
plt.figure(4)
plt.stem(n,xn,"blue"); plt.grid()     #그리기, 눈금그리기
plt.xlabel("n"); plt.ylabel("x(n)")     #x축, y축 이름
plt.title("Real-valued exponential sequence")     #그래프 제목
```

생성된 시퀀스는 다음과 같다.

```
Real-Valued exponential= [1.         0.7        0.49       0.343      0.2401
0.16807
 0.117649   0.0823543  0.05764801 0.04035361 0.02824752 0.01977327
 0.01384129 0.0096889  0.00678223 0.00474756 0.00332329 0.00232631
 0.00162841 0.00113989]
```

생성된 파형은 다음과 같다.

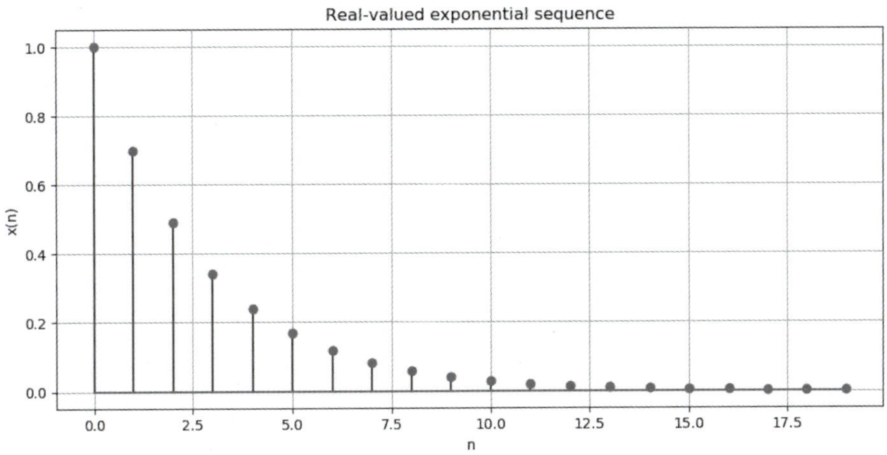

4. 복소지수 시퀀스

복소지수 시퀀스는 식 (3-4)와 같이 정의된다.

$$x(n) = e^{(\sigma + j\omega)n}, \qquad \forall n \tag{3-4}$$

여기서 σ은 감쇠(attenuation)(<0) 또는 증폭(amplification)(>0) 작용을 하고, ω는 라디안주파수이다. 예를 들어 $\sigma=2$, $\omega=3$인 복소지수 시퀀스는 다음과 같이 표현된다. 따라서 n에 따라서 크기는 e^{n}으로 변하고 파형은 사인파와 코사인파의 합성 형태로 나타날 것이다.

$$x(n) = e^{(2+j3)n} = e^{2n} \cdot e^{j3n} = e^{2n}(\cos(3n) + j\sin(3n))$$

실현된 복소지수 시퀀스 $x(n)$의 실수부 값과 크기 $|x(n)|$의 파형은 다음 그림과 같은 형태이다.

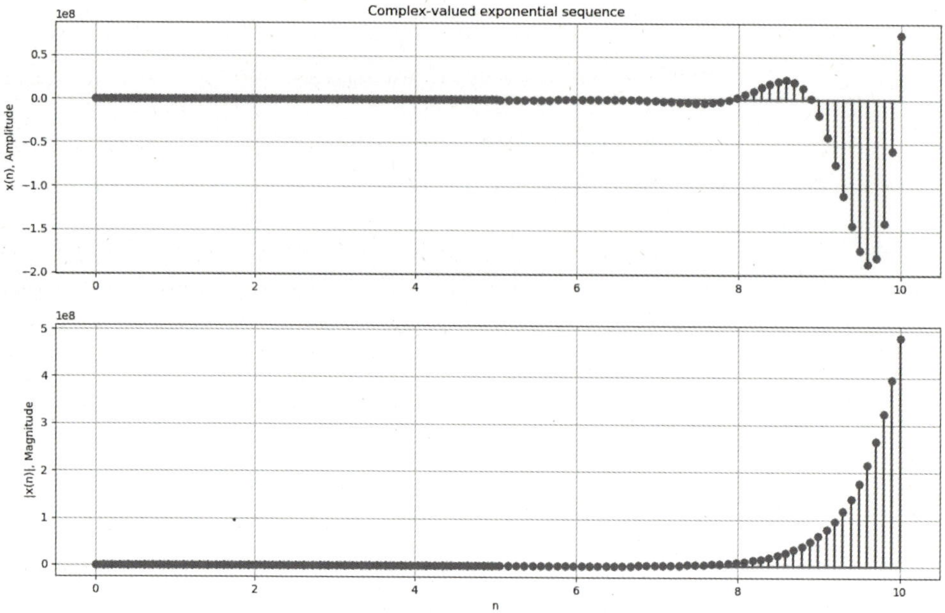

다음 코드를 "chap03_basic_sequences.py" 파일에 추가한다.

```
sigma=2; omega=3
n=np.linspace(0,10,100)     #순서시퀀스
xn=np.exp((sigma+omega*1j)*n)  #복소지수시퀀스 (amplitude)
magxn=abs(xn)   #절대값 복소지수시퀀스 (magnitude)
plt.figure(5)
plt.subplot(2,1,1); plt.stem(n,xn,"blue"); plt.grid()  #그리기, 눈금그리기
plt.ylabel("x(n), Amplitude")
plt.title("Complex-valued exponential sequence")
plt.subplot(2,1,2); plt.stem(n,magxn,"blue"); plt.grid()
plt.xlabel("n"); plt.ylabel("|x(n)|, Magnitude")
```

5. 정현파 시퀀스

정현파 시퀀스는 식 (3-5)와 같은 코사인(또는 사인)함수로 정의된다.

$$x(n) = A\cos(\omega n + \phi), \qquad \forall n \tag{3-5}$$

여기서 A는 진폭이며, ϕ는 라디안 단위의 위상을 나타낸다. 예를 들어 다음과 같은 정현파

시퀀스를 생성해보자.

$$x(n) = 3\cos\left(0.1\pi n + \frac{\pi}{2}\right)$$

이 시퀀스는 진폭이 3이고 라디안주파수가 $\omega = 0.1\pi$ 이며, 위상은 $\pi/2(=90^\circ)$ 이다. 따라서 이 정현파 시퀀스는 20개 샘플 만에 2π 라디안$(0.1\pi \times 20 = 2\pi)$, 즉 $n=19$ 일 때 한 주기가 완성된다.

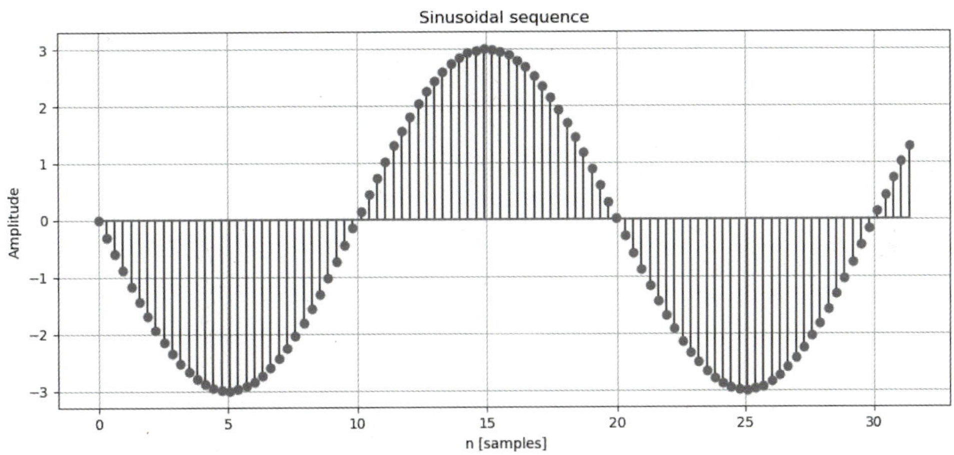

다음 코드를 "chap03_basic_sequences.py" 파일에 추가한다.

```
n=np.linspace(0,10*np.pi,100)      #순서시퀀스, 0부터 10*pi까지 100등분, 0.1pi씩
xn=3*np.cos(0.1*np.pi*n+np.pi/2)  #정현파시퀀스
plt.figure(6)
plt.stem(n,xn,"blue"); plt.grid()  #그리기, 눈금그리기
plt.xlabel("n [samples]"); plt.ylabel("Amplitude")     #x축, y축 이름
plt.title("Sinusoidal sequence")     #그래프 제목
```

6. 무작위 시퀀스

많은 실제적인 시퀀스에는 앞의 시퀀스들처럼 수학적 표현으로 기술될 수 없는 잡음(noise)이 섞여 있는 경우가 대부분이다. 잡음과 같이 수학적으로 기술할 수 없는 시퀀스를 무작위 또는 난수(random) 시퀀스 또는 확률론적(stochastic) 시퀀스라 부르며, 관련 확률밀도함수의 파라미터에 의해 특징 지워진다. 파이썬에서는 "numpy" 라이브러리의 "random" 서

브패키지에서 세 가지 형태의 함수를 제공하고 있으며, "np.random.rand()"의 형식으로 사용한다.

- rand(): 0부터 1 사이의 균일분포를 가지는 난수 발생
- randn(): 표준편차가 1인 가우시안 표준정규분포를 가지는 난수 발생
- randint(): 균일분포의 정수 난수 발생

다음 코드를 "chap03_basic_sequences.py" 파일에 추가한다.

```
xn=np.random.rand(20); print("Random sequence x(n)=",xn)  #무작위샘플시퀀스
plt.figure(7)
n=np.arange(20)
plt.stem(n,xn,"blue"); plt.grid()  #그리기, 눈금그리기
plt.xlabel("n"); plt.ylabel("amplitude")     #x축, y축 이름
plt.title("Random sequence")     #그래프 제목
```

생성된 시퀀스는 다음과 같이 0과 1 사이의 값으로 무작위로 발생되어 있는 것을 볼 수 있다.

```
Random sequence x(n)= [0.21247722 0.1124729  0.4441929  0.35830079 0.94450971
0.90130101
 0.80919072 0.45986089 0.0099687  0.6643427  0.47367049 0.23559544
 0.37528731 0.75354163 0.92419507 0.05314669 0.75595946 0.32161348
 0.30235067 0.1015085 ]
```

생성된 파형은 다음과 같다.

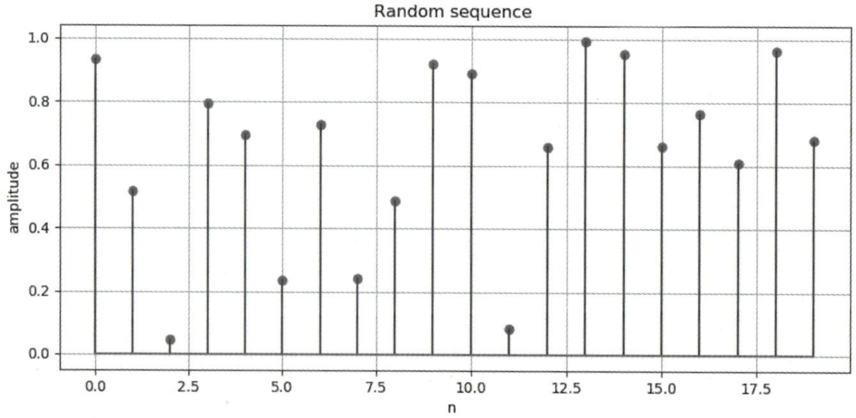

7. 주기 시퀀스

만약 $x(n)=x(n+T)$ 이면 시퀀스 $x(n)$ 은 주기적이다. 여기서 T는 관계를 만족하는 가장 작은 정수이며 기본 주기(fundamental period)를 나타낸다. 주기적 시퀀스의 표기는 $\tilde{x}(n)$ 이 사용되고, $\tilde{x}(n)$ 의 P 주기를 발생하기 위해서는 한 주기 $\{\tilde{x}(n),\ 0 \leq n \leq N-1\}$ 을 P회 복사하는 방법을 쓴다.

다음 소스코드에서는 x 시퀀스는 어레이가 아닌 단순 시퀀스로, $x=[1,2,3,4,5,6,7]$ 로 생성했기 때문에 여기에 $x(n)=5*x$ 를 취하면 x가 다섯 번 반복되는 시퀀스 $x(n)$ 을 생성할 수 있다. 만약 x를 어레이로 형성하면, 즉 $x=$np.array([1,2,3,4,5,6,7]) 을 사용하면, $x(n)=5*x$ 의 결과는 $x(n)=\{5,10,15,20,25,30,35\}$ 로 5배의 값을 가지게 된다.

다음 코드를 "chap03_basic_sequences.py" 파일에 추가한다.

```
x=[1,2,3,4,5,6,7]; print("x=",x)  #샘플시퀀스
xn=5*x; print("xn=",xn)      #시퀀스 5회 복사
plt.figure(8)
n=np.arange(35)  #순서시퀀스
plt.stem(n,xn,"blue"); plt.grid()  #그리기, 눈금그리기
plt.xlabel("n"); plt.ylabel("amplitude")    #x축, y축 이름
plt.title("Peoriodic sequence")    #그래프 제목
```

생성된 시퀀스는 다음과 같다.

```
x= [1, 2, 3, 4, 5, 6, 7]
xn= [1, 2, 3, 4, 5, 6, 7, 1, 2, 3, 4, 5, 6, 7, 1, 2, 3, 4, 5, 6, 7, 1, 2, 3, 4, 5, 6, 7, 1,
2, 3, 4, 5, 6, 7]
```

생성된 파형은 다음과 같다.

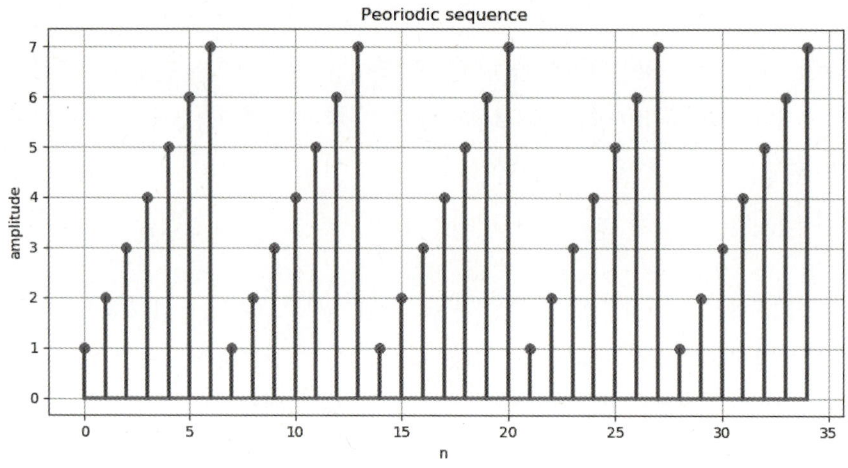

3.3 이산신호의 연산

이산신호들 사이의 연산에는 다음과 같은 기본 연산들이 있다. 파이썬 함수와 사용자정의 함수를 사용하여 구현해본다.

- 신호덧셈(signal addition)
- 신호곱셈(signal multiplication)
- 크기조정(scaling)
- 이동(shifting)
- 반전(folding)
- 샘플합(sample summation)
- 샘플곱(sample products)
- 신호에너지(signal energy)
- 신호전력(signal power)

3.3.1 기본 연산

(1) 신호덧셈

덧셈 연산은 식 (3-6)으로 주어지는 샘플 대 샘플의 더하기이다. 두 신호의 길이가 같아야 하며, 파이썬 연산자는 "+"를 사용한다.

$$x(n) = x_1(n) + x_2(n) \tag{3-6}$$

두 신호의 길이가 다른 경우에 이 연산을 적용하려면 순서시퀀스의 영점을 고려하고, 길이를 같게 만들어야 한다.

예를 들어 다음과 같은 두 개의 시퀀스 $x_1(n)$과 $x_2(n)$에 대해 덧셈 연산을 해보자.

$$x_1(n) = \{\underset{\uparrow}{0}, 0, 0, 1, 2, 3, 4, 5, 6, 7, 6, 5, 4, 3, 2, 1\}$$

$$x_2(n) = \{1, 2, 3, 4, 5, \underset{\uparrow}{6}, 7, 6, 5, 4, 3, 2, 1\}$$

위의 두 시퀀스의 순서시퀀스 n_1, n_2는 다음과 같다.

$$n_1 = \{0, 1, 2, 3, 4, 5, 6, 7, 8, 9, 10, 11, 12, 13, 14, 15\}$$
$$n_2 = \{-5, -4, -3, -2, -1, 0, 1, 2, 3, 4, 5, 6, 7\}$$

두 시퀀스의 길이와 순서가 다르기 때문에, 이들을 일치시켜줘야 연산이 가능하다. 따라서 이 두 시퀀스들을 먼저 덧셈 결과 출력시퀀스의 길이와 순서를 동일하게 일치시키는 과정이 필요하다. 출력시퀀스를 얻기까지의 과정은 다음과 같다.

1. 출력시퀀스의 순서시퀀스를 구한다. 시작 b과 끝 s를 다음과 같이 구한다.

$$b = \min(\min(n_1),\ \min(n_2)) = \min(0, -5) = -5$$
$$s = \max(\max(n_1),\ \max(n_2)) = \max(15, 7) = 15$$

따라서 출력시퀀스 $y(n)$의 순서시퀀스 n은 −5부터 15까지이다. 그리고 길이 N은 다음과 같이 구한다. 그러므로 길이는 N=21이다.

$$N = s - b + 1 = 15 - (-5) + 1 = 21$$

2. 입력시퀀스 $x_1(n)$과 $x_2(n)$, 그리고 출력시퀀스 $y(n)$을 저장할 길이 N의 확장된 세 개의 영 시퀀스를 할당하고, $x_1(n)$과 $x_2(n)$을 순서에 알맞게 삽입시킨 다음, 두 시퀀스를

더해서 결과시퀀스 $y(n)$을 구한다.

$$\begin{aligned} & \qquad\qquad\qquad\qquad\qquad\qquad x_1(n) \\ zx_1(n) &= \{0,0,0,0,0,\boxed{0,0,0,1,2,3,4,5,6,7,6,5,4,3,2,1}\} \\ & \qquad\qquad\qquad\quad\uparrow \qquad x_2(n) \\ zx_2(n) &= \{\boxed{1,2,3,4,5,6,7,6,5,4,3,2,1},0,0,0,0,0,0,0,0\} \\ & \qquad\qquad\qquad\qquad\quad\uparrow \\ y(n) &= \{1,2,3,4,5,6,7,6,6,6,6,6,6,6,7,6,5,4,3,2,1\} \\ & \qquad\qquad\qquad\quad\uparrow \end{aligned}$$

먼저 이산신호의 연산을 위해 사용된 여러 가지 사용자정의함수들을 모아놓는 파일 "chap03_module.py"을 생성하고 다음과 같이 "sigadd()"라는 사용자정의함수를 작성하고 저장한다.

```
def sigadd(n1,x1,n2,x2):   #신호덧셈
    nk=np.arange(min(min(n1),min(n2)),max(max(n1),max(n2))+1)   #전체 시퀀스축
    N=len(nk)   #전체 시퀀스길이
    y1=np.zeros(N)   #x1 영점자리맞춤 배열생성
    y2=np.zeros(N)   #x2 영점자리맞춤 배열생성
    aa=abs(min(min(n1),min(n2)))     #자리맞춤이동폭
    n1=n1+aa     #자리이동
    n2=n2+aa     #자리이동
    y1[int(min(n1)):int(max(n1)+1)]=x1     #샘플저장
    y2[int(min(n2)):int(max(n2)+1)]=x2     #샘플저장
    y=y1+y2   #샘플대샘플 덧셈
    return nk,y,y1,y2
```

신호덧셈 결과 시퀀스들을 나타내면 다음과 같다.

```
y(n)= [1. 2. 3. 4. 5. 6. 7. 6. 6. 6. 6. 6. 6. 6. 7. 6. 5. 4. 3. 2. 1.]
x1(n)= [0. 0. 0. 0. 0. 0. 0. 0. 1. 2. 3. 4. 5. 6. 7. 6. 5. 4. 3. 2. 1.]
x2(n)= [1. 2. 3. 4. 5. 6. 7. 6. 5. 4. 3. 2. 1. 0. 0. 0. 0. 0. 0. 0. 0.]
n= [-5 -4 -3 -2 -1  0  1  2  3  4  5  6  7  8  9 10 11 12 13 14 15]
```

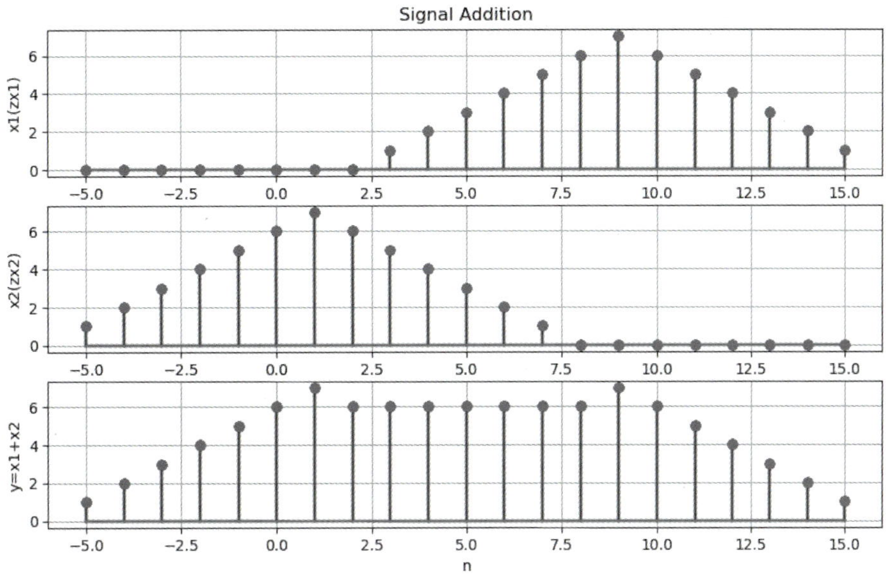

신호덧셈을 위한 전체 소스코드는 다음과 같다. 여러 가지 이산신호 연산을 위한 소스코드를 작성할 파일 "chap03_operations.py"을 생성하고, 신호덧셈을 위한 소스코드를 작성하고 저장한다. 앞에서 작성했던 사용자정의함수를 모아놓은 파일인 from chap03_module import * 파일을 참조한다.

chap03_operations.py

```
import numpy as np
import matplotlib.pylab as plt
from chap03_module import *

n1=np.array([0,1,2,3,4,5,6,7,8,9,10,11,12,13,14,15])
x1=np.array([0,0,0,1,2,3,4,5,6,7,6,5,4,3,2,1])
n2=np.array([-5,-4,-3,-2,-1,0,1,2,3,4,5,6,7])
x2=np.array([1,2,3,4,5,6,7,6,5,4,3,2,1])

n,y,zx1,zx2=sigadd(n1,x1,n2,x2); print("y(n)=",y)
print("x1(n)=",zx1); print("x2(n)=",zx2); print("n=",n)
plt.figure(1)
plt.subplot(3,1,1); plt.stem(n,zx1,"blue"); plt.grid()
plt.ylabel("x1(zx1)"); plt.title("Signal Addition")
```

```
plt.subplot(3,1,2); plt.stem(n,zx2,"blue"); plt.grid(); plt.ylabel("x2(zx2)")
plt.subplot(3,1,3); plt.stem(n,y,"blue"); plt.grid()
plt.xlabel("n"); plt.ylabel("y=x1+x2")
```

(2) 신호곱셈

신호곱셈 연산은 식 (3-7)로 주어지는 샘플 대 샘플 곱하기이다. 두 신호의 길이가 같아야 하며, 연산자는 "•"를 사용한다.

$$y(n) = x_1(n) \cdot x_2(n) \tag{3-7}$$

사용자정의함수 "sigmult()"를 작성해서 두 시퀀스 사이의 길이와 영점($n=0$)을 맞추어서 사용한다. "chap03_module.py" 파일 내에 다음 코드를 작성하고 저장한다.

1. 앞 절의 신호덧셈에서와 마찬가지로 먼저 두 신호 $x_1(n)$과 $x_2(n)$을 출력신호 $y(n)$의 길이에 맞추어서 확장한다. 이산신호는 신호를 구성하는 샘플들이 크기만 가지는 것이 아니라 순서도 가지고 있기 때문에 두 신호의 길이와 순서를 맞추어야만 한다.

2. 그런 다음, 두 신호를 순서시퀀스 n의 순서에 따라 동일한 위치끼리 곱을 취한 결과를 출력시퀀스에 저장한다.

```
def sigmult(n1,x1,n2,x2):    #신호곱셈
    n=np.arange(min(min(n1),min(n2)),max(max(n1),max(n2))+1)   #전체 시퀀스축
    N=len(n)   #전체 시퀀스길이
    y1=np.zeros(N)   #x1 영점자리맞춤 배열생성
    y2=np.zeros(N)   #x2 영점자리맞춤 배열생성
    aa=abs(min(min(n1),max(n1),min(n2),max(n2))); #배열자리이동
    y1[min(n1)+aa:max(n1)+aa+1]=x1
    y2[min(n2)+aa:max(n2)+aa+1]=x2
    y=y1.T*y2   #샘플대샘플 곱셈
    return n,y,y1,y2
```

신호곱셈을 위한 소스코드를 "chap03_operations.py" 파일 내에 작성하고 저장한다. 신호곱셈 코드를 추가하고 저장한다. "chap03_module.py" 파일 내에 작성해 놓은 "sigmult()" 함수를 이용한다.

```
n,y,zx1,zx2=sigmult(n1,x1,n2,x2); print("y(n)=",y)
print("x1(n)=",zx1); print("x2(n)=",zx2); print("n=",n)
plt.figure(2)
plt.subplot(3,1,1); plt.stem(n,zx1,"blue"); plt.grid()
plt.ylabel("x1(zx1)"); plt.title("Signal Multiplication")
plt.subplot(3,1,2); plt.stem(n,zx2,"blue"); plt.grid(); plt.ylabel("x2(zx2)")
plt.subplot(3,1,3); plt.stem(n,y,"blue"); plt.grid()
plt.xlabel("n"); plt.ylabel("y=zx1*zx2")
```

작성한 소스코드의 실행을 통해서 생성한 확장된 입력시퀀스들과 신호곱셈 결과시퀀스는 다음 그림과 같다.

```
y(n)= [0. 0. 0. 0. 0. 0. 0. 0. 5. 8. 9. 8. 5. 0. 0. 0. 0. 0. 0. 0. 0.]
x1(n)= [0. 0. 0. 0. 0. 0. 0. 0. 1. 2. 3. 4. 5. 6. 7. 6. 5. 4. 3. 2. 1.]
x2(n)= [1. 2. 3. 4. 5. 6. 7. 6. 5. 4. 3. 2. 1. 0. 0. 0. 0. 0. 0. 0. 0.]
n= [-5 -4 -3 -2 -1  0  1  2  3  4  5  6  7  8  9 10 11 12 13 14 15]
```

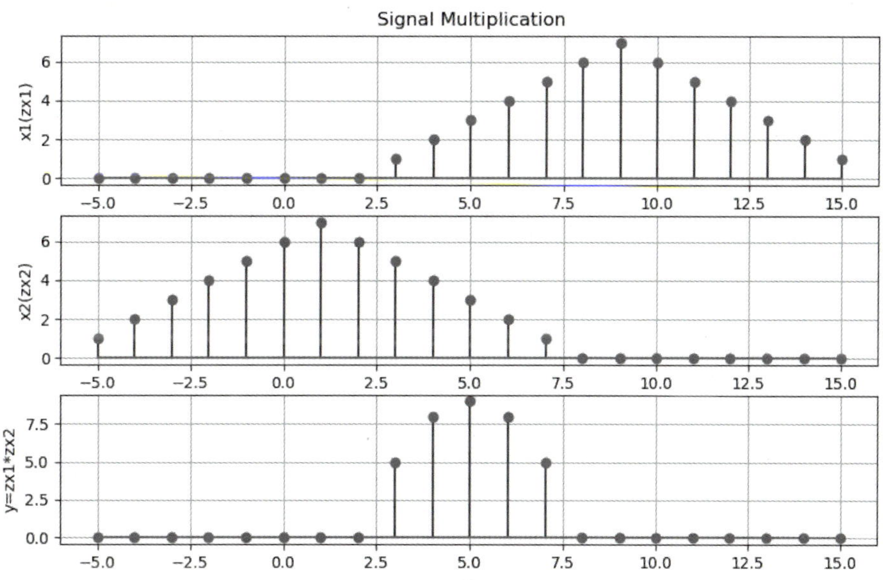

(3) 크기조정

크기조정 연산은 시퀀스 내에 있는 각각의 샘플에 대해 식 (3–8)과 같이 스칼라 α만큼 곱하는 연산이다.

$$y(n) = ax_1(n) \qquad (3\text{-}8)$$

"chap03_operations.py" 파일 내에 다음과 같이 크기조정 코드를 추가하고 저장한다. 파이썬 코드를 사용해서 크기조정을 실현하기 위해서는 입력신호 $x(n)$을 생성할 때, $x_1(n)=[0,0,0,1,2,3,4,5,6,7,6,5,4,3,2,1]$의 시퀀스 형태가 아닌 다음과 같이 $x_1(n)=$np.array([0,0,0,1,2,3,4,5,6,7,6,5,4,3,2,1])의 어레이 형식으로 생성해야 한다.

```
x1=np.array([0,0,0,1,2,3,4,5,6,7,6,5,4,3,2,1]); print("x1(n)=",x1)
y=3*x1; print("y(n)=3x1(n)=",y)
plt.figure(3)
plt.subplot(2,1,1); plt.stem(n1,x1,"blue"); plt.grid(); plt.ylim(0,22)
plt.ylabel("x1(n)"); plt.title("Signal Scaling")
plt.subplot(2,1,2); plt.stem(n1,y,"blue"); plt.grid()
plt.xlabel("n"); plt.ylabel("y(n)=3*x1(n)")
```

크기조정 결과 시퀀스들을 나타내면 다음과 같다.

```
x1(n)= [0 0 0 1 2 3 4 5 6 7 6 5 4 3 2 1]
y(n)=3x1(n)= [ 0  0  0  3  6  9 12 15 18 21 18 15 12  9  6  3]
```

$a=3$만큼의 크기조정 결과 그림은 다음과 같다.

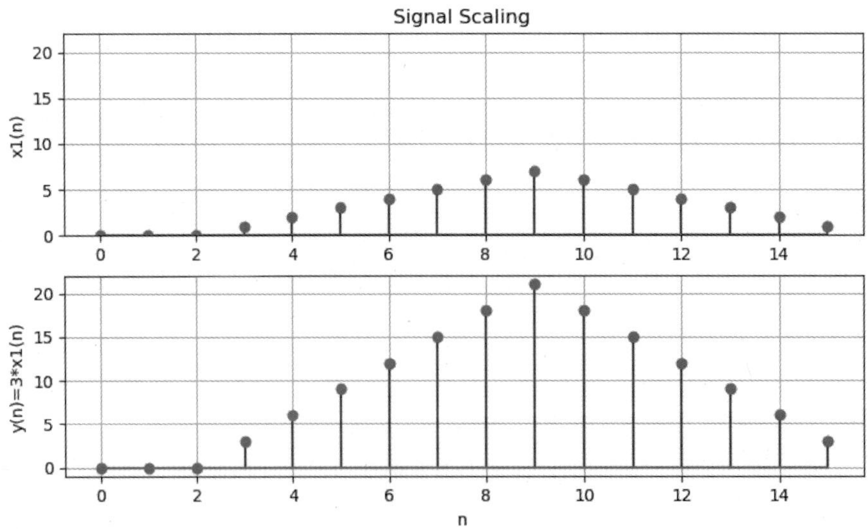

(4) 이동

이동 연산은 시퀀스 $x(n)$의 각 샘플에 대해 식 (3-9)와 같이 k만큼 위치를 이동시키는 연산이며, 샘플의 크기에는 영향을 주지 않는다. $k>0$이면 양의 방향으로 이동하고 $k<0$이면 음의 방향으로 이동한다.

$$y(n) = x_1(n-k) \qquad (3\text{-}9)$$

$$x_1(n) = \{\underset{\uparrow}{0}, 0, 0, 1, 2, 3, 4, 5, 6, 7, 6, 5, 4, 3, 2, 1\}$$

$$n_1 = \{0, 1, 2, 3, 4, 5, 6, 7, 8, 9, 10, 11, 12, 13, 14, 15]$$

다음과 같이 "chap03_module.py" 파일에 사용자정의함수 "sigshift()"를 추가한다.

```
def sigshift(m,x,k):    #신호이동
    n=m+k   #시퀀스축 이동
    y=x    #신호복사
    return n,y
```

"chap03_operations.py" 파일 내에 다음과 같이 신호이동 코드를 추가한다.

```
k=4
n,y=sigshift(n1,x1,k); print("n=",n);  print("y(n)=",y)
plt.figure(4)
plt.subplot(2,1,1); plt.stem(n1,x1,"blue"); plt.grid()
plt.ylabel("x1(n)"); plt.title("Signal Shifting")
plt.subplot(2,1,2); plt.stem(n,y,"blue"); plt.grid()
plt.xlabel("n"); plt.ylabel("shift k=4, y(n)")
```

$k=4$ 만큼의 신호이동 결과는 다음 그림과 같다.

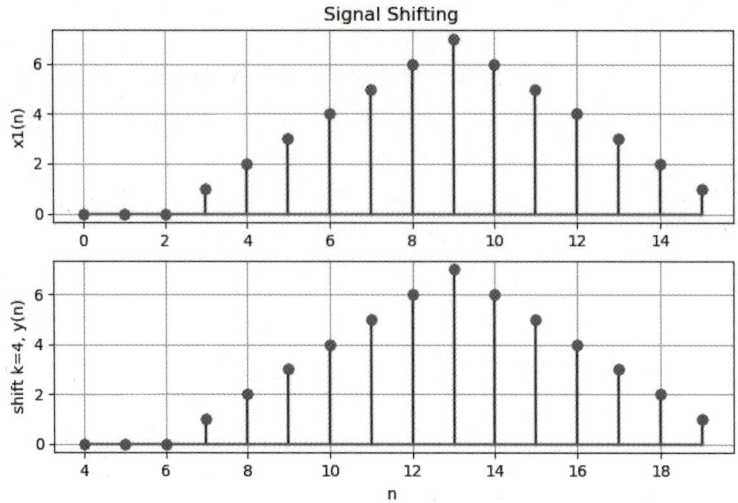

(5) 반전

반전 연산은 식 (3-10)과 같이 시퀀스 $x(n)$의 각 샘플을 $n=0$을 중심으로 양과 음 방향의 샘플들을 반대방향으로 서로 교환시키는 연산이다.

$$y(n) = x(-n) \tag{3-10}$$

$$x(n) = \{\underset{\uparrow}{0},0,0,1,2,3,4,5,6,7,6,5,4,3,2,1\}$$

$$nx = \{0,1,2,\cdots,15\}$$

$$y(n) = \{1,2,3,4,\cdots,0,\underset{\uparrow}{0}\}$$

$$ny = \{-15,\ -14,\ -13,\cdots,0\}$$

다음과 같이 "chap03_module.py" 파일에 사용자정의함수 "sigfold()"를 추가한다.

```
def sigfold(n1,x1):    #신호반전
    N=len(n1)    #신호길이
    y=np.zeros(N)    #출력어레이 설정
    n=np.zeros(N)
    for i in range(N):    #샘플교환
        y[i]=x1[N-1-i]
        n[i]=-1*n1[N-1-i]
    return n,y
```

"chap03_operations.py" 파일 내에 다음과 같이 신호반전 코드를 추가한다.

```
nx=np.array([0,1,2,3,4,5,6,7,8,9,10,11,12,13,14,15])
x=np.array([0,0,0,1,2,3,4,5,6,7,6,5,4,3,2,1])
ny,y=sigfold(nx,x);
print("nx=",nx); print("x=",x); print("ny=",ny); print("y=",y)
#결과를 그래프로 보기
n=np.arange(min(min(nx),min(ny)),max(max(nx),max(ny))+1) #순서시퀀스
N=int(max(max(nx),max(ny))-min(min(nx),min(ny))+1) #길이
zx=np.zeros(N); zx[int(min(nx)+abs(max(nx))):int(max(nx)+abs(max(nx))+1)]=x #삽입
zy=np.zeros(N); zy[int(min(ny)+abs(min(ny))):int(max(ny)+abs(min(ny))+1)]=y #삽입
plt.figure(5)
plt.subplot(2,1,1); plt.stem(n,zx,"blue"); plt.grid()
plt.ylabel("x(n)"); plt.title("Signal Folding")
plt.subplot(2,1,2); plt.stem(n,zy,"blue"); plt.grid()
plt.xlabel("n"); plt.ylabel("y(n)=x(-n)")
```

신호반전 결과는 다음과 같다.

```
nx= [ 0  1  2  3  4  5  6  7  8  9 10 11 12 13 14 15]
x= [0 0 0 1 2 3 4 5 6 7 6 5 4 3 2 1]
ny= [-15. -14. -13. -12. -11. -10.  -9.  -8.  -7.  -6.  -5.  -4.  -3.  -2.
  -1.   0.]
y= [1. 2. 3. 4. 5. 6. 7. 6. 5. 4. 3. 2. 1. 0. 0. 0.]
```

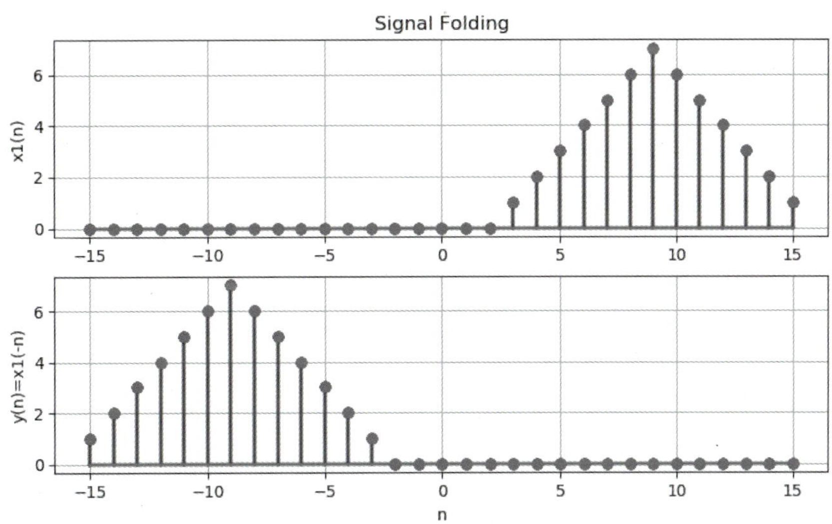

(6) 샘플합

샘플합 연산은 시퀀스 $x(n)$의 각 샘플에 대해서 특정 구간, 예를 들어서 식 (3–11)과 같이 n_1과 n_2 사이의 모든 샘플들을 더하는 연산이며, 넘파이의 "np.sum()" 함수를 사용하면 된다.

$$y(n) = \sum_{n=n_1}^{n_2} x(n) = x(n_1) + , \cdots, + x(n_2) \qquad (3\text{–}11)$$

$$x(n) = \{0,0,0,1,2,3,\underset{\uparrow}{4},5,6,7,6,5,4,3,2,1\}$$

$$n = \{-6, -5, -4, -3, -2, -1, 0, 1, 2, 3, 4, 5, 6, 7, 8, 9\}$$

"chap03_operations.py" 파일 내에 다음과 같이 샘플합 코드를 추가한다.

```
n=np.array([-6,-5,-4,-3,-2,-1,0,1,2,3,4,5,6,7,8,9])
x=np.array([0,0,0,1,2,3,4,5,6,7,6,5,4,3,2,1])
a1=-2; a2=7
y=np.sum(x[a1+abs(min(n)):a2+abs(min(n))+1])
print("n=",n); print("x=",x); print("y=",y)
```

샘플합의 결과는 다음과 같다.

```
n= [-6 -5 -4 -3 -2 -1  0  1  2  3  4  5  6  7  8  9]
x= [0 0 0 1 2 3 4 5 6 7 6 5 4 3 2 1]
y= 45 <----------- np.sum()
```

(7) 샘플곱

샘플곱 연산은 시퀀스 $x(n)$의 각 샘플에 대해서 특정 구간, 예를 들어서 식 (3–12)와 같이 n_1과 n_2 사이의 모든 샘플들을 곱하는 연산이며, 넘파이의 "np.prod()" 함수를 사용하면 된다.

$$y(n) = \prod_{n=n_1}^{n_2} x(n) = x(n_1) \times, \cdots, \times x(n_2) \tag{3-12}$$

$$x(n) = \{0, 0, 0, 1, 2, 3, \underset{\uparrow}{4}, 5, 6, 7, 6, 5, 4, 3, 2, 1\}$$

$$n = \{-6, -5, -4, -3, -2, -1, 0, 1, 2, 3, 4, 5, 6, 7, 8, 9\}$$

"chap03_operations.py" 파일 내에 다음과 같이 샘플곱 코드를 추가한다.

```
n=np.array([-6,-5,-4,-3,-2,-1,0,1,2,3,4,5,6,7,8,9])
x=np.array([0,0,0,1,2,3,4,5,6,7,6,5,4,3,2,1])
a1=-2; a2=7
y=np.prod(x[a1+abs(min(n)):a2+abs(min(n))+1])
print("n=",n); print("x=",x); print("y=",y)
```

샘플곱 연산의 결과는 다음과 같다.

```
n= [-6 -5 -4 -3 -2 -1  0  1  2  3  4  5  6  7  8  9]
x= [0 0 0 1 2 3 4 5 6 7 6 5 4 3 2 1]
y= 1814400 <------------ np.prod()
```

(8) 신호에너지

신호에너지는 시퀀스 $x(n)$의 에너지를 말한다. 에너지 계산은 식 (3-13)에 의해 계산되며 샘플들의 제곱의 합이다.

$$E = \sum_{n=-\infty}^{\infty} x(n)x^*(n) = \sum_{n=-\infty}^{\infty} |x(n)|^2 \tag{3-13}$$

"chap03_operations.py" 파일 내에 다음과 같이 신호에너지 계산 코드를 추가한다.

```
x=np.array([0,0,0,1,2,3,4,5,6,7,6,5,4,3,2,1]); print("x=",x)
y=np.sum(x*np.conjugate(x)); print("Energy of sequence x=",y)
y=np.sum(np.power(np.abs(x),2)); print("Energy of sequence x=",y)
```

에너지 계산 결과는 다음과 같다.

```
x= [0 0 0 1 2 3 4 5 6 7 6 5 4 3 2 1]
Energy of sequence x= 231
Energy of sequence x= 231
```

(9) 신호전력

신호전력(signal power)은 주기신호 $\tilde{x}(n)$의 평균전력을 말하며, 신호에너지를 총 샘플수 N으로 나눈 것이다. 즉 평균에너지와 같다. 식 (3-14)에 의해 계산된다.

$$P=\frac{1}{N}\sum_{n=-\infty}^{\infty}|\tilde{x}(n)|^2 \tag{3-14}$$

"chap03_operations.py" 파일 내에 다음과 같이 신호전력 계산 코드를 추가한다. 여기서 $x=4*x_1$은 $x_1(n)$ 시퀀스를 4번 반복해서 새로운 주기시퀀스 $x(n)$을 만드는 것이다.

```
x1=[1,2,3,5,4,6]
x=4*x1; print("periodic signal x=",x)
N=len(x); print("N=",N)
aa=np.sum(np.power(np.abs(x),2)); print("Energy of sequence x=",aa)
y=1/N*aa; print("Power of sequence x=",y)
```

신호전력을 계산한 결과는 다음과 같다.

```
periodic signal x= [1, 2, 3, 5, 4, 6, 1, 2, 3, 5, 4, 6, 1, 2, 3, 5, 4, 6, 1, 2, 3, 5, 4, 6]
N= 24
Energy of sequence x= 364
Power of sequence x= 15.166666666666666
```

예제 3-1 다음의 시퀀스들을 각각의 지정된 구간에 대해 발생시키고 그래프로 나타내시오.

a. $x(n)=2\delta(n+2)-\delta(n-4), \quad -5\le n\le 5$

b. $x(n)=n[u(n)-u(n-10)]+10e^{-0.3(n-10)}[u(n-10)-u(n-20)], \quad 0\le n\le 20$

c. $x(n)=\cos(0.04\pi n)+0.2\omega(n), \quad 0\le n\le 20$

여기서 $\omega(n)$은 평균이 0이고 분산이 1인 가우시안 랜덤 시퀀스이다.

d. $\tilde{x}(n)=\{\cdots,5,4,3,2,1,5,4,3,2,1,5,4,3,2,1,\cdots\}, \quad -10\le n\le 9$

풀이 각각의 예에 대하여 파이썬으로 코드를 작성하고 “chap03_ex01.py” 파일에 저장한다. a 문항에서는 “chap03_module.py” 파일에 있는 “impseq()” 함수, b 문항에서는 “stepseq()” 함수를 사용한다.

a. 신호 $x(n)$은 $n=-2$에 크기가 2인 임펄스와 $n=4$에 크기가 -1인 임펄스가 있는 신호이다.

b. 신호 $x(n)$은 $n=0$에서 시작하여 $n=10$까지는 단조 증가하고, 다시 $n=10$부터 $n=19$까지는 기하급수적으로 감소하는 형태의 신호이다.

c. 입력신호 $x(n)$의 코사인 항을 보면, $\cos(0.04\pi n)=\cos\left(2\pi\cdot\frac{1}{50}\cdot n\right)$이다. 이 신호의 주파수는 $f=0.02=\frac{1}{50}$이므로 주기는 $T=50$(샘플수)이 된다. 따라서 이 신호는 $n=0$에서 시작하여 $n=49$일 때, 1주기가 되는 정현파이며, 0에서 0.2 크기의 잡음이 동반되는 신호이다.

d. 단조 감소하는 신호가 $T=5$[samples]마다 반복하는 주기신호이다.

결과 그래프는 다음 그림과 같다.

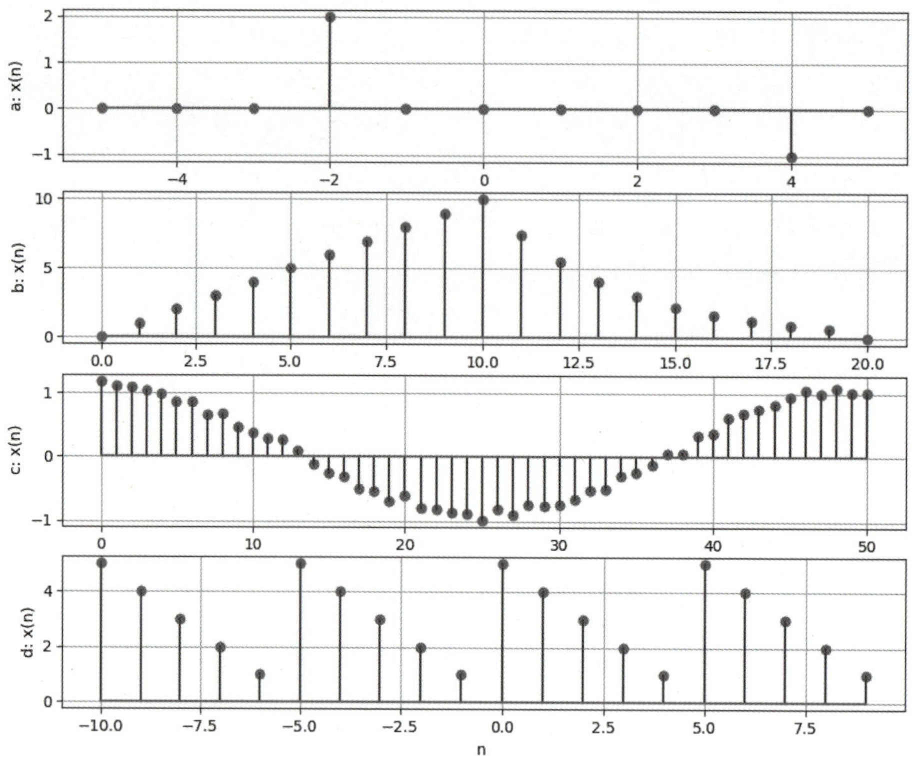

소스코드는 다음과 같다.

chap03_ex01.py

```
import numpy as np
import matplotlib.pylab as plt
from chap03_module import *

n=np.arange(-5,6)
xn=2*impseq(-2,-5,5)-impseq(4,-5,5)
plt.subplot(4,1,1); plt.stem(n,xn,"blue"); plt.grid(); plt.ylabel("a: x(n)")

n=np.arange(0,21)
xn1=n*(stepseq(0,0,20)-stepseq(10,0,20))
xn2=10*np.exp(-0.3*(n-10))*(stepseq(10,0,20)-stepseq(20,0,20))
xn=xn1+xn2
plt.subplot(4,1,2); plt.stem(n,xn,"blue"); plt.grid(); plt.ylabel("b: x(n)")
```

```
n=np.arange(0,51)
xn=np.cos(0.04*np.pi*n)+0.2*np.random.rand(len(n))
plt.subplot(4,1,3); plt.stem(n,xn,"blue"); plt.grid(); plt.ylabel("c: x(n)")

n=np.arange(-10,10)
x=[5,4,3,2,1]
xn=4*x
plt.subplot(4,1,4); plt.stem(n,xn,"blue"); plt.grid()
plt.xlabel("n"); plt.ylabel("d: x(n)")
```

예제 3-2 시퀀스 $x(n)$가 다음과 같을 때, 문제의 시퀀스들을 발생시키고, 그래프로 그리시오.

$$x(n)=\{1,2,\underset{\uparrow}{3},4,5,6,7,6,5,4,3,2,1\}$$

a. $x_1(n)=2x(n-5)-3x(n+4)$
b. $x_2(n)=x(3-n)+x(n)x(n+4)$

풀이 각각의 예에 대하여 파이썬으로 코드를 작성하고 "chap03_ex02.py" 파일에 저장한다. "chap03_module.py" 파일로부터 연산에 필요한 "sigadd()" 함수, "sigshift()" 함수와 "sigfold()" 함수를 불러와서 사용한다.

a. $x_1(n)$은 신호 $x(n)$을 2배 증폭시킨 후에 $n=5$만큼 이동시킨 신호로부터 $x(n)$을 3배 증폭시킨 후에 $n=-4$만큼 이동시킨 신호를 차감한 결과의 신호이다.
b. $x_2(n)$은 신호 $x(n)$을 반전시킨 후에 $n=3$만큼 이동시킨 신호에, $x(n)$과 $x(n)$을 $n=-4$만큼 이동시킨 신호를 서로 곱한 결과 신호를 더한 신호이다.

실행 결과는 다음 그림과 같다. 단계별로 직접 시퀀스 값들을 계산하여 최종적으로 그림과 동일한 결과가 나타나는지를 검증해 볼 필요가 있다.

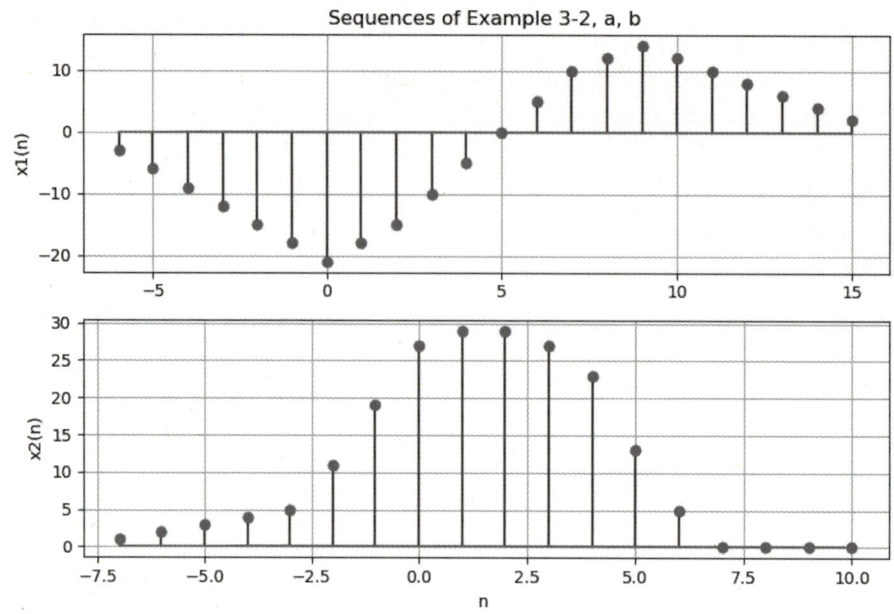

소스코드는 다음과 같다.

chap03_ex02.py

```
import numpy as np
import matplotlib.pylab as plt
from chap03_module import *

n=np.arange(-2,11)
x=np.array([1,2,3,4,5,6,7,6,5,4,3,2,1])

n11,x11=sigshift(n,x,5);
n12,x12=sigshift(n,x,-4);

n1,x1,y1,y2=sigadd(n11,2*x11,n12,-3*x12)
plt.subplot(2,1,1); plt.stem(n1,x1,"blue"); plt.grid(); plt.ylabel("x1(n)")
plt.title("Sequences of Example 3-2, a, b")

n21,x21=sigfold(n,x)
n21,x21=sigshift(n21,x21,3)
n22,x22=sigshift(n,x,-4)
```

```
n22,x22,y1,y2=sigmult(n,x,n22,x22)

n2,x2,y1,y2=sigadd(n21,x21,n22,x22)
plt.subplot(2,1,2); plt.stem(n2,x2,"blue"); plt.grid()
plt.xlabel("n"); plt.ylabel("x2(n)")
```

예제 3-3 다음과 같은 복소 시퀀스 $x(n)$을 발생시키고, 크기, 실수부분, 허수부분, 그리고 위상을 그리시오.

$$x(n)=e^{(-0.1+j0.3)n},\qquad -10\le n\le 10$$

풀이 신호 $x(n)$은 다음과 같이 나타낼 수 있다.

$$x(n)=e^{-0.1n}\cdot e^{j0.3n}=e^{-0.1n}\{\cos(0.3n)+j\sin(0.3n)\},\qquad |e^{j0.3n}|=1$$
$$e^{-0.1*(-10)}=e^{1}=2.7183,\ e^{-0.1*(0)}=1,\ e^{-0.1*(10)}=e^{-1}=0.3678$$

따라서 $x(n)$의 크기는 2.7138에서 0.3678까지 감소하는 형태이다. 그리고 $x(n)$의 실수부분은 $Re\{x(n)\}=\cos(0.3n)e^{-0.1n}$, 허수부분은 $Im\{x(n)\}=\sin(0.3n)e^{-0.1n}$의 형태이다. 또한 위상은 $\phi=\tan^{-1}\dfrac{\sin(0.3n)}{\cos(0.3n)}$이며, $n=0$에서 $\phi=\tan^{-1}\dfrac{\sin(0)}{\cos(0)}=\tan^{-1}0=0$이므로 영점을 지난다. 결과 그래프는 다음 그림과 같다.

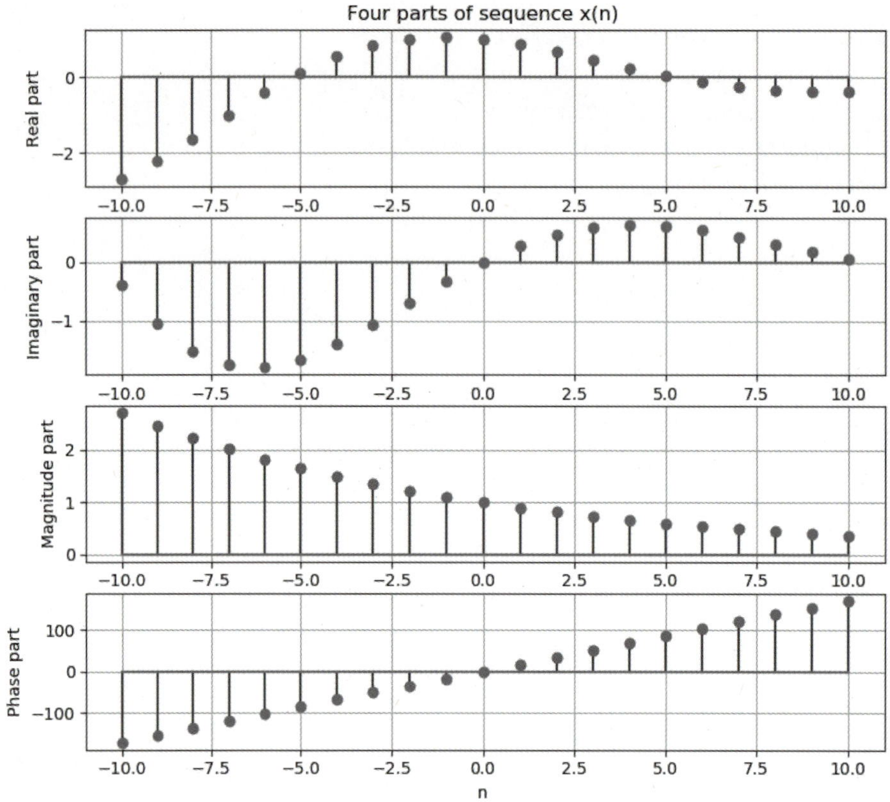

소스코드를 다음과 같이 작성하고 "chap03_ex03.py" 파일에 저장한다.

chap03_ex03.py

```
import numpy as np
import matplotlib.pylab as plt

n=np.arange(-10,11)
alpha=-0.1+0.3*1j
x=np.exp(alpha*n)

plt.subplot(4,1,1); plt.stem(n,np.real(x),"blue")
plt.grid(); plt.ylabel("Real part")
plt.title("Four parts of sequence x(n)")
plt.subplot(4,1,2); plt.stem(n,np.imag(x),"blue")
```

```
plt.grid(); plt.ylabel("Imaginary part")
plt.subplot(4,1,3); plt.stem(n,np.abs(x),"blue")
plt.grid(); plt.ylabel("Magnitude part")
plt.subplot(4,1,4); plt.stem(n,np.angle(x)*180/np.pi,"blue")
plt.grid(); plt.ylabel("Phase part"); plt.xlabel("n")
```

3.3.2 다른 유용한 연산들

이산시간신호 해석에서 사용되는 몇 가지 유용한 연산들에 대해서 살펴본다.

(1) 단위샘플 해석

임의의 시퀀스 $x(n)$은 식 (3–15)와 같이 지연되고 크기 조정된(weighted) 단위샘플 시퀀스들의 가중치 합(weighted sum)으로 해석될 수 있다.

$$x(n) = \sum_{k=-\infty}^{\infty} x(k)\delta(n-k) \tag{3-15}$$

식 (3–15)를 풀어쓰면 다음 식과 같이 쓸 수 있다.

$$x(n) = \cdots, x(-2)\delta(n+2) + x(-1)\delta(n+1) + x(0)\delta(n) + x(1)\delta(n-1) + x(2)\delta(n-2) + , \cdots$$

따라서 $x(n)$은 $n=-\infty$로부터 $n=-2$에 가중치(weight)가 $x(-2)$인 단위샘플, $n=-1$에 가중치가 $x(-1)$인 단위샘플, $n=0$에 가중치가 $x(0)$인 단위샘플, $n=1$에 가중치가 $x(1)$인 단위샘플, $n=2$에 가중치가 $x(2)$인 단위샘플, 그리고 $n=+\infty$까지 존재하는 모든 단위샘플 가중치들의 합(sum)인 신호로 해석할 수 있다.

그러므로 신호 $x(n)$을 크기가 조정된 단위샘플 시퀀스들의 가중치 합이라는 개념을 사용하면, 이러한 입력신호에 대한 이산시스템의 출력 또한 각각의 n에 위치한 크기 조정된 단위샘플들에 대한 시스템의 임펄스응답들을 모두 합한 것으로 나타낼 수 있을 것이다. 이 개념은 이산신호 해석의 기초가 된다.

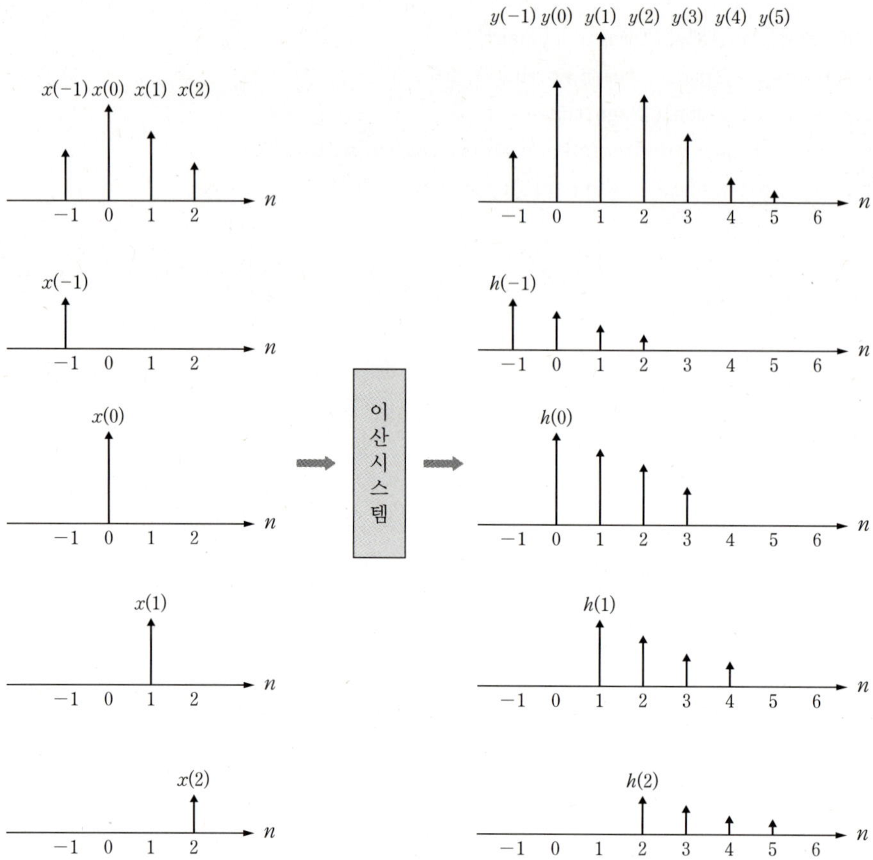

(2) 우함수 및 기함수 해석

실수시퀀스 $x_e(n)$가 식 (3–16)을 만족할 때, $x_e(n)$을 우함수(even function)라 하고, 또한 대칭적(symmetric)이라 한다.

$$x_e(-n) = x_e(n) \tag{3–16}$$

유사하게 실수시퀀스 $x_o(n)$가 식 (3–17)을 만족할 때, $x_o(n)$을 기함수(odd function)라 하고, 또한 반–대칭적(anti–symmetric)이라 한다.

$$x_o(-n) = -x_o(n) \tag{3–17}$$

모든 실수시퀀스 $x(n)$은 식 (3-18)과 같이 그것의 우함수 성분과 기함수 성분으로 분해될 수 있다.

$$x(n) = x_e(n) + x_o(n) \tag{3-18}$$

또한 실수시퀀스 $x(n)$과 그것의 반전신호 $x(-n)$을 식 (3-19)와 같이 조합하면 우함수 성분과 기함수 성분을 구할 수 있다.

$$\begin{aligned} x_e(n) &= \frac{1}{2}[x(n) + x(-n)] \\ x_o(n) &= \frac{1}{2}[x(n) - x(-n)] \end{aligned} \tag{3-19}$$

예제 3-4 다음과 같은 시퀀스 $x(n)$이 있다. 우함수 성분과 기함수 성분으로 분해하시오.

$$x(n) = u(n) - u(n-11)$$

풀이 신호 $x(n)$은 $n=0$ 에서부터 $n=10$ 까지 단위샘플이 연속으로 존재하는 사각형의 유한구간의 단위스텝신호이다.

먼저 임의의 실수시퀀스를 우함수 성분과 기함수 성분으로 분해하는데 사용할 사용자정의 함수 "evenodd()"을 "chap03_module.py" 파일에 다음과 같이 첨가한다.

```
def evenodd(n,x):    #x(n)의 기수, 우수 찾기
    n1,xa=sigfold(n,x)  #x(n)의 폴딩 시퀀스
    n,xe,y1,y2=sigadd(n,x,n1,xa)
    n,xo,y1,y2=sigadd(n,x,n1,-xa)
    xe=xe/2     #기수계산
    xo=xo/2     #우수계산
    return n,xe,xo
```

신호 $x(n)$을 우함수 성분과 기함수 성분으로 분해한 결과는 다음 그림과 같다.

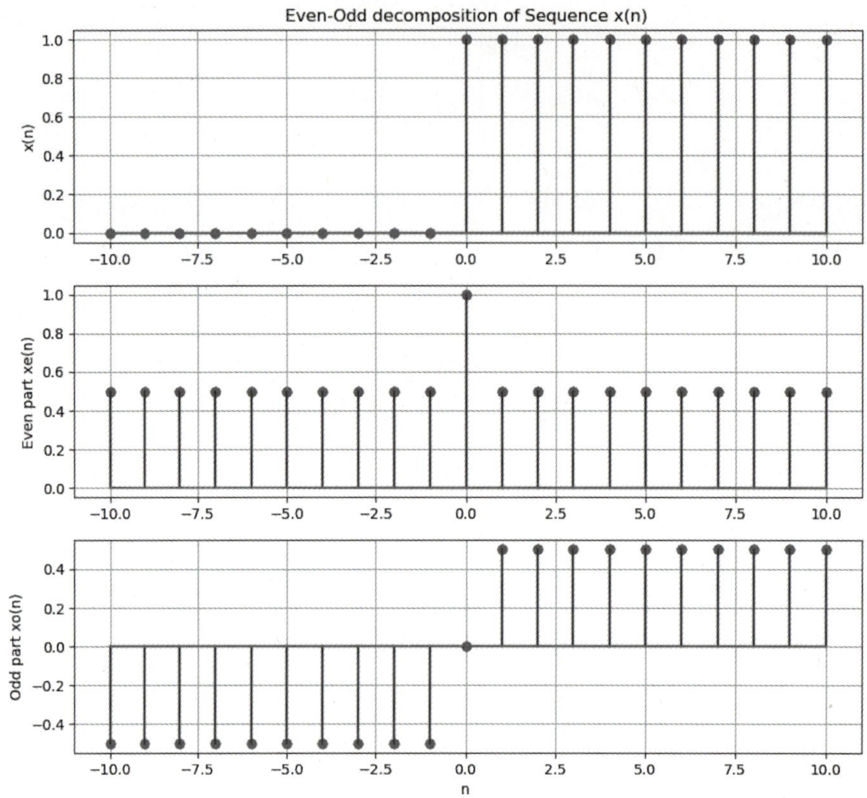

소스코드는 다음과 같다.

chap03_ex04.py

```
import numpy as np
import matplotlib.pylab as plt
from chap03_module import *

n=np.arange(-10,11)
x=stepseq(0,-10,10)
n,xe,xo=evenodd(n,x)

plt.subplot(3,1,1); plt.stem(n,x,"blue")
plt.grid(); plt.ylabel("x(n)")
plt.title("Even-Odd decomposition of Sequence x(n)")
```

```
plt.subplot(3,1,2); plt.stem(n,xe,"blue")
plt.grid(); plt.ylabel("Even part xe(n)")
plt.subplot(3,1,3); plt.stem(n,xo,"blue")
plt.grid(); plt.xlabel("n"); plt.ylabel("Odd part xo(n)")
```

(3) 시퀀스의 상관

시퀀스의 상관(correlation) 개념은 이산신호처리의 많은 곳에서 사용되고 있다. 이것은 두 시퀀스가 얼마나 닮았는지의 정도를 측정할 수 있는 연산이다. 따라서 자신과 닮은 신호가 존재하는지를 찾을 때 사용될 수 있다.

상관은 처리과정이 컨볼루션 연산과 유사하지만, 적용하는 신호의 반전 기능을 사용하지 않고 그대로 연산 적용한다는 점에서 다르다.

유한에너지를 가지는 두 개의 실수시퀀스 $x(n)$과 $y(n)$이 있을 때, 이들 사이의 교차상관(cross-correlation)은 식 (3-20)과 같이 정의되며, $r_{x,y}(l)$로 표기한다.

$$r_{x,y}(l) = \sum_{n=-\infty}^{\infty} x(n)y(n-l) \tag{3-20}$$

여기서 첨자 l은 이동(shift) 또는 지연(lag) 파라미터이다. 그리고 식 (3-20)에서 $y(n) = x(n)$이 되는 특별한 경우를 자기상관(auto-correlation)이라 부르고, 식 (3-21)과 같이 나타낸다. 자기상관의 연산 과정은 다음 그림과 같이 이루어진다.

$$r_{x,y}(l) = \sum_{n=-\infty}^{\infty} x(n)x(n-l) \tag{3-21}$$

임의 시퀀스 $x(n) = \{1,3,2\}$, $n = \{-1,0,1\}$에 대해서 $l = -3 \sim +3$ 사이의 구간에 대해 자기상관을 실행해 본다.

$l = -3$: $x(n)$과 $x(n+3)$ 사이에 겹치는 부분이 없기 때문에 $y(n) = 0$이 된다.
$l = -2$: $x(n)$의 1, $x(n+2)$의 2가 겹친다. $y(n) = 1 \times 2 = 2$가 된다.
$l = -1$: $x(n)$의 1, 3과 $x(n+1)$의 3, 2가 겹친다. $y(n) = 1 \times 3 + 3 \times 2 = 9$가 된다.
$l = 0$: $x(n)$의 1, 3, 2와 $x(n)$의 1, 3, 2 가 겹친다. $y(n) = 1 \times 1 + 3 \times 3 + 2 \times 2 = 14$가 된다.

$l=+1$: $x(n)$의 3, 2와 $x(n-1)$의 1, 3이 겹친다. $y(n)=1\times3+3\times2=9$가 된다.

$l=+2$: $x(n)$의 2와 $x(n-2)$의 1이 겹친다. $y(n)=2\times1=2$가 된다.

$l=+3$: $x(n)$과 $x(n-3)$ 사이에 겹치는 부분이 없기 때문에 $y(n)=0$이 된다.

결과적으로 자기상관의 출력은 $y(n)=\{\cdots,0,2,9,14,9,2,0,\cdots\}$이 된다. 이 값들 중에서 가장 큰 값은 14이며, 이때가 $l=0$일 때 즉 두 시퀀스가 정확하게 일치했을 때이다. 이것은 두 이산신호가 가장 닮았을 때 가장 큰 값을 내는 샘이므로 자기상관은 임의의 연속하는 시퀀스 내에서 특정 시퀀스를 찾을 때 이용될 수도 있음을 보여준다.

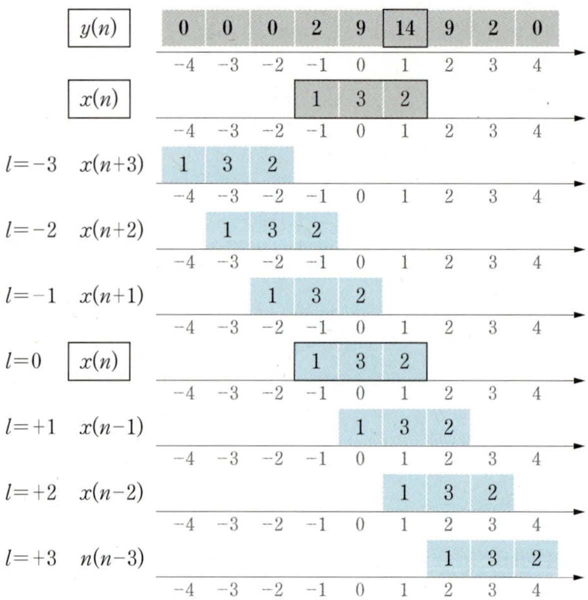

3.4 이산시스템

이산시간시스템(discrete-time system) 또는 이산시스템(discrete system)은 시퀀스 $x(n)$에 취해지는 일련의 연산자 $T[\cdot]$으로 기술될 수 있으며, 이산시퀀스 $x(n)$을 다른 시퀀스 $y(n)$으로 변환시키는 역할을 한다. 이때, $x(n)$을 입력(input) 또는 자극(excitation)이라 하고, $y(n)$을 출력(output) 또는 응답(response)이라 한다.

$$y(n)=T[x(n)]$$

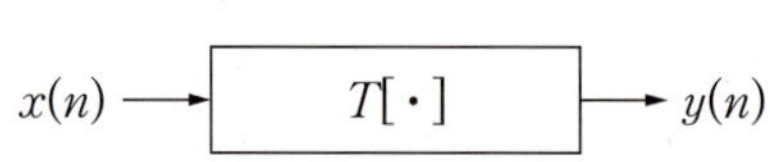

다르게 표현하면, 이산시스템은 입력과 출력이 모두 이산시퀀스인 연산시스템을 의미한다. 이산 신호처리에서는 이것을 이산시스템이 입력신호 $x(n)$을 처리(processing)해서 출력신호 $y(n)$을 생산한다고 말한다. 이산시스템은 신호처리의 선형성에 따라 선형(linear)과 비선형(nonlinear)시스템으로 분류하며, 여기서는 선형시스템에 대해서만 배울 것이다.

3.4.1 선형시스템

이산시스템 $T[\cdot]$이 만약 식 (3-22)와 같이 중첩의 원리(principle of superposition)를 만족하면 선형시스템(linear system)이 된다.

$$T[a_1 x_1(n) + a_2 x_2(n)] = a_1 T[x_1(n)] + a_2 T[x_2(n)], \qquad \forall a_1, a_2, x_1(n), x_2(n) \qquad (3-22)$$

식 (3-22)는 다음과 같은 두 가지 성질을 포함하고 있다.

1. **균질성(homogeneity)**: 임의의 스칼라량 a에 대해 다음 식을 만족하면 균질하다. 즉 선형시스템에서는 n 순간에 입력을 a배하여 시스템에 입력하면 그 출력은 a배하기 전의 입력에 대한 출력의 a배와 같아지는 특성을 의미한다.

$$T[ax(n)] = a \cdot T[x(n)]$$

2. **가산성(additivity)**: 임의의 이산신호 $x_1(n)$과 $x_2(n)$가 다음 식을 만족하면 가산적이다. 선형시스템에서는 두 가지 다른 입력을 합해서 한꺼번에 입력하면 그 출력은 각각의 입력에 대한 출력들을 더한 것과 같은 출력을 얻을 수 있음을 의미한다.

$$T[x_1(n) + x_2(n)] = T[x_1(n)] + T[x_2(n)]$$

임의의 시퀀스 $x(n)$은 크기-조정된 단위샘플 시퀀스들의 가중치 합으로 해석될 수 있다. 식 (3-15)와 선형시스템의 가산특성을 나타내는 식 (3-22)를 사용하면, 임의의 입력 $x(n)$에 대한 선형시스템의 출력 $y(n)$은 식 (3-23)으로 구할 수 있다.

$$y(n) = T[x(n)] = T\left[\sum_{k=-\infty}^{\infty} x(k)\delta(n-k)\right] = \sum_{k=-\infty}^{\infty} x(k)T[\delta(n-k)] \qquad (3-23)$$

여기서 응답 $T[\delta(n-k)]$은 시간 k에서의 단위샘플에 기인하는 시간 n에서의 선형시스템의 응답으로 해석할 수 있다. 이것을 임펄스응답이라 하며 $h(n,k)$로 표기한다. 이 때 $h(n,k)$는 아직 시변(time-variable)특성을 지니며, 출력 $y(n)$은 식 (3-24)와 같이 나타낼 수 있다.

$$y(n) = \sum_{k=-\infty}^{\infty} x(k)h(n,k) \tag{3-24}$$

3.4.2 시불변시스템

이산시스템에 임의의 신호 $x(n)$을 입력하였을 때의 출력을 $y(n)$이라 하면, 입력을 일정 시간 이동한 후의 신호 $x(n-k)$을 입력하였을 때 출력 또한 $y(n-k)$이면 이 시스템은 시불변시스템이다. 다시 말하면, 식 (3-25)에서와 같이 어느 때에라도 동일한 입력에 대해 동일한 출력이 생산되는 경우의 시스템을 시불변시스템(time-invariable system)이라고 한다.

$$\begin{aligned} y(n) &= T[x(n)] \\ y(n-k) &= T[x(n-k)] \end{aligned} \tag{3-25}$$

3.4.3 선형시불변시스템

식 (3-22)의 선형성과 식 (3-25)의 시불변성을 모두 만족하는 이산시스템을 선형시불변(LTI, linear time-invariant)시스템이라 한다. 이산신호처리에서의 시스템은 모두 이 LTI 시스템이며, 가역성(reversibility)과 안정성(stability)을 가져야 한다.

1. 가역성

식 (3-25)의 시불변 특성을 기반으로, LTI 시스템에 대해서 변환 $T[\cdot]$와 이동연산은 다음과 같이 가역성(reversible)을 만족한다.

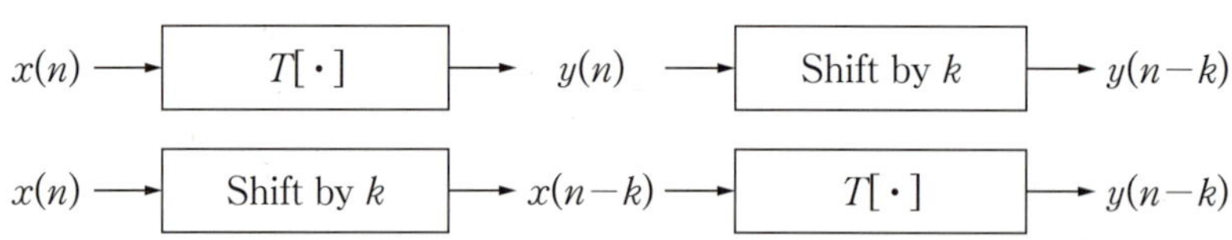

LTI 시스템을 $LTI[\cdot]$으로 표기하고, $x(n)$과 $y(n)$을 LTI 시스템의 입력-출력 쌍으로 두면, 이때 임펄스응답인 시변함수 $h(n,k)$는 시불변함수 $h(n-k)$가 된다. 그리고 식 (3-24)로부터 그 출력은 식 (3-26)에 의해 주어진다.

$$y(n) = LTI[x(n)] = \sum_{k=-\infty}^{\infty} x(k)h(n-k) \quad (3\text{-}26)$$

LTI 시스템의 임펄스응답은 $h(n)$으로 표기한다. 식 (3-26)은 수학적으로 선형컨볼루션(linear convolution)이라 하고, 식 (3-27)과 같이 나타낸다.

$$y(n) = x(n) * h(n) \quad (3\text{-}27)$$

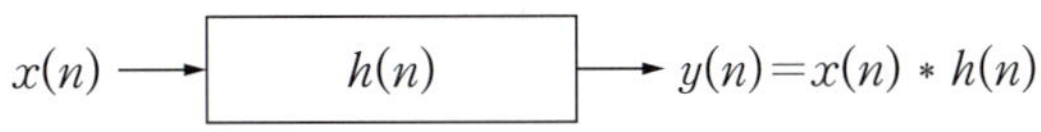

2. 안정성

안정성(stability)은 선형시스템 이론에서 매우 중요한 개념이다. 안정성을 고려해야만 하는 첫째 이유는 유해한 시스템이 만들어지는 것을 막거나 시스템이 동작하는 중에 연소 또는 포화가 되는 것을 피하기 위한 것이다. 만약 시스템이 식 (3-28)과 같이 유한입력 유한출력(BIBO, bounded-input bounded-output) 조건을 만족하면 그 시스템은 안정하다. 이것을 BIBO 안정(BIBO stable)하다고 말한다.

$$|x(n)| < \infty \ \Leftrightarrow \ |y(n)| < \infty, \quad \forall x, y \quad (3\text{-}28)$$

또한 LTI 시스템은 그것의 임펄스응답이 식 (3-29)와 같이 절대적으로 합산가능(absolutely summable)하기만 하면 BIBO 안정하다.

$$\text{BIBO 안정} \ \Leftrightarrow \ \sum_{n=-\infty}^{\infty} |h(n)| < \infty \quad (3\text{-}29)$$

3.5 컨볼루션

LTI 시스템의 응답에 대해 기술하면서 앞의 식 (3-26)과 식 (3-27)에서와 같이 LTI 시스템의 출력 $y(n)$은 입력 $x(n)$과 임펄스응답 $h(n)$ 사이의 컨볼루션(convolution) 연산을 사용하여 구했다. 다시 나타내면 식 (3-30)과 같다. 컨볼루션 연산은 이산신호처리에서 매우 중요한 연산이며, 이후의 여러 가지 신호 분석에 적용될 것이다.

$$y(n) = x(n) * h(n) = \sum_{k=-\infty}^{\infty} x(k)h(n-k) \qquad (3-30)$$

식 (3–30)의 컨볼루션 연산을 다음과 같은 네 가지 방법을 적용해서 구해 본다.

- $x(n)$의 각각의 입력 샘플에 대한 임펄스응답의 중첩 합을 구한다(예제 3–5).
- k에 따라서 $x(k)$와 $h(n-k)$의 곱의 합으로 구한다(예제 3–6).
- $h(k)$을 반전–이동시킨 $h(n-k)$을 사용하여 그래픽하게 구한다(예제 3–7).
- 컨볼루션 함수를 사용하여 구한다(예제 3–8).

1. 먼저 $x(n)$의 각각의 입력에 대한 임펄스응답의 중첩 합을 구하는 방법을 적용하는 예를 풀어본다.

예제 3–5 입력 $x(n)$과 임펄스응답 $h(n)$가 다음과 같은 LTI 시스템의 출력 $y(n)$을 중첩 합의 형식을 사용해서 결정하시오.

$$x(n) = \{1, \underset{\uparrow}{1}, 0.5\}, \qquad h(n) = \{\underset{\uparrow}{1}, 0.5, 0.25\}$$

풀이 입력 $x(n)$과 임펄스응답 $h(n)$의 파형은 다음 그림과 같다.

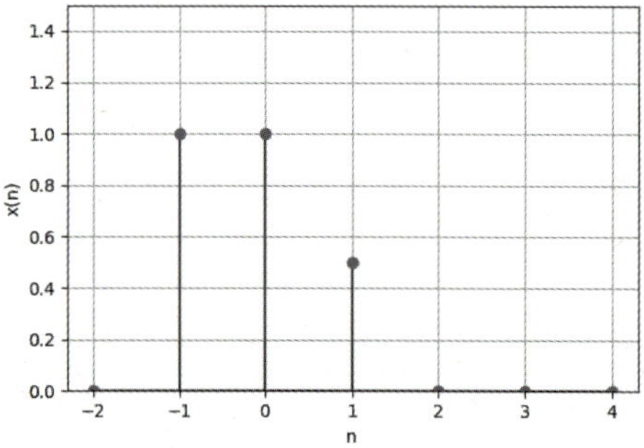

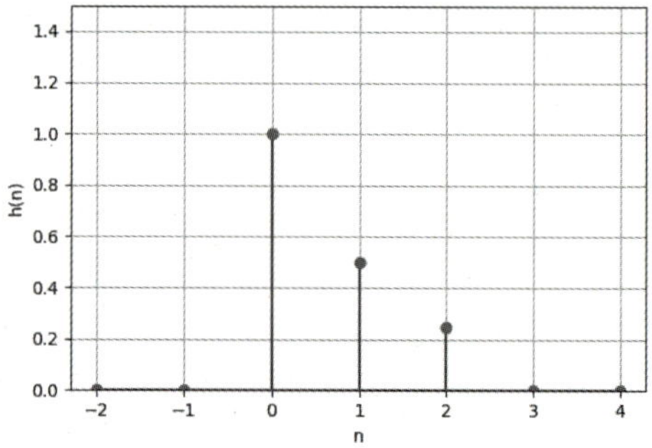

여기서 입력 $x(n)$은 다음과 같이 세 개의 단위임펄스의 합으로 구성되어 있는 것을 알 수 있다.

$$x(n) = 1 \cdot \delta(n+1) + 1 \cdot \delta(n) + 0.5 \cdot \delta(n-1)$$

따라서 각각의 임펄스에 대한 응답에 대해 중첩 합을 구하면 출력을 구할 수 있다. 다음 그림과 같은 과정의 중첩 합을 통해서 출력 $y(n)$은 다음과 같이 구해졌다.

$$y(n) = \{1, \underset{\uparrow}{1.5}, 1.25, 0.5, 0.125\}$$

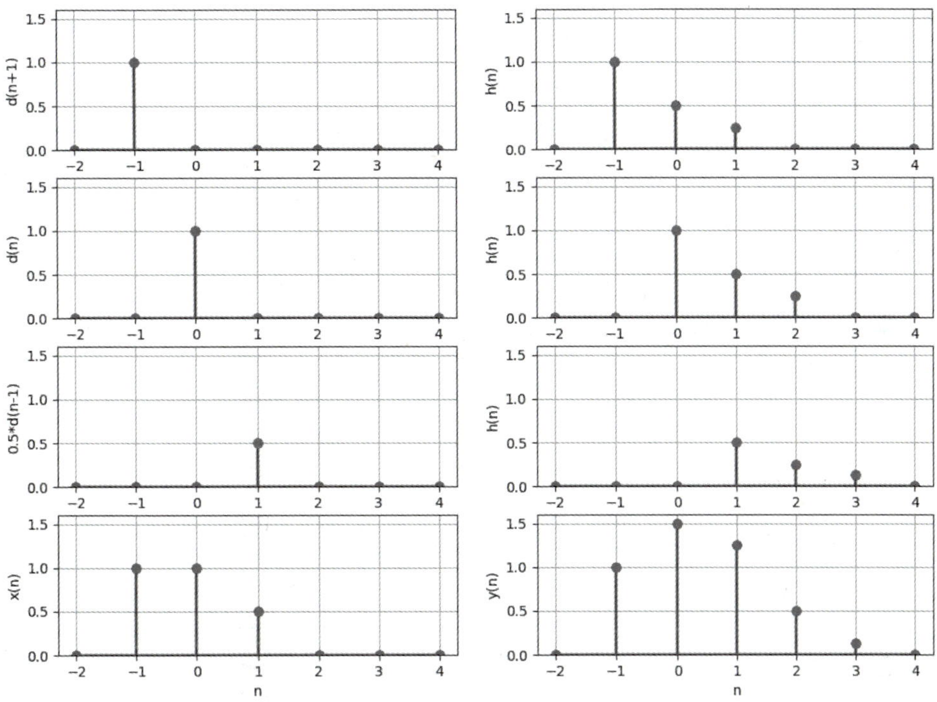

소스코드를 작성하면 다음과 같다. "chap03_ex05.py" 파일에 저장한다. 입력 $x(n)$의 각각의 n에서 값을 가지면 이 값과 $h(n)$을 곱해서 출력시퀀스 $y(n)$의 n에서부터 차례대로 저장한다. 다음 n에서도 $y(n)$에 더해서 저장한다. 반복한다.

```
n= 1        1.   0.5  0.25 *1.0
y(n)= [0.   1.   0.5  0.25 0.   0.   0.  ]
n= 2             1.   0.5  0.25 *1.0
y(n)= [0.   1.   1.5  0.75 0.25 0.   0.  ]
n= 3                  1.   0.5  0.25 *0.5
y(n)= [0.    1.    1.5   1.25  0.5   0.125 0.    ]
```

chap03_ex05.py

```
import numpy as np

n=np.arange(-2,5)  #순서시퀀스
N=len(n)  #시퀀스 길이
xn=np.zeros(N); xn[1]=1; xn[2]=1; xn[3]=0.5  #x(n)
hn=np.zeros(N); hn[2]=1; hn[3]=0.5; hn[4]=0.25  #h(n)
yn=np.zeros(N)  #y(n)

for i in range(N):
    if xn[i]!=0:  #x(n)의 값이 있으면
        print("n=",i)
        for k in range(3):
            yn[i+k]=yn[i+k]+xn[i]*hn[2+k]  #y(n)에 순서대로 더한다.
        print("y(n)=",yn)
```

2. 다음은 식 (3-26)을 기반으로 k에 따라서 $x(k)$와 $h(n-k)$의 곱의 합으로 구하는 방법을 적용해 본다.

예제 3-6 입력 $x(n)$과 임펄스응답 $h(n)$가 다음과 같은 LTI 시스템의 출력 $y(n)$을 곱의 합의 형식을 사용해서 결정하시오.

$$x(n) = \{3, 11, 7, \underset{\uparrow}{0}, -1, 4, 2\}, \qquad h(n) = \{2, \underset{\uparrow}{3}, 0, -5, 2, 1\}$$

풀이 먼저 $x(n)$과 $h(n)$을 $x(k)$와 $h(k)$로 변경한다. $x(k)$와 $h(k)$의 순서시퀀스는 각각 $n_x = \{-3, -2, -1, 0, 1, 2, 3\}$, $n_h = \{-1, 0, 1, 2, 3, 4\}$이다. 따라서 컨볼루션 연산을 위한 n과 k의 범위는 다음과 같다.

- $n = (-3) + (-1) = -4$에서부터 $n = 3 + 4 = 7$까지
- k의 범위는 $x(k)$의 순서시퀀스를 사용한다. $k = -3$에서 $k = 3$까지이다.

각각의 n에서의 출력은 다음과 같이 계산된다.

$$\begin{aligned}y(-4)=\sum_{k=-3}^{3}x(k)h(-4-k)&=x(-3)h(-1)+x(-2)h(-2)+x(-1)h(-3)+x(0)h(-4)\\&\quad+x(1)h(-5)+x(2)h(-6)+x(3)h(-7)\\&=3\times2=6\end{aligned}$$

$$\begin{aligned}y(-3)=\sum_{k=-3}^{3}x(k)h(-3-k)&=x(-3)h(0)+x(-2)h(-1)+x(-1)h(-2)+x(0)h(-3)\\&\quad+x(1)h(-4)+x(2)h(-5)+x(3)h(-6)\\&=3\times3+11\times2=31\end{aligned}$$

$$\begin{aligned}y(-2)=\sum_{k=-3}^{3}x(k)h(-2-k)&=x(-3)h(1)+x(-2)h(0)+x(-1)h(-1)+x(0)h(-2)\\&\quad+x(1)h(-3)+x(2)h(-4)+x(3)h(-5)\\&=3\times0+11\times3+7\times2=47\end{aligned}$$

$$\begin{aligned}y(-1)=\sum_{k=-3}^{3}x(k)h(-1-k)&=x(-3)h(2)+x(-2)h(1)+x(-1)h(0)+x(0)h(-1)\\&\quad+x(1)h(-2)+x(2)h(-3)+x(3)h(-4)\\&=3\times(-5)+11\times0+7\times3+0\times2=6\end{aligned}$$

$$\begin{aligned}y(0)=\sum_{k=-3}^{3}x(k)h(0-k)&=x(-3)h(3)+x(-2)h(2)+x(-1)h(1)+x(0)h(0)\\&\quad+x(1)h(-1)+x(2)h(-2)+x(3)h(-3)\\&=3\times2+11\times(-5)+7\times0+0\times3+(-1)\times2=-51\end{aligned}$$

$$\begin{aligned}y(1)=\sum_{k=-3}^{3}x(k)h(1-k)&=x(-3)h(4)+x(-2)h(3)+x(-1)h(2)+x(0)h(1)\\&\quad+x(1)h(0)+x(2)h(-1)+x(3)h(-2)\\&=3\times1+11\times2+7\times(-5)+0\times0+(-1)\times3+4\times2=-5\end{aligned}$$

$$\begin{aligned}y(2)=\sum_{k=-3}^{3}x(k)h(2-k)&=x(-3)h(5)+x(-2)h(4)+x(-1)h(3)+x(0)h(2)\\&\quad+x(1)h(1)+x(2)h(0)+x(3)h(-1)\\&=3\times0+11\times1+7\times2+0\times(-5)+(-1)\times0+4\times3+2\times2=41\end{aligned}$$

$$\begin{aligned}y(3)=\sum_{k=-3}^{3}x(k)h(3-k)&=x(-3)h(6)+x(-2)h(5)+x(-1)h(4)+x(0)h(3)\\&\quad+x(1)h(2)+x(2)h(1)+x(3)h(0)\\&=3\times0+11\times0+7\times1+0\times2+(-1)\times(-5)+4\times0+2\times3=18\end{aligned}$$

$$\begin{aligned}y(4)=\sum_{k=-3}^{3}x(k)h(4-k)&=x(-3)h(7)+x(-2)h(6)+x(-1)h(5)+x(0)h(4)\\&\quad+x(1)h(3)+x(2)h(2)+x(3)h(1)\\&=3\times0+11\times1+7\times2+0\times(-5)+(-1)\times0+4\times3+2\times2=41\end{aligned}$$

$$\begin{aligned}y(5)=\sum_{k=-3}^{3}x(k)h(5-k)&=x(-3)h(8)+x(-2)h(7)+x(-1)h(6)+x(0)h(5)\\&\quad+x(1)h(4)+x(2)h(3)+x(3)h(2)\\&=3\times0+11\times0+7\times0+0\times0+(-1)\times1+4\times2+2\times(-5)=-3\end{aligned}$$

$$y(6)=\sum_{k=-3}^{3}x(k)h(6-k)=x(-3)h(9)+x(-2)h(8)+x(-1)h(7)+x(0)h(6)$$
$$+x(1)h(5)+x(2)h(4)+x(3)h(3)$$
$$=3\times0+11\times0+7\times0+0\times0+(-1)\times0+4\times1+2\times2=8$$

$$y(7)=\sum_{k=-3}^{3}x(k)h(7-k)=x(-3)h(10)+x(-2)h(9)+x(-1)h(8)+x(0)h(7)$$
$$+x(1)h(6)+x(2)h(5)+x(3)h(4)$$
$$=3\times0+11\times0+7\times0+0\times0+(-1)\times0+4\times0+2\times1=2$$

따라서 컨볼루션 결과로부터 시스템의 출력시퀀스는 다음과 같다.

$$y(n)=\{6,31,47,6,\underset{\uparrow}{-51},-5,41,18,-22,-3,8,2\}$$

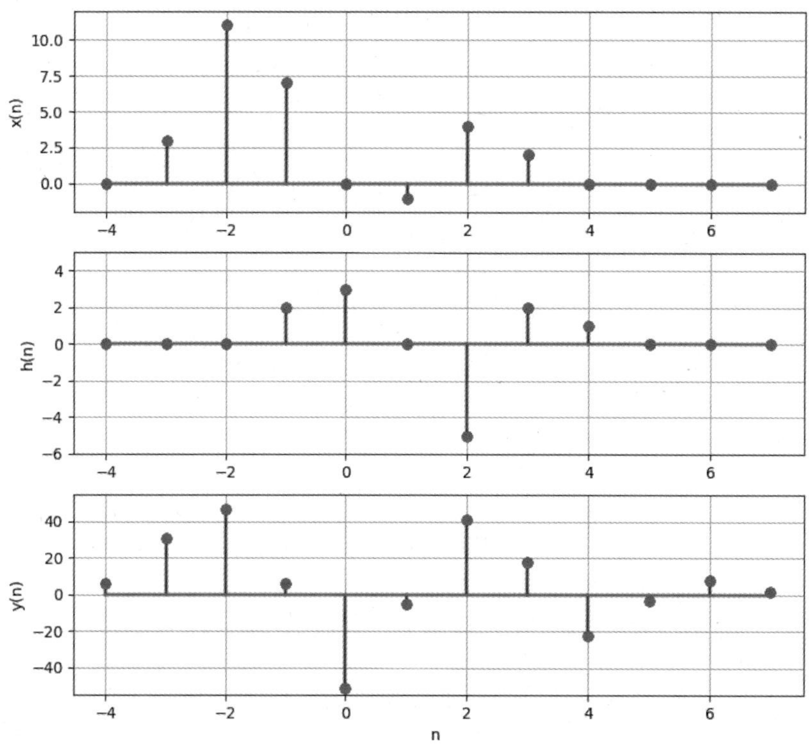

위의 과정을 프로그래밍하여 실행한 결과, 컨볼루션 결과 출력은 다음과 같다.

```
x(n)= [3, 11, 7, 0, -1, 4, 2]
h(n)= [2, 3, 0, -5, 2, 1]
y(n)= [  6.  31.  47.   6. -51.  -5.  41.  18. -22.  -3.   8.   2.]
```

소스코드는 다음과 같으며, "chap03_ex06.py" 파일에 저장한다.

chap03_ex06.py

```
import numpy as np

xn=[3,11,7,0,-1,4,2]; n1=[-3,-2,-1,0,1,2,3]
hn=[2,3,0,-5,2,1]; n2=[-1,0,1,2,3,4]

nmin=min(n1)+min(n2)  #컨볼루션 연산의 시작 순서
nmax=max(n1)+max(n2)  #컨볼루션 연산의 끝 순서
n=np.arange(nmin,nmax+1)  #출력 y(n)의 순서시퀀스
N=len(n)  #출력 시퀀스의 길이
yn=np.zeros(N)  #출력 시퀀스 어레이 설정

for i in range(nmin,nmax+1):  #n의 시작부터 끝까지
    sum=0
    for j in range(min(n1),max(n1)+1):  #k의 시작부터 끝까지
        if ((i-j)>=min(n2) and (i-j)<=max(n2)):  #(n-k)가 h(n)의 순서 내이면
            sum=sum+xn[j+abs(min(n1))]*hn[i-j+abs(min(n2))]  #컨볼루션 연산
    yn[i+abs(nmin)]=sum  #출력 처장

print("x(n)=",xn)
print("h(n)=",hn)
print("y(n)=",yn)
```

3. 다음으로는 $h(k)$을 반전-이동시킨 $h(n-k)$를 사용하여 그래픽하게 구한다.

예제 3-7 입력 $x(n)$과 임펄스응답 $h(n)$가 다음과 같은 LTI 시스템의 출력 $y(n)$을 $h(k)$의 반전-이동 형식을 사용해서 결정하시오.

$$x(n)=\{3,11,7,\underset{\uparrow}{0},-1,4,2\},\qquad h(n)=\{2,\underset{\uparrow}{3},0,-5,2,1\}$$

풀이 $h(k)$의 반전-이동(folded-and-shifted)하는 $h(n-k)$를 이용하여 그래픽하게 처리하는 방법은 다음과 같은 과정으로 처리된다.

$$y(n)=LTI[x(n)]=\sum_{n=-\infty}^{\infty}x(k)h(n-k)$$

(1) 입력 $x(n)$을 $x(k)$로, 시스템의 단위임펄스응답 $h(n)$을 $h(k)$로 변경한다.

(2) 단위임펄스응답 $h(k)$를 영점을 중심으로 반전시켜 $h(-k)$를 구한다.

(3) $h(-k)$를 n을 따라 오른편으로 이동시킨다. $h(n-k)$

(4) 매 n마다 $x(k)$와 $h(n-k)$ 사이의 곱의 합 연산을 적용해서 출력 $y(n)$을 구한다.

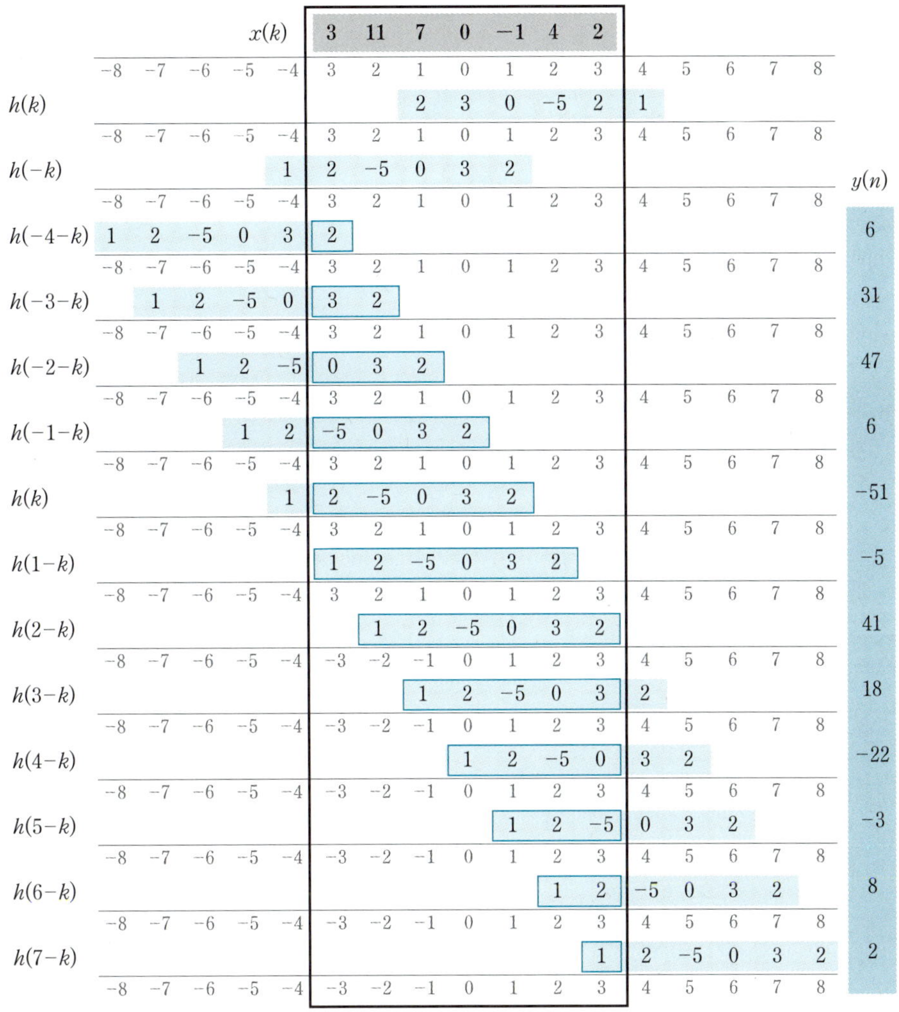

프로그래밍 소스코드는 다음과 같으며, "chap03_ex07.py"에 저장하였다.

chap03_ex07.py

```
import numpy as np
from chap03_module import *

xn=[3,11,7,0,-1,4,2]; n1=[-3,-2,-1,0,1,2,3] #x(n)과 순서시퀀스
hn=[2,3,0,-5,2,1]; n2=[-1,0,1,2,3,4]  #h(n)과 순서시퀀스
fn,fhn=sigfold(n2,hn)  #h(-n)과 순서시퀀스
```

```python
print("x(n)=",xn," n1=",n1)
print("h(n)=",hn," n2=",n2)
print("h(-n)=",fhn," (-n2)=",fn)

nmin=min(n1)+min(n2)  #컨볼루션 연산의 시작 순서
nmax=max(n1)+max(n2)  #컨볼루션 연산의 끝 순서
n=np.arange(nmin,nmax+1)  #출력 y(n)의 순서시퀀스
N=len(n)  #출력 시퀀스의 길이
yn=np.zeros(N)  #출력 시퀀스 어레이 설정

for i in range(nmin,nmax+1):  #n의 시작부터 끝까지
    sum=0
    for j in range(int(min(fn)),int(max(fn)+1)):  #h(-n)의 시작부터 끝까지
        if ((i+j)>=min(n1) and (i+j)<=max(n1)):  #(n-k)가 x(n)의 순서 내이면
            sum=sum+xn[i+j+abs(min(n1))]*fhn[j+int(abs(min(fn)))]#컨볼루션 연산
    yn[i+abs(nmin)]=sum  #출력 처장

print("y(n)=",yn); print("n=",n)
```

결과는 다음과 같이 나타났으며, 앞의 방법들과 같은 출력 결과를 나타내었다.

```
x(n)= [3, 11, 7, 0, -1, 4, 2]  n1= [-3, -2, -1, 0, 1, 2, 3]
h(n)= [2, 3, 0, -5, 2, 1]  n2= [-1, 0, 1, 2, 3, 4]
h(-n)= [ 1.  2. -5.  0.  3.  2.]  (-n2)= [-4. -3. -2. -1.  0.  1.]
y(n)= [  6.  31.  47.   6. -51.  -5.  41.  18. -22.  -3.   8.   2.]
n= [-4 -3 -2 -1  0  1  2  3  4  5  6  7]
```

4. 마지막으로는 넘파이에서 제공하는 컨볼루션 함수를 사용하여 구한다.

예제 3-8 입력 $x(n)$과 임펄스응답 $h(n)$가 다음과 같은 LTI 시스템의 출력 $y(n)$을 넘파이에서 제공하는 컨볼루션 함수를 사용하여 결정하시오.

$$x(n) = \{3, 11, 7, \underset{\uparrow}{0}, -1, 4, 2\}, \qquad h(n) = \{2, \underset{\uparrow}{3}, 0, -5, 2, 1\}$$

풀이 넘파이에서 제공하는 "np.convolve()" 함수는 컨볼루션 결과 $y(n)$ 값만 되돌려 받는다. 그러나 순서시퀀스를 사용해서 그래프로 나타내려면 함수를 수정해서 사용해야 한다. 사용자정의함수로 "convolve_m()" 함수를 "chap03_module.py" 파일에 첨가한다. 그런 다음, 소스코드를 작성하고 "chap03_ex08.py" 파일로 저장한다. 함수를 사용하여 처리한 결과, 출력 $y(n)$과 순서시퀀스 n은 다음과 같다.

```
y(n)=x(n)*h(n)= [  6  31  47   6 -51  -5  41  18 -22  -3   8   2]
n= [-4 -3 -2 -1  0  1  2  3  4  5  6  7]
```

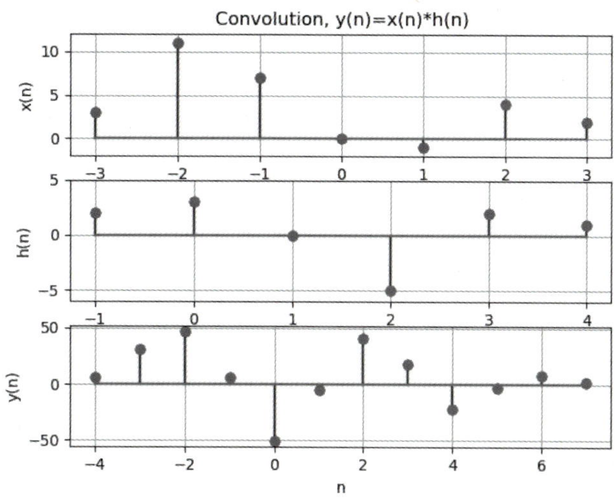

사용자정의함수 "convolve_m()" 함수는 다음과 같이 작성된다.

```
def convolve_m(nx,x,nh,h):  #두 시퀀스의 컨볼루션
    nyb=nx[0]+nh[0]  #계산 k 시작점
    nye=nx[len(x)-1]+nh[len(h)-1]  #계산 k 종점
    ny=np.arange(nyb,nye+1)  #순서시퀀스 할당
    y=np.convolve(x,h)  #컨볼루션 출력
    return ny,y
```

소스코드는 다음과 같다.

▌chap03_ex08.py

```
import numpy as np
import matplotlib.pylab as plt
from chap03_module import *

nx=np.arange(-3,4)
nh=np.arange(-1,5)
xn=np.array([3,11,7,0,-1,4,2])
hn=np.array([2,3,0,-5,2,1])

n,y=convolve_m(nx,xn,nh,hn)
print("y(n)=x(n)*h(n)=",y); print("n=",n)

plt.subplot(3,1,1); plt.stem(nx,xn,"blue"); plt.grid()
plt.title("Convolution, y(n)=x(n)*h(n)"); plt.ylabel("x(n)"); plt.ylim(-2,12)
plt.subplot(3,1,2); plt.stem(nh,hn,"blue"); plt.grid()
plt.ylabel("h(n)"); plt.ylim(-6,5)
plt.subplot(3,1,3); plt.stem(n,y,"blue"); plt.grid()
plt.xlabel("n"); plt.ylabel("y(n)")
```

3.6 차분방정식

연속시스템은 수학적 모델링을 위해 미분방정식(differential equation)을 사용한다. 이와 유사하게 이산시스템을 모델링할 때는 차분방정식(difference equation)을 사용한다. 차분방정식은 수열의 점화식과 같은 형태를 취하며 이산시스템의 입출력 관계를 나타내는데 사용되는 방정식이다. LTI 이산시스템은 식 (3-31)과 같이 선형 상수 계수를 가지는 차분방정식으로 표현될 수 있다.

$$\sum_{k=0}^{N} a_k y(n-k) = \sum_{m=0}^{M} b_m x(n-m), \qquad \forall n \tag{3-31}$$

만약 $a_N \neq 0$이면 차분방정식의 차수는 N이 된다. 그리고 이 방정식은 현재와 과거의 입력 값들과 과거 출력 값들이 주어졌을 때, 현재 출력을 계산하기 위한 재귀접근법(a recursive approach)을 나타낸다. 이 방정식은 식 (3-32)와 같이 현재 출력을 등호의 왼편에 두는 형태로 나타낼 수 있다.

$$y(n) = \sum_{m=0}^{M} b_m x(n-m) - \sum_{k=1}^{N} a_k y(n-k) \tag{3-32}$$

식 (3-32)에서 등호 우편의 첫 번째 항은 현재와 과거 입력들을 포함하고 있으며, 두 번째 항은 과거 출력들을 포함하고 있다. 차분방정식을 사용해서 시스템의 임펄스응답을 구하기 위해서는 "scipy" 라이브러리에서 "signal" 모듈의 "signal.lfilter()" 함수를 사용한다. 예제 3-9는 이 함수를 사용하여 임펄스응답을 구하는 예이다.

예제 3-9 다음과 같은 차분방정식에 대해,

$$y(n) - y(n-1) + 0.9y(n-2) = x(n), \quad \forall n$$

a. $n=0, \cdots, 100$ 에서 임펄스응답 $h(n)$ 을 계산하고 그래프로 나타내시오.
b. $n=0, \cdots, 100$ 에서 단위계단응답 $s(n)$ 을 계산하고 그래프로 나타내시오.
c. 임펄스응답 $h(n)$ 으로 특정된 이 시스템이 안정한지를 판단하시오.

풀이 차분방정식으로부터 계수를 배열로 나타내면 입력 계수는 $b=[1]$, 출력 계수는 $a=[1, -1, 0.9]$ 이다.

a. 위의 차분방정식으로부터 얻은 계수를 사용해서 임펄스응답 $h(n)$ 을 구한 결과, 입력 $x(n)$ 과 임펄스응답 $h(n)$ 의 그래프는 다음과 같다.

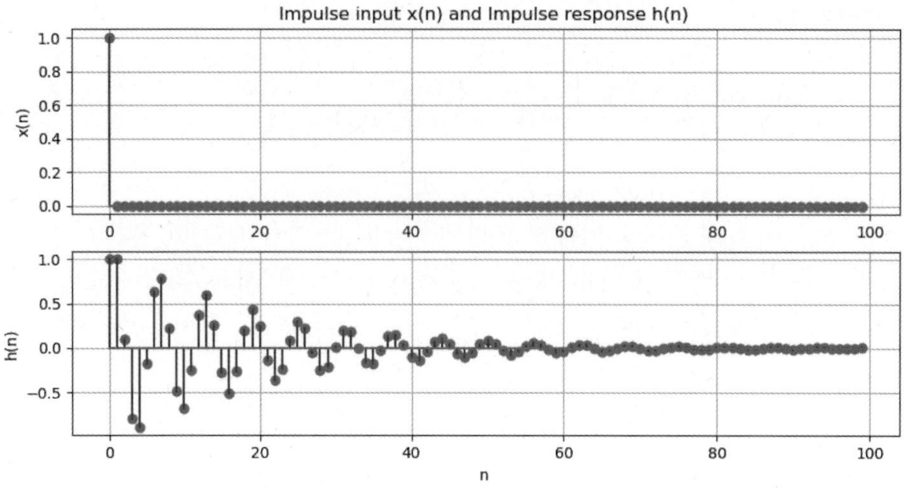

시스템의 차분방정식 $y(n)-y(n-1)+0.9y(n-2)=x(n)$을 다시 쓰면 다음 식과 같다.

$$y(n)=x(n)+y(n-1)-0.9y(n-2)$$

위 식을 해석하면, 현재 출력은 현재의 입력에 바로 전 과거 출력의 100%를 더하고, 여기에 바로 전 전 과거 출력의 90%를 빼는 것으로 결정된다는 것을 의미한다.

$y(n-1)$과 $y(n-2)$의 초깃값을 0으로 두고, n에 따라 응답을 계산하면 다음과 같으며, 이는 위 그림의 결과와 동일한 것을 알 수 있다.

$$\begin{aligned}
&n=0: y(0)=x(0)+y(-1)-0.9y(-2)=1+0-0=1\\
&n=1: y(1)=x(1)+y(0)-0.9y(-1)=0+1-0=1\\
&n=2: y(2)=x(2)+y(1)-0.9y(0)=0+1-0.9=0.1\\
&n=3: y(3)=x(3)+y(2)-0.9y(1)=0+0.1-0.9=-0.8\\
&n=4: y(4)=x(3)+y(3)-0.9y(2)=0-0.8-0.09=-0.89\\
&n=5: y(5)=x(4)+y(4)-0.9y(3)=0-0.89+0.72=-0.17\\
&n=6: y(6)=x(5)+y(5)-0.9y(4)=0-0.17+0.801=0.631\\
&.\\
&.
\end{aligned}$$

은 앞의 그림과 같다.

b. 차분방정식의 계수를 사용해서 단위계단응답 $s(n)$을 구한 결과 그래프는 다음과 같다. 임펄스응답은 2부터 시작하여 정현파 형태로 점점 작아지며, 궁극적으로는 1에 수렴해 가는 응답모양을 보이고 있다. 응답은 크기 1만큼의 바이어스를 지니고 있음을 알 수 있다.

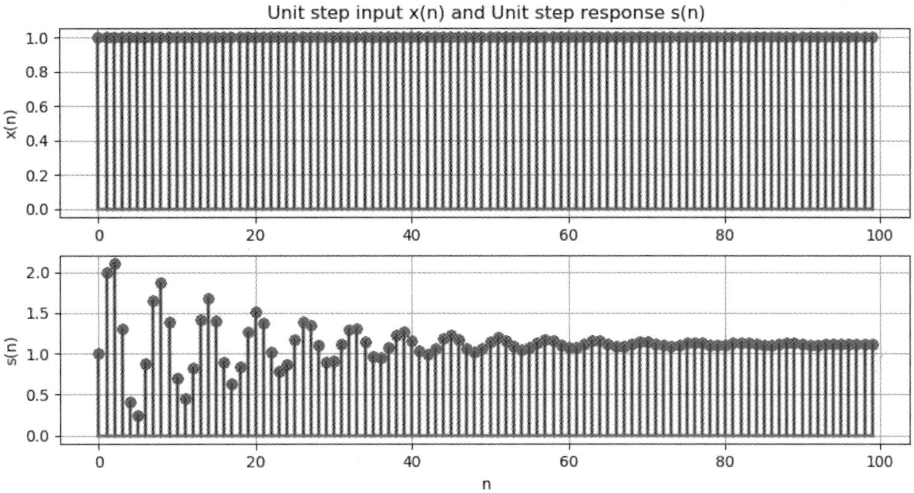

c. 시스템이 안정한지를 판별하기 위해서는 모든 n에 대해 임펄스응답 전체를 합했을 때, 무한대로 발산하지 않고, 상수 값으로 수렴하는 것을 보이면 될 것이다. 임펄스응답 그래프에서 보듯이 $n > 100$ 인 경우에 $h(n)$은 0에 가까이 수렴하고, $s(n)$은 1에 가까이 수렴해가는 것을 볼 수 있다. 따라서 $n = 0, \cdots, 100$ 에 대해 $\sum h(n) - \sum x(n)$ 과 $\sum s(n) - \sum x(n)$ 을 구해서 이 시스템의 안정성을 판별해도 될 것이다. 계산 결과로부터 다음과 같은 값으로 수렴하는 것을 알 수 있다. 그러므로 이 시스템은 안정하다.

$$\sum h(n) - \sum x(n) = 0.11$$
$$\sum s(n) - \sum x(n) = 12.09$$

```
sum_of_unit impulse response= 0.11064046765076019
sum_of_unit step response= 12.092845381695781
```

전체 소스코드는 다음과 같으며, "chap03_ex09.py" 파일에 저장한다.

chap03_ex09.py

```
import numpy as np
import matplotlib.pylab as plt
from scipy import signal
from chap03_module import *

b=[1]  #입력계수
a=[1,-1,0.9]  #출력계수

n=np.arange(100)  #순서시퀀스
xn1=impseq(0,0,99)  #단위임펄스 입력시퀀스
hn=signal.lfilter(b,a,xn1)  #임펄스응답시퀀스
plt.figure(1)
plt.subplot(2,1,1); plt.stem(n,xn1,"blue"); plt.grid(); plt.ylabel("x(n)")
plt.title("Impulse input x(n) and Impulse response h(n)")
plt.subplot(2,1,2); plt.stem(n,hn,"blue"); plt.grid(); plt.ylabel("h(n)")
plt.xlabel("n")

xn2=stepseq(0,0,99) #단위스텝 입력시퀀스
sn=signal.lfilter(b,a,xn2)  #단위스텝 응답시퀀스
plt.figure(2)
plt.subplot(2,1,1); plt.stem(n,xn2,"blue"); plt.grid(); plt.ylabel("x(n)")
plt.title("Unit step input x(n) and Unit step response s(n)")
plt.subplot(2,1,2); plt.stem(n,sn,"blue"); plt.grid(); plt.ylabel("s(n)")
plt.xlabel("n")

xn1_sum=np.sum(xn1); hn_sum=np.sum(hn)
sum1=hn_sum-xn1_sum; print("sum_of_unit impulse response=",sum1)
xn2_sum=np.sum(xn2); sn_sum=np.sum(sn)
sum2=sn_sum-xn2_sum; print("sum_of_unit step response=",sum2)
```

예제 3-10 다음과 같이 임펄스응답 $h(n)$이 무한구간인 시스템이 있다. 유한구간의 입력 $x(n)$에 대해 출력 $y(n)$을 구하시오.

$$x(n) = u(n) - u(n-10), \qquad h(n) = (0.9)^n u(n)$$

풀이 임펄스응답 $h(n)$이 주어진 LTI 시스템이 차분방정식으로 나타낼 수 있다면, 출력 $y(n)$은 "signal.lfilter()" 함수를 사용해서 구할 수 있다. 우선 시스템의 차분방정식을 구해야 한다. 임펄스응답 $h(n)$으로부터 다음의 관계식을 구해보자.

$$\begin{aligned} h(n)-(0.9)h(n-1) &= (0.9)^n u(n)-(0.9)(0.9)^{n-1}u(n-1) \\ &= (0.9)^n u(n)-(0.9)^n u(n-1) \\ &= (0.9)^n[u(n)-u(n-1)] \\ &= (0.9)^n \delta(n) \end{aligned}$$

단위임펄스 $\delta(n)$이 $n=0$에서 0이 아니라는 사실로부터 $(0.9)^n\delta(n)=\delta(n)$이 된다. 따라서 위 식은 최종적으로 다음과 같이 쓸 수 있다.

$$\begin{aligned} h(n)-(0.9)h(n-1) &= (0.9)^n \delta(n) \\ h(n)-(0.9)h(n-1) &= \delta(n) \end{aligned}$$

결과적으로 위의 식에서 단위임펄스 입력 $\delta(n)$ 대신에 입력 $x(n)$을, 임펄스응답 $h(n)$ 대신에 출력 $y(n)$을 대체하면 다음과 같은 차분방정식을 얻을 수 있다.

$$y(n)-0.9y(n-1)=x(n)$$

이 차분방정식으로부터 계수를 배열로 나타내면 입력 계수는 $b=[1]$이 되고, 출력 계수는 $a=[1, -0.9]$이 된다. 이 계수를 "signal.lfilter()" 함수에 적용해서 출력을 구하면 다음 그림과 같다.

그림에서 구형파 형태의 유한 구간에 존재하는 단위스텝신호 입력에 대한 출력응답은 입력 시퀀스가 입력되는 시점부터 단위스텝시퀀스가 존재하는 동안에는 로그함수적으로 증가하다가, 입력신호가 0으로 변하는 시점부터는 점점 지수함수적으로 감소하는 형태의 출력응답을 나타낸다.

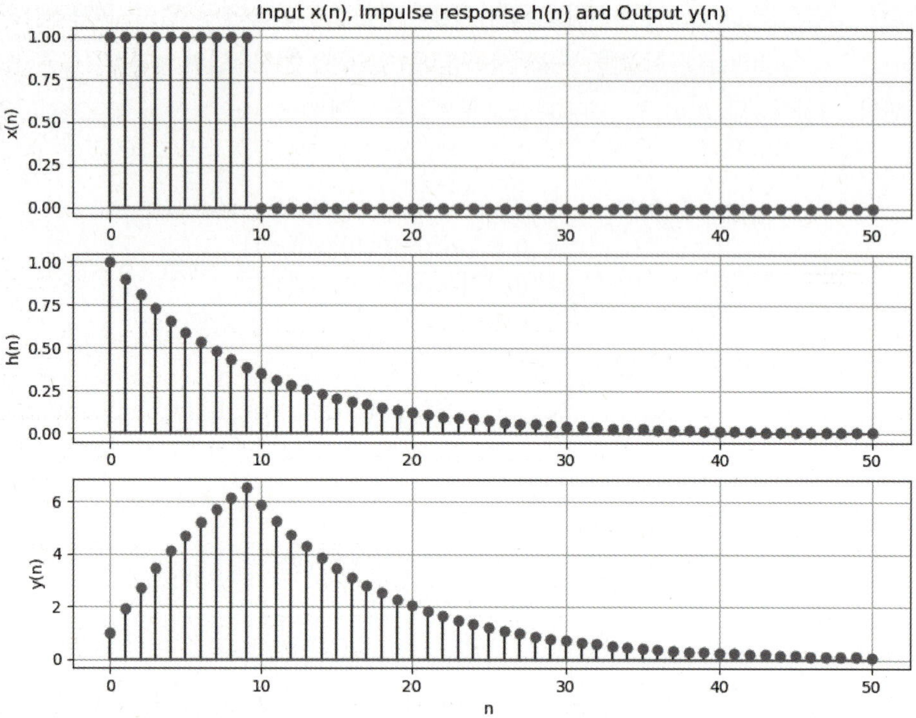

전체 소스코드는 다음과 같으며, "chap03_ex10.py" 파일에 저장한다.

chap03_ex10.py

```
import numpy as np
import matplotlib.pylab as plt
from scipy import signal
from chap03_module import *

b=[1]  #입력계수
a=[1,-0.9]  #출력계수
n=np.arange(0,51)  #순서시퀀스
xn=stepseq(0,0,50)-stepseq(10,0,50)  #입력시퀀스
hn=np.power(0.9,n)  #임펄스응답시퀀스
yn=signal.lfilter(b,a,xn)  #출력시퀀스

plt.subplot(3,1,1); plt.stem(n,xn,"blue"); plt.grid(); plt.ylabel("x(n)")
plt.title("Input x(n), Impulse response h(n) and Output y(n)")
```

```
plt.subplot(3,1,2); plt.stem(n,hn,"blue"); plt.grid(); plt.ylabel("h(n)")
plt.subplot(3,1,3); plt.stem(n,yn,"blue"); plt.grid(); plt.ylabel("y(n)")
plt.xlabel("n")
```

"chap03_basic_sequences.py" 파일의 전체 소스코드는 다음과 같다.

chap03_basic_sequences.py

```
import numpy as np
import matplotlib.pylab as plt
from chap03_module import *

n=[-3,-2,-1,0,1,2,3,4]    #순서시퀀스
xn=[2,1,-1,0,1,4,3,7]    #샘플시퀀스
plt.figure(1)    #1번 그림창 할당
plt.stem(n,xn,"blue"); plt.grid()    #그래프 그리기, 눈금 그리기
plt.xlabel("n"); plt.ylabel("x(n)")    #x축, y축 이름
plt.title("Representation of a sequence x(n)")    #그래프 제목

n0=0; n1=0; n2=20    #단위샘플위치:n0, 순서시퀀스 시작:n1, 끝:n2
N=n2-n1+1; n=np.arange(N) #시퀀스길이, #순서시퀀스
xn=impseq(n0,n1,n2); print("Unit sample sequence=",xn)    #단위샘플시퀀스생성
plt.figure(2)
plt.stem(n,xn,"blue"); plt.grid()    #그리기, 눈금그리기
plt.xlabel("n"); plt.ylabel("x(n)")    #x축, y축 이름
plt.title("Unit sample sequence")    #그래프 제목

n0=0; n1=0; n2=20    #단위계단시작위치:n0, 순서시퀀스 시작:n1, 끝:n2
N=n2-n1+1;  n=np.arange(N) #시퀀스길이, #순서시퀀스
xn=stepseq(n0,n1,n2); print("Unit step sequence=",xn)    #단위계단시퀀스생성
plt.figure(3)
plt.stem(n,xn,"blue"); plt.grid()    #그리기, 눈금그리기
plt.xlabel("n"); plt.ylabel("x(n)")    #x축, y축 이름
plt.title("Unit step sequence")    #그래프 제목

a=0.7
N=20; n=np.arange(N)    #순서시퀀스
```

```
xn=np.power(a,n); print("Real-Valued exponential=",xn)  #실수지수 시퀀스
plt.figure(4)
plt.stem(n,xn,"blue"); plt.grid()     #그리기, 눈금그리기
plt.xlabel("n"); plt.ylabel("x(n)")     #x축, y축 이름
plt.title("Real-valued exponential sequence")     #그래프 제목

sigma=2; freq=3
n=np.linspace(0,10,100)     #순서시퀀스
xn=np.exp((sigma+freq*1j)*n)  #복소지수시퀀스 (amplitude)
magxn=abs(xn)    #절대값 복소지수시퀀스 (magnitude)
plt.figure(5)
plt.subplot(2,1,1); plt.stem(n,xn,"blue"); plt.grid()  #그리기, 눈금그리기
plt.ylabel("x(n), Amplitude")
plt.title("Complex-valued exponential sequence")
plt.subplot(2,1,2); plt.stem(n,magxn,"blue"); plt.grid()
plt.xlabel("n"); plt.ylabel("|x(n)|, Magnitude")

n=np.linspace(0,10*np.pi,100)     #순서시퀀스, 0부터 10*pi까지 100등분, 0.1pi씩
xn=3*np.cos(0.1*np.pi*n+np.pi/2)  #정현파시퀀스
plt.figure(6)
plt.stem(n,xn,"blue"); plt.grid()  #그리기, 눈금그리기
plt.xlabel("n [samples]"); plt.ylabel("Amplitude")     #x축, y축 이름
plt.title("Sinusoidal sequence")     #그래프 제목

xn=np.random.rand(20); print("Random sequence x(n)=",xn)  #무작위샘플시퀀스
plt.figure(7)
n=np.arange(20)
plt.stem(n,xn,"blue"); plt.grid()  #그리기, 눈금그리기
plt.xlabel("n"); plt.ylabel("amplitude")     #x축, y축 이름
plt.title("Random sequence")     #그래프 제목

x=[1,2,3,4,5,6,7]; print("x=",x)   #샘플시퀀스
xn=5*x; print("xn=",xn)     #시퀀스 5회 복사
plt.figure(8)
n=np.arange(35)   #순서시퀀스
plt.stem(n,xn,"blue"); plt.grid()  #그리기, 눈금그리기
plt.xlabel("n"); plt.ylabel("amplitude")     #x축, y축 이름
plt.title("Peoriodic sequence")     #그래프 제목
```

"chap03_operations.py" 파일의 전체 소스코드는 다음과 같다.

chap03_operations.py

```
import numpy as np
import matplotlib.pylab as plt
from chap03_module import *

n1=np.array([0,1,2,3,4,5,6,7,8,9,10,11,12,13,14,15])
x1=np.array([0,0,0,1,2,3,4,5,6,7,6,5,4,3,2,1])
n2=np.array([-5,-4,-3,-2,-1,0,1,2,3,4,5,6,7])
x2=np.array([1,2,3,4,5,6,7,6,5,4,3,2,1])

n,y,zx1,zx2=sigadd(n1,x1,n2,x2); print("y(n)=",y)
print("x1(n)=",zx1); print("x2(n)=",zx2); print("n=",n)
plt.figure(1)
plt.subplot(3,1,1); plt.stem(n,zx1,"blue"); plt.grid()
plt.ylabel("x1(zx1)"); plt.title("Signal Addition")
plt.subplot(3,1,2); plt.stem(n,zx2,"blue"); plt.grid(); plt.ylabel("x2(zx2)")
plt.subplot(3,1,3); plt.stem(n,y,"blue"); plt.grid()
plt.xlabel("n"); plt.ylabel("y=x1+x2")

n,y,zx1,zx2=sigmult(n1,x1,n2,x2); print("y(n)=",y)
print("x1(n)=",zx1); print("x2(n)=",zx2); print("n=",n)
plt.figure(2)
plt.subplot(3,1,1); plt.stem(n,zx1,"blue"); plt.grid()
plt.ylabel("x1(zx1)"); plt.title("Signal Multiplication")
plt.subplot(3,1,2); plt.stem(n,zx2,"blue"); plt.grid(); plt.ylabel("x2(zx2)")
plt.subplot(3,1,3); plt.stem(n,y,"blue"); plt.grid()
plt.xlabel("n"); plt.ylabel("y=zx1*zx2")

x1=np.array([0,0,0,1,2,3,4,5,6,7,6,5,4,3,2,1]); print("x1(n)=",x1)
y=3*x1; print("y(n)=3x1(n)=",y)
plt.figure(3)
plt.subplot(2,1,1); plt.stem(n1,x1,"blue"); plt.grid(); plt.ylim(0,22)
plt.ylabel("x1(n)"); plt.title("Signal Scaling")
plt.subplot(2,1,2); plt.stem(n1,y,"blue"); plt.grid()
plt.xlabel("n"); plt.ylabel("y(n)=3*x1(n)")
```

```
k=4
n,y=sigshift(n1,x1,k); print("n=",n);  print("y(n)=",y)
plt.figure(4)
plt.subplot(2,1,1); plt.stem(n1,x1,"blue"); plt.grid()
plt.ylabel("x1(n)"); plt.title("Signal Shifting")
plt.subplot(2,1,2); plt.stem(n,y,"blue"); plt.grid()
plt.xlabel("n"); plt.ylabel("shift k=4, y(n)")

nx=np.array([0,1,2,3,4,5,6,7,8,9,10,11,12,13,14,15])
x=np.array([0,0,0,1,2,3,4,5,6,7,6,5,4,3,2,1])
ny,y=sigfold(nx,x);
print("nx=",nx); print("x=",x); print("ny=",ny); print("y=",y)
#결과를 그래프로 보기
n=np.arange(min(min(nx),min(ny)),max(max(nx),max(ny))+1) #순서시퀀스
N=int(max(max(nx),max(ny))-min(min(nx),min(ny))+1) #길이
zx=np.zeros(N); zx[int(min(nx)+abs(max(nx))):int(max(nx)+abs(max(nx))+1)]=x #삽입
zy=np.zeros(N); zy[int(min(ny)+abs(min(ny))):int(max(ny)+abs(min(ny))+1)]=y #삽입
plt.figure(5)
plt.subplot(2,1,1); plt.stem(n,zx,"blue"); plt.grid()
plt.ylabel("x(n)"); plt.title("Signal Folding")
plt.subplot(2,1,2); plt.stem(n,zy,"blue"); plt.grid()
plt.xlabel("n"); plt.ylabel("y(n)=x(-n)")

n=np.array([-6,-5,-4,-3,-2,-1,0,1,2,3,4,5,6,7,8,9])
x=np.array([0,0,0,1,2,3,4,5,6,7,6,5,4,3,2,1])
a1=-2; a2=7
y=np.sum(x[a1+abs(min(n)):a2+abs(min(n))+1])
print("n=",n); print("x=",x); print("y=",y)

n=np.array([-6,-5,-4,-3,-2,-1,0,1,2,3,4,5,6,7,8,9])
x=np.array([0,0,0,1,2,3,4,5,6,7,6,5,4,3,2,1])
a1=-2; a2=7
y=np.prod(x[a1+abs(min(n)):a2+abs(min(n))+1])
print("n=",n); print("x=",x); print("y=",y)

x=np.array([0,0,0,1,2,3,4,5,6,7,6,5,4,3,2,1]); print("x=",x)
y=np.sum(x*np.conjugate(x)); print("Energy of sequence x=",y)
y=np.sum(np.power(np.abs(x),2)); print("Energy of sequence x=",y)
```

```
x1=[1,2,3,5,4,6]
x=4*x1; print("periodic signal x=",x)
N=len(x); print("N=",N)
aa=np.sum(np.power(np.abs(x),2)); print("Energy of sequence x=",aa)
y=1/N*aa; print("Power of sequence x=",y)
```

"chap03_module.py" 파일의 전체 소스코드는 다음과 같다.

chap03_module.py

```
import numpy as np

def impseq(n0,n1,n2):    #단위샘플시퀀스
    N=n2-n1+1    #데이터수
    n=np.arange(N)    #순서시퀀스
    xn=np.zeros(N)    #데이터어레이 설정
    for i in range(N):    #단위샘플시퀀스 생성
        if (i+n1)==n0: xn[i]=1
    return xn    #리턴

def stepseq(n0,n1,n2):    #단위계단시퀀스
    N=n2-n1+1    #데이터수
    n=np.arange(N)    #순서시퀀스
    xn=np.zeros(N)    #데이터어레이 설정
    for i in range(N):    #단위계단시퀀스 생성
        if (i+n1)>=n0: xn[i]=1
    return xn    #리턴

def sigadd(n1,x1,n2,x2):    #신호덧셈
    nk=np.arange(min(min(n1),min(n2)),max(max(n1),max(n2))+1)    #전체 시퀀스축
    N=len(nk)    #전체 시퀀스길이
    y1=np.zeros(N)    #x1 영점자리맞춤 배열생성
    y2=np.zeros(N)    #x2 영점자리맞춤 배열생성
    aa=abs(min(min(n1),min(n2)))    #자리맞춤이동폭
    n1=n1+aa    #자리이동
    n2=n2+aa    #자리이동
    y1[int(min(n1)):int(max(n1)+1)]=x1    #샘플저장
```

```
    y2[int(min(n2)):int(max(n2)+1)]=x2     #샘플저장
    y=y1+y2  #샘플대샘플 덧셈
    return nk,y,y1,y2

def sigmult(n1,x1,n2,x2):    #신호곱셈
    n=np.arange(min(min(n1),min(n2)),max(max(n1),max(n2))+1)   #전체 시퀀스축
    N=len(n)  #전체 시퀀스길이
    y1=np.zeros(N)  #x1 영점자리맞춤 배열생성
    y2=np.zeros(N)  #x2 영점자리맞춤 배열생성
    aa=abs(min(min(n1),max(n1),min(n2),max(n2))); #배열자리이동
    y1[min(n1)+aa:max(n1)+aa+1]=x1
    y2[min(n2)+aa:max(n2)+aa+1]=x2
    y=y1.T*y2  #샘플대샘플 곱셈
    return n,y,y1,y2

def sigshift(m,x,k):     #신호이동
    n=m+k    #시퀀스축 이동
    y=x     #신호복사
    return n,y

def sigfold(n1,x1):    #신호반전
    N=len(n1)    #신호길이
    y=np.zeros(N)     #출력어레이 설정
    n=np.zeros(N)
    for i in range(N):     #샘플교환
        y[i]=x1[N-1-i]
        n[i]=-1*n1[N-1-i]
    return n,y

def evenodd(n,x):    #x(n)의 기수, 우수 찾기
    n1,xa=sigfold(n,x)   #x(n)의 폴딩 시퀀스
    n,xe,y1,y2=sigadd(n,x,n1,xa)
    n,xo,y1,y2=sigadd(n,x,n1,-xa)
    xe=xe/2     #기수계산
    xo=xo/2     #우수계산
    return n,xe,xo

def convolve_m(nx,x,nh,h):  #두 시퀀스의 컨볼루션
```

```
nyb=nx[0]+nh[0]    #계산 k 시작점
nye=nx[len(x)-1]+nh[len(h)-1]    #계산 k 종점
ny=np.arange(nyb,nye+1)    #순서시퀀스 할당
y=np.convolve(x,h)    #컨볼루션 출력
return ny,y
```

연습문제

1. 신호는 시간에 대해 연속인가 아닌가에 따라 (a)신호와 (a)신호로 분류하며, 표기는 각각 (c)와 (d)를 사용한다. (a)신호에서 시간 개념을 생략하고 크기와 순서만을 가지는 신호를 (e)신호라 한다.

2. 이산신호를 표기하기 위해서는 샘플링 순간의 샘플 값으로 구성되는 ( )시퀀스와 샘플의 순서로 구성되는 ( )시퀀스가 동시에 주어져야 한다.

3. 단위샘플 시퀀스, 단위계단 시퀀스, 그리고 복소지수 시퀀스가 어떤 신호인지를 정의하고 설명하시오.

4. 신호의 연산에서 신호덧셈, 신호곱셈, 그리고 신호이동에 대해 정의하고 설명하시오.

5. 다음 시퀀스들을 각각의 지정된 구간에 대해 발생시키고 결과 파형을 나타내시오.

(1) $x(n) = 10e^{-n}[u(n)-u(n-5)] + n[u(n-5)-u(n-10)], \quad 0 \le n \le 10$

(2) $x(n) = 3\delta(n+3) - 2\delta(n-4), \quad -5 \le n \le 5$

6. 시퀀스 $x(n)$이 다음과 같을 때, 다음 예제 시퀀스들을 발생시키고, 그 결과 파형을 나타내시오.

$$x(n) = \{1, 2, 3, 4, \underset{\uparrow}{5}, 6, 7, 6, 5, 4, 3, 2, 1\}$$

(1) $x_1(n) = 3x(n-4) - 4x(n+5)$

(2) $x_2(n) = x(3-n) + x(n-1)x(n+4)$

7. 다음과 같은 시퀀스 $x(n)$이 있다. 우함수 성분 $x_e(n)$과 기함수 성분 $x_o(n)$으로 분해하고(분해과정 설명) 각각의 파형을 나타내시오.

$$x(n)=u(n)-u(n-5)$$

8. 선형시스템, 시불변시스템, 그리고 선형시불변시스템에 대해 그 특성과 관계를 상세하게 설명하시오.

9. (1) 컨볼루션 연산에 대해 정의하시오.

(2) 입력 $x(n)$과 임펄스응답 $h(n)$이 다음과 같은 LTI 시스템에 대해 컨볼루션 식을 사용하여 출력 $y(n)$을 계산하시오.

$$x(n)=\{2,7,\underset{\uparrow}{1},3,-2,3\}, \qquad h(n)=\{2,\underset{\uparrow}{3},0,-4,2\}$$

(3) 출력 $y(n)$을 $h(k)$의 반전-이동 형식을 사용해서 계산하시오.

10. (1) 차분방정식에 대해 정의하고 설명하시오.

(2) 다음과 같은 차분방정식에 대해, $n=0,\cdots,100$에서 임펄스응답 $h(n)$을 계산하고 파형을 그래프로 나타내시오. 초깃값은 $y(-1)=0$, $y(-2)=0$로 둔다.

$$y(n)-y(n-1)+0.9y(n-2)=x(n), \qquad \forall n$$

11. 다음과 같이 임펄스응답 $h(n)$이 무한구간인 시스템이 있다.

$$x(n)=u(n)-u(n-5), \qquad h(n)=(0.9)^n u(n)$$

(1) 유한구간의 입력 $x(n)$에 대해 출력 $y(n)$을 구하시오.

(2) $x(n)$, $h(n)$, 그리고 $y(n)$의 파형을 나타내시오.

12. "evenodd" 함수를 사용해서 다음의 시퀀스들을 기함수성분과 우함수성분으로 분해하시오. 그리고 "stem" 함수를 사용해서 이 성분들을 그림으로 나타내시오.

(1) $x_1(n) = \{\underset{\uparrow}{0}, 1, 2, 3, 4, 5, 6, 7, 8, 9\}$

(2) $x_2(n) = e^{0.1n}[u(n+5) - u(n-10)]$

(3) $x_3(n) = \cos(0.2\pi n + \frac{\pi}{4}), \quad -20 \le n \le 20$

(4) $x_4(n) = e^{-0.05n} \sin\left(0.1\pi n + \frac{\pi}{3}\right), \quad 0 \le n \le 100$

13. 다음의 시퀀스들에 대해 컨볼루션 $y(n) = x(n) * h(n)$을 구하시오. 그리고 "convolve_m" 함수를 사용해서 그 결과들을 확인하시오.

(1) $x(n) = \{2, -4, 5, \underset{\uparrow}{3}, -1, -2, 6\}, \quad h(n) = \{1, \underset{\uparrow}{-1}, 1, -1, 1\}$

(2) $x(n) = \{1, 1, \underset{\uparrow}{0}, 1, 1\}, \quad h(n) = \{1, -2, -3, \underset{\uparrow}{4}\}$

(3) $x(n) = \left(\frac{1}{4}\right)^{-n}[u(n) - u(n-4)], \quad h(n) = u(n) - u(n-5)$

(4) $x(n) = \frac{n}{4}[u(n) - u(n-6)], \quad h(n) = 2[u(n+2) - u(n-3)]$

14. 다음과 같은 차분방정식으로 기술되는 LTI(선형시불변) 시스템이 있다.

$$y(n) - 0.5y(n-1) + 0.25y(n-2) = x(n) + 2x(n-1) + x(n-3)$$

(1) "filter" 함수를 사용해서 구간 $0 \le n \le 100$에 대해 시스템의 임펄스응답을 계산하고 그림으로 나타내시오.

(2) (1)의 임펄스응답으로부터 시스템의 안정성을 결정하시오.

(3) 시스템의 입력이 $x(n) = [5 + 3\cos(0.2\pi n) + 4\sin(0.6\pi n)]u(n)$일 경우, "filter" 함수를 사용하여 $0 \le n \le 200$ 구간에 대해 응답 $y(n)$을 결정하고 그 결과를 그림으로 나타내시오.

CHAPTER 04

이산 푸리에변환

Digital Signal Processing

contents

04 이산 푸리에변환

실제 센서를 통해 측정되고 아날로그/디지털 변환장치인 ADC을 통해 전달되는 이산신호는 끊이지 않고 입력된다. 그러므로 이와 같이 지속적으로 입력되는 이산신호를 컴퓨터를 사용해서 분석하기 위해서는 일정한 유한구간으로 잘라서 해석해야 한다. 따라서 유한구간의 이산신호를 해석하는 방법이 필요하며, 이산 푸리에변환(DFT, Discrete Fourier Transform)이 그것이다. 이번 장에서는 먼저 이산시간 주기신호의 해석을 위한 이산시간 푸리에급수(DTFS, Discrete-time Fourier series)를 이해하고, 다음으로는 이산시간 비주기신호의 해석을 위해서 이산시간 푸리에변환(DTFT, Discrete-time Fourier transform)에 대해 배우고, 마지막으로 컴퓨터와 같은 시스템에서 수치 계산을 가능케 하기 위해 이산시간 비주기신호와 이산 주파수스펙트럼이 서로 대응되는 구조적 특성을 가지는 이산 푸리에변환 DFT와 DFT의 계산능력을 획기적으로 향상시키는 고속 푸리에변환(FFT, Fast Fourier transform)에 대해 배운다.

4.1 이산시간 푸리에급수

이산시간 주기신호에 대한 푸리에 급수를 이산시간 푸리에급수 DTFS라 한다. 이산시간 주기신호의 기본주기를 N이라 하면, 이산시간 주기신호 $x(n)$은 식 (4-1)과 같은 관계식으로 나타낼 수 있다.

$$x(n) = x(n+kN), \quad \forall n, k \tag{4-1}$$

푸리에 해석으로부터 이산시간 주기신호 $x(n)$은 기본주파수 $\frac{2\pi}{N}$의 정수배 주파수를 가지는 고조파들의 합으로 다음 식 (4-2)와 같이 표현할 수 있으며 이산시간 푸리에급수 DTFS의 표현식이다.

$$x(n) = \frac{1}{N}\sum_{k=0}^{N-1} X(k)e^{j\frac{2\pi}{N}kn}, \qquad n = 0, \pm 1, \cdots \tag{4-2}$$

예를 들어서 그림 4–1과 같은 이산시간 주기신호의 경우, 기본주기는 $N=20$ 이므로 주기 관계식은 다음과 같이 나타내어진다.

$$x(n) = x(n+20k), \qquad \forall\, n, k$$

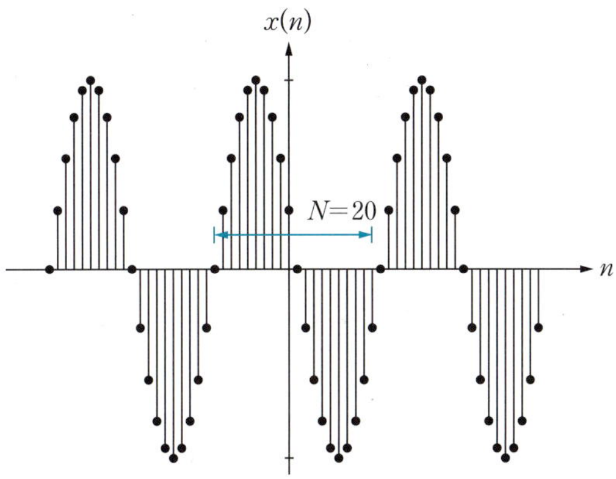

그림 4–1 이산시간 주기신호와 기본주기

식 (4–2)에서 $x(k)$를 DTFS 계수라 하며 다음 식 (4–3)으로 주어진다.

$$X(k) = \sum_{n=0}^{N-1} x(n)e^{-j\frac{2\pi}{N}nk}, \qquad k = 0, \pm 1, \cdots, \tag{4-3}$$

앞의 식 (4–1)을 DTFS 역변환(IDTFS)이라 한다.

식 (4–2)와 식 (4–3)은 이산시간 주기신호의 DTFS 쌍이다.

예제 4–1 다음과 같은 이산시간 주기신호 $x(n)$의 DTFS를 구하시오.

$$x(n) = \{\cdots, \underset{\uparrow}{0}, 1, 2, 3, 0, 1, 2, 3, 0, 1, 2, 3, \cdots,\}$$

풀이 위 신호에서 기본주기는 $N=4$ 이다. 따라서 DTFS는 다음 식과 같다.

$$X(k) = \sum_{n=0}^{3} x(n) e^{-j\frac{2\pi}{N}nk}, \qquad k = 0, 1, 2, 3$$

$$X(k) = \sum_{n=0}^{3} x(n)(-j)^{nk}, \qquad k = 0, 1, 2, 3$$

$$e^{-j\frac{2\pi}{4}} = \cos\left(\frac{2\pi}{4}\right) - j\sin\left(\frac{2\pi}{4}\right) = 0 - j1 = -j$$

$k=0,1,2,3$ 에 대해 DTFS 계수 $X(k)$를 계산하면 다음과 같은 값을 얻을 수 있다.

$$X(0) = \sum_{n=0}^{3} x(n)(-j)^{0n} = \sum_{n=0}^{3} x(n) = x(0) + x(1) + x(2) + x(3) = 6$$

$$X(1) = \sum_{n=0}^{3} x(n)(-j)^{1n} = x(0)(-j)^{0} + x(1)(-j)^{1} + x(2)(-j)^{2} + x(3)(-j)^{3} = -2 + 2j$$

$$X(2) = \sum_{n=0}^{3} x(n)(-j)^{2n} = x(0)(-j)^{0} + x(1)(-j)^{2} + x(2)(-j)^{4} + x(3)(-j)^{6} = -2$$

$$X(3) = \sum_{n=0}^{3} x(n)(-j)^{3n} = x(0)(-j)^{0} + x(1)(-j)^{3} + x(2)(-j)^{6} + x(3)(-j)^{9} = -2 - 2j$$

그러므로 이산시간 주기신호 $x(n)$의 DTFS 계수 $X(k)$와 크기 $|X(k)|$는 다음과 같이 구해졌다.

$$X(k) = \{6,\ -2+j2,\ -2,\ -2-j2\}$$
$$|X(k)| = \{6, 2.8284, 2, 2.8284\}$$

크기 $|X(k)|$를 주파수스펙트럼으로 나타내면 다음 그림과 같다. 그림에서 주파수 성분이 4개가 존재하는 것을 볼 수 있다. 이것은 DTFS를 통해서 분석할 수 있는 주파수 성분의 개수는 단지 기본주기 내의 샘플 개수만큼, 즉 $N=4$ 개의 주파수 성분만 구할 수 있음을 보여준다.

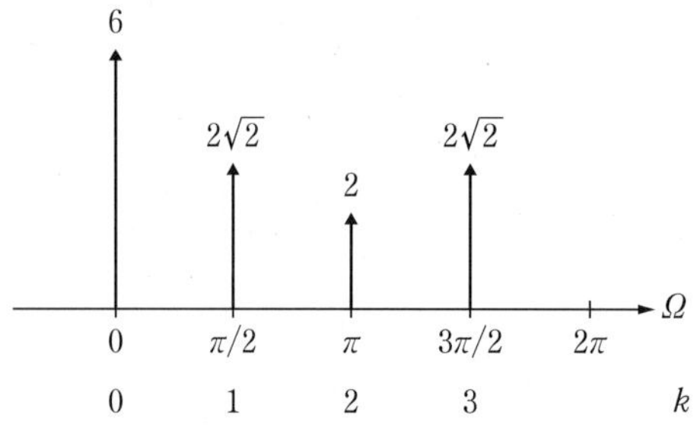

프로그램을 통해서 구한 이산시간 주기신호 $x(n)$의 DTFS 계수 $X(k)$와 크기 $|X(k)|$의 값을 나타내면 다음과 같다.

```
x(n)= [0, 1, 2, 3]
X(k)= [ 6.+0.0000000e+00j -2.+2.0000000e+00j -2.-7.3478806e-16j
 -2.-2.0000000e+00j]
|X(k)|= [6.        2.828427 2.        2.828427]
```

결과를 그림으로 나타내면 다음과 같다.

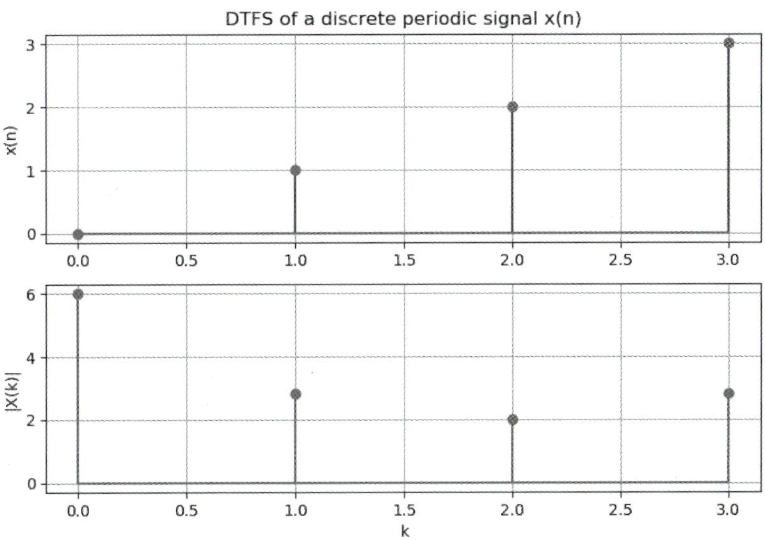

그림 4-2 예제 4-1의 DTFS 결과

먼저 제4장에서 생성할 사용자정의함수들을 저장할 파일을 "chap04_module.py" 이름으로 만든다. 그리고 이산시간 주기신호 $x(n)$과 주기 N을 입력으로 받아서 DTFS 계수 $X(k)$을 되돌려주는 사용자정의함수 "DTFS()"를 작성하고 저장한다.

chap04_module.py

```
import numpy as np

def DTFS(xn,N):     #이산주기신호와 주기로부터 DTFS 계수 구하는 함수
    WN=np.exp(-1j*(2*np.pi/N))     #복소지수항
```

```
    Xk=np.zeros(N, dtype="complex64")     #DTFS 계수 어레이 설정
    for i in range(N):
        sum=0
        for j in range(N):
            sum=sum+xn[j]*np.power(WN,i*j)     #개별 DTFS 계수 계산
        Xk[i]=sum
    return Xk     #DTFS 계수값 리턴
```

그리고 DTFS 계수 $X(k)$을 구하는 소스코드를 다음과 같이 작성하고 "chap04_ex01_DTFS.py" 파일로 저장한다.

chap04_ex01_DTFS.py

```
import numpy as np
import matplotlib.pylab as plt
from chap04_module import *

xn=[0,1,2,3]; print("x(n)=",xn)     #이산주기신호의 기본주기구간
N=len(xn)     #이산주기신호의 주기
Xk=DTFS(xn,N); print("X(k)=",Xk); print("|X(k)|=",np.abs(Xk))     #DTFS 계수

n=np.arange(N)     #순서시퀀스 생성
plt.subplot(2,1,1); plt.stem(n,xn,"blue");plt.ylabel("x(n)")     #이산주기신호
plt.grid(); plt.title("DTFS of a discrete periodic signal x(n)")
plt.subplot(2,1,2); plt.stem(n,np.abs(Xk),"green")     #DTFS 계수
plt.xlabel("k"); plt.ylabel("|X(k)|"); plt.grid()
```

이번에는 역변환을 통해서 DTFS 계수 $X(k)$로부터 이산시간 주기신호 $x(n)$을 복원하기 위해 "chap04_module.py" 파일에 다음과 같이 "IDTFS()" 함수를 추가한다.

```
def IDTFS(Xk,N):     #DFS 계수 X(k)와 길이 N으로부터 시퀀스 x(n) 구하는 역 DFS
    WN=np.exp(-1j*(2*np.pi/N))     #복소수 지수항
    xn=np.zeros(N, dtype="complex64")     #DFS 계수, 복소수
    for i in range(N):
        sum=0
```

```
        for j in range(N):
            sum=sum+Xk[j]*np.power(WN,-i*j)    #개별 역 DFS 계산
        xn[i]=sum/N
    return xn    #역 DFS 시퀀스 리턴
```

이 역변환 함수를 사용하여 복원한 $x(n)$을 다음 그림에 나타내었다.

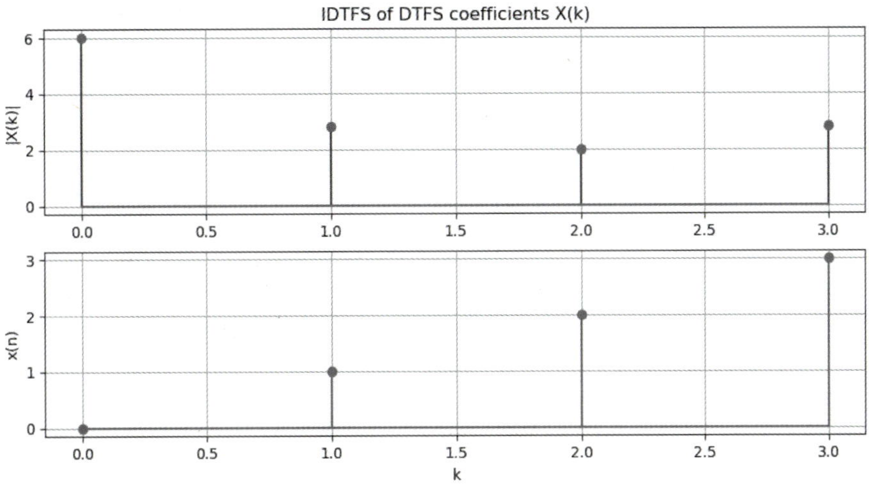

IDTFS를 통해서 $X(k)$로부터 복원된 원 신호의 값은 다음과 같으며, 제대로 복원되는 것을 확인할 수 있다.

```
|X(k)|= [6.        2.828427 2.        2.828427]
x(n)= [0.-1.6653345e-16j 1.+2.7755576e-16j 2.-3.8857806e-16j 3.-3.3306691e-16j]
```

IDTFS를 위한 소스코드는 다음과 같으며, "chap04_ex01_IDTFS.py" 파일로 저장한다.

chap04_ex01_IDTFS.py

```
import numpy as np
import matplotlib.pylab as plt
from chap04_module import *
```

```
xn=[0,1,2,3]     #이산주기신호의 기본주기구간
N=len(xn)     #이산주기신호의 주기
Xk=DTFS(xn,N); print("|X(k)|=",np.abs(Xk));     #DTFS 계수
ixn=IDTFS(Xk,N); print("x(n)=",ixn);  #IDTFS

n=np.arange(N)     #순서시퀀스 생성
plt.subplot(2,1,1); plt.stem(n,np.abs(Xk),"blue");plt.ylabel("|X(k)|")
plt.grid(); plt.title("IDTFS of DTFS coefficients X(k)")
plt.subplot(2,1,2); plt.stem(n,ixn,"green")     #복원된 신호
plt.xlabel("k"); plt.ylabel("x(n)"); plt.grid()
```

4.2 이산시간 푸리에변환

실제적으로는 연속시간신호의 대부분은 비주기신호이다. 마찬가지로 연속시간신호로부터 샘플링을 통해 생성한 이산시간신호도 역시 대부분이 비주기 특성을 가진다. 따라서 이산시간 주기신호에 대해서 DTFS를 적용했듯이 이산시간 비주기신호의 주파수성분을 분석하는 데는 이산시간 푸리에변환 DTFT를 사용한다.

만약 $x(n)$이 절대적으로 합산가능하다면, 즉 $\sum_{n=-\infty}^{\infty}|x(n)|<\infty$이면, 그때 그것의 DTFT는 식 (4–4)로 주어진다. DTFS에서는 입력신호의 한 주기 내에 존재하는 샘플들의 개수만큼만 주파수 성분을 구할 수 있었던 것과는 달리, DTFT에서는 디지털 라디안주파수 Ω가 연속 값이므로 주파수스펙트럼 또한 연속주기적이 되며, 한 주기 내에서 원하는 개수만큼의 주파수 성분을 구할 수 있다.

$$X(\Omega)=\sum_{n=-\infty}^{\infty}x(n)e^{-j\Omega n} \tag{4–4}$$

$X(\Omega)$의 역 이산시간 푸리에변환(IDTFT, Inverse–DTFT)은 식 (4–5)와 같다.

$$x(n)=\int_{-\pi}^{\pi}X(\Omega)e^{j\Omega n}d\Omega \tag{4–5}$$

식 (4–4)와 식 (4–5)는 이산시간 비주기신호의 DTFT 쌍이다.

예제 4-2 다음과 같은 시퀀스의 이산시간 푸리에변환 DTFT를 결정하시오.

$$x(n) = (0.5)^n u(n)$$

풀이 시퀀스 $x(n)$에서 밑수 $a(=0.5)$가 1보다 작으므로 $x(n)$은 절대적으로 합산가능하다. 그러므로 그것의 DTFT는 존재하며, 실질적인 연산 범위가 $n \geq 0$이므로 $x(n)$의 DTFT는 다음 식과 같이 주어진다.

$$X(\Omega) = \sum_{n=-\infty}^{\infty} x(n) e^{-j\Omega n} = \sum_{n=0}^{\infty} (0.5)^n e^{-j\Omega n}$$
$$= \sum_{n=0}^{\infty} (0.5 e^{-j\Omega})^n = \frac{1}{1-0.5e^{-j\Omega}} = \frac{e^{j\Omega}}{e^{j\Omega}-0.5}$$

이산시간 비주기신호 $x(n)$과 DTFT 계수 $X(\Omega)$의 크기 $|X(\Omega)|$를 나타내면 다음 그림과 같다.

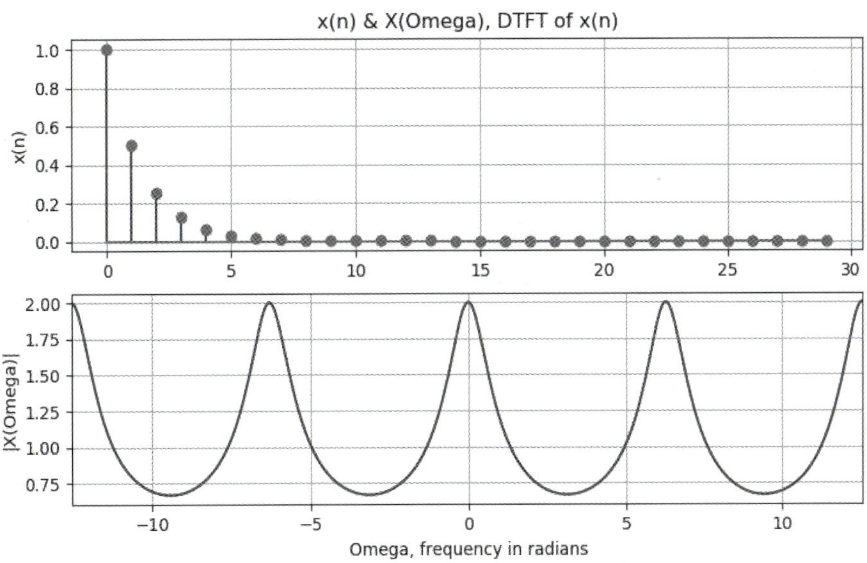

위의 주파수스펙트럼은 $[-\pi \leq \Omega \leq \pi]$ 구간에서 0을 중심으로 대칭적이며, 2π를 주기로 반복되는 주기적 특성을 나타내고 있다. 소스코드는 다음과 같으며, "chap04_ex02.py" 파일로 저장한다.

▌chap04_ex02.py

```
import numpy as np
import matplotlib.pylab as plt

N=500
n=np.arange(30)
xn=np.power(0.5,n)
Omega=np.arange(-2*N,2*N)*2*np.pi/N
X=np.exp(1j*Omega)/(np.exp(1j*Omega)-0.5)
magX=np.abs(X)

plt.subplot(2,1,1); plt.stem(n,xn,"b"); plt.grid()
plt.ylabel("x(n)");plt.title("x(n) & X(Omega), DTFT of x(n)")
plt.subplot(2,1,2); plt.plot(Omega,magX,"b")
plt.xlabel("Omega, frequency in radians"); plt.ylabel("|X(Omega)|");
plt.xlim(-4*np.pi,4*np.pi); plt.grid()
```

DTFT의 두 가지 중요한 특성들

DTFT는 다음과 같은 두 가지 중요한 특성인 주기성과 대칭성을 가지고 있다.

1. 주기성(Periodicity)

DTFT는 식 (4-6)과 같이 주파수영역에서 Ω에 대해 2π를 주기로 하는 주기성을 가진다.

$$X(\Omega) = X(\Omega + 2\pi) \tag{4-6}$$

그러므로 분석을 위해서는 전체 영역 $-\infty < \Omega < \infty$ 중에서 $X(\Omega)$의 단 한 주기 구간 $\Omega \in [0, 2\pi]$ 또는 $\Omega \in [-\pi, \pi]$만으로 충분하다.

2. 대칭성(Symmetry)

실수시퀀스 $x(n)$에 대해 $X(\Omega)$은 주파수영역에서 식 (4-7)과 같이 공액대칭(conjugate symmetric)성을 가지고 있다.

$$
\begin{aligned}
&X(-\Omega) = X^*(\Omega) \qquad \text{or} \\
&Re[X(-\Omega)] = Re[X(\Omega)] \qquad \text{(even symmetry)} \\
&Im[X(-\Omega)] = -Im[X(\Omega)] \qquad \text{(odd symmetry)} \\
&|X(-\Omega)| = |X(\Omega)| \qquad \text{(even symmetry)} \\
&\angle X(-\Omega) = -\angle X(\Omega) \qquad \text{(odd symmetry)}
\end{aligned} \tag{4-7}
$$

위의 대칭성에 따라 $X(\Omega)$의 주파수 성분을 해석하는 데는 이제 $X(\Omega)$의 반주기 구간만 고려하면 된다. 일반적으로 이 반주기는 $\Omega \in [0, \pi]$로 선택한다.

예제 4-3 다음과 같은 유한구간 시퀀스의 DTFT를 결정하시오.

$$x(n) = \{0, 0, 0, 1, \underset{\uparrow}{2}, 3, 4, 5, 0, 0, 0\}$$

풀이 시퀀스 $x(n)$은 합산가능하므로 DTFT는 존재한다. 순서시퀀스 n은 다음과 같다.

$$n = \{-4, -3, -2, -1, 0, 1, 2, 3, 4, 5, 6\}$$

따라서 DTFT의 실질적인 연산 범위는 샘플 값이 0이 아닌 범위, 즉 $n=-1$에서 3까지로 정해진다.

$$
\begin{aligned}
X(\Omega) &= \sum_{n=-\infty}^{\infty} x(n)e^{-j\Omega n} = \sum_{n=-1}^{3} x(n)e^{-j\Omega n} \\
&= x(-1)e^{j\Omega} + x(0) + x(1)e^{-j\Omega} + x(2)e^{-j2\Omega} + x(3)e^{-j3\Omega} \\
&= e^{j\Omega} + 2 + 3e^{-j\Omega} + 4e^{-j2\Omega} + 5e^{-j3\Omega}
\end{aligned}
$$

예제 4-2의 주파수스펙트럼에서 살펴본 바와 같이, DTFT의 두 가지 중요한 특성인 주기성과 대칭성을 적용하면, DTFT의 스펙트럼은 $[0 \le \Omega \le \pi]$ 구간으로 한정할 수가 있다.

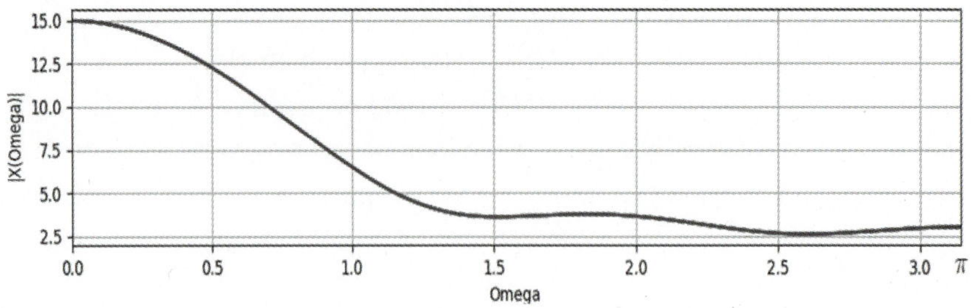

이산시간 비주기신호 $x(n)$과 DTFT 계수 $X(\Omega)$의 크기 $|X(\Omega)|$를 -3π에서 3π 구간에 대해 나타내면 다음 그림과 같다.

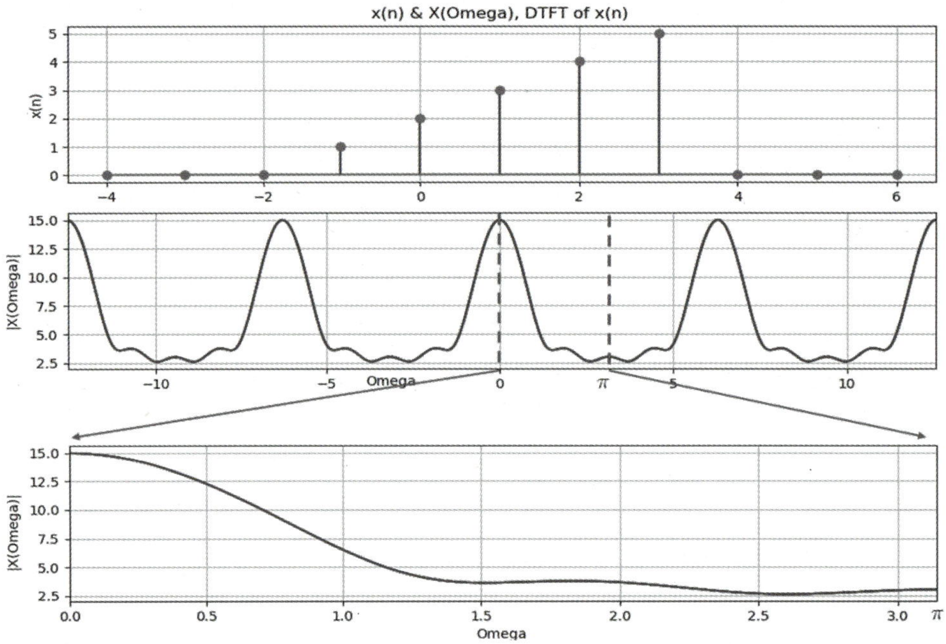

소스코드는 다음과 같다.

▌chap04_ex03.py

```
import numpy as np
import matplotlib.pylab as plt
from chap04_module import *
```

```
N=500
n=np.arange(-4,7)
xn=[0,0,0,1,2,3,4,5,0,0,0]

Omega=np.arange(-2*N,2*N)*2*np.pi/N
X=np.exp(1j*Omega)+2+3*np.exp(-1j*Omega)+4*np.exp(-1j*2*Omega)}\
+5*np.exp(-1j*3*Omega)
magX=np.abs(X)

Omega1=np.arange(0,N)*2*np.pi/N
X1=np.exp(1j*Omega1)+2+3*np.exp(-1j*Omega1)+4*np.exp(-1j*2*Omega1)}\
+5*np.exp(-1j*3*Omega1)
magX1=np.abs(X1)

plt.subplot(3,1,1); plt.stem(n,xn,"b"); plt.grid()
plt.ylabel("x(n)");plt.title("x(n) & X(Omega), DTFT of x(n)")
plt.subplot(3,1,2); plt.plot(Omega,magX,"b"); plt.grid()
plt.xlim(-4*np.pi,4*np.pi); plt.ylabel("|X(Omega)|")
plt.subplot(3,1,3); plt.plot(Omega1,magX1,"b")
plt.xlabel("Omega"); plt.ylabel("|X(Omega)|")
plt.xlim(0,np.pi); plt.grid()
```

4.3 이산 푸리에변환

이산신호처리를 담당하는 이산신호처리기(DSP) 또는 컴퓨터와 같은 시스템은 유한구간의 데이터만 취급할 수 있다. 그러므로 이산신호 $x(n)$은 $n=0$에서 시작하는 길이가 N인 인과적인 신호라고 할 수 있다. 앞 절에서 이산시간 비주기신호에 대한 이산시간 푸리에변환 DTFT는 다음 식과 같으며, 주파수스펙트럼은 2π를 주기로 연속 주기함수의 형태가 된다.

$$X(\Omega)=\sum_{n=-\infty}^{\infty}x(n)e^{-j\Omega n}=\sum_{n=0}^{N-1}x(n)e^{-j\Omega n}$$

이제 $X(\Omega)$의 주파수영역 스펙트럼의 한 주기인 $[0\le\Omega\le 2\pi]$ 범위에서 등 간격 $\Delta\Omega=\frac{2\pi}{N}$으로 N개의 샘플을 취하면 위의 식은 식 (4-8)로 나타낼 수 있다.

$$X_N(\Omega)=X(k\Delta\Omega)=\sum_{n=0}^{N-1}x(n)e^{-j\frac{2\pi}{N}kn},\qquad k=0,1,\cdots,N-1 \tag{4-8}$$

식 (4-8)을 다시 정리하면 식 (4-9)와 같이 쓸 수 있으며, 이 식을 이산 푸리에변환 DFT라 하고 $X(k)$를 DFT 계수라 한다.

즉, 이산 푸리에변환 DFT는 이산시간 푸리에변환 DTFT의 스펙트럼에서 한 주기인 2π 구간을 샘플수 N만큼 샘플링한 것이라 할 수 있다.

$$X(k) = \sum_{n=0}^{N-1} x(n) e^{-j\frac{2\pi}{N}kn}, \qquad k = 0, 1, \cdots, N-1 \tag{4-9}$$

식 (4-9)에서 $e^{-j\frac{2\pi}{N}} = W_N$ 으로 두면, DFT는 식 (4-10)과 같이 나타내어진다. 여기서 W_N을 회전인자(twiddle factor)라 부른다.

$$X(k) = \sum_{n=0}^{N-1} x(n) W_N^{kn}, \qquad k = 0, 1, \cdots, N-1 \tag{4-10}$$

그리고 식 (4-10)에 대응하는 역 이산 푸리에변환(IDFT, Inverse DFT)은 식 (4-11)과 같이 정의되며, 복원된 $x(n)$은 이산주기신호가 된다.

$$x(n) = \frac{1}{N} \sum_{k=0}^{N-1} X(k) W_N^{-kn}, \qquad n = 0, 1, \cdots, N-1 \tag{4-11}$$

따라서 위의 분석식 (4-10)과 합성식 (4-11)은 DFT 쌍이다.

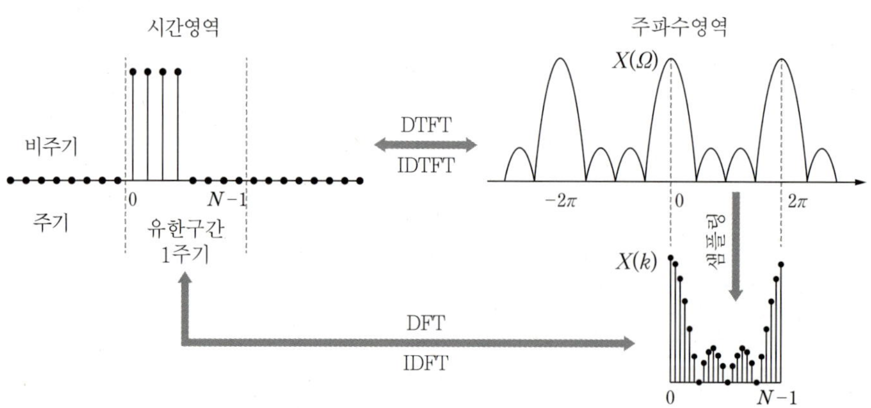

그림 4-3 DTFT와 DFT의 관계

따라서 이산시간 푸리에변환 DTFT와 이산 푸리에변환 DFT 사이의 관계는 그림 4-3과 같이 나타낼 수 있다.

4.3.1 회전인자

위의 DFT 정의식 (4-10)에서 회전인자 $W_N^{kn} = \left(e^{-j\frac{2\pi}{N}}\right)^{kn}$ 은 그림 4-4에서와 같이 복소평면에서 단위원을 N등분한 점들로 이루어지며, $W_N = e^{-j\frac{2\pi}{N}}$ 이 곱해질 때마다 단위원 위에서 시계방향으로 한 점씩 회전이동하기 때문에 붙여진 이름이다. 그림 4-4는 $N=8$ 인 경우의 회전인자의 회전특성을 나타내고 있다.

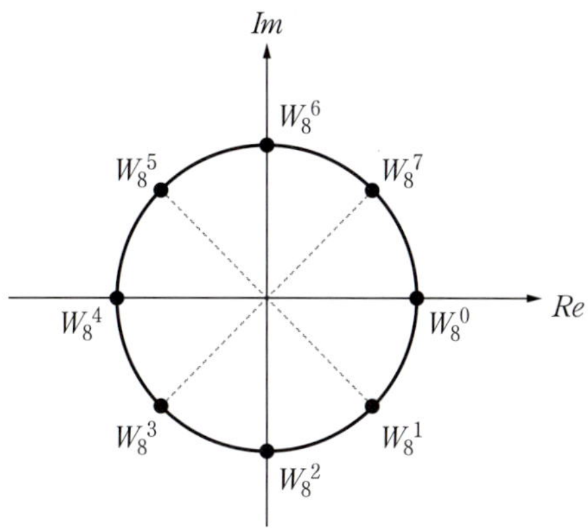

그림 4-4 회전인자

그림 4-4에서 회전인자는 N번 이동하면 복소평면의 단위원을 한 회전해서 원 위치로 돌아오게 되므로 주기 N인 주기함수가 되며, 식 (4-12)의 관계를 만족한다.

$$W_N^{kn+N} = W_N^{kn} \tag{4-12}$$

이 회전인자를 사용하면, DFT 계산, 특히 FFT 계산에 매우 용이하다.

4.3.2 DFT 쌍을 이용한 디지털 신호처리

앞 절에서 정의한 DFT 변환쌍을 이용하면 그림 4-5에서와 같이 디지털시스템인 컴퓨터에서 디지털 신호처리를 수행할 수가 있게 된다.

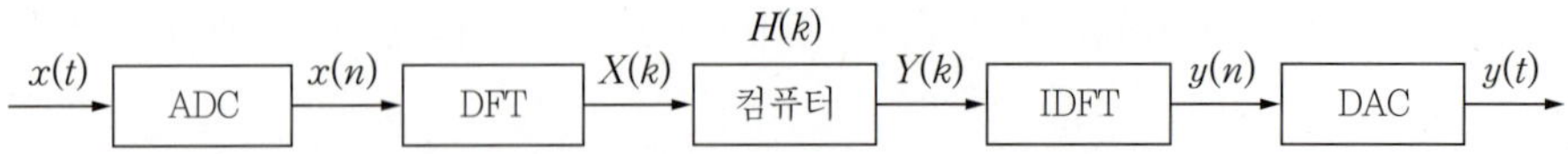

그림 4-5 DFT 쌍을 이용한 디지털 신호처리

DFT 쌍을 이용하여 디지털 신호처리를 수행하기 위해서 "chap04_module.py" 파일 내에 다음과 같이 사용자정의함수 "DFT()"와 "IDFT()"를 작성하고 저장한다.

```
def DFT(xn,N):     #이산푸리에변환
    WN=np.exp(-1j*(2*np.pi/N))     #회전인자 계산
    Xk=np.zeros(N, dtype="complex64")     #DFT 계수 어레이 설정
    for i in range(N):
        sum=0
        for j in range(N):
            sum=sum+xn[j]*np.power(WN,i*j)     #DFT 계수 계산
        Xk[i]=sum
    return Xk     #DFT 계수 리턴

def IDFT(Xk,N):     #역 이산푸리에변환
    WN=np.exp(-1j*(2*np.pi/N))     #회전인자 계산
    xn=np.zeros(N, dtype="complex64")     #복원 이산신호 어레이 설정
    for i in range(N):
        sum=0
        for j in range(N):
            sum=sum+Xk[j]*np.power(WN,-i*j)     #역 DFT 계산
        xn[i]=sum/N
    return xn     #IDFT 계수 리턴
```

이산신호 $x(n)=\{\underset{\uparrow}{1},1,1,1\}$에 대해서 위에서 작성한 DFT-IDFT 사용자정의함수를 시험해보기 위해서 "DFT_IDFT_test.py" 파일을 작성하고 저장한다.

DFT_IDFT_test.py

```
import numpy as np
import matplotlib.pylab as plt
```

```
from chap04_module import *

xn=[1,1,1,1]; print("xn=",xn)
N=4
Xk=DFT(xn,N); print("Xk=",Xk)
magXk=np.abs(Xk); print("Magnitude of Xk=",magXk)
phaXk=np.angle(Xk)*180/np.pi
print("Phase of Xk=",phaXk)
xn=np.real(IDFT(Xk,N)); print("Reconstructed xn=",xn)
```

실행 결과는 다음과 같으며, DFT와 IDFT가 잘 수행되는 것을 볼 수 있다.

```
xn= [1, 1, 1, 1]
Xk= [ 4.0000000e+00+0.0000000e+00j -1.8369701e-16-2.2204460e-16j
  0.0000000e+00-2.4492937e-16j  3.2904647e-16-3.3306691e-16j]
Magnitude of Xk= [4.0000000e+00 2.8818120e-16 2.4492937e-16 4.6819349e-16]
Phase of Xk= [   0.        -129.60089   -90.         -45.347904]
Reconstructed xn= [1. 1. 1. 1.]
```

예제 4-4 $x(n)$이 다음과 같은 4-점 시퀀스일 때,

$$x(n) = \begin{cases} 1, & 0 \le n \le 3 \\ 0, & \text{otherwise} \end{cases}$$

a. 이산시간 푸리에변환 DTFT $X(\Omega)$을 계산하고, 그 크기와 위상을 나타내시오.

b. 이산 푸리에변환 DFT $X(k)$를 계산하고, DTFT와의 관계를 나타내시오.

풀이

a. DTFT는 다음과 같이 계산된다.

$$X(\Omega) = \sum_{n=0}^{3} x(n)e^{-j\Omega n} = 1 + e^{-j\Omega} + e^{-j2\Omega} + e^{-j3\Omega}$$
$$= \frac{1-e^{-j4\Omega}}{1-e^{-j\Omega}} = \frac{e^{-j2\Omega}}{e^{-j\Omega/2}} \frac{e^{j2\Omega}-e^{-j2\Omega}}{e^{j\Omega/2}-e^{-j\Omega/2}} = e^{-j3\Omega/2}\frac{\sin(2\Omega)}{\sin(\Omega/2)}$$

따라서 크기와 위상은 다음과 같다.

$$|X(\Omega)| = \left|\frac{\sin(2\Omega)}{\sin(\Omega/2)}\right|, \qquad \angle X(\Omega) = \begin{cases} -\dfrac{3\Omega}{2} & \text{when } \dfrac{\sin(2\Omega)}{\sin(\Omega/2)} > 0 \\ -\dfrac{3\Omega}{2} \pm \pi, & \text{when } \dfrac{\sin(2\Omega)}{\sin(\Omega/2)} < 0 \end{cases}$$

b. 4−점 DFT $X(k)$은 다음과 같다.

$$\begin{aligned} X(k) &= \sum_{n=0}^{3} x(n)\,W_4^{nk} = x(0)\,W_4^{0k} + x(1)\,W_4^{1k} + x(2)\,W_4^{2k} + x(3)\,W_4^{3k}, \quad W_4 = e^{-j2\pi/4} = -j \\ &= W_4^0 + W_4^k + W_4^{2k} + W_4^{3k} = 1 + (-j)^k + (-j)^{2k} + (-j)^{3k} \end{aligned}$$

$$\begin{aligned} X(0) &= 1+1+1+1 = 4 \\ X(1) &= 1+(-j)^1+(-j)^2+(-j)^3 = 0 \\ X(2) &= 1+(-j)^2+(-j)^4+(-j)^6 = 0 \\ X(3) &= 1+(-j)^3+(-j)^6+(-j)^9 = 0 \end{aligned}$$

따라서 $X(k) = \{\underset{\uparrow}{4}, 0, 0, 0\}$ 이다.

그리고 주파수해상도(frequency resolution)는 다음과 같다. 이것은 시퀀스 $x(n)$의 주파수 성분을 $\frac{\pi}{2}$ 간격으로 분석한다는 것을 의미한다.

$$\Omega = \frac{2\pi}{N} = \frac{2\pi}{4} = \frac{\pi}{2}$$

DTFT와의 비교를 위해서 "chap04_module.py" 파일에 "DTFT()" 함수를 다음과 같이 추가한다.

```
def DTFT(xn,N,T):    #이산시간푸리에변환
    w=np.linspace(0,2*np.pi,T)  #주파수축
    MXe=np.zeros(T, dtype="complex64")    #DTFT 계수, 복소수
    for i in range(T):
        MXe[i]=np.sin(2*w[i])/np.sin(w[i]/2)*np.exp(-1j*w[i]*3/2)
    return MXe    #DTFT 계수 리턴
```

DTFT 계수 $X(\Omega)$의 크기와 위상을 $[0 \le \Omega \le 2\pi]$ 범위에서 나타내면 다음 그림과 같다.

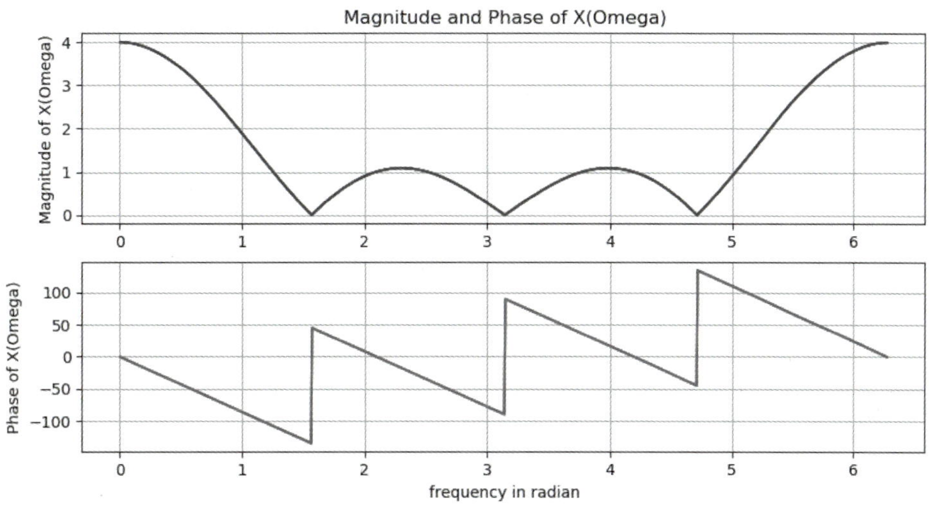

그리고 DFT 계수 $X(k)$의 크기와 위상을 나타내면 다음 그림과 같다.

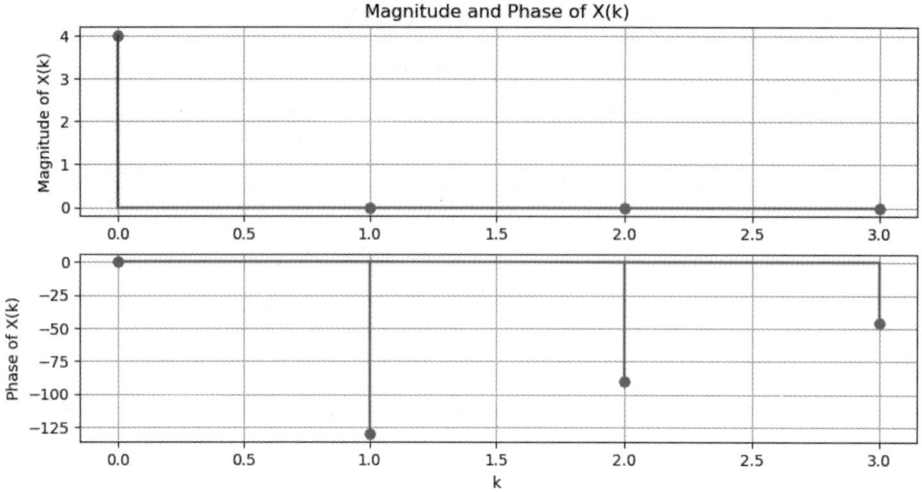

위의 두 그림을 비교해보면, DTFT 계수 $X(\Omega)$의 크기와 위상으로부터 DFT 계수 $X(k)$의 크기와 위상을 발견할 수 있으며, DFT의 계수 $X(0), X(1), X(2), X(3)$가 정확하게 DTFT 계수 $X(\Omega)$의 4개 샘플로 이루어지는 것을 보여준다. 이것은 DFT의 계수 $X(k)$의 크기와 위상이 DTFT 계수 $X(\Omega)$의 크기와 위상으로부터 주파수해상도인 $\frac{\pi}{2}$ 간격으로 샘플링한 것과 같은 관계가 있음을 보여준다. 다음 그림에 함께 나타내었다.

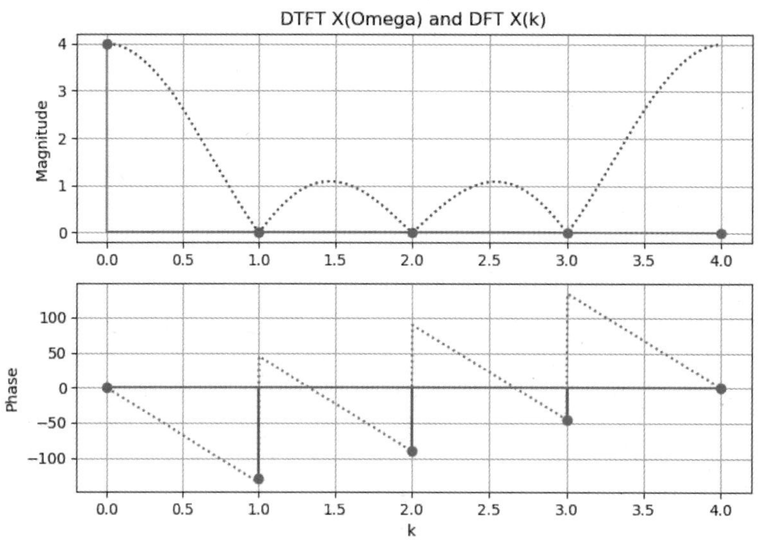

예제 4-4의 전체 소스코드는 다음과 같으며, "chap04_ex04.py" 파일로 저장한다.

chap04_ex04.py

```
import numpy as np
import matplotlib.pylab as plt
from chap04_module import *

xn=[1,1,1,1]; N=len(xn); print("xn=",xn)
nT=1000
MXe=DTFT(xn,N,nT)
magMXe=np.abs(MXe)
phaMXe=np.angle(MXe,deg=True)

plt.figure(1)
Omega=np.linspace(0,2*np.pi,nT)
plt.subplot(2,1,1); plt.plot(Omega,magMXe,"blue")
plt.grid(); plt.ylabel("Magnitude of X(Omega)")
plt.title("Magnitude and Phase of X(Omega)")
plt.subplot(2,1,2); plt.plot(Omega,phaMXe,"green")
plt.grid(); plt.ylabel("Phase of X(Omega)")
plt.xlabel("frequency in radians")

Xk=DFT(xn,N); print("Xk=",Xk)
magXk=np.abs(Xk); print("Magnitude of Xk=",magXk)
phaXk=np.angle(Xk,deg=True); print("Phase of Xk=",phaXk)

plt.figure(2)
k=np.arange(N)
plt.subplot(2,1,1); plt.stem(k,magXk,"blue")
plt.grid(); plt.ylabel("Magnitude of X(k)")
plt.title("Magnitude and Phase of X(k)")
plt.subplot(2,1,2); plt.stem(k,phaXk,"green")
plt.grid(); plt.ylabel("Phase of X(k)"); plt.xlabel("k")

Omega=np.linspace(0,np.pi,nT)
nk1=np.arange(5)
X1=np.zeros(5); X1[0:4]=magXk
X2=np.zeros(5); X2[0:4]=phaXk
```

```
plt.figure(3)
plt.subplot(2,1,1);
plt.plot(Omega*4/3.14,magMXe,"b:"); plt.stem(nk1,X1,"magenta");
plt.grid(); plt.ylabel("Magnitude "); plt.title("DTFT X(Omega) and DFT X(k)")
plt.subplot(2,1,2); plt.plot(Omega*4/3.14,phaMXe,"g:")
plt.stem(nk1,X2,"magenta"); plt.grid(); plt.ylabel("Phase"); plt.xlabel("k")
```

예제 4-5 예제 4-4의 DFT로부터 DTFT $X(\Omega)$의 더 많은 샘플을 얻을 수 있는 방법을 알아보시오(영-삽입 방법).

풀이 DFT로부터 DTFT $X(\Omega)$의 더 많은 샘플을 얻을 수 있는 방법이 있다. 예를 들어서 예제 4-4에서보다 두 배로 많은 샘플들을 얻기 위해서는 4-점 시퀀스를 8-점 시퀀스로 변경하면 된다. 이것은 4-점 시퀀스 $x(n)$에 다음과 같이 단순하게 0을 4개 더 삽입하는 방법을 사용하며, 이것을 영-삽입(zero-padding) 연산이라고 부른다. 다음과 같이 원래 시퀀스 후미에 0을 4개 더 삽입하여 $N=8$이 되게 만든다.

$$x(n)=\{1,1,1,1\} \quad \Rightarrow \quad x(n)=\{1,1,1,1,0,0,0,0\}$$

영-삽입된 8-점 시퀀스 $x(n)$의 DFT는 다음과 같이 구해진다.

$$X(k)=\sum_{n=0}^{7}x(n)\,W_8^{nk}, \qquad k=0,1,\cdots,7$$
$$W_8=e^{-j\pi/4}=\cos\left(\frac{\pi}{4}\right)-j\sin\left(\frac{\pi}{4}\right)=\frac{\sqrt{2}}{2}-j\frac{\sqrt{2}}{2}=0.707-j0.707$$

이 때, 주파수해상도는 $\Omega=\frac{2\pi}{8}=\frac{\pi}{4}$로 더 낮아져서 주파수분해능이 2배 더 높아지게 된다. 8-점 DFT를 수행한 결과, 다음과 같이 4-점 DFT의 계수 $X(k)$ 값들 사이에 새로운 값들이 1개씩 더 생성한 것을 알 수 있다.

```
xn= [1, 1, 1, 1] N= 4
Magnitude of Xk= [4.0000000e+00 2.8818120e-16 2.4492937e-16 4.6819349e-16]

xn1= [1, 1, 1, 1, 0, 0, 0, 0] N1= 8
Magnitude of Xk1= [4.0000000e+00 2.6131260e+00 6.2803697e-16 1.0823922e+00
8.8817842e-16
 1.0823922e+00 1.8841109e-15 2.6131260e+00]
```

이번에는 다음과 같이 12개의 0을 삽입하여 $x(n)$의 길이를 $N=16$으로 늘여보자.

$$x(n) = \{1,1,1,1\} \quad \Rightarrow \quad x(n) = \{1,1,1,1,0,0,0,0,0,0,0,0,0,0,0,0\}$$

영-삽입된 16-점 시퀀스 $x(n)$의 DFT 계수는 다음과 같이 구해진다.

$$X(k) = \sum_{n=0}^{15} x(n) W_{15}^{nk}, \qquad k = 0, 1, \cdots, 15$$
$$W_{15} = e^{-j\pi/8} = \cos\left(\frac{\pi}{8}\right) - j\sin\left(\frac{\pi}{8}\right) = 0.9239 - j0.3827$$

이 경우에 주파수해상도는 $\Omega = \frac{2\pi}{16} = \frac{\pi}{8}$로 더 낮아진다. 즉 분해능이 4배 더 높아진다. 16-점 DFT에서는 8-점 DFT $X(k)$ 값들 사이에 새로운 값을 1개씩 더 생성한 것을 볼 수 있다.

```
xn2= [1, 1, 1, 1, 0, 0, 0, 0, 0, 0, 0, 0, 0, 0, 0, 0] N2= 16
Magnitude of Xk2= [4.0000000e+00 3.6245098e+00 2.6131260e+00 1.2727586e+00
6.2803697e-16
 8.5043013e-01 1.0823922e+00 7.2095984e-01 8.8817842e-16 7.2095984e-01
 1.0823922e+00 8.5043013e-01 1.8841109e-15 1.2727586e+00 2.6131260e+00
 3.6245098e+00]
```

이와 같이 원래의 시퀀스 $x(n)$에 0을 추가로 삽입함으로써, 주파수분해능을 높여 DFT 계수 $X(k)$의 개수를 더욱 늘린 스펙트럼을 고밀도스펙트럼(dense spectrum)이라고 한다.

$N=4$을 $N=8$과 $N=16$으로 영-삽입을 하는 예제 4-5의 소스코드는 다음과 같다.

chap04_ex05.py

```
import numpy as np
import matplotlib.pylab as plt
from chap04_module import *

xn=[1,1,1,1]; N=4;  print("xn=",xn,"N=",N)
Xk=DFT(xn,N)
magXk=np.abs(Xk); print("Magnitude of Xk=",magXk)

xn1=[1,1,1,1,0,0,0,0]; N1=8;  print("xn1=",xn1,"N1=",N1)
Xk1=DFT(xn1,N1)
magXk1=np.abs(Xk1); print("Magnitude of Xk1=",magXk1)

xn2=[1,1,1,1,0,0,0,0,0,0,0,0,0,0,0,0]; N2=16;  print("xn2=",xn2,"N2=",N2)
Xk2=DFT(xn2,N2)
magXk2=np.abs(Xk2); print("Magnitude of Xk2=",magXk2)

nT=1000
MXe=DTFT(xn,N,nT); magMXe=np.abs(MXe)
Omega=np.linspace(0,np.pi,nT)
nk1=np.arange(5); nk2=np.arange(9); nk3=np.arange(17)
X1=np.zeros(5); X1[0:4]=magXk
X2=np.zeros(9); X2[0:8]=magXk1
X3=np.zeros(17); X3[0:16]=magXk2
plt.subplot(3,1,1);
plt.plot(Omega*4/3.14,magMXe,"b:"); plt.stem(nk1,X1,"green");
plt.grid(); plt.ylabel("X(k), N=4 "); plt.title("DTFT X(Omega) and DFT X(k)")
plt.subplot(3,1,2); plt.plot(Omega*8/3.14,magMXe,"b:"); plt.stem(nk2,X2,"green");
plt.grid(); plt.ylabel("X(k), N=8 ")
plt.subplot(3,1,3); plt.plot(Omega*16/3.14,magMXe,"b:"); plt.stem(nk3,X3,"green");
plt.grid(); plt.ylabel("X(k), N=16 "); plt.xlabel("k")
```

$N=4$, $N=8$, 그리고 $N=16$일 때, DTFT 계수 $X(\Omega)$로부터의 샘플로써의 DFT $X(k)$을 다음 그림에 비교하여 나타내었다.

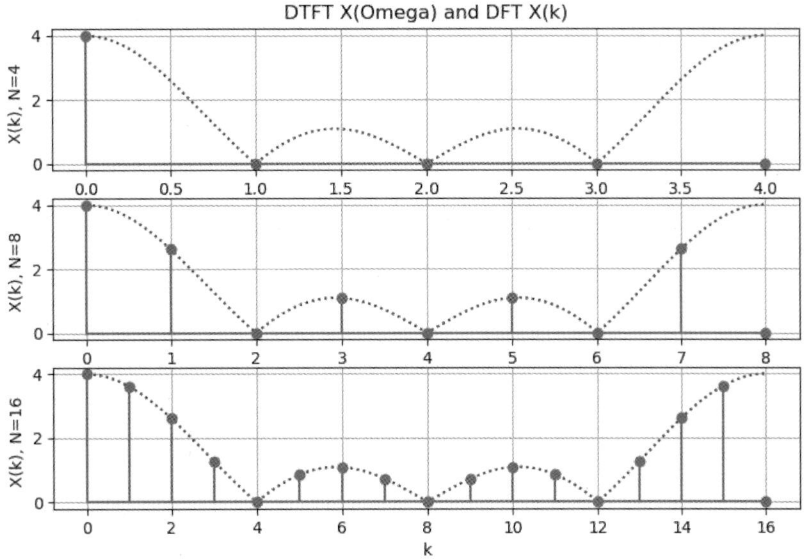

앞의 두 예제들을 통해서 몇 가지 사실을 정리하면 다음과 같다.

1. 영-삽입은 시퀀스에 더 많은 영을 삽입하는 연산이며, 영-삽입 후에 시퀀스의 길이 N 이 더 커질수록 DFT 결과는 DTFT로부터 더 좁은 간격의 샘플들을 얻는 것과 같은 효과를 제공한다.
2. 영-삽입은 고밀도스펙트럼(high-density spectrum)을 제공한다. 하지만 단순하게 시퀀스 $x(n)$에 0을 더 추가한 것뿐이지 새로운 정보가 더해진 것이 아니기 때문에 주파수성분을 더욱 정확하게 얻을 수 있는 고해상도스펙트럼(high-resolution spectrum)을 제공하는 것은 아니다.
3. 고해상도스펙트럼을 얻기 위해서는 처음부터 더 많은 실제 데이터로 구성되는 $x(n)$을 얻어야 한다.

고밀도스펙트럼과 고해상도스펙트럼 사이의 차이를 알기 위해서 다음 예제를 통해 고해상도 스펙트럼을 생성해보자.

예제 4-6 다음과 같은 시퀀스가 있다.

$$x(n) = \cos(0.48\pi n) + \cos(0.52\pi n)$$

a. $x(n)$, $0 \le n \le 10$ 에 대해 DFT를 결정하고 스펙트럼을 나타내시오.

b. $x(n)$, $0 \le n \le 100$ 에 대해 DFT를 결정하고 스펙트럼을 나타내시오.

풀이 $x(n)$은 디지털 라디안주파수가 $\Omega = 0.48\pi$ 와 $\Omega = 0.52\pi$ 인 정현파들의 합성시퀀스이다. $x(n)$을 구성하는 실제 데이터의 개수가 $N=10$ 인 경우와 $N=100$ 인 경우의 스펙트럼을 통해 고해상도스펙트럼의 특성을 살펴본다.

a. 10-점 시퀀스 $x(n)$과 10-점 DFT 계수 $X(k)$ 결과를 나타내면 다음과 같다.

```
x(n)= [ 2.00000000e+00  1.24900090e-16 -1.98422940e+00 -3.60822483e-16
  1.93716632e+00  6.10622664e-16 -1.85955297e+00 -7.77156117e-16
  1.75261336e+00  8.88178420e-16]

Magnitude of X(k)= [1.8459973 2.2867131 6.2141385 6.2141385 2.2867131 1.8459973
2.2867131
 6.2141385 6.2141385 2.2867131]
```

10-점 DFT 계수 $X(k)$ 값을 보면 절반인 5개 값이 동일하게 두 번 나타난 것을 볼 수 있다. 이것은 DFT의 스펙트럼이 $[0 \le \Omega \le \pi]$ 구간으로 반복 형성되기 때문이다. 따라서 10-점 DFT 계수 $X(k)$는 $N/2=5$ 개만으로 스펙트럼을 구성하면 된다.

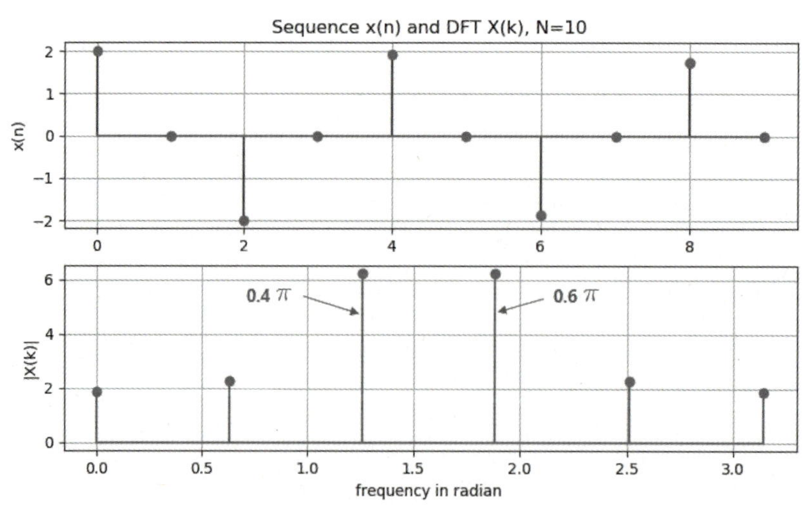

위의 스펙트럼에서 주파수 성분은 $\{0, 0.2\pi, 0.4\pi, 0.6\pi, 0.8\pi\}$에서 구해진다. 즉 주파수 간격 또는 주파수해상도가 $\Delta\Omega = \frac{2\pi}{N} = \frac{2\pi}{10} = 0.2\pi$ 이므로 $\Omega = 0.48\pi$ 와 $\Omega = 0.52\pi$ 의 주파수 성분을 정확하게 얻을 수가 없음을 알 수 있다.

이번에는 10-점 시퀀스 $x(n)$에 90개의 0을 삽입하여 길이를 $N=100$으로 만든 다음, DFT 계수 $X(k)$를 구하고 다음 그림에 나타내었다.

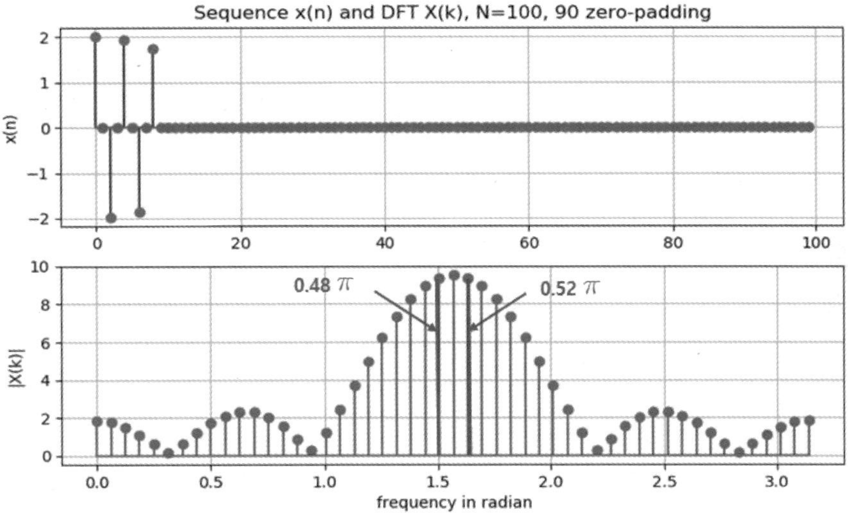

$x(n)$에 90개의 0을 삽입하여 DFT를 수행한 결과, $x(n)$이 가지는 실제 샘플 개수는 10개뿐이지만 영-삽입을 통해 DTFT $x(\Omega)$에 더욱 근접하는 고밀도스펙트럼을 얻을 수 있었다. 또한 주파수해상도가 $\Delta\Omega = \frac{2\pi}{N} = \frac{2\pi}{100} = 0.02\pi$ 이므로 $\Omega = 0.48\pi$ 와 $\Omega = 0.52\pi$ 의 주파수 성분을 정확하게 얻을 수가 있게 되었다. 하지만 전체 주파수대역에 걸쳐서 $(N-2)$개만큼의 불필요한 주파수성분들도 덩달아 얻게 되었다. 특히 $\Omega = 0.5\pi$ 성분은 이들 두 성분들보다 그 크기가 더 크게 구해진 것을 볼 수 있다. 그러므로 적은 수의 샘플 개수에 많은 0을 삽입하는 방법으로는 정확하게 실제 존재하는 주파수성분만을 얻는 고해상도의 스펙트럼을 얻지는 못한다.

b. 더 나은 스펙트럼 정보를 얻기 위해서 $x(n)$의 샘플을 처음부터 실제 데이터만으로 $N = 100$개의 샘플로 취하고, DFT를 결정해보면 다음과 같은 주파수스펙트럼 특성을 나타내고 있다.

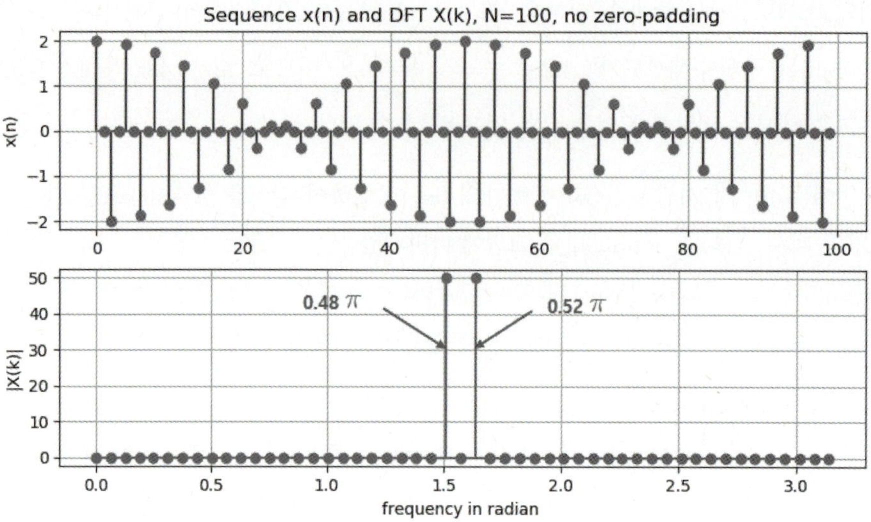

위 그림에서 시퀀스 $x(n)$이 가지고 있는 $\Omega=0.48\pi$와 $\Omega=0.52\pi$의 주파수 성분을 정확하게 찾아내고, 다른 성분들은 모두 0인 고해상도스펙트럼을 얻었다. 따라서 영-삽입을 사용하면 고밀도스펙트럼을 얻을 수는 있지만 고해상도스펙트럼을 얻을 수는 없으며, 이산신호의 주파수 성분을 더욱 정밀하게 분석하려면 우선 실제 샘플의 개수를 충분하게 사용해야 한다는 것을 알 수 있다.

소스코드는 다음과 같으며, "chap04_ex06.py" 파일에 저장한다.

chap04_ex06.py

```
import numpy as np
import matplotlib.pylab as plt
from chap04_module import *

N=10
xn=np.zeros(N,dtype="float")
for i in range(N):
    xn[i]=np.cos(0.48*np.pi*i)+np.cos(0.52*np.pi*i)
print("x(n)=",xn); print()
Xk=DFT(xn,N)
magXk=np.abs(Xk); print("Magnitude of X(k)=",magXk)
```

```
n=np.arange(N)
fn=np.linspace(0,np.pi,int(N/2)+1); print("fn=",fn)
plt.figure(1)
plt.subplot(2,1,1); plt.stem(n,xn,"blue")
plt.grid(); plt.ylabel("x(n)")
plt.title("Sequence x(n) and DFT X(k), N=10")
plt.subplot(2,1,2); plt.stem(fn,magXk[0:int(N/2)+1],"green")
plt.grid(); plt.ylabel("|X(k)|"); plt.xlabel("frequency in radian")

N1=100
xn1=np.zeros(N1,dtype="float")
xn1[0:N]=xn
Xk1=DFT(xn1,N1)
magXk1=np.abs(Xk1)

n1=np.arange(N1)
fn=np.linspace(0,np.pi,int(N1/2)+1)
plt.figure(2)
plt.subplot(2,1,1); plt.stem(n1,xn1,"blue")
plt.grid(); plt.ylabel("x(n)")
plt.title("Sequence x(n) and DFT X(k), N=100, 90 zero-padding")
plt.subplot(2,1,2); plt.stem(fn,magXk1[0:int(N1/2)+1],"green")
plt.grid(); plt.ylabel("|X(k)|"); plt.xlabel("frequency in radian")

N2=100
xn=np.arange(N2,dtype="float")
for i in range(N2):
    xn[i]=np.cos(0.48*np.pi*i)+np.cos(0.52*np.pi*i)
Xk2=DFT(xn,N2); len(Xk2)
magXk2=np.abs(Xk2); print("|X(k)|=",magXk2)

n2=np.arange(N2)
fn=np.linspace(0,np.pi,int(N2/2)+1)
plt.figure(3)
plt.subplot(2,1,1); plt.stem(n2,xn,"blue")
plt.grid(); plt.ylabel("x(n)")
plt.title("Sequence x(n) and DFT X(k), N=100, no zero-padding")
plt.subplot(2,1,2); plt.stem(fn,magXk2[0:int(N2/2)+1],"green")
plt.grid(); plt.ylabel("|X(k)|"); plt.xlabel("frequency in radian")
```

4.4 고속 푸리에변환

4.4.1 고속 푸리에변환

앞 절에서 배운 DFT는 시간영역과 주파수영역에서 둘 다 이산적인 유일한 변환이며, 유한 구간에 대해 정의된다. 따라서 DFT는 컴퓨터상에서 실제로 수행될 수 있는 유일한 푸리에해석 기법이다. DFT는 비록 계산 가능한 변환이지만 길이 N이 커질 때는 그 계산량의 급격한 증가로 인해 직접적으로 구현하는 것은 매우 비효율적이다. 1965년에 쿨리와 투키(Cooley and Turkey)는 그들의 논문에서 DFT에 포함되어 있는 계산량을 획기적으로 줄일 수 있는 일련의 절차를 제시했으며, 이것은 디지털 신호처리 영역에 DFT의 응용을 폭발시키는 계기가 되었으며, 이를 기반으로 하는 다른 효과적인 알고리즘들의 개발을 촉진하게 되었다. 이러한 알고리즘들을 종합적으로 고속 푸리에변환(FFT, Fast Fourier transform)이라고 부른다.

N-점 시퀀스 $x(n)$에 대해, N-점 DFT는 식 (4-13)으로 주어진다.

$$X(k) = \sum_{n=0}^{N-1} x(n) W_N^{kn}, \quad 0 \le k \le N-1 \qquad (4\text{-}13)$$
$$W_N = e^{-j2\pi/N}$$

위 식에서 알 수 있듯이 $X(k)$의 하나의 계수 값을 얻기 위해서는 N번의 복소수 곱셈과 $(N-1)$번의 복소수 덧셈이 필요한 것을 알 수 있다. 그러므로 DFT 전체 계수를 완전하게 얻기 위해서는 N^2의 복소수 곱셈과 $N(N-1)$번의 복소수 덧셈이 요구되며, 또한 N^2개의 복소수 회전인자 $\{W_N^{kn}\}$을 저장하고 있어야 한다. 따라서 하나의 N-점 시퀀스에 대한 DFT의 계산량은 복잡도(complexity) 빅-오(Big-O)로 식 (4-14)와 같이 표기할 수 있으며, N의 제곱에 의존하는 것을 알 수 있다.

$$C_N = O(N^2) \qquad (4\text{-}14)$$

따라서 N이 커지면 실질적으로 $C_N = O(N^2)$은 수용할 수가 없게 된다. 그리고 컴퓨터 CPU에 부담을 주는 계산은 복소수 곱셈이므로 회전인자의 특성을 바탕으로 복소수 곱셈 계산량을 줄일 수 있는 효율적인 계산방법이 필요하다.

회전인자의 특성

길이 N의 DFT 계산에서, 회전인자 W_N^{kn}은 k와 n이 모두 $[0, \cdots, N-1]$이므로 모두 $(N-1)^2$개의 항이 필요하다. 하지만 식 (4–15)에서와 같이 회전인자의 주기성에 의해서 복소평면의 단위원을 한 바퀴 도는데 필요한 최소한의 N개의 서로 다른 회전인자 항만 있으면 된다.

$$W_N^{kn+N} = W_N^{kn} \tag{4–15}$$

예를 들어, $N=8$의 경우에는 주기성에 의해 식 (4–16)과 같은 관계가 주어진다.

$$\begin{aligned}
&W_N^0 = W_N^8 = W_N^{16} = W_N^{24} = 1\\
&W_N^1 = W_N^9 = W_N^{25} = W_N^{49} = (1-j)/\sqrt{2}\\
&W_N^2 = W_N^{10} = W_N^{18} = W_N^{42} = -j\\
&W_N^3 = W_N^{35} = -(1+j)/\sqrt{2}\\
&W_N^4 = W_N^{12} = W_N^{20} = W_N^{28} = W_N^{36} = -1\\
&W_N^5 = W_N^{21} = -(1-j)/\sqrt{2}\\
&W_N^6 = W_N^{14} = W_N^{30} = j\\
&W_N^7 = W_N^{15} = (1+j)/\sqrt{2}
\end{aligned} \tag{4–16}$$

식 (4–16)을 종합하면 식 (4–17)과 같이 주기성과 대칭성으로 나타낼 수 있다.

$$\begin{aligned}
&\text{주기성}: W_N^{kn} = W_N^{k(n+N)}\\
&\text{대칭성}: W_N^{kn+\frac{N}{2}} = -W_N^{kn}
\end{aligned} \tag{4–17}$$

식 (4–17)의 관계를 표 4–1에서 볼 수 있다. 표 4–1에서 k와 n에 따른 kn 값을 살펴보면 대각선을 축으로 대칭 관계가 성립하고 있음을 확인할 수 있다.

표 4-1 k와 n에 따른 회전인자의 주기성과 대칭성

k \ n	0	1	2	3	4	5	6	7
0	0	0	0	0	0	0	0	0
1	0	1	2	3	4	5	6	7
2	0	2	4	6	0	2	4	6
3	0	3	6	1	4	7	2	5
4	0	4	0	4	0	4	0	4
5	0	5	2	7	4	1	6	3
6	0	6	4	2	0	6	4	2
7	0	7	6	5	4	3	2	1

따라서 회전인자의 주기성과 대칭성을 활용하면 DFT 계산량을 매우 효과적으로 감소시킬 수 있게 된다. 이 특성을 사용한 푸리에변환 방법이 바로 쿨리와 투키의 고속 푸리에변환이다.

FFT 계산 방법에는 이산신호 $x(n)$을 역비트 순으로 2점 버터플라이 구조로 배열한 다음, 분할-병합으로 스펙트럼 $X(k)$을 구하는 시분할 FFT(decimation-in-time FFT)와 이산신호 $x(n)$을 정상 순서로 두고 2점 버터플라이 구조로 분할-병합을 거쳐 역비트 순으로 $X(k)$를 구하는 주파수분할 FFT(decimation-in-frequency FFT)의 두 가지 방법이 있다. 여기서는 시분할 FFT 방법에 대해 예제를 통해서 설명하고자 한다.

예제 4-7 샘플 수가 $N=2$인 시퀀스 $x(n)$에 대한 2-점 DFT 알고리즘을 살펴보시오.

풀이 샘플값이 2개인 시퀀스 $x(n)$에 대한 DFT 계수는 다음과 같이 계산된다.

$$x(n)=\{x(0),\ x(1)\}$$

$$X(k)=\sum_{n=0}^{1}x(n)W_2^{kn},\quad 0\le k\le 1,\quad W_2=e^{-j2\pi/2}=\cos(\pi)-j\sin(\pi)=-1$$

$$W_2^0=(-1)^0=1,\ W_2^1=(-1)^1=-1$$

$$X(0) = x(0)W_2^0 + x(1)W_2^0$$
$$X(1) = x(0)W_2^0 + x(1)W_2^1$$

$$X(0) = x(0) + x(1)W_2^0$$
$$X(1) = x(0) + x(1)W_2^1$$

위 식을 사용하여 신호선도(signal flow-graph)를 그리면 그림 4-6과 같은 구조를 가진다.

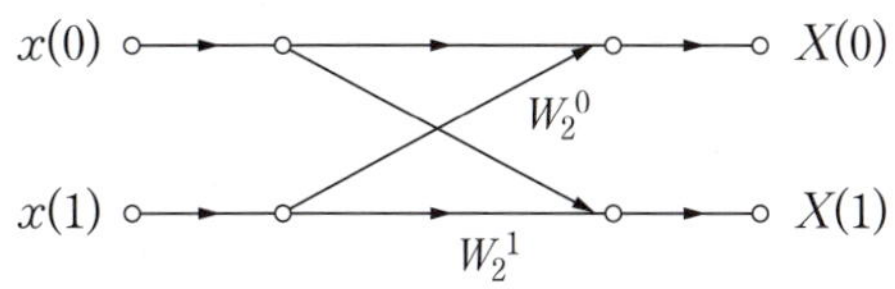

그림 4-6 2-점 DFT의 신호선도

그림 4-6과 같은 신호선도를 그 모양이 나비와 같다고 하여 버터플라이(butterfly)라 부른다. 2-점 DFT의 버터플라이를 기반으로 하면 2의 거듭제곱의 길이를 가지는 시퀀스일 경우, 이 버트플라이를 반복함으로써 매우 쉽게 계산할 수 있을 것이다.

예제 4-8 샘플 수가 $N = 4$ 인 시퀀스 $x(n)$에 대한 4-점 DFT 알고리즘을 살펴보고, 그것의 효율적인 계산 알고리즘을 구하시오.

풀이 4-점 DFT는 다음 식과 같이 나타낼 수 있다.

$$X(k) = \sum_{n=0}^{3} x(n)e^{-j\frac{2\pi}{4}kn}, \; W_4 = e^{-j\frac{2\pi}{4}}$$

$$X(k) = \sum_{n=0}^{3} x(n)W_4^{kn}, \; k = 0, 1\ 2\ 3$$

$$X(0) = x(0)W_4^0 + x(1)W_4^0 + x(2)W_4^0 + x(3)W_4^0$$
$$X(1) = x(0)W_4^0 + x(1)W_4^1 + x(2)W_4^2 + x(3)W_4^3$$
$$X(2) = x(0)W_4^0 + x(1)W_4^2 + x(2)W_4^4 + x(3)W_4^6$$
$$X(3) = x(0)W_4^0 + x(1)W_4^3 + x(2)W_4^6 + x(3)W_4^9$$

회전인자의 주기성을 이용하면 다음의 관계가 형성되고, 이것을 대입하면 위 식을 다음과 같이 다시 쓸 수 있다.

$$W_4^0=1,\ W_4^1=\cos\left(\frac{2\pi}{4}\right)-j\sin\left(\frac{2\pi}{4}\right)=-j,\ W_4^2=W_4^1W_4^1=j^2=-1=-W_4^0,$$
$$W_4^3=W_4^1W_4^2=j=-W_4^1,\ W_4^4=W_4^2W_4^2=1=W_4^0,$$
$$W_4^6=W_4^2W_4^4=-1=-W_4^0,\ W_4^0=W_4^3W_4^6=-j=W_4^1$$

$$\begin{aligned}
X(0)&=x(0)W_4^0+x(1)W_4^0+x(2)W_4^0+x(3)W_4^0=x(0)+x(2)W_4^0+x(1)W_4^0+x(3)W_4^0W_4^0\\
X(1)&=x(0)W_4^0+x(1)W_4^1-x(2)W_4^0-x(3)W_4^1=x(0)-x(2)W_4^0+x(1)W_4^1-x(3)W_4^0W_4^1\\
X(2)&=x(0)W_4^0-x(1)W_4^0+x(2)W_4^0-x(3)W_4^0=x(0)+x(2)W_4^0-x(1)W_4^0-x(3)W_4^0W_4^0\\
X(3)&=x(0)W_4^0-x(1)W_4^1-x(2)W_4^0+x(3)W_4^1=x(0)-x(2)W_4^0-x(1)W_4^1+x(3)W_4^0W_4^1
\end{aligned}$$

위 식에 다시 대칭성을 적용하면 다음 식과 같이 간략하게 정리할 수 있다.

$$\begin{aligned}
X(0)&=\{x(0)+x(2)W_4^0\}+\{x(1)+x(3)W_4^0\}W_4^0\\
X(1)&=\{x(0)-x(2)W_4^0\}+\{x(1)-x(3)W_4^0\}W_4^1\\
X(2)&=\{x(0)+x(2)W_4^0\}-\{x(1)+x(3)W_4^0\}W_4^0\\
X(3)&=\{x(0)-x(2)W_4^0\}-\{x(1)-x(3)W_4^0\}W_4^1
\end{aligned}$$

위 식에서 괄호 속의 각 항들을 다음 식과 같이 $P(0)$, $P(1)$, $Q(0)$, $Q(1)$로 대체하고, 전체를 다시 정리하면 최종적으로 식 (4–18)과 식 (4–19)와 같이 나타낼 수 있다.

$$\begin{aligned}
P(0)&=x(0)+x(2)W_4^0,\ Q(0)=x(1)+x(3)W_4^0\\
P(1)&=x(0)-x(2)W_4^0,\ Q(1)=x(1)-x(3)W_4^0
\end{aligned}\tag{4–18}$$

$$\begin{aligned}
X(0)&=P(0)+Q(0)W_4^0\\
X(1)&=P(1)+Q(1)W_4^1\\
X(2)&=P(0)-Q(0)W_4^0\\
X(3)&=P(1)-Q(1)W_4^1
\end{aligned}\tag{4–19}$$

결과적으로 식 (4–18)과 식 (4–19)는 분할(divide)과 병합(combine)을 통해 4–점 DFT 구조를 2–점 DFT의 버터플라이를 연속으로 연결하여 구현할 수 있게 되었다. 이와 같은 효율적인 계산 알고리즘을 신호선도로 나타내면 그림 4–7과 같아진다.

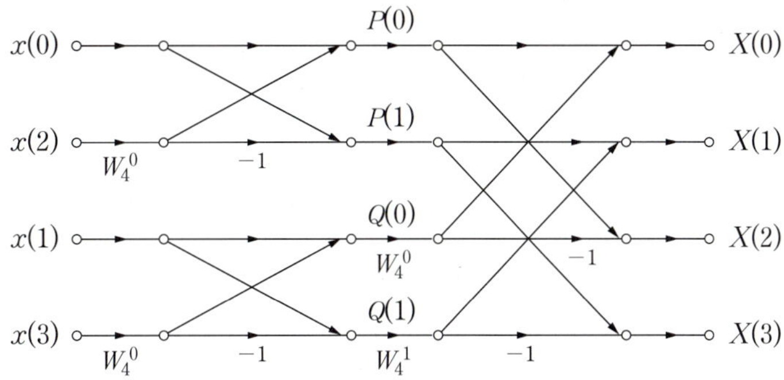

그림 4-7 4-점 DFT의 신호선도

예제 4-9 샘플 수가 $N=8$인 시퀀스 $x(n)$에 대한 8-점 DFT 알고리즘을 살펴보고, 그것의 효율적인 계산 알고리즘을 구하시오.

풀이 예제 4-8에서 그림 4-7의 신호선도를 보면 버터플라이가 두 단계로 구성되어 있다. 이것은 $N=4=2^2=2^{step}$을 통해서 단계(step) 수가 결정된 결과이다. $N=8$이면 단계 수는 3($N=2^3$) 단계가 될 것이다.

그림 4-7의 신호선도에서 입력신호가 순서대로 배열되지 않고 홀수 순서와 짝수 순서로 이루어지는 것에는 규칙을 가지고 있다.

$N=8$일 때의 단계 수 3을 사용해서 신호 $x(n)$을 3비트 신호 $x(n_2 n_1 n_0)$로부터 $x(n_0 n_1 n_2)$와 같이 비트 순서를 역으로 재배열한 다음, 십진수로 바꾸면 8-점 DFT의 입력에서의 데이터 순서를 결정할 수 있게 된다.

표 4-2는 시간 순서시퀀스 n을 2진수로 바꾼 다음, 비트 순서를 역으로 하여 십진수로 나타낸 결과이며, 이 순서를 역-비트 순서(bit-reversed order)라 한다.

표 4-2 $N = 8$의 입력시퀀스에 대한 역-비트 순서 과정

index	binary	bit-reversed	bit-reversed index
	$n_2 n_1 n_0$	$n_0 n_1 n_2$	
0	000	000	0
1	001	100	4
2	010	010	2
3	011	110	6
4	100	001	1
5	101	101	5
6	110	011	3
7	111	111	7

$N = 8$에 대해 버터플라이와 역-비트 순서를 사용하여 신호선도를 나타내면 그림 4-8과 같이 구성된다.

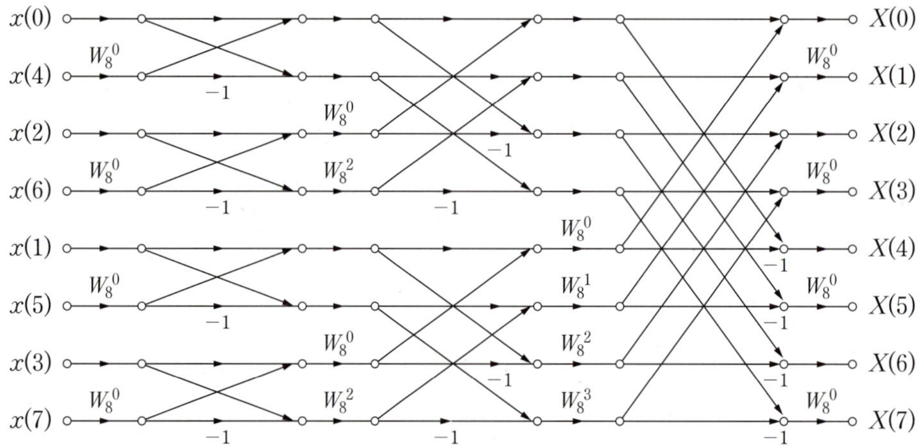

그림 4-8 8-점 DFT의 신호선도(시분할 FFT)

예제 4-9에 대해 주파수분할 FFT 알고리즘을 적용하여 8-점 DFT를 계산하는 신호선도를 나타내면 그림 4-9와 같다. 시분할 FFT와는 달리 정상적인 비트순의 이산신호 $x(n)$으로부터 역비트순의 주파수스펙트럼 계수 $X(k)$를 얻는 것을 볼 수 있다.

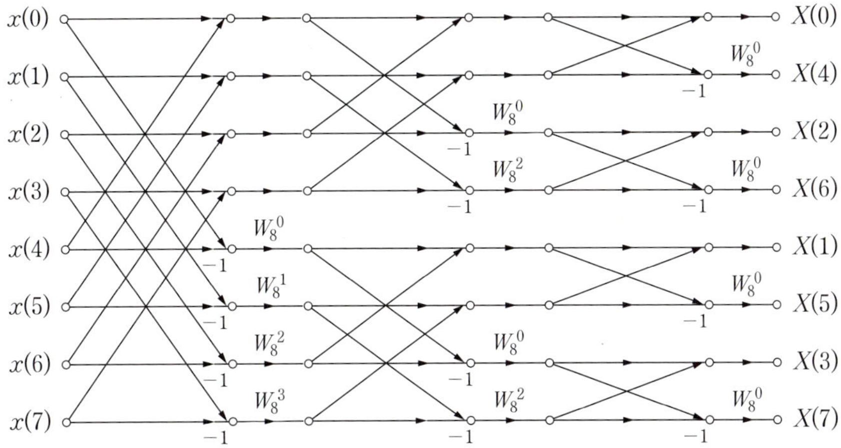

그림 4-9 8-점 DFT의 신호선도(주파수분할 FFT)

그림 4-8과 그림 4-9를 참고하면, 주파수분할 FFT는 시분할 FFT와 쌍대적 관계에 있음을 알 수 있으며, 시분할 FFT을 뒤집어서 입력과 출력 마디를 교환하고 화살표 방향을 역으로 하면 동일한 연산구조가 되는 것을 알 수 있다.

앞의 세 가지 예제에서 다룬 것과 같이 시분할 FFT는 2-점 DFT 구조(버터플라이)를 연결하는 형태의 구조를 채택하여 계산하기 때문에 입력시퀀스의 길이가 2의 거듭제곱이 되어야 한다. 따라서 밑수-2 시분할 FFT(radix-2 decimation-in-time FFT)라 부르기도 한다.

만약 입력시퀀스 $x(n)$의 길이가 $N=121$이면, 이보다 큰 2의 거듭제곱 값을 채택해야 하므로 $N=2^7=128$에서 모자라는 7개는 0을 삽입하여 입력신호를 정한다.

시분할 FFT 알고리즘에서는 복소수 곱셈 연산이 $O\left(\frac{N}{2}\log_2 N\right)$에 따른다. 따라서 직접 방식의 DFT 계산에서는 시퀀스 $x(n)$의 길이 N이 늘어나면 곱셈의 횟수가 기하급수적으로 늘어났지만 FFT 알고리즘에서는 완만하게 늘어나게 될 것이다. 따라서 처리속도, 즉 처리시간도 FFT 알고리즘을 사용하면 비교할 수 없을 만큼 빠른 시간 내에 처리되는 것을 알 수 있다. 표 4-3에서는 시퀀스 $x(n)$의 길이 N에 따른 직접 DFT 계산과 FFT 알고리즘을 적용한 계산의 복소수 곱셈 횟수와 그에 따른 연산량 감소비를 보여준다.

```
magXk1=magXk[0:int(N/2)]
xnt=np.fft.ifft(Xk)      #역FFT, 복원된 이산신호

plt.figure(1)
plt.subplot(3,1,1); plt.stem(n,xn,"blue")
plt.grid(); plt.ylabel("Input x(n)")
plt.title("Input sequence x(n), FFT X(k), IFFT xr(n)")
plt.subplot(3,1,2); plt.stem(n1,magXk1,"green")
plt.grid(); plt.ylabel("|X(k)|")
plt.subplot(3,1,3); plt.stem(n,xnt,"green")
plt.grid(); plt.ylabel("Reconstructed xr(n)"); plt.xlabel("k")
```

실행 결과는 다음 그림과 같다. FFT를 통해서도 주파수 성분을 잘 분석해내는 것을 볼 수 있다. FFT 연산은 길이 N이 커질수록 연산 속도가 기하급수적으로 줄어들 수 있으므로 고속 연산에 적합한 매우 유용한 DFT 연산 기법임을 알 수 있다.

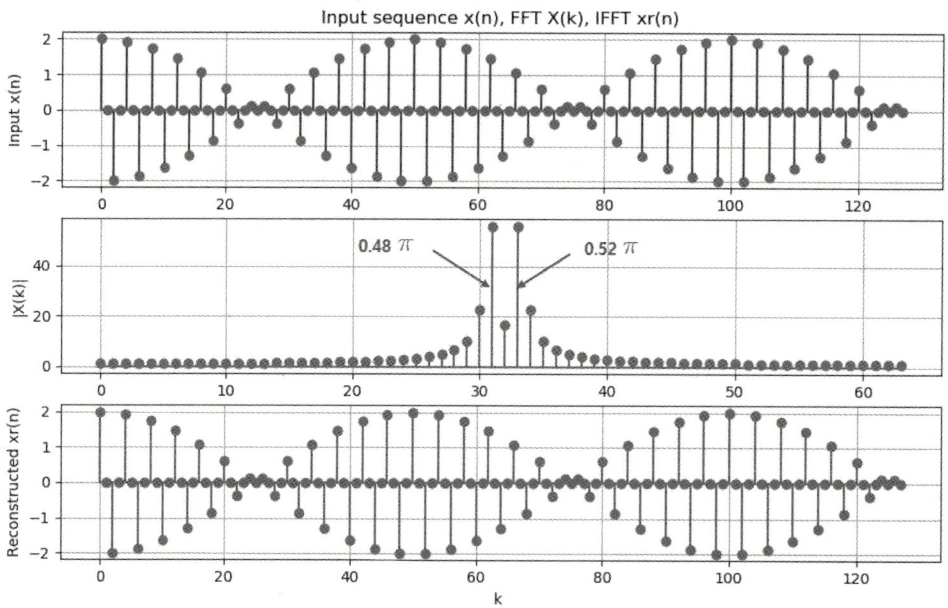

제4장 전체에서 사용된 사용자정의함수들을 작성한 “chap04_module.py” 파일은 다음과 같다.

▌chap04_module.py

```
import numpy as np

def DTFS(xn,N):    #이산주기신호와 주기로부터 DTFS 계수 구하는 함수
    WN=np.exp(-1j*(2*np.pi/N))    #복소지수항
    Xk=np.zeros(N, dtype="complex64")    #DTFS 계수 어레이 설정
    for i in range(N):
        sum=0
        for j in range(N):
            sum=sum+xn[j]*np.power(WN,i*j)    #개별 DTFS 계수 계산
        Xk[i]=sum
    return Xk    #DTFS 계수값 리턴

def IDTFS(Xk,N):    #DFS 계수 X(k)와 길이 N으로부터 시퀀스 x(n) 구하는 역 DFS
    WN=np.exp(-1j*(2*np.pi/N))    #복소수 지수항
    xn=np.zeros(N, dtype="complex64")    #DFS 계수, 복소수
    for i in range(N):
        sum=0
        for j in range(N):
            sum=sum+Xk[j]*np.power(WN,-i*j)    #개별 역 DFS 계산
        xn[i]=sum/N
    return xn    #역 DFS 시퀀스 리턴

def DFT(xn,N):    #이산푸리에변환
    WN=np.exp(-1j*(2*np.pi/N))    #회전인자 계산
    Xk=np.zeros(N, dtype="complex64")    #DFT 계수 어레이 설정
    for i in range(N):
        sum=0
        for j in range(N):
            sum=sum+xn[j]*np.power(WN,i*j)    #DFT 계수 계산
        Xk[i]=sum
    return Xk    #DFT 계수 리턴

def IDFT(Xk,N):    #역 이산푸리에변환
    WN=np.exp(-1j*(2*np.pi/N))    #회전인자 계산
    xn=np.zeros(N, dtype="complex64")    #복원 이산신호 어레이 설정
    for i in range(N):
        sum=0
```

```
        for j in range(N):
            sum=sum+Xk[j]*np.power(WN,-i*j)    #역 DFT 계산
        xn[i]=sum/N
    return xn    #IDFT 계수 리턴

def DTFT(xn,N,T):    #이산시간푸리에변환
    w=np.linspace(0,2*np.pi,T)   #주파수축
    MXe=np.zeros(T, dtype="complex64")    #DTFT 계수, 복소수
    for i in range(T):
        sum=0   #DTFT 계수 계산
        MXe[i]=np.sin(2*w[i])/np.sin(w[i]/2)*np.exp(-1j*w[i]*3/2)
    return MXe    #DTFT 계수 리턴
```

연습문제

1. 연속시간신호의 주파수 성분을 분석하는 데 있어서 주기신호는 (　　　　) 방법을 사용하고, 비주기신호에 대해서는 (　　　　) 방법을 적용한다. 그리고 이산시간신호의 주파수 성분을 분석하는 데 있어서 주기신호는 (　　　　) 방법을 사용하고, 비주기신호에 대해서는 (　　　　) 방법을 적용한다.

2. 다음과 같은 시퀀스의 DTFS 계수를 결정하시오.

$$x(n) = (0.9)^n u(n)$$

3. 다음과 같은 이산시간 주기신호들의 DTFS 계수 $X(k)$를 계산하여 구하시오. 그리고 파이썬을 사용하여 소스코드를 작성하고 그 실행 결과를 계산 결과와 동일한지 확인하시오.

(1) $x_1(n) = \{4, 1, -1, 1\},\ N=4$

(2) $x_2(n) = \{2, 0, 0, 0, -1, 0, 0, 0\},\ N=8$

(3) $x_3(n) = \{1, 0, -1, -1, 0\},\ N=5$

(4) $x_4(n) = \{0, 0, j2, 0, j2, 0\},\ N=6$

(5) $x_5(n) = \{3, 2, 1\},\ N=3$

4. 다음과 같은 DTFS 계수 $X(k)$를 가지는 시스템에 대해 IDTFS 식을 적용하여 이산주기신호 $x(n)$을 계산하여 구하시오. 그리고 파이썬 소스코드를 작성하고 실행하여 그 결과들을 비교하여 확인하시오.

(1) $X_1(k) = \{4, j3, -j3\},\ N=3$

(2) $X_2(k) = \{j, j2, j3, j4\},\ N=4$

(3) $X_3(k) = \{1, 2+j3, 4, 2-j3\},\ N=4$

(4) $X_4(k) = \{0, 0, 2, 0, 0\},\ N=5$

(5) $X_5(k) = \{3, 0, 0, 0, -3, 0, 0, 0\},\ N=8$

5. 다음과 같은 이산시간 주기신호 $x(n)$의 DTFT 계수를 구하시오.

$$x(n) = \{\cdots, \underset{\uparrow}{3}, 2, 1, 0, 3, 2, 1, 0, 3, 2, 1, \cdots\}$$

6. DTFT의 두 가지 중요한 특성에 대해 설명하고, 주파수스펙트럼 분석에서 주파수 범위를 $[0 \le \Omega \le \pi]$로 두는지를 두 가지 특성에 비추어서 설명하시오.

7. DTFT와 DTF의 관계를 도식적으로 설명하시오.

8. 이산시퀀스 $x(n)$가 다음과 같은 4-점 시퀀스$(N = 4)$일 때,

$$x(n) = \begin{cases} 1, & 0 \le n \le 3 \\ 0, & \text{otherwise} \end{cases}$$

(1) 이산 푸리에변환 DTF $X(k)$의 크기를 구해서 주파수스펙트럼으로 나타내시오.

(2) 영-패딩을 사용하여 $N = 8$로 했을 때와 $N = 16$으로 했을 때, 영-패딩의 효과를 설명하시오.

9. 다음과 같은 이산시퀀스가 있다.

$$x(n) = \cos(0.48\pi n) + \cos(0.52\pi n)$$

(1) 실제 데이터가 $0 \le n < 10$에 대해 영-패딩으로 $N = 100$으로 만든 경우와, 처음부터 실제 데이터가 100개인 $0 \le n < 100$에 대해 영-패딩 없이 $N = 100$인 경우의 DTF에 대해, 주파수 스펙트럼의 특성을 비교하시오.

(2) 고밀도 스펙트럼과 고해상도 스펙트럼의 차이점을 설명하시오.

10. 고속 푸리에변환, FFT를 정의하고, DTF와의 관계를 설명하시오.

11. 샘플 수가 $N = 2$인 시퀀스 $x(n)$에 대한 2-점 DTF에 대해 버터플라이를 구성하기까지의 과정을 설명하고, 버터플라이를 그리시오.

12. 샘플 수가 $N=4$ 인 시퀀스 $x(n)$ 에 대해 4−점 DTF의 신호선도를 그리시오. 그리고 그 흐름을 설명하시오.

13. 샘플 수가 $N=8$ 인 시퀀스 $x(n)$ 에 대해 8−점 DTF의 신호선도에 대해, 시분할 FFT 선도와 주파수분할 FFT 선도를 둘 다 그리시오.

14. DTF와 비교하여 FFT의 장점을 복소수 계산 횟수, 복잡도 등을 고려하여 설명하시오.

15. 아날로그신호 $x_a(t)=2\sin(4\pi t)+5\cos(8\pi t)$ 을 $n=1, 2, \cdots, N-1$ 에 대해 $t=0.01n$ 으로 샘플링해서 N−점 시퀀스 $x(n)$ 을 얻는다. 그리고 N이 다음과 같을 경우에 대해 N−점 DTF을 적용하여 $x_a(t)$ 의 스펙트럼을 추정하시오.

(a) $N=40$ (b) $N=50$ (c) $N=60$

16. 시퀀스 $x(n)$ 이 $0 \le n \le 10^6$ 에 대해 $[-1,\ 1]$ 사이의 값으로 이루어진 불규칙신호이고, 시스템의 임펄스응답이 다음과 같을 때,

$$h(n)=\sin(0.4\pi n), \quad 0 \le n \le 100$$

(1) "np.convolve()" 함수를 사용하여 출력 $y(n)=x(n)*h(n)$ 을 결정하시오.

(2) 출력 $y(n)$ 에 대해 다음과 같은 FFT 크기로 스펙트럼을 구하고 그 특성을 비교하시오.

(a) $N=1024$ (b) $N=2048$ (c) $N=4096$

(3) 각각의 N에 대해 각각의 FFT 처리시간을 측정하여 FFT의 복잡도가 만족되는지 측정하시오.

CHAPTER 05

z-변환

Digital Signal Processing

contents

05 z-변환

회로이론, 제어공학, 신호 및 시스템 등에서 취급하는 연속시스템의 신호특성은 미분방정식(differential equation)으로 표현한다. 미분방정식은 그 차수가 높아질수록 해를 구하기가 점점 어려워지기 때문에 이를 풀기 위해 라플라스변환(Laplace transform)이라는 변환을 적용하여 시간영역을 s-영역으로 변환하면 미분방정식을 대수방정식으로 나타낼 수 있게 된다. 이 대수방정식을 사용하여 시스템의 특성을 해석하거나 대수방정식의 근을 구하고 이것을 역변환하여 미분방정식의 해를 구한다.

마찬가지로 이산신호시스템에서는 신호특성을 차분방정식(difference equation)으로 표현하며, z-변환(z-transform)이라는 변환을 적용하여 시간영역을 z-영역으로 변환하면 차분방정식을 대수방정식으로 표현할 수 있다. 이 대수방정식을 사용하여 신호의 특성을 해석하거나 대수방정식의 근을 구하고 이것을 역변환하여 차분방정식의 해를 구한다. 라플라스변환과 z-변환은 각각 연속시스템과 이산시스템에서 신호의 특성을 해석하기 위한 영역 변환 방법이며, 특히 신호나 시스템의 주파수 특성을 해석하는데 매우 유용한 변환이다.

5.1 z-변환

z-변환은 이산시스템의 신호특성을 해석하기 위해서 시간영역을 다른 새로운 z-영역으로 변환하는 방법이며, 시간영역에서의 차분방정식을 z-영역에서 대수방정식으로 나타냄으로써 신호해석을 손쉽게 행하기 위한 변환이다. 이산시퀀스 $x(n)$의 z-변환은 식 (5-1)과 같이 정의된다. 이와 같은 변환을 양방향 z-변환(two-sided z-transform)이라 한다.

$$X(z) = \sum_{n=-\infty}^{\infty} x(n) z^{-n} \tag{5-1}$$

여기서 z는 복소 변수(complex variable)이다. z–변환의 정의식은 z의 다항식으로 표현되며, 임의의 n에 대한 항은 샘플 값 $x(n)$과 z^{-n}의 곱으로 구성되어 있다. 위의 z–변환식 (5–1)을 전개하면 다음과 같다.

$$X(z) = \cdots + x[-2]z^{+2} + x[-1]z^{+1} + x[0]z^{0} + x[1]z^{-1} + x[2]z^{-2} + \cdots$$

또한 이산시퀀스 $x(n)$은 단위임펄스함수를 사용하면 다음 식과 같이 나타낼 수 있다.

$$x(n) = \cdots + x(-2)\delta(n+2) + x(-1)\delta(n+1) + x(0)\delta(n) + x(1)\delta(n-1) + x(2)\delta(n-2) + \cdots$$

따라서 위의 $X(z)$와 $x(n)$에 관한 두 식을 비교해 보면, z–영역에서 z^{-1}은 시간영역에서 $\delta(n-1)$로 단위시간만큼의 지연에 해당하는 역할을 하는 것을 쉽게 알 수 있다.

그리고 $X(z)$가 존재하는 z 값들의 영역을 수렴영역(ROC, region of convergence)이라 하며, $|z|$는 음이 아닌 수 r_a와 r_b에 대해 식 (5–2)와 같은 범위를 가진다.

$$r_a < |z| < r_b \tag{5-2}$$

그리고 z와 ROC는 다음과 같은 특성을 가지고 있다.

1. 복소 변수 z는 $z = |z|e^{j\Omega}$에 의해 주어진 복소주파수(complex frequency)이다. 여기서 $|z|$은 크기이며, Ω은 실수 라디안주파수(real radian frequency)이다.
2. ROC는 크기 $|z|$에 의해서 정의되고 그 모양은 그림 5–1에 나타낸 바와 같이 일종의 링 모양이다. 그리고 반경 r_a는 0과 같아질 수 있으며, 반경 r_b는 $+\infty$가 될 수도 있다.

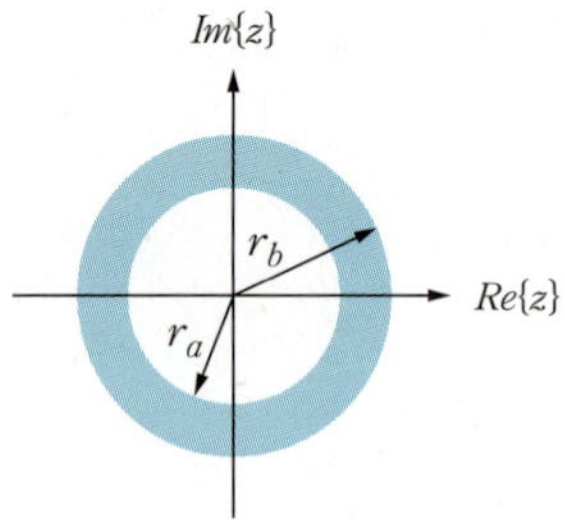

그림 5-1 z-변환 값들의 수렴영역, ROC

3. $r_b < r_a$ 이면, ROC는 영 공간(null space)이 되고 z-변환은 존재하지 않는다.

4. 함수 $|z| = 1$ (또는 $z = e^{j\Omega}$)은 z-평면에서 반경이 1인 단위원이다. 만약 ROC가 단위원을 포함하면 단위원에서 $X(z)$를 평가할 수 있다. 그러므로 이산시간 푸리에변환 DTFT $X(\Omega)$는 z-변환 $H(z)$의 특별한 경우로 볼 수 있다.

예제 5-1 시퀀스 $x_1(n) = a^n u(n),\ 0 < |a| < \infty$ 의 ROC 특성을 알아보시오.

풀이 시퀀스 $x_1(n)$은 단위스텝함수 $u(n)$의 특성에 따라서 $n \geq 0$에 대해서만 결정되므로 오른편-방향 시퀀스(right-sided sequence)라고 부른다. 시퀀스 $x_1(n)$의 z-변환은 다음과 같다.

$$X_1(z) = \sum_{n=0}^{\infty} a^n z^{-n} = \sum_{n=0}^{\infty} \left(\frac{a}{z}\right)^n = \frac{1}{1-a/z} = \frac{1}{1-az^{-1}},\ \text{if } \left|\frac{a}{z}\right| < 1$$
$$= \frac{z}{z-a},\ |z| > |a| \Rightarrow ROC_1 : |a| < |z| < \infty$$

따라서 $X_1(z)$의 ROC는 반경이 a인 원의 바깥영역이 된다. $X_1(z)$를 다음 식과 같이 두면,

$$X_1(z) = \frac{B(z)}{A(z)} = \frac{z}{z-a}$$

여기서 $B(z) = z$은 분자다항식이고 $A(z) = z - a$은 분모다항식이다. $B(z)$의 근을 $X_1(z)$의 영점(zeros)이라 하고, $A(z)$의 근을 $X_1(z)$의 극점(poles)이라 한다. 따라서 $X_1(z)$은 원점인 $z = 0$에 하나의 영점을 가지고, $z = a$에 하나의 극점을 가진다.

그러므로 $X_1(z)$은 그림 5-2에서처럼, z-평면에서 영점은 "○", 극점은 "×"로 표기되는 극점-영점 다이어그램(pole-zero diagram)에 의해서 표현될 수 있다.

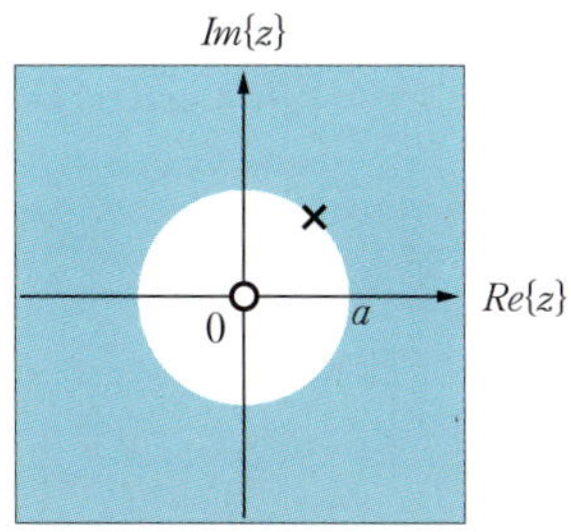

그림 5-2 예제 5-1의 수렴영역

예제 5-2 시퀀스 $x_2(n) = -b^n u(-n-1)$, $0 < |b| < \infty$의 ROC 특성을 알아보시오.

풀이 시퀀스 $x_2(n)$는 단위스텝함수 $u(-n-1)$에서 $(-n-1) \geq 0$, 즉 $n \leq -1$인 영역에서 결정되므로 왼편-방향 시퀀스(left-sided sequence)라고 한다. 시퀀스 $x_2(n)$의 z-변환은 다음과 같다.

$$X_2(z) = -\sum_{n=-\infty}^{-1} b^n z^{-n} = -\sum_{n=-\infty}^{-1} \left(\frac{b}{z}\right)^n = -\sum_{n=1}^{\infty} \left(\frac{z}{b}\right)^n = 1 - \sum_{n=0}^{\infty} \left(\frac{z}{b}\right)^n = 1 - \frac{1}{1-z/b}, \text{ if } \left|\frac{z}{b}\right| < 1$$

$$= \frac{z}{z-b}, \ |z| < |b| \ \Rightarrow \ ROC_2 : 0 < |z| < |b|$$

따라서 $X_2(z)$의 ROC는 반경이 b인 원의 안쪽영역이며, ROC_2와 극점-영점 다이어그램은 그림 5-3과 같다.

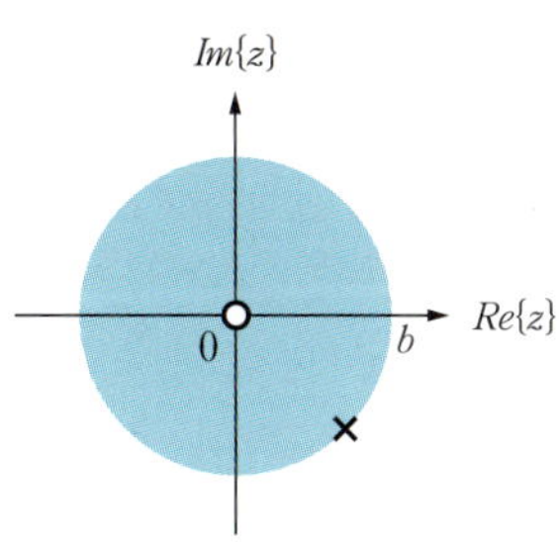

그림 5-3 예제 5-2의 수렴영역

예제 5-3 시퀀스 $x_3(n) = x_1(n) + x_2(n) = a^n u(n) - b^n u(-n-1)$의 ROC 특성을 알아보시오.

풀이 위의 시퀀스는 양방향 시퀀스이다. 시퀀스 $x_3(n)$의 z-변환은 다음과 같다.

$$\begin{aligned} X_3(z) &= \sum_{n=0}^{\infty} a^n z^{-n} - \sum_{n=-\infty}^{-1} b^n z^{-n} \\ &= \left\{\frac{z}{z-a},\ ROC_1 : |z| > |a|\right\} + \left\{\frac{z}{z-b},\ ROC_2 : |z| < |b|\right\} \\ &= \frac{z}{z-a} + \frac{z}{z-b}, \qquad ROC_3 : ROC_1 \cap ROC_2 \end{aligned}$$

만약 $|a| > |b|$이면, 그림 5-4의 (a)에서처럼 ROC_1과 ROC_2의 교집합이 생성되지 않으므로 ROC_3은 빈 공간이 되고, $X_3(z)$은 존재하지 않는다. 그리고 만약 $|a| < |b|$이면, 그림 5-4의 (b)에서처럼 ROC_1과 ROC_2의 교집합이 생성되고 ROC_3은 $|a| < |z| < |b|$인 영역이 된다. 따라서 $X_3(z)$의 ROC_3은 그림과 같이 링 형태의 내부 영역에서 존재하게 된다.

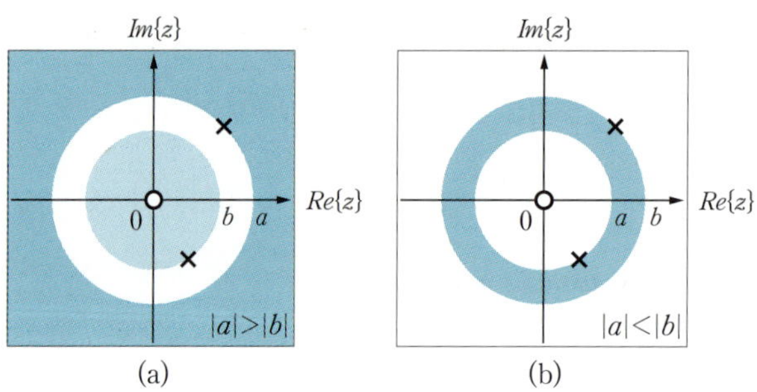

그림 5-4 예제 5-3의 수렴영역

ROC의 특성

앞의 세 가지 예제를 통해서 ROC의 특성을 다음과 같이 종합적으로 나타낼 수 있다.

1. ROC는 수렴 조건이 크기 $|z|$ 상에 있기 때문에 항상 하나의 원으로 경계를 이루게 된다.

2. 예제 5-1에서 시퀀스 $x_1(n) = a^n u(n)$과 같은 오른편-방향 시퀀스는 어떤 $n < n_0$에 대해서 0의 값을 가지는 시퀀스를 말하며, 인과적 시퀀스(causal sequence)이다. 오른편-방향 시퀀스에 대한 ROC는 항상 반경이 r_a인 원의 바깥영역이다.

3. 예제 5-2에서 시퀀스 $x_2(n) = -b^n u(-n-1)$과 같은 왼편-방향 시퀀스는 어떤 $n > n_0$

에 대해서 0의 값을 가지는 시퀀스를 말하며, 반인과적 시퀀스(anti-causal sequence)이다. 왼편-방향 시퀀스에 대한 *ROC*는 항상 반경이 r_b 인 원의 안쪽영역이다.

4. 예제 5-3에서 시퀀스 $x_3(n)=x_1(n)+x_2(n)=a^n u(n)-b^n u(-n-1)$ 은 양방향 시퀀스이며, 양방향 시퀀스에 대한 *ROC*는 항상 $r_a<|z|<r_b$ 인 영역을 가지는 링 모양이며, 링의 내부영역이다.

5. *ROC* 영역 내에는 극점이 존재하지 않는다.

6. *ROC*의 경계에는 적어도 1개의 극점이 존재한다.

이산신호처리에서는 거의 모든 이산데이터는 실시간으로 획득되기 때문에 신호는 인과적인 것으로 본다. 그러므로 관심을 가져야 할 *ROC*는 2번의 경우에 해당한다.

그리고 이산신호의 해석은 주로 z-평면에서 $|z|=1$ 인 단위원을 경계로 극점이 어느 곳에 위치하느냐에 따라 이루어진다. 그림 5-5에서는 $X(z)$ 의 극점의 위치와 이산신호 $x(n)$ 의 파형의 관계를 보여주고 있다.

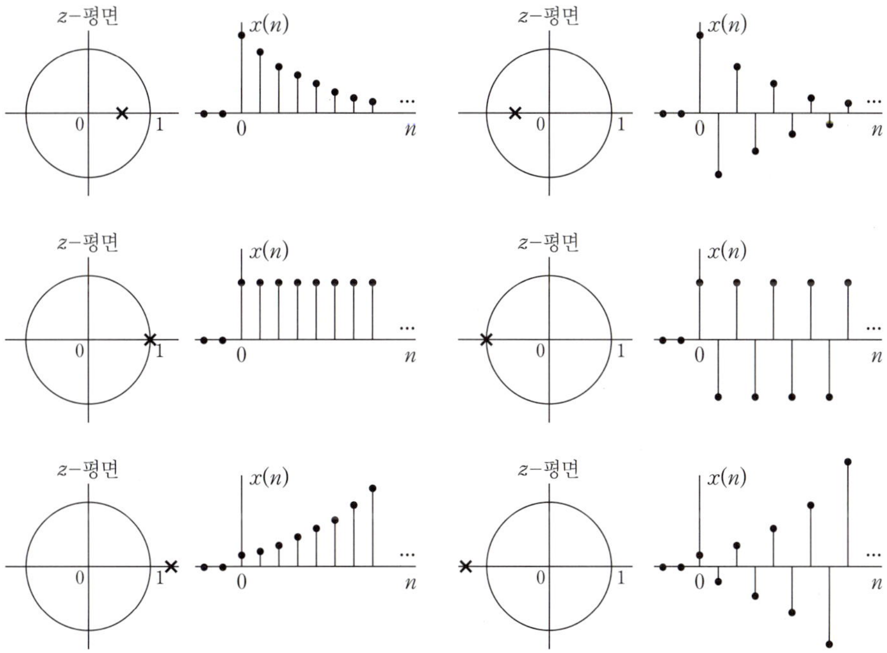

그림 5-5 $X(z)$ 의 극점의 위치와 이산신호와의 관계

그리고 그림 5-6은 $X(z)$의 한 쌍의 복소 공액 극점들과 복소 이산신호 $x(n)$의 파형의 관계를 보여준다.

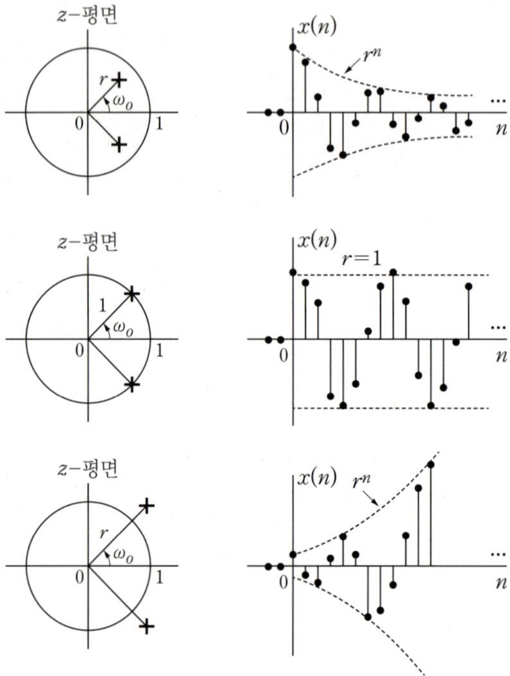

그림 5-6 $X(z)$의 복소 공액 극점의 위치와 복소 이산신호와의 관계

5.2 z-변환의 주요 특성

z-변환의 특성들은 DTFT의 특성을 일반화한 것으로 다음과 같다.

1. **선형성**(linearity)

$$Z[a_1x_1(n)+z_2x_2(n)] = a_1X_1(z)+a_2X_2(z); \quad ROC: ROC_{x1} \cap ROC_{x2}$$

2. **샘플 이동성**(sample shifting)

$$Z[x(n-n_0)] = z^{-n_0}X(z); \quad ROC: ROC_x$$

3. **주파수 이동성**(frequency shifting)

$$Z[a^n x(n)] = X\left(\frac{z}{a}\right);\ ROC: |a|\text{로 스케일링 된 } ROC_x$$

4. **반전성**(folding)

$$Z[x(-n)] = X(1/z);\ ROC: \text{반전된 } ROC_x$$

5. **복소 공액성**(complex conjugation)

$$Z[x^*(n)] = X^*(z^*);\ ROC: ROC_x$$

6. **미분성**(differentiation)

$$Z[nx(n)] = -z\frac{dX(z)}{dz};\ ROC: ROC_x$$

7. **곱셈특성**(multiplication)

$$Z[x_1(n)x_2(n)] = \frac{1}{2\pi j}\oint_C X_1(\nu)X_2(z/\nu)\nu^{-1}d\nu;\ ROC: ROC_{x1} \cap \text{반전된 } ROC_{x2}$$

여기서 C은 원점을 둘러싸는 닫힌 윤곽이며, 공통 ROC 내에 놓여있다.

8. **컨볼루션**(convolution)

이 특성은 시간영역에서의 컨볼루션 연산을 z-영역에서의 곱셈으로 변환한다.

$$Z[x_1(n) * x_2(n)] = X_1(z)X_2(z);\ ROC: ROC_{x1} \cap ROC_{x2}$$

시퀀스 $x(n)$은 그 형태가 다양하게 존재하므로 이들의 z-변환을 손쉽게 할 수 있도록 일반적으로 표 5-1과 같은 공통 z-변환표가 제공된다.

표 5-1 z-변환을 위한 공통 z-변환표

신호	변환	ROC
1. $\delta[n]$	1	All z
2. $u[n]$	$\frac{1}{1-z^{-1}}$	$\lvert z\rvert > 1$
3. $-u[-n-1]$	$\frac{1}{1-z^{-1}}$	$\lvert z\rvert < 1$
4. $\delta[n-m]$	z^{-m}	All z, except 0(if $m>0$) or ∞(if $m<0$)
5. $\alpha^n u[n]$	$\frac{1}{1-\alpha z^{-1}}$	$\lvert z\rvert > \lvert\alpha\rvert$
6. $-\alpha^n u[-n-1]$	$\frac{1}{1-\alpha z^{-1}}$	$\lvert z\rvert < \lvert\alpha\rvert$
7. $n\alpha^n u[n]$	$\frac{\alpha z^{-1}}{(1-\alpha z^{-1})^2}$	$\lvert z\rvert > \lvert\alpha\rvert$
8. $-n\alpha^n u[-n-1]$	$\frac{\alpha z^{-1}}{(1-\alpha z^{-1})^2}$	$\lvert z\rvert < \lvert\alpha\rvert$
9. $[\cos\omega_0 n]u[n]$	$\frac{1-[\cos\omega_0]z^{-1}}{1-[2\cos\omega_0]z^{-1}+z^{-2}}$	$\lvert z\rvert > 1$
10. $[\sin\omega_0 n]u[n]$	$\frac{[\sin\omega_0]z^{-1}}{1-[2\cos\omega_0]z^{-1}+z^{-2}}$	$\lvert z\rvert > 1$
11. $[r^n\cos\omega_0 n]u[n]$	$\frac{1-[r\cos\omega_0]z^{-1}}{1-[2r\cos\omega_0]z^{-1}+r^2z^{-2}}$	$\lvert z\rvert > r$
12. $[r^n\sin\omega_0 n]u[n]$	$\frac{[r\sin\omega_0]z^{-1}}{1-[2r\cos\omega_0]z^{-1}+r^2z^{-2}}$	$\lvert z\rvert > r$

예제 5-4 두 z-변환, $X_1(z)=2+3z^{-1}+4z^{-2}$, $X_2(z)=3+4z^{-1}+5z^{-2}+6z^{-3}$에 대해 시간영역에서의 컨볼루션으로 시퀀스 $x_3(n)$을 구하고, 이로부터 $X_3(z)=X_1(z)X_2(z)$을 결정하시오.

풀이 z-영역에서의 두 시스템함수의 곱셈은 시간영역에서는 관련 두 시퀀스의 컨볼루션으로 대응된다. 따라서 이 관계를 이용하여 두 시스템함수의 시퀀스를 먼저 구하고 이들의 컨볼루션 $x_3(n)$을 구한다. 그런 다음, 이로부터 $X_3(z)$을 구하면 된다.

$$x_1(n) = \{\underset{\uparrow}{2}, 3, 4\},\ n_1 = \{0, 1, 2\}$$

$$x_2(n) = \{\underset{\uparrow}{3}, 4, 5, 6\},\ n_2 = \{0, 1, 2, 3\}$$

$$x_3(n) = x_1(n) * x_2(n) = \{\underset{\uparrow}{2}, 3, 4,\} * \{\underset{\uparrow}{3}, 4, 5, 6\} = \{\underset{\uparrow}{6}, 17, 34, 43, 38, 24\},\ n_3 = \{0, 1, 2, 3, 4, 5\}$$

```
= 6  9  12
     8  12  16
        10  15  20
            12  18  24
..............................
  6 17  34  43  38  24
```

$x_3(n)$으로부터 $X_3(z) = 6 + 17z^{-1} + 34z^{-2} + 43z^{-3} + 38z^{-4} + 24z^{-5}$이다.

다음과 같이 넘파이의 "np.convolve()" 함수를 사용하여 계산하면 컨볼루션 결과 계수를 직접 구할 수 있다.

```
In [3]: x1=[2,3,4]; x2=[3,4,5,6]; x3=np.convolve(x1,x2);

In [4]: x3
Out[4]: array([ 6, 17, 34, 43, 38, 24])
```

예제 5-5 두 z-변환 $X_1(z) = z + 2 + 3z^{-1}$, $X_2(z) = 2z^2 + 4z + 3 + 5z^{-1}$에 대해 시간영역에서의 컨볼루션으로 시퀀스 $x_3(n)$을 구하고, 이로부터 $X_3(z) = X_1(z)X_2(z)$을 결정하시오.

풀이 z-영역에서의 두 시스템함수의 곱셈은 시간영역에서는 관련 두 시퀀스의 컨볼루션으로 대응된다. 따라서 두 시스템함수의 시퀀스를 구하고 이들의 컨볼루션을 구하면 된다.

$$x_1(n) = \{1, \underset{\uparrow}{2}, 3\},\ n_1 = \{-1, 0, 1\}$$

$$x_2(n) = \{2, 4, \underset{\uparrow}{3}, 5\},\ ,\ n_2 = \{-2, -1, 0, 1\}$$

$$x_3(n) = x_1(n) * x_2(n) = \{1, \underset{\uparrow}{2}, 3\} * \{2, 4, \underset{\uparrow}{3}, 5\} = \{2, 8, 17, \underset{\uparrow}{23}, 19, 15\},\ n_3 = \{-3, -2, -1, 0, 1, 2\}$$

```
=2  4  6
    4  8  12
       3  6  9
          5  10  15
.................................
 2  8  17  23  19  15
```

$x_3(n)$으로부터 $X_3(z)=2z^3+8z^2+17z^1+23+19z^{-1}+15z^{-2}$이다.

```
In [10]: x1=[1,2,3]; x2=[2,4,3,5]; x3=np.convolve(x1,x2)

In [11]: x3
Out[11]: array([ 2,  8, 17, 23, 19, 15])
```

두 시퀀스의 컨볼루션 결과 시퀀스를 알고 있을 때, scipy 라이브러리에서 제공하는 "signal.deconvolve()" 함수를 사용하면 컨볼루션 전의 시퀀스들을 구할 수 있다.

```
In [7]: from scipy import signal

In [8]: x3=[2,8,17,23,19,25]; x2=[2,4,3,5]; x1,r=signal.deconvolve(x3,x2); print("x1(n)=",x1)
x1(n)= [1. 2. 3.]

In [9]: x3=[2,8,17,23,19,25]; x1=[1,2,3]; x2,r=signal.deconvolve(x3,x1); print("x2(n)=",x2)
x2(n)= [2. 4. 3. 5.]
```

앞에서 사용한 "np.convolve()" 함수는 순서시퀀스를 제공하지 않으므로 두 시퀀스의 곱을 z-변환하기 위해서는 각각의 샘플시퀀스와 순서시퀀스가 제공되어야 한다. 따라서 순서시퀀스를 제공하는 사용자정의함수를 만들 필요가 있다. 먼저 제5장에서 사용할 사용자정의 함수들을 모아두는 "chap05_module.py" 파일을 만들고, 사용자정의함수 "convolve_m()"를 첨가하고 저장한다.

```
import numpy as np

def convolve_m(x,nx,h,nh):
    nyb=min(nx)+min(nh)
    nye=max(nx)+max(nh)
    ny=np.arange(nyb,nye+1)
    y=np.convolve(x,h)
    return y,ny
```

다음에는 예제 5-5의 결과를 실행해보기 위해서 다음과 같이 소스코드를 작성하고 "chap05_ex05.py" 파일로 저장한다.

chap05_ex05.py

```
import numpy as np
from chap05_module import *

x1=[1,2,3]; n1=np.arange(-1,2)
print("x1(n)=",x1,"n1=",n1)
x2=[2,4,3,5]; n2=np.arange(-2,2)
print("x2(n)=",x2,"n2=",n2)
x3,n3=convolve_m(x1,n1,x2,n2)
print("x3(n)=",x3,"n3=",n3)
```

실행 결과는 다음과 같다.

```
x1(n)= [1, 2, 3] n1= [-1  0  1]
x2(n)= [2, 4, 3, 5] n2= [-2 -1  0  1]
x3(n)= [ 2  8 17 23 19 15] n3= [-3 -2 -1  0  1  2]
```

예제 5-6 z-변환 특성과 공통 z-변환표를 사용하여, 다음 시퀀스의 z-변환을 결정하시오.

$$x(n) = (n-2)(0.5)^{(n-2)}\cos\left[\frac{\pi}{3}(n-2)\right]u(n-2)$$

풀이 먼저 z-변환의 주요 특성 중에서 2번 샘플이동 특성을 적용한다.

예제의 식은 $x(n) = n(0.5)^n\cos\left[\frac{\pi n}{3}\right]u(n)$을 $n=2$만큼 이동한 경우이므로 이를 고려하여 변환하면 다음과 같아진다.

$$X(z) = Z[x(n)] = z^{-2}Z\left[n(0.5)^n\cos\left(\frac{\pi n}{3}\right)u(n)\right]$$

위의 식에 6번 특성인 미분 특성을 적용하면 다음 식과 같이 된다.

$$X(z) = z^{-2}\left\{-z\frac{dZ\left[(0.5)^n\cos\left(\frac{\pi n}{3}\right)u(n)\right]}{dz}\right\}$$

공통 z−변환표에서 11번 항을 참조하여 $(0.5)^n\cos\left(\frac{\pi n}{3}\right)u(n)$의 z−변환을 수행하면 $Z[\ \ ]$는 다음 식으로 나타내어진다.

$$Z\left[(0.5)^n\cos\left(\frac{\pi n}{3}\right)u(n)\right] = \frac{1-\left(0.5\cos\frac{\pi}{3}\right)z^{-1}}{1-2\left(0.5\cos\frac{\pi}{3}\right)z^{-1}+0.25z^{-2}} = \frac{1-0.25z^{-1}}{1-0.5z^{-1}+0.25z^{-2}};\ |z|>0.5$$

그러므로 최종적으로 $x(n)$의 z−변환 $X(z)$은 다음과 같이 결정된다.

$$\begin{aligned}
X(z) &= -z^{-1}\frac{d}{dz}\left\{\frac{1-0.25z^{-1}}{1-0.5z^{-1}+0.25z^{-2}}\right\}, && |z|>0.5 \\
&= -z^{-1}\left\{\frac{-0.25z^{-2}+0.5z^{-3}-0.0625z^{-4}}{1-z^{-1}+0.75z^{-2}-0.25z^{-3}+0.0625z^{-4}}\right\}, && |z|>0.5 \\
&= \frac{0.25z^{-3}-0.5z^{-4}+0.0625z^{-5}}{1-z^{-1}+0.75z^{-2}-0.25z^{-3}+0.0625z^{-4}}, && |z|>0.5
\end{aligned}$$

위의 $X(z)$가 올바르게 표현되었는지를 점검해보기 위해서 다음과 같은 방법을 사용해 보자.

1. "signal.lfilter()" 함수는 $X(z)$로부터 $x(n)$을 구하는 역함수이다. $X(z)$의 분자와 분모의 계수, 그리고 임의 길이($N=8$)의 임펄스신호를 적용하여 $x(n)$을 구한다.

2. 예제에서 제공하는 $x(n)$에 대해 $n=2$에서 시작하는 단위스텝신호 $u(n-2)$를 인가하여 $x(n)$ 시퀀스를 구하고, $N=8$개를 얻는다.

결과적으로 이 두 $x(n)$이 일치한다면 위에서 구한 $X(z)$는 올바르게 구해진 표현이라 할 수 있을 것이다. 이를 위해서 먼저 단위임펄스발생함수 "impseq()" 함수와 단위스텝발생함수 "stepseq()" 함수를 "chap05_module.py" 파일에 첨가하고 저장한다.

```
def impseq(n0,n1,n2):
    N=n2-n1+1
    x=np.zeros(N)
    n=np.arange(N)
    for i in range(N):
        if i==n0: x[i]=1
    return x,n

def stepseq(n0,n1,n2):
    N=n2-n1+1
    x=np.zeros(N)
    n=np.arange(N)
    for i in range(N):
        if i-n0>=0: x[i]=1
    return x,n
```

그리고 예제 소스코드를 작성하고 "chap05_ex06.py" 파일로 저장한다. "signal.filter" 함수를 사용하기 위해서 "scipy.signal" 라이브러리를 불러와야 한다.

chap05_ex06.py

```
import numpy as np
from chap05_module import *
from scipy import signal

b=[0,0,0,0.25,-0.5,0.0625]  #시스템함수의 분모 분자
a=[1,-1,0.75,-0.25,0.0625]
N=8
delta,n=impseq(0,0,7); print("impulse=",delta)
x=signal.lfilter(b,a,delta); print("x(n)=",x)  #X(z)로부터 x(n) 생성
n=np.arange(N)
s,n=stepseq(2,0,7); print("step u(n-2)=",s)
x=(n-2)*np.power(0.5,n-2)*np.cos(np.pi/3*(n-2))*s  #n에 대해 x(n) 생성
print("x(n)=",x)
```

결과는 다음과 같으며, 두 $x(n)$이 동일하므로 위의 $X(z)$는 제대로 구해진 것이다.

```
impulse= [1. 0. 0. 0. 0. 0. 0. 0.]
x(n)= [ 0.        0.        0.        0.25      -0.25      -0.375     -0.125
  0.078125]
step u(n-2)= [0. 0. 1. 1. 1. 1. 1. 1.]
x(n)= [ 0.       -0.        0.        0.25      -0.25      -0.375     -0.125
  0.078125]
```

5.3 역 z-변환

역 z-변환(inverse z-transform)을 계산하기 위한 가장 실질적인 접근 방법은 표 5-1의 공통 z-변환표를 이용하여 $X(z)$을 부분분수들의 합으로 대체하는 부분분수전개(partial fraction expansion) 방법을 적용하는 것이다. 식 (5-3)과 같이 z-변환 $X(z)$가 주어졌을 때, 역 z-변환 과정은 다음과 같다.

$$X(z) = \frac{b_0 + b_1 z^{-1} + \cdots + b_M z^{-M}}{1 + a_1 z^{-1} + \cdots + a_N z^{-N}}, \quad a < |z| < b \tag{5-3}$$

먼저 식 (5-3)을 부분분수전개를 통해 식 (5-4)와 같은 형태로 변환한다. 이것은 "signal.residuez()" 함수를 사용하면 된다.

$$X(z) = \sum_{k=1}^{N} \frac{R_k}{1 - p_k z^{-1}} + \left[\sum_{k=0}^{M-N} C_k z^{-k}\right]_{M \geq N} \tag{5-4}$$

여기서 p_k는 $X(z)$의 k번째 극점, R_k는 잔여(residue)라 하며 부분분수들의 계수이다.

다음으로는, 식 (5-4)에 대해 시퀀스 $x(n)$을 구한다.

$$x(n) = \sum_{k=1}^{N} R_k Z^{-1}\left[\frac{1}{1 - p_k z^{-1}}\right] + \left[\sum_{k=0}^{M-N} C_k \delta(n-k)\right]_{M \geq N} \tag{5-5}$$

표 5-1의 z-변환표의 5와 6을 사용해서 다음 식 (5-6)을 식 (5-5)에 적용하면 역 z-변환 결과인 $x(n)$을 구할 수 있다.

$$Z^{-1}\left[\frac{1}{1 - p_k z^{-1}}\right] = \begin{cases} p_k^n u(n) & |z_k| \leq r_a \\ -p_k^n u(-n-1) & |z_k| \geq r_b \end{cases} \tag{5-6}$$

예제 5-7 $X(z)=\dfrac{z}{3z^2-4z+1}$ 의 역 z-변환을 찾으시오.

풀이

$$X(z)=\frac{z}{3z^2-4z+1}=\frac{z}{3\left(z^2-\frac{4}{3}z+\frac{1}{3}\right)}=\frac{\frac{1}{3}z^{-1}}{1-\frac{4}{3}z^{-1}+\frac{1}{3}z^{-2}}$$
$$=\frac{\frac{1}{3}z^{-1}}{(1-z^{-1})\left(1-\frac{1}{3}z^{-1}\right)}=\frac{\frac{1}{2}}{1-z^{-1}}-\frac{\frac{1}{2}}{1-\frac{1}{3}z^{-1}}=\frac{1}{2}\left(\frac{1}{1-z^{-1}}\right)-\frac{1}{2}\left(\frac{1}{1-\frac{1}{3}z^{-1}}\right)$$

따라서 $X(z)$은 두 개의 극점, $z_1=1$, $z_2=\frac{1}{3}$을 가지며, 다음 그림과 같이 세 가지 경우의 ROC를 가질 수 있다. 각각의 경우에 따라 역 z-변환 후의 시퀀스 $x(n)$이 달라질 것이다.

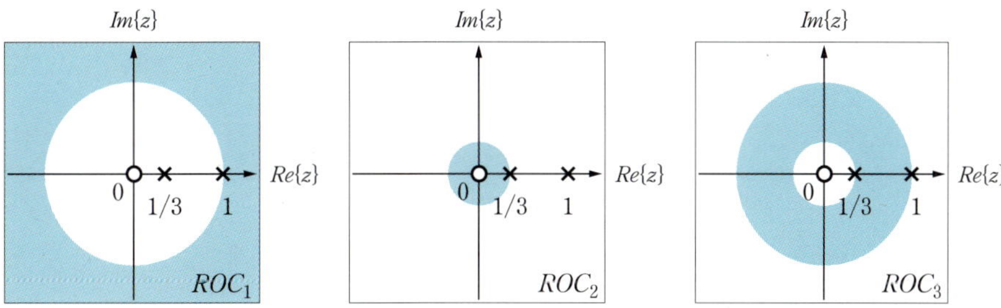

a. $ROC_1: 1<|z|<\infty$. 이 경우는 $x(n)$이 오른편-방향 시퀀스인 경우이며, 두 극점들 $z_1=1, z_2=\frac{1}{3}$가 모두 ROC_1 영역에 존재하지 않는다. 그리고 z_1은 $|z_1|=1$인 원 상에 존재한다. 따라서 변환표의 2와 5로부터 시퀀스 $x(n)$은 다음과 같다.

$$x(n)=\frac{1}{2}u(n)-\frac{1}{2}\left(\frac{1}{3}\right)^n u(n)$$

b. $ROC_2: 0<|z|<\frac{1}{3}$. 이 경우는 $x(n)$이 왼편-방향 시퀀스인 경우이며, 두 극점들 $z_1=1, z_2=\frac{1}{3}$가 모두 ROC_2 영역에 존재하지 않는다. 그리고 z_2은 $|z_2|=\frac{1}{3}$인 원 상에 존재한다. 따라서 변환표의 3과 6으로부터 시퀀스 $x(n)$은 다음과 같다.

$$x(n) = \frac{1}{2}\{-u(-n-1)\} - \frac{1}{2}\left\{-\left(\frac{1}{3}\right)^n u(-n-1)\right\}$$
$$= \frac{1}{2}\left(\frac{1}{3}\right)^n u(-n-1) - \frac{1}{2}\{u(-n-1)\}$$

c. $ROC_3 : \frac{1}{3} < |z| < 1$. 이 경우는 $x(n)$이 양방향 시퀀스인 경우이며, 두 극점들 $z_1 = 1$, $z_2 = \frac{1}{3}$가 모두 ROC_3 영역에 존재하지 않는다. 그리고 z_1은 $|z_1| = 1$인 원 상에, z_2은 $|z_2| = \frac{1}{3}$인 원 상에 존재한다. 따라서 변환표의 3과 5로부터 시퀀스 $x(n)$은 다음과 같다.

$$x(n) = -\frac{1}{2}u(-n-1) - \frac{1}{2}\left(\frac{1}{3}\right)^n u(n)$$

예제 5-8 예제 5-7에서 다룬 다음과 같은 유리함수(rational function)에 대해 나머지 계산(residue calculation)을 점검하시오.

$$X(z) = \frac{z}{3z^2 - 4z + 1}$$

풀이 "signal.residuez()" 함수를 사용하면 부분분수전개 후의 계수들을 구할 수 있다. $X(z)$을 z^{-1}의 거듭제곱이 오름차순이 되도록 재배열한다.

$$X(z) = \frac{z}{3z^2 - 4z + 1} = \frac{z^{-1}}{3 - 4z^{-1} + z^{-2}} = \frac{0 + z^{-1} + 0}{3 - 4z^{-1} + z^{-2}}$$

$X(z)$의 분모 분자 계수를 구하면 $b = \{0, 1, 0\}$, $a = \{3, -4, 1\}$이다. 이 값들을 "signal.residuez()" 함수에 적용하여 부분분수들의 계수를 구한다.

```
In [4]: from scipy import signal

In [5]: b=[0,1,0]; a=[3,-4,1]; R,p,C=signal.residuez(b,a)

In [6]: R
Out[6]: array([-0.5,  0.5])

In [7]: p
Out[7]: array([0.33333333, 1.        ])

In [8]: C
Out[8]: array([], dtype=float64)
```

위의 R과 P의 값들을 사용하여 부분분수 전개된 $X(z)$를 나타내면 다음과 같다.

$$X(z) = \frac{-\frac{1}{2}}{1-\frac{1}{3}z^{-1}} + \frac{\frac{1}{2}}{1-z^{-1}} = \frac{\frac{1}{2}}{1-z^{-1}} - \frac{\frac{1}{2}}{1-\frac{1}{3}z^{-1}}$$

이번에는 위의 부분분수 전개가 올바른 결과인지를 확인하기 위해서 위에서 얻어진 $X(z)$의 계수들을 사용하여 부분분수 전개 전의 원래 시스템함수 $X(z)$로 되돌려본다. 이를 위해 "signal.invresz()" 함수를 적용한다.

```
In [8]: b,a=signal.invresz(R,p,C)

In [9]: b
Out[9]: array([-5.55111512e-17,  3.33333333e-01,  0.00000000e+00])

In [10]: a
Out[10]: array([ 1.        , -1.33333333,  0.33333333])
```

위의 계수를 사용하여 $X(z)$을 구성하면 원래대로 복원된 것을 볼 수 있다.

$$X(z) = \frac{0+0.33z^{-1}+0}{1-1.33z^{-1}+0.33z^{-2}} = \frac{3z^2(0.33z^{-1})}{3z^2(1-1.33z^{-1}+0.33z^{-2})} = \frac{z}{3z^2-4z+1}$$

예제 5-9 다음과 같은 $X(z)$의 역 z-변환을 계산하시오.

$$X(z)=\frac{1}{(1-0.9z^{-1})^2(1+0.9z^{-1})},\quad |z|>0.9$$

풀이 $X(z)$를 다음 식과 같이 다항식으로 전개한다.

$$X(z)=\frac{1}{1-0.9z^{-1}-0.81z^{-2}+0.729z^{-3}}$$

위의 식으로부터 분자와 분모 계수를 구한다.

$$b=\{1,0,0,0\},\ a=\{1,-0.9,-0.81,0.729\}$$

위 식에서 구한 분모와 분자 계수를 "signal.residuez()" 함수에 적용하여 부분분수들의 계수를 구한다.

```
In [7]: import numpy as np

In [8]: from scipy import signal

In [9]: b=[1,0,0,0]; a=[1, -0.9, -0.81, 0.729]

In [10]: R,p,C=signal.residuez(b,a); print("R=",R, "p=",p, "C=",C)
R= [0.25 0.25 0.5 ] p= [-0.9  0.9  0.9] C= []
```

구해진 R과 p 값을 사용하여 $X(z)$를 부분분수로 전개하면 다음과 같은 덧셈 항으로 표현된다.

$$\begin{aligned}X(z)&=\frac{0.25}{1+0.9z^{-1}}+\frac{0.25}{1-0.9z^{-1}}+\frac{0.5}{(1-0.9z^{-1})^2},\qquad |z|>0.9\\&=\frac{0.25}{1+0.9z^{-1}}+\frac{0.25}{1-0.9z^{-1}}+\frac{0.5}{0.9}z\frac{0.9z^{-1}}{(1-0.9z^{-1})^2},\quad |z|>0.9\end{aligned}$$

그러므로 표 5-1의 공통 z-변환표와 시간-이동 특성을 사용해서 역 z-변환을 통해 시퀀스 $x(n)$을 구하면, 결과는 다음과 같다.

$$\begin{aligned} x(n) &= 0.25(0.9)^n u(n) + \frac{0.5}{0.9}(n+1)(0.9)^{n+1} u(n+1) + 0.25(-0.9)^n u(n) \\ &= 0.25(0.9)^n u(n) + 0.5(n+1)(0.9)^n u(n+1) + 0.25(-0.9)^n u(n) \\ &= 0.25(0.9)^n u(n) + 0.5n(0.9)^n u(n+1) + 0.5(0.9)^n u(n+1) + 0.25(-0.9)^n u(n) \\ &= 0.25(0.9)^n u(n) + 0.5n(0.9)^n u(n) + 0.5(0.9)^n u(n) + 0.25(-0.9)^n u(n), \quad n \geq 0 \end{aligned}$$

위 식을 간략화하면 다음과 같다.

$$x(n) = 0.75(0.9)^n u(n) + 0.5n(0.9)^n u(n) + 0.25(-0.9)^n u(n)$$

예제 5-10 다음의 $X(z)$의 역 z-변환을 결정하시오. 단, 결과 시퀀스가 인과적이고 어떠한 복소수도 포함하지 않아야 한다.

$$X(z) = \frac{1 + 0.4\sqrt{2}z^{-1}}{1 - 0.8\sqrt{2}z^{-1} + 0.64z^{-2}}$$

풀이 인과적인 시스템의 ROC를 결정하기 위해서는 $X(z)$의 극점들을 극 형식(polar form)으로 찾아야 한다. 즉, 크기와 위상을 같이 찾아야한다는 것을 의미한다. 크기는 "np.abs()", 위상은 "np.angle()" 함수를 사용한다.

```
In [18]: import numpy as np

In [19]: from scipy import signal

In [20]: b=[1, 0.4*np.sqrt(2),0]; a=[1, -0.8*np.sqrt(2), 0.64]

In [21]: R,p,C=signal.residuez(b,a)

In [22]: R
Out[22]: array([0.5-1.j, 0.5+1.j])

In [23]: p
Out[23]: array([0.56568542+0.56568542j, 0.56568542-0.56568542j])

In [24]: C
Out[24]: array([], dtype=float64)

In [25]: magp=np.abs(p); print("pole magnitudes=",magp)
pole magnitudes= [0.8 0.8]

In [26]: angp=np.angle(p)/np.pi; print("pole angles=",angp)
pole angles= [ 0.25 -0.25]
```

위의 결과에서 위상 값 [0.25, −0.25]는 $\left[\frac{\pi}{4}, -\frac{\pi}{4}\right]$를 의미한다. 이득 R과 크기 $magp$와 위상 $angp$ 값을 사용하여 $X(z)$을 구하면 다음과 같다.

$$X(z)=\frac{1+0.4\sqrt{2}z^{-1}}{1-0.8\sqrt{2}z^{-1}+0.64z^{-2}}=\frac{0.5-j}{1-0.8e^{+j\frac{\pi}{4}}z^{-1}}+\frac{0.5+j}{1-0.8e^{-j\frac{\pi}{4}}z^{-1}},\quad |z|>0.8$$

공통 z−변환표에서 5를 사용하여 시퀀스를 구하면 다음과 같다.

$$\begin{aligned}x(n)&=(0.5-j)\left(0.8e^{+j\frac{\pi}{4}}\right)^n u(n)+(0.5+j)\left(0.8e^{-j\frac{\pi}{4}}\right)^n u(n)\\&=0.8^n\left[0.5\left\{e^{+j\frac{\pi}{4}n}+e^{-j\frac{\pi}{4}n}\right\}-j\left\{e^{+j\frac{\pi}{4}n}-e^{-j\frac{\pi}{4}n}\right\}\right]u(n)\\&=0.8^n\left[\cos\left(\frac{\pi n}{4}\right)+2\sin\left(\frac{\pi n}{4}\right)\right]u(n)\end{aligned}$$

따라서 $x(n)$은 인과적이고 어떠한 복소수도 포함하지 않고 있음을 보여준다.

위에서 구한 $X(z)$와 $x(n)$에 대해 예제 5−6에서처럼 검증해보자. $X(z)$로부터 분자와 분모 계수를 구하고 또 임펄스함수 $\delta(n)$을 사용하여, "signal.lfilter()" 함수에 적용한 결과로 구한 $x(n)$과, 예제 마지막에 구한 $x(n)$에 순서시퀀스 n에 대해 계산한 $x(n)$이 동일한지를 구해본다. 다음과 같이 코드를 사용하여 실험하였을 때, 동일한 시퀀스 결과가 나왔으므로, 예제에서 구한 $X(z)$는 적절하게 구해진 것임을 알 수 있다.

```
In [45]: import numpy as np

In [46]: from scipy import signal

In [47]: from chap03_module import *

In [48]: delta=impseq(0,0,6); print(delta)
[1. 0. 0. 0. 0. 0. 0.]

In [49]: b=[1, 0.4*np.sqrt(2),0]; a=[1, -0.8*np.sqrt(2), 0.64]

In [50]: x=signal.lfilter(b,a,delta); print("x(n)=",x)
x(n)= [ 1.          1.69705627  1.28        0.36203867 -0.4096     -0.69511425
 -0.524288  ]

In [51]: x=np.power(0.8,n)*(np.cos(np.pi*n/4)+2*np.sin(np.pi*n/4)); print("x(n)=",x)
x(n)= [ 1.00000000e+00  1.69705627e+00  1.28000000e+00  3.62038672e-01
 -4.09600000e-01 -6.95114250e-01 -5.24288000e-01 -1.48291040e-01
  1.67772160e-01  2.84718797e-01  2.14748365e-01  6.07400100e-02
 -6.87194767e-02 -1.16620819e-01 -8.79609302e-02 -2.48791081e-02
  2.81474977e-02  4.77678875e-02  3.60287970e-02  1.01904827e-02
 -1.15292150e-02 -1.95657267e-02 -1.47573953e-02 -4.17402170e-03
  4.72236648e-03  8.01412167e-03  6.04462910e-03  1.70967929e-03
 -1.93428131e-03 -3.28258424e-03 -2.47588008e-03 -7.00284637e-04
  7.92281625e-04  1.34454650e-03  1.01412048e-03]
```

5.4 z-영역에서의 시스템 표현

5.4.1 시스템함수

시간영역에서의 이산시스템의 임펄스응답함수는 $h(n)$이다. 이 $h(n)$의 z-변환인 $H(z)$을 시스템함수(system function) 또는 전달함수(transfer function)라 부른다. 시스템함수 $H(z)$은 식 (5-7)과 같이 주어진다.

$$H(z) = Z[h(n)] = \sum_{n=-\infty}^{\infty} h(n) z^{-n}, \quad r_a < |z| < r_b \tag{5-7}$$

시스템의 입력시퀀스 $x(n)$의 z-변환 $X(z)$와 출력시퀀스 $y(n)$의 z-변환 $Y(z)$와의 관계는 식 (5-8)과 같이 곱으로 구성된다.

$$Y(z) = H(z)X(z), \quad ROC_y = ROC_h \cap ROC_x \tag{5-8}$$

그러므로 하나의 선형시불변시스템, 즉 LTI 시스템은 z-영역에서 다음과 같이 표현되어진다. 이것은 시간영역에서 임펄스응답 $h(n)$과 입력시퀀스 $x(n)$의 컨볼루션으로 출력시퀀스 $y(n)$을 구하는 것과 대응되는 관계이다. 즉 시간영역에서의 컨볼루션은 z-영역에서는 곱과 대응된다.

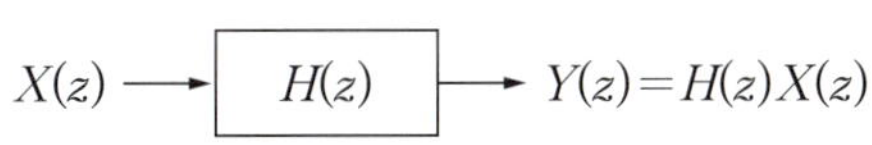

5.4.2 차분방정식으로부터 시스템함수 구하기

LTI 시스템을 나타내는 차분방정식이 식 (5-9)와 같을 때, 시스템함수 $H(z)$은 쉽게 계산될 수 있다. 등호 양편에 z-변환을 취하고, z-변환의 특성을 이용하면 식 (5-10)과 같이 된다.

$$y(n) + \sum_{k=1}^{N} a_k y(n-k) = \sum_{l=0}^{M} b_l x(n-l) \tag{5-9}$$

$$Y(z) + \sum_{k=1}^{N} a_k z^{-k} Y(z) = \sum_{l=0}^{M} b_l z^{-l} X(z)$$

$$\left(1+\sum_{k=1}^{N}a_k z^{-k}\right)Y(z)=\sum_{l=0}^{M}b_l z^{-l}X(z)$$

$$H(z)=\frac{Y(z)}{X(z)}=\frac{\sum_{l=0}^{M}b_l z^{-l}}{1+\sum_{k=1}^{N}a_k z^{-k}}=\frac{b_0+b_1z^{-1}+,\cdots,+b_M z^{-M}}{1+a_1z^{-1}+,\cdots,+a_N z^{-N}}=\frac{b_0 z^{-M}(z^M+\cdots+b_M/b_0)}{z^{-N}(z^N+\cdots+a_N)} \quad (5\text{-}10)$$

인수분해(factorization)를 거치면 식 (5-11)과 같은 형태의 $H(z)$을 얻게 된다.

$$H(z)=b_0 z^{N-M}\frac{\prod_{l=1}^{M}(z-z_l)}{\prod_{k=1}^{N}(z-p_k)} \quad (5\text{-}11)$$

여기서 z_l은 시스템의 영점이고, p_k은 시스템의 극점이다. 그러므로 $H(z)$은 또한 극점-영점 다이어그램을 사용해서 z-영역에 표현될 수 있다. 이 극점-영점 다이어그램으로부터 영점의 위치를 적절하게 둠으로써 간단한 필터를 설계하는데 매우 유용한 점이 있다.

5.4.3 시스템함수로부터 주파수응답함수의 표현

시스템함수 $H(z)$의 ROC가 단위원($z=e^{j\Omega}$)을 포함하게 되면, 단위원 상에서 $H(z)$을 측정할 수 있게 되고, 결과적으로 주파수응답함수 $H(e^{j\Omega})$을 얻을 수 있게 된다. 전달함수는 식 (5-11)에서 식 (5-12)와 같이 쓸 수 있다.

$$H(e^{j\Omega})=b_0 e^{j(N-M)\Omega}\frac{\prod_{l=1}^{M}(e^{j\Omega}-z_l)}{\prod_{k=1}^{N}(e^{j\Omega}-p_k)} \quad (5\text{-}12)$$

여기서 $(e^{j\Omega}-z_l)$은 그림 5-7에서처럼 복소 z-평면에서 영점 z_l에서 단위원의 $z=e^{j\Omega}$까지의 하나의 벡터로 해석될 수 있으며, $(e^{j\Omega}-p_k)$은 복소 z-평면에서 극점 p_k에서 단위원의 $z=e^{j\Omega}$까지의 하나의 벡터로 해석될 수가 있다.

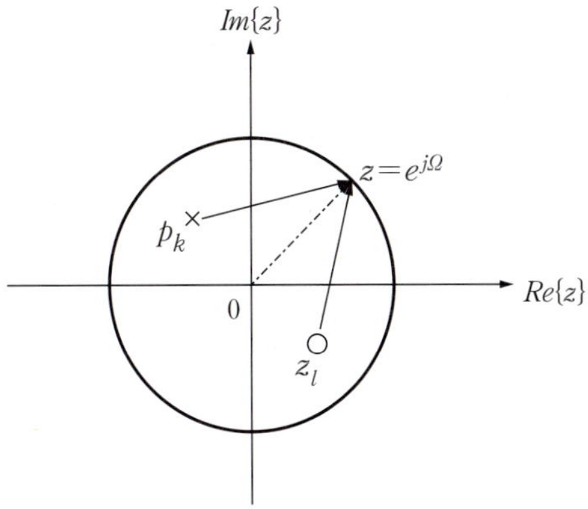

그림 5-7 극점과 영점 벡터

그러므로 식 (5-12)로부터 주파수응답함수의 크기 $|H(e^{j\Omega})|$는 식 (5-13)으로 쓸 수 있다.

$$|H(e^{j\Omega})| = |b_0|\frac{|e^{j\Omega}-z_1|\cdots|e^{j\Omega}-z_M|}{|e^{j\Omega}-p_1|\cdots|e^{j\Omega}-p_N|}, \quad |e^{j(N-M)\Omega}| = 1 \tag{5-13}$$

이 식은 영점들로부터 단위원까지의 길이들의 곱을 극점들로부터 단위원까지의 길이들의 곱으로 나누고, $|b_0|$만큼 스케일 조정하는 것으로 해석될 수 있다.

마찬가지로 위상응답함수(phase response function)도 식 (5-12)로부터 식 (5-14)와 같이 나타낼 수 있다.

$$\angle H(e^{j\Omega}) = \underbrace{[0 \text{ or } \pi]}_{\text{상수위상}} + \underbrace{[(N-M)\Omega]}_{\text{선형위상}} + \underbrace{\left(\sum_{k=1}^{M}\angle(e^{j\Omega}-z_l) - \sum_{k=1}^{N}\angle(e^{j\Omega}-p_k)\right)}_{\text{비선형위상}} \tag{5-14}$$

위 식은 상수위상(constant-phase)인자, 선형위상(linear-phase)인자, 그리고 비선형위상(nonlinear-phase)인자의 합으로 이루어져있다. 여기서 비선형위상은 영점 벡터들로부터의 위상각들의 합에서 극점 벡터들로부터의 위상각들의 합을 빼는 것과 같다고 해석할 수 있다.

예제 5-11 다음과 같은 인과적 시스템에 대해서,

$$y(n) = 0.9y(n-1) + x(n)$$

a. 시스템함수 $H(z)$를 결정하고 극점-영점 다이어그램을 그리시오.

b. 주파수응답함수의 크기 $|H(e^{j\Omega})|$와 위상 $\angle H(e^{j\Omega})$을 나타내시오.

c. 임펄스응답 $h(n)$을 결정하시오.

풀이

a. 차분방정식에 z-변환을 적용하여 시스템함수 $H(z)$을 구한다.

$$\begin{aligned}
&y(n) - 0.9y(n-1) = x(n) \\
&Y(z) - 0.9Y(z)z^{-1} = X(z) \;\Rightarrow\; (1-0.9z^{-1})Y(z) = X(z) \\
&H(z) = \frac{Y(z)}{X(z)} = \frac{1}{1-0.9z^{-1}} = \frac{z}{z-0.9}, \quad |z| > 0.9
\end{aligned}$$

시스템함수 식에서 0.9에 하나의 극점이 있고, 원점에 하나의 영점이 있음을 알 수 있다. 극점-영점 다이어그램을 그리기 위해서 "chap05_module.py" 파일에 "zplane()" 함수를 삽입한다. "zplane()" 함수를 사용하기 위해서는 "matplotlib" 라이브러리로부터 "patches"와 "rcParams" 모듈을 불러와야 한다.

```
from chap05_module import *

b=[1,0]
a=[1,-0.9]
plt.figure(1); zplane(b,a)
```

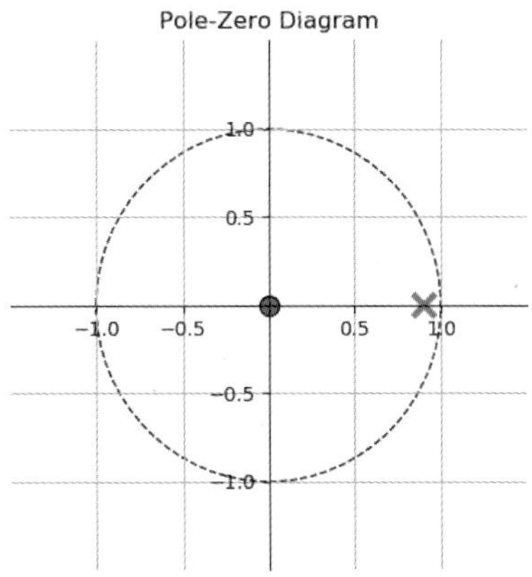

b. 식 (5−13)과 식 (5−14)를 사용하여 주파수응답함수의 크기와 위상을 $\Omega = 0 \sim \pi$ 에 대해 구한다.

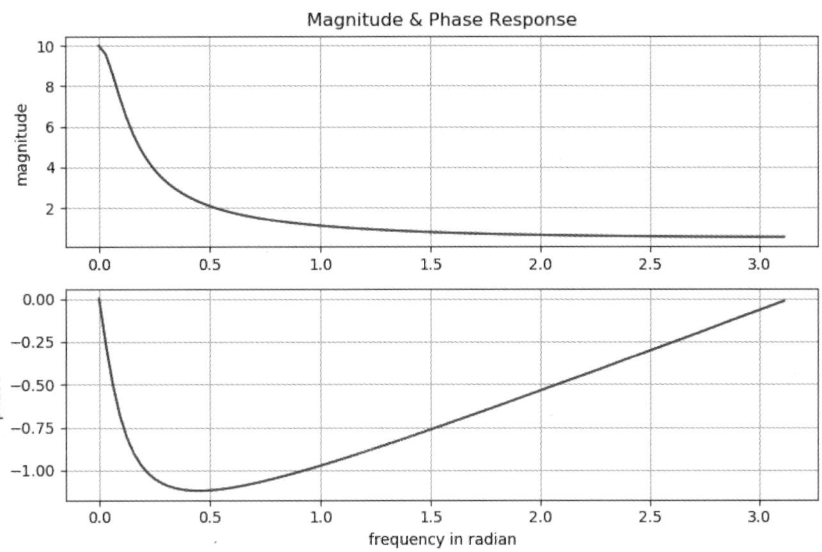

c. 임펄스응답 $h(n)$은 공통 z−변환표를 이용하면 다음과 같이 구해진다.

$$h(n) = Z^{-1}\left[\frac{1}{1-0.9z^{-1}},\ |z| > 0.9\right] = (0.9)^n u(n)$$

"chap05_module.py" 파일 내에 "zplane()" 함수를 다음과 같은 내용으로 작성하고 저장한다.

```
import matplotlib.pyplot as plt
from  matplotlib import patches, rcParams

def zplane(b,a):
    ax = plt.subplot(111)    #그림창을 만들고 단위원을 그린다.
    uc = patches.Circle((0,0), radius=1, fill=False,
                        color='black', ls='dashed')
    ax.add_patch(uc)
    if np.max(b) > 1:    #계수값 정규화
        kn = np.max(b)
        b = b/float(kn)
    else:
        kn = 1
    if np.max(a) > 1:
        kd = np.max(a)
        a = a/float(kd)
    else:
        kd = 1

    p = np.roots(a)    #극점, 영점 결정
    z = np.roots(b)
    k = kn/float(kd)

    t1 = plt.plot(z.real, z.imag, 'go', ms=10)    #영점 그리고 표시하기
    plt.setp( t1, markersize=10.0, markeredgewidth=1.0,
             markeredgecolor='k', markerfacecolor='g')

    t2 = plt.plot(p.real, p.imag, 'rx', ms=10)    #극점 그리고 표시하기
    plt.setp( t2, markersize=12.0, markeredgewidth=3.0,
             markeredgecolor='r', markerfacecolor='r')
    plt.title("Pole-Zero Diagram"); plt.grid()

    ax.spines['left'].set_position('center')
    ax.spines['bottom'].set_position('center')
    ax.spines['right'].set_visible(False)
    ax.spines['top'].set_visible(False)

    r = 1.5; plt.axis('scaled'); plt.axis([-r, r, -r, r])    #눈금 값 쓰기
    ticks = [-1, -.5, .5, 1]; plt.xticks(ticks); plt.yticks(ticks)
```

전체 소스코드는 다음과 같으며, "chap05_ex11.py" 파일로 저장한다.

chap05_ex11.py

```
import numpy as np
import matplotlib.pyplot as plt
from chap05_module import *
from scipy import signal

b=[1,0]
a=[1,-0.9]
plt.figure(1); zplane(b,a)

Omega,H=signal.freqz(b,a,100)
magH=np.abs(H)
phaH=np.angle(H)
plt.figure(2)
plt.subplot(2,1,1); plt.plot(Omega,magH,"blue"); plt.grid()
plt.ylabel("magnitude"); plt.title("Magnitude & Phase Response")
plt.subplot(2,1,2); plt.plot(Omega,phaH,"blue"); plt.grid()
plt.xlabel("frequency in radian"); plt.ylabel("phase")
```

예제 5-12 시스템함수 $H(z)$가 다음과 같은 인과적 시스템이 있다.

$$H(z) = \frac{z+1}{z^2 - 0.9z + 0.81}$$

a. 주파수응답함수 $H(e^{j\Omega})$을 결정하시오.
b. 차분방정식을 구하시오.
c. 임펄스응답 $h(n)$을 결정하시오.

풀이

a. 먼저 시스템함수 $H(z)$의 분자와 분모 계수를 "signal.residuez()" 함수에 적용하여 극점 p를 구한다. 그리고 "np.abs()"와 "np.angle()" 함수를 사용하여 크기와 위상을 구하면, 극점들이 $z = 0.9\angle \pm\pi/3$에 있으며, 이 시스템의 ROC는 $|z| > 0.9$임을 알 수 있다.

```
b=[0,1,1]; a=[1,-0.9,0.81]
R,p,C=signal.residuez(b,a); print("R=",R); print("p=",p); print("C=",C)
Mp=np.abs(p); print("Mp=",Mp)
Ap=np.angle(p)/np.pi; print("Ap=",Ap)
```

```
R= [-0.61728395-0.99788935j -0.61728395+0.99788935j]
p= [0.45+0.77942286j 0.45-0.77942286j]
C= [1.2345679]
Mp= [0.9 0.9]
Ap= [ 0.33333333 -0.33333333]
```

위 결과로부터 구한 극값을 바탕으로 시스템함수 $H(z)$에 $z=e^{j\Omega}$을 대입하여 주파수 응답함수 $H(e^{j\Omega})$을 구하면 다음과 같다.

$$H(e^{j\Omega})=\frac{e^{j\Omega}+1}{e^{j2\Omega}-0.9e^{j\Omega}+0.81}=\frac{e^{j\Omega}+1}{\left(e^{j\Omega}-0.9e^{j\frac{\pi}{3}}\right)\left(e^{j\Omega}-0.9e^{-j\frac{\pi}{3}}\right)}$$

b. $H(z)=Y(z)/X(z)$을 적용하고, $X(z)$와 $Y(z)$를 양변으로 분리하면 다음과 같다.

$$\frac{Y(z)}{X(z)}=\frac{z+1}{z^2-0.9z+0.81}=\frac{z^{-1}+z^{-2}}{1-0.9z^{-1}+0.81z^{-2}}$$
$$Y(z)=0.9z^{-1}Y(z)+0.81z^{-2}Y(z)=z^{-1}X(z)+z^{-2}X(z)$$

여기에 역 z−변환을 적용하면 차분방정식이 얻어진다.

$$y(n)-0.9y(n-1)+0.81y(n-2)=x(n-1)+x(n-2)$$
$$\therefore y(n)=0.9y(n-1)-0.81y(n-2)+x(n-1)+x(n-2)$$

c. a에서 "signal.residuez()" 함수를 사용하여 구한 C, R, Mp, Ap 값들을 사용하여 $H(z)$의 부분분수전개식을 구하면 다음과 같다.

$$H(z)=1.2346+\frac{-0.6173+j0.9979}{1-0.9e^{-j\pi/3}z^{-1}}+\frac{-0.6173-j0.9979}{1-0.9e^{j\pi/3}z^{-1}},\quad |z|>0.9$$

따라서 공통 z-변환표를 적용하여 임펄스응답을 구하면 다음과 같다.

$$\begin{aligned} h(n) &= 1.2346\delta(n) + \left[(-0.6173 + j0.9979)0.9^n e^{-j\pi n/3} + (-0.6173 - j0.9979)0.9^n e^{j\pi n/3}\right]u(n) \\ &= 1.2346\delta(n) + 0.9^n[-1.2346\cos(\pi n/3) + 1.9958\sin(\pi n/3)]u(n) \end{aligned}$$

위 식에서 $n=0$ 에서 $h(0)=0$ 이 되므로 최종 식에서는 다음과 같이 $u(n)$을 $u(n-1)$로 변경한다.

$$h(n) = 0.9^n[-1.2346\cos(\pi n/3) + 1.9958\sin(\pi n/3)]u(n-1)$$

극점-영점 다이어그램은 다음과 같다. 극점은 p= [0.45+0.77942286j 0.45-0.77942286j]의 위치에 있으며, 영점은 $z=-1$ 에 위치한다.

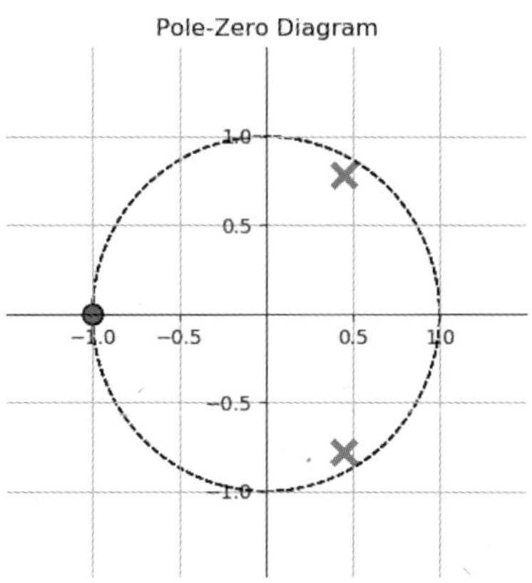

그리고 주파수응답함수의 크기와 위상을 나타내보면 다음 그림과 같다.

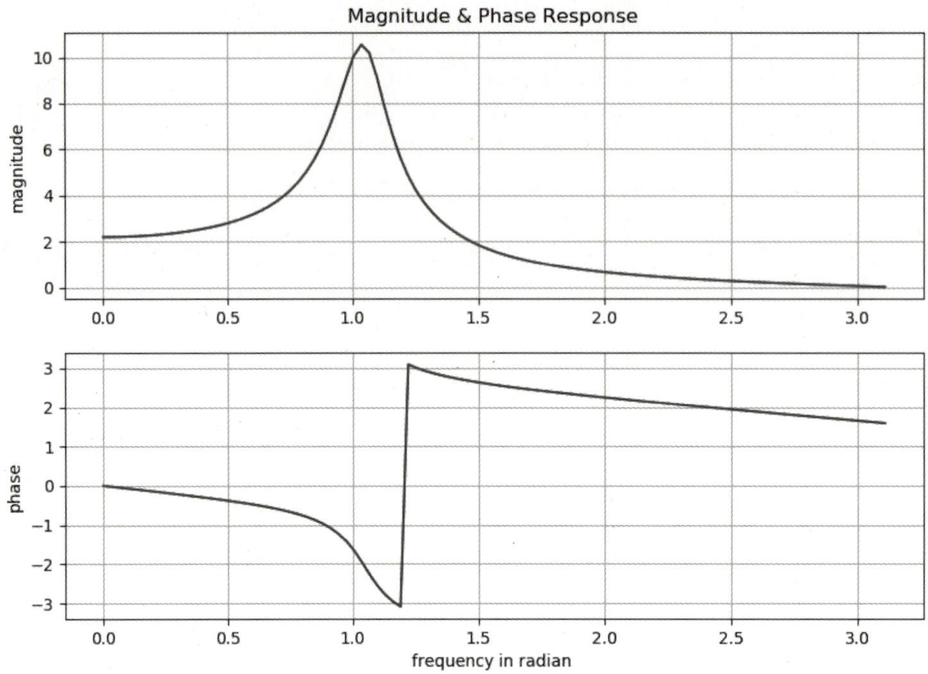

소스코드는 다음과 같으며, "chap05_ex12.py"에 저장한다.

chap05_ex12.py

```
import numpy as np
import matplotlib.pyplot as plt
from scipy import signal
from chap05_module import *

b=[0,1,1]
a=[1,-0.9,0.81]
plt.figure(1); zplane(b,a)

Omega,H=signal.freqz(b,a,100)
magH=np.abs(H)
phaH=np.angle(H)
plt.figure(2)
plt.subplot(2,1,1); plt.plot(Omega,magH,"blue"); plt.grid()
plt.ylabel("magnitude"); plt.title("Magnitude & Phase Response")
```

```
plt.subplot(2,1,2); plt.plot(Omega,phaH,"blue"); plt.grid()
plt.xlabel("frequency in radian"); plt.ylabel("phase")

R,p,C=signal.residuez(b,a); print("R=",R); print("p=",p); print("C=",C)
Mp=np.abs(p); print("Mp=",Mp)
Ap=np.angle(p)/np.pi; print("Ap=",Ap)
```

5.4.4 안정성과 인과성

LTI 시스템이 BIBO 안정적이기 위해서는 다음과 같은 수렴 조건을 가져야 한다.

$$\sum_{k=-\infty}^{\infty}|h(k)| < \infty$$

시스템함수 $H(z)$의 관점에서 보면, LTI 시스템은 $|z|=1$인 단위원이 $H(z)$의 ROC 내에 있는 경우에만 안정적이다.

또한 LTI 시스템이 인과적이기 위해서는 $n<0$에 대해 $h(n)=0$이어야 한다. 즉, 오른편-방향 시퀀스이어야 한다. 따라서 인과적인 LTI 시스템은 시스템함수 $H(z)$가 $|z|=1$인 단위원 내에 모든 극점들을 가지는 경우에만 안정적이다.

예제 5-13 다음과 같은 차분방정식을 가지는 인과적 LTI 시스템이 있다.

$$y(n)=0.81y(n-2)+x(n)-x(n-2)$$

a. 시스템함수 $H(z)$을 결정하시오. 그리고 이 시스템이 안정적인지 판단하시오.
b. 단위임펄스응답 $h(n)$을 구하시오.
c. 단위스텝응답 $u(n)$, 즉 단위스텝 $u(n)$에 대한 응답을 구하시오.
d. 주파수응답함수 $H(e^{j\Omega})$을 구하고, $0 \le \Omega \le \pi$에 대해 크기와 위상을 결정하시오.

풀이 시스템이 인과적이기 때문에, ROC는 가장 큰 극점의 크기와 같은 반경을 가지는 원의 바깥영역이 될 것이다.

a. 먼저, 차분방정식의 양변에 z-변환을 취한다. 그런 다음, $Y(z)/X(z)$에 대해 푼다.

$$H(z)=\frac{Y(z)}{X(z)}=\frac{1-z^{-2}}{1-0.81z^{-2}}=\frac{1-z^{-2}}{(1+0.9z^{-1})(1-0.9z^{-1})},\quad |z|>0.9$$

시스템함수로부터 극점이 $z=-0.9$와 $z=0.9$에 있으며, 두 극점이 모두 단위원 내에 있으므로 이 인과적 LTI 시스템은 안정적이다.

b. $H(z)$의 분자와 분모 계수를 "signal.residuez()" 함수에 적용하여 부분분수전개를 행한다.

```
b=[1,0,-1]
a=[1,0,-0.81]
R,p,C=signal.residuez(b,a); print("R=",R); print("p=",p); print("C=",C)
```

```
R= [-0.11728395 -0.11728395]
p= [-0.9  0.9]
C= [1.2345679]
```

위의 값에서 상수 C, 분자계수 R, 분모계수 p를 적용하면 $H(z)$는 다음과 같다.

$$H(z)=1.2346-0.1173\frac{1}{1+0.9z^{-1}}-0.1173\frac{1}{1-0.9z^{-1}},\quad |z|>0.9$$

다음은 공통 z-변환표를 사용해서 단위임펄스응답함수 $h(n)$을 구한다.

$$h(n)=1.2346\delta(n)-0.1173\{1+(-1)^n\}(0.9)^n u(n)$$

c. 공통 z-변환표로부터 $Z[u(n)]=U(z)=\dfrac{1}{1-z^{-1}},\quad |z|>1$이다.

그러므로 $V(z)=H(z)U(z)$은 다음과 같다.

$$V(z)=H(z)U(z)=\left[\frac{(1+z^{-1})(1-z^{-1})}{(1+0.9z^{-1})(1-0.9z^{-1})}\right]\left[\frac{1}{1-z^{-1}}\right],\quad |z|>0.9\cap|z|>1$$
$$=\frac{(1+z^{-1})}{(1+0.9z^{-1})(1-0.9z^{-1})},\quad |z|>0.9$$

b에서와 마찬가지로 $V(z)$의 분자와 분모 계수를 "signal.residuez()" 함수에 적용하여 부분분수전개를 행한다.

```
b1=[1,1,0]
a1=[1,0,-0.81]
R1,p1,C1=signal.residuez(b1,a1); print("R1=",R1); print("p1=",p1);\
print("C1=",C1)
```

```
R1= [-0.05555556  1.05555556]
p1= [-0.9  0.9]
C1= [-0.]
```

$$V(z)=1.0556\frac{1}{(1-0.9z^{-1})}-0.0556\frac{1}{(1+0.9z^{-1})},\quad |z|>0.9$$

따라서 공통 z-변환표로부터 단위스텝응답은 최종적으로 다음과 같다.

$$v(n)=[1.0556(0.9)^n-0.0556(-0.9)^n]u(n)$$

$V(z)$의 계산 과정에서 $z=1$에서 극점-영점 제거 현상이 발생했다. 즉 $(1-z^{-1})$항이 제거되었다. 이것은 두 가지 의미를 지닌다. 첫째는 $V(z)$의 ROC가 $\{|z|>0.9\cap|z|>1=|z|>1\}$이 아니라 $\{|z|>0.9\}$가 되었다는 것과, 둘째는 단위스텝응답 $v(n)$이 정적 상태의 $u(n)$ 항은 전혀 포함하지 않게 되었다는 점이다.

d. 주파수응답함수 $H(e^{j\Omega})$는 $H(z)$에 $z=e^{j\Omega}$을 대입하여 구한다.

$$H(e^{j\Omega})=\frac{1-e^{-j2\Omega}}{1-0.81e^{-j2\Omega}}$$

주파수응답함수의 크기와 위상, 그리고 극점-영점 다이어그램을 나타내면 다음 그림과 같다.

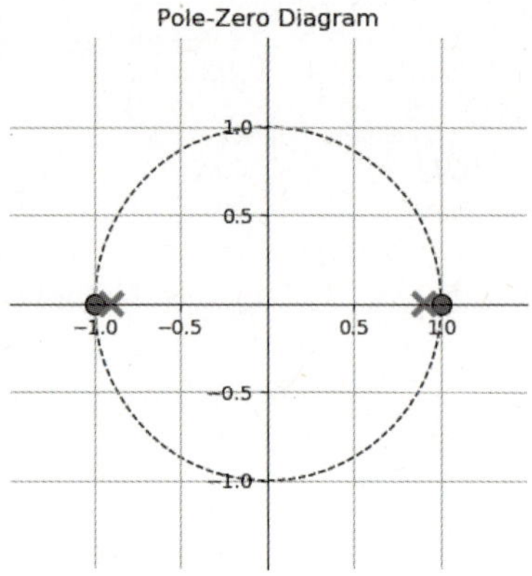

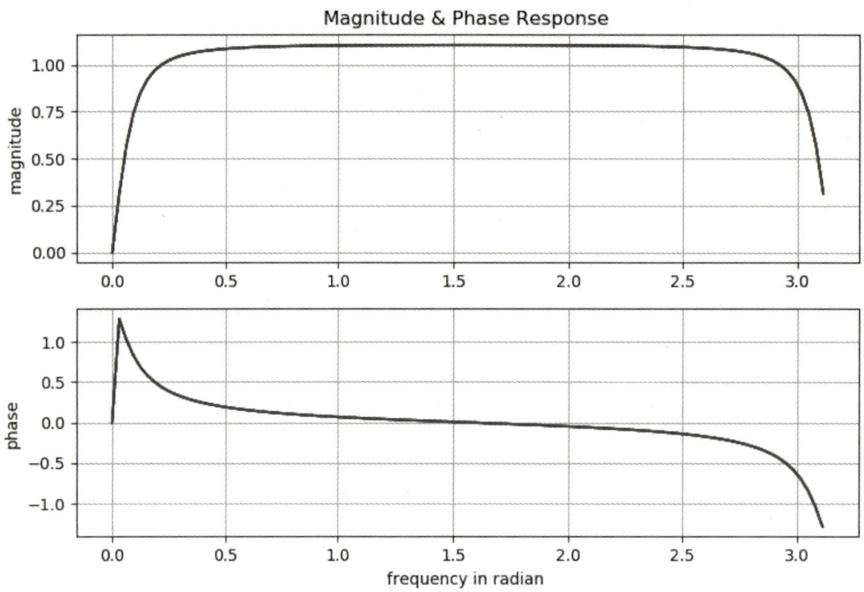

소스코드는 다음과 같으며, “chap05_ex13.py” 파일에 저장한다.

chap05_ex13.py

```
import numpy as np
import matplotlib.pyplot as plt
from scipy import signal
from chap05_module import *

b=[1,0,-1]
a=[1,0,-0.81]
```

```
R,p,C=signal.residuez(b,a); print("R=",R); print("p=",p); print("C=",C)

b1=[1,1,0]
a1=[1,0,-0.81]
R1,p1,C1=signal.residuez(b1,a1); print("R1=",R1); print("p1=",p1);\
print("C1=",C1)

plt.figure(1); zplane(b,a)

Omega,H=signal.freqz(b,a,100)
magH=np.abs(H)
phaH=np.angle(H)
plt.figure(2)
plt.subplot(2,1,1); plt.plot(Omega,magH,"blue"); plt.grid()
plt.ylabel("magnitude"); plt.title("Magnitude & Phase Response")
plt.subplot(2,1,2); plt.plot(Omega,phaH,"blue"); plt.grid()
plt.xlabel("frequency in radian"); plt.ylabel("phase")
```

5.5 차분방정식의 해

이산신호처리에서 차분방정식은 일반적으로 양의 n 방향에서 전개한다. 그러므로 차분방정식의 해의 시간프레임은 $n \geq 0$이 될 것이다. 이를 위해서 양방향 z-변환의 한 버전인 단방향 z-변환을 식 (5-15)와 같이 정의할 수 있다.

$$Z^{+}[x(n)] = Z[x(n)u(n)] = X^{+}(z) = \sum_{n=0}^{\infty} x(n) z^{-n} \tag{5-15}$$

식 (5-15)로부터 $x(n-k)$에 대한 단방향 z-변환은 식 (5-16)과 같다.

$$\begin{aligned}
& Z^{+}[x(n-k)] = \sum_{n=0}^{\infty} x(n-k) z^{-n},\ k = 0, 1, 2, \cdots \\
& k=0: Z^{+}[x(n)] = X^{+}(z) \\
& k=1: Z^{+}[x(n-1)] = \sum_{n=0}^{\infty} x(n-1) z^{-n} = x(-1) + \sum_{n=1}^{\infty} x(n-1) z^{-n} \\
& \qquad\qquad\qquad\quad = x(-1) + z^{-1} X^{+}(z) \\
& k=2: Z^{+}[x(n-2)] = \sum_{n=0}^{\infty} x(n-2) z^{-n} = x(-2) + x(-1) z^{-1} + \sum_{n=2}^{\infty} x(n-2) z^{-n} \\
& \qquad\qquad\qquad\quad = x(-2) + z^{-1} x(-1) + z^{-2} X^{+}(z)
\end{aligned} \tag{5-16}$$

예제 5-14 초기조건이 다음과 같은 차분방정식을 푸시오.

$$y(n)-\frac{3}{2}y(n-1)+\frac{1}{2}y(n-2)=x(n), \quad n\geq 0$$
$$\text{where, } x(n)=\left(\frac{1}{4}\right)^n u(n), \ y(-1)=4, \ y(-2)=10$$

풀이 차분방정식에 단방향 z-변환을 적용하면 식 (5-17)을 얻는다.

$$Y^+(z)-\frac{3}{2}[y(-1)+z^{-1}Y^+(z)]+\frac{1}{2}[y(-2)+z^{-1}y(-1)+z^{-2}Y^+(z)]=\frac{1}{1-1/4z^{-1}} \tag{5-17}$$

초기조건을 대입해서 다시 정렬하면 식 (5-18)과 같아진다.

$$\begin{aligned} Y^+(z)\left[1-\frac{3}{2}z^{-1}+\frac{1}{2}z^{-2}\right]&=\frac{1}{1-1/4z^{-1}}+(1-2z^{-1}) \\ Y^+(z)&=\frac{\dfrac{1}{1-\frac{1}{4}z^{-1}}}{1-\frac{3}{2}z^{-1}+\frac{1}{2}z^{-2}}+\frac{1-2z^{-1}}{1-\frac{3}{2}z^{-1}+\frac{1}{2}z^{-2}} \end{aligned} \tag{5-18}$$

위 식을 다시 정리하면 결국 다음 식과 같이 분모에 3개 항이 생성된다.

$$Y^+(z)=\frac{2-\frac{9}{4}z^{-1}+\frac{1}{2}z^{-2}}{\left(1-\frac{1}{2}z^{-1}\right)(1-z^{-1})\left(1-\frac{1}{4}z^{-1}\right)}$$

부분분수전개를 사용하면 식 (5-19)와 같이 분리된다.

$$Y^+(z)=\frac{1}{1-\frac{1}{2}z^{-1}}+\frac{\frac{2}{3}}{1-z^{-1}}+\frac{\frac{1}{3}}{1-\frac{1}{4}z^{-1}} \tag{5-19}$$

위 식에 역변환을 행하면 차분방정식의 해는 식 (5-20)과 같이 생성된다.

$$y(n) = \left[\left(\frac{1}{2}\right)^n + \frac{2}{3}(1)^n + \frac{1}{3}\left(\frac{1}{4}\right)^n\right]u(n) = \left[\left(\frac{1}{2}\right)^n + \frac{2}{3} + \frac{1}{3}\left(\frac{1}{4}\right)^n\right]u(n) \qquad (5\text{–}20)$$

해의 형태들(Forms of the Solutions)

식 (5-20)의 해는 차분방정식의 완전응답(complete response)이다. 이것은 다음과 같이 세 가지 형태로 표현될 수 있다.

1. 동차응답과 특수응답 형태의 표현
2. 과도응답과 정상상태응답 형태의 표현
3. 영-상태응답과 영-입력응답 형태의 표현

1. **동차응답**(homogeneous response)**과 특수응답**(particular response) **형태**

시스템 자체의 극점들에 기인하는 응답을 동차응답이라 하며, 입력신호의 극점들에 기인하는 응답을 특수응답이라 한다.

$$Y^+(z) = \boxed{\frac{1}{1-\frac{1}{2}z^{-1}} + \frac{\frac{2}{3}}{1-z^{-1}}} + \boxed{\frac{\frac{1}{3}}{1-\frac{1}{4}z^{-1}}} = Y_H(z) + Y_P(z)$$

$$\text{동차부분: } Y_H(z) = \frac{1}{1-\frac{1}{2}z^{-1}} + \frac{\frac{2}{3}}{1-z^{-1}}, \qquad \text{동차응답: } y_h(n) = \left[\left(\frac{1}{2}\right)^n + \frac{2}{3}\right]u(n)$$

$$\text{특수부분: } Y_P(z) = \frac{\frac{1}{3}}{1-\frac{1}{4}z^{-1}}, \qquad \text{특수응답: } y_p(n) = \frac{1}{3}\left(\frac{1}{4}\right)^n u(n)$$

완전응답 = 동차응답 + 특수응답

$$y(n) = y_h(n) + y_p(n) = \left[\left(\frac{1}{2}\right)^n + \frac{2}{3}\right]u(n) + \frac{1}{3}\left(\frac{1}{4}\right)^n u(n)$$

2. **과도응답**(transient response)**과 정상상태응답**(steady-state response) **형태**

시스템함수가 가지고 있는 극점들 중에서 단위원 내부에 있는 극점에 기인하는 응답을 과도응답이라 하며, 단위원 상에 있는 극점에 기인하는 응답을 정상상태응답이라 한다. 즉 시스템은 처음에는 과도응답이 나타나다가 점차 정상상태응답으로 진행되는 응답 형태를 분리해서 나타내는 것이다.

위의 차분방정식의 단방향 z-변환식 (5-19)를 다시 나타내면 다음과 같이 표현할 수 있으며, 세 개의 극점이 존재한다. 극점 $z=\frac{1}{2}, \frac{1}{4}$은 단위원 내부에 그리고 극점 $z=1$은 단위원 상에 위치한다. 따라서 극점 $z=\frac{1}{2}, \frac{1}{4}$은 과도응답의 원인이 되고, 극점 $z=1$은 정상상태응답을 제공할 것이다.

$$Y^+(z)=\boxed{\frac{1}{1-\frac{1}{2}z^{-1}}}+\boxed{\frac{\frac{2}{3}}{1-z^{-1}}}+\boxed{\frac{\frac{1}{3}}{1-\frac{1}{4}z^{-1}}}=Y_T(z)+Y_S(z)$$

과도응답부분: $Y_T(z)=\frac{1}{1-\frac{1}{2}z^{-1}}+\frac{\frac{1}{3}}{1-\frac{1}{4}z^{-1}}$, 과도응답: $y_t(n)=\left[\left(\frac{1}{2}\right)^n+\frac{1}{3}\left(\frac{1}{4}\right)^n\right]u(n)$

정상상태부분: $Y_S(z)=\frac{\frac{2}{3}}{1-z^{-1}}$, 정상상태응답: $y_s(n)=\frac{2}{3}u(n)$

완전응답 = 과도응답 + 정상상태응답

$$y(n)=y_h(n)+y_p(n)=\left[\left(\frac{1}{2}\right)^n+\frac{1}{3}\left(\frac{1}{4}\right)^n\right]u(n)+\frac{2}{3}u(n)$$

3. 영-상태응답(zero-state response)과 영-입력응답(zero-input response) 형태

영-상태(영-초기조건)응답은 초기조건이 없는 상태에서 순전히 입력에 의해서만 반응하는 응답을 말하며, 영-입력응답은 입력이 없는 때에 초기조건에 의해서만 반응하는 응답을 말한다.

식 (5-18)의 단방향 z-변환 $Y^+(z)$을 다시 쓰면 다음과 같으며, 영-상태응답 부분 $Y_{ZS}(z)$와 영-입력응답 부분 $Y_{ZI}(z)$로 분리하여 쓸 수 있다.

$$Y^+(z)=\boxed{\frac{\frac{1}{1-\frac{1}{4}z^{-1}}}{1-\frac{2}{3}z^{-1}+\frac{1}{2}z^{-2}}}+\boxed{\frac{1-2z^{-1}}{1-\frac{3}{2}z^{-1}+\frac{1}{2}z^{-2}}}=Y_{ZS}(z)+Y_{ZI}(z)$$

영-상태응답부분: $Y_{ZS}(z)=\frac{\frac{1}{1-\frac{1}{4}z^{-1}}}{1-\frac{3}{2}z^{-1}+\frac{1}{2}z^{-2}}=\frac{1/3}{\left(1-\frac{1}{4}z^{-1}\right)}+\frac{-2}{\left(1-\frac{1}{2}z^{-1}\right)}+\frac{8/3}{(1-z^{-1})}$

영-입력응답부분: $Y_{ZI}(z)=\frac{1-2z^{-1}}{1-\frac{3}{2}z^{-1}+\frac{1}{2}z^{-2}}=\frac{3}{\left(1-\frac{1}{2}z^{-1}\right)}+\frac{-2}{(1-z^{-1})}$

영－상태응답: $y_{zs}(n)=\left[\frac{1}{3}\left(\frac{1}{4}\right)^n-2\left(\frac{1}{2}\right)^n+\frac{8}{3}\right]u(n)$

영－입력응답: $y_{zi}(n)=\left[3\left(\frac{1}{2}\right)^n-2\right]u(n)$

완전한 응답은 다음과 같이 구해진다.

$$\text{완전응답: } y(n)=y_{zs}(n)+y_{zi}(n)=\left[\frac{1}{3}\left(\frac{1}{4}\right)^n-2\left(\frac{1}{2}\right)^n+\frac{8}{3}\right]u(n)+\left[3\left(\frac{1}{2}\right)^n-2\right]u(n)$$

결론적으로, 예제 5-14로부터 일반적으로 완전 해의 각 부분은 다른 함수로 구성될 수 있으며, 여러 가지 다른 관점에서 시스템을 해석할 수 있음을 알 수 있다.

제5장 전체에서 사용된 사용자정의함수들을 작성한 "chap05_module.py" 파일은 다음과 같다.

chap05_module.py

```
import numpy as np

def convolve_m(x,nx,h,nh):
    nyb=min(nx)+min(nh)
    nye=max(nx)+max(nh)
    ny=np.arange(nyb,nye+1)
    y=np.convolve(x,h)
    return y,ny

def impseq(n0,n1,n2):
    N=n2-n1+1
    x=np.zeros(N)
    n=np.arange(N)
    for i in range(N):
        if i==n0: x[i]=1
    return x,n

def stepseq(n0,n1,n2):
    N=n2-n1+1
    x=np.zeros(N)
```

```
    n=np.arange(N)
    for i in range(N):
        if i-n0>=0: x[i]=1
    return x,n

import matplotlib.pyplot as plt
from  matplotlib import patches, rcParams

def zplane(b,a):
    ax = plt.subplot(111)     #그림창을 만들고 단위원을 그린다.
    uc = patches.Circle((0,0), radius=1, fill=False,
                         color='black', ls='dashed')
    ax.add_patch(uc)
    if np.max(b) > 1:     #계수값 정규화
        kn = np.max(b)
        b = b/float(kn)
    else:
        kn = 1
    if np.max(a) > 1:
        kd = np.max(a)
        a = a/float(kd)
    else:
        kd = 1

    p = np.roots(a)     #극점, 영점 결정
    z = np.roots(b)
    k = kn/float(kd)

    t1 = plt.plot(z.real, z.imag, 'go', ms=10)     #영점 그리고 표시하기
    plt.setp( t1, markersize=10.0, markeredgewidth=1.0,
              markeredgecolor='k', markerfacecolor='g')

    t2 = plt.plot(p.real, p.imag, 'rx', ms=10)     #극점 그리고 표시하기
    plt.setp( t2, markersize=12.0, markeredgewidth=3.0,
              markeredgecolor='r', markerfacecolor='r')
    plt.title("Pole-Zero Diagram"); plt.grid()

    ax.spines['left'].set_position('center')
```

```
ax.spines['bottom'].set_position('center')
ax.spines['right'].set_visible(False)
ax.spines['top'].set_visible(False)

r = 1.5; plt.axis('scaled'); plt.axis([-r, r, -r, r])  #눈금 값 쓰기
ticks = [-1, -.5, .5, 1]; plt.xticks(ticks); plt.yticks(ticks)
```

연습문제

1. 연속시스템의 신호특성은 (　　　)방정식으로 표현하며, 이산시스템의 신호특성은 (　　　)방정식으로 표현한다. 그리고 시스템을 분석하기 위해서 시간영역에서 다른 영역으로 변환하는 방법을 사용하는데, 연속시스템은 (　　　)변환을 사용하고 이산시스템은 (　　　)변환을 사용한다.

2. 다음 시퀀스 $x(n)$에 대해 오일러 공식을 적용하여 z-변환을 구하시오.

$$x(n) = A\cos(\Omega n)u(n)$$

3. 다음과 같은 시퀀스에 대해 a 값과 b 값의 조건에 따른 ROC 특성을 나타내시오.

$$x(n) = a^n u(n) - b^n u(-n-1)$$

4. 시간영역에서의 두 신호 $x_1(n)$과 $x_2(n)$의 (　　　)은 z-영역에서의 $X_1(z)$와 $X_2(z)$의 (　　　)에 대응된다. $(x_1(n) * x_2(n) \cong X_1(z)X_2(z))$

5. 두 개의 시스템함수 $X_1(z) = 2z + 1 + 3z^{-1}$과 $X_2(z) = z^2 + 3z + 2 + 5z^{-1}$가 있다. 시간영역에서의 시퀀스 $x_1(n)$과 $x_2(n)$ 사이의 컨볼루션을 통해서 $X_3(z) = X_1(z)X_2(z)$을 결정하시오.

6. $X(z) = \dfrac{0.5z}{z^2 - 1.5z + 0.5}$에서 두 개의 극점 z_1과 z_2을 구하고, $|z|$의 범위에 따라 ROC와 이산시퀀스 $x(n)$을 구하시오.

7. 시스템함수 $H(z)$가 다음과 같다. 주파수응답 $H(\Omega)$와 임펄스응답 $h(n)$을 구하시오.

$$H(z) = \frac{z^2 + z - 1}{3z^2 - 1.6z + 2.4}$$

8. 차분방정식의 해는 시스템 자체의 극점들에 기인하는 (　　)응답과 입력신호의 극점들에 기인하는 (　　)응답의 형태로 표현할 수 있으며, 단위원 내부의 극점에 기인하는 (　　)응답과 단위원 상에 있는 극점에 기인하는 (　　)응답의 형태로 표현할 수도 있다.

9. z-변환 정의를 사용하여 다음에 오는 시퀀스들의 z-변환을 결정하시오. 그리고 각 시퀀스들에 대한 z-변환 수렴영역을 나타내시오.

(1) $x(n)=\{3, 2, \underset{\uparrow}{1}, -2, -3\}$

(2) $x(n)=(0.8)^n u(n-2)$

(3) $x(n)=[(0.5)^n+(-0.8)^n]u(n)$

(4) $x(n)=2^n \cos(0.4\pi n)u(-n)$

(5) $x(n)=(n+1)(3)^n u(n)$

10. $x(n)$의 z-변환이 $X(z)=1/(1+0.5z^{-1})$, $|z|\geq 0.5$인 시퀀스가 있다. 다음에 오는 시퀀스들의 z-변환을 결정하고 그 수렴영역을 나타내시오.

(1) $x_1(n)=x(3-n)+x(n-3)$

(2) $x_2(n)=(1+n+n^2)x(n)$

(3) $x_3(n)=(1/2)^n x(n-2)$

(4) $x_4(n)=x(n+2)*x(n-2)$

(5) $x_5(n)=\cos(\pi n/2)x^*(n)$

11. $X(z)$의 역 z-변환이 $x(n)=(1/2)^n u(n)$일 때, z-변환 특성을 이용해서 다음에 오는 z-변환들의 시퀀스들을 구하시오.

(1) $X_1(z)=\dfrac{z-1}{z}X(z)$

(2) $X_2(z)=zX(z^{-1})$

(3) $X_3(z)=2X(3z)+3X(z/3)$

(4) $X_4(z)=X(z)X(z^{-1})$

(5) $X_5(z)=z^2\dfrac{dX(z)}{dz}$

12. 다음에 오는 z-변환들에 대해 "signal.residuez()" 함수를 적용하여 부분분수전개를 행하고, 역 z-변환을 사용하여 그 시퀀스를 구하시오.

(1) $X_1(z)=(1-z^{-1}-4z^{-2}+4z^{-3})/\left(1-\frac{11}{4}z^{-1}+\frac{13}{8}z^{-2}-\frac{1}{4}z^{-3}\right)$, 오른편-방향 시퀀스

(2) $X_2(z)=(z^3-3z^2+4z+1)/(z^3-4z^2+z-0.16)$, 왼편-방향 시퀀스

(3) $X_3(z)=z/(z^3+2z^2+1.25z+0.25)$, $|z|>1$

(4) $X_4(z)=z/(z^2-0.25)^2$, $|z|<0.5$

13. 임펄스응답 $h(n)$이 다음과 같은 선형시불변시스템들이 있다.

1) 시스템함수 $H(z)$, 2) 차분방정식, 3) 극점-영점 다이어그램, 4) 입력이 $x(n)=\left(\frac{1}{4}\right)^n u(n)$일 때의 출력 $y(n)$을 결정하시오.

(1) $h(n)=5\left(\frac{1}{4}\right)^n u(n)$

(2) $h(n)=n\left(\frac{1}{3}\right)^n u(n)+\left(-\frac{1}{4}\right)^n u(n)$

(3) $h(n)=3(0.9)^n\cos\left(\frac{\pi n}{4}+\frac{\pi}{3}\right)u(n+1)$

(4) $h(n)=\dfrac{(0.5)^n\sin\left[\dfrac{(n+1)\pi}{3}\right]}{\sin\left(\dfrac{\pi}{3}\right)}u(n)$

(5) $h(n)=[2-\sin(\pi n)]u(n)$

14. 다음과 같은 차분방정식을 가지는 시스템이 있다.

$$y(n)-0.4y(n-1)-0.45y(n-2)=0.45x(n)+0.4x(n-1)-x(n-2)$$

$$x(n)=2+\left(\frac{1}{2}\right)^n u(n),\ \ y(-1)=0,\ \ y(-2)=3,\ \ x(-1)=x(-2)=2$$

(1) 출력 $y(n)$, $n\geq 0$을 풀이하시오.

(2) 출력 $y(n)$을 과도응답과 정상상태응답으로 분해하시오.

(3) 출력 $y(n)$을 영-상태응답과 영-입력응답으로 분해하시오.

15. 다음과 같은 차분방정식을 가지는 시스템이 있다. 이 시스템의 영-입력응답, 영-상태응답, 그리고 정상상태응답을 구하시오.

$$y(n)=0.9801y(n-2)+x(n)+2x(n-1)+x(n-2),\ \ n\geq 0$$

$$x(n)=5(-1)^n u(n),\ \ y(-1)=0,\ \ y(-2)=1$$

CHAPTER 06

디지털필터 구조

Digital Signal Processing

contents

06 디지털필터 구조

선형시불변시스템인 디지털필터를 설계(Design)하고 구현(Implementation)하기 위해서는 필터의 종류와 그 구조(structure)의 형태를 살펴볼 필요가 있다. 임펄스응답의 형태에 따른 필터의 종류로는 무한 구간의 임펄스 응답을 내는 IIR(Infinite Impulse Response) 필터와 유한 구간의 응답을 내는 FIR(Finite Impulse Response) 필터의 두 종류가 있다. 또한 이들 필터들을 설계하기 위한 구조에는 크게는 직접형(Direct Form), 직렬형(Cascade Form), 병렬형(Parallel Form)의 세 가지 형태가 있으며, 이들의 위상 특성을 고려하는 선형위상형(Linear Phase Form) 필터 구조가 있다.

제6장에서는 먼저 필터를 구성하는 기본 소자들에 대해 알아보고, 다음으로는 IIR 필터의 구조, 그리고 FIR 필터의 구조에 대해 차례대로 알아본다. 그리고 마지막으로 이들 구조들의 특성을 실습을 통해 확인한다.

6.1 기본 소자

디지털필터의 구조를 기술하기 위해서는 가산기(adder), 곱셈기(multiplier), 지연소자(delay element)의 세 가지 기본 소자(basic elements)가 필요하며, 표 6-1은 이들 세 가지 기본 소자의 명칭, 기능, 그리고 표기를 보여준다.

표 6-1 세 가지 기본 소자의 명칭, 기능 및 표기

명칭	기능	표기
가산기(Adder)	두 개의 입력을 더해서 하나의 출력을 낸다. $y(n)=x_1(n)+x_2(n)$	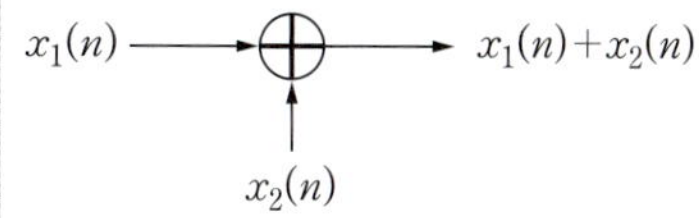
곱셈기(Multiplier)	하나의 입력을 증폭한다. $y(n)=ax(n)$	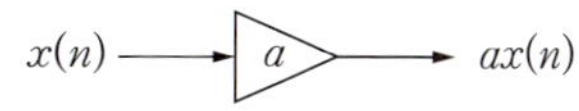
지연소자(Delay Element)	입력을 한 샘플 시간만큼 지연시킨다. $y(n)=x(n-1)$	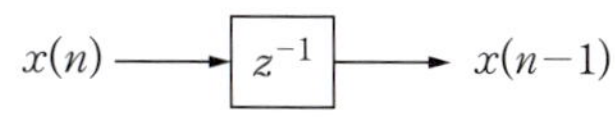

6.2 IIR 필터 구조

IIR 필터의 구조를 이해하기 위해서는 먼저 IIR 필터의 차분방정식과 시스템함수의 형태를 이해할 필요가 있다. IIR 필터의 차분방정식은 식 (6-1)과 같다.

$$y(n)=\sum_{k=0}^{M}b_k x(n-k)-\sum_{l=1}^{N}a_l y(n-l) \tag{6-1}$$

여기서 N의 값을 필터의 차수(order)라고 한다.

그리고 위의 차분방정식을 z-변환하여 시스템함수 $H(z)$로 나타내면 식 (6-2)와 같이 된다.

$$\begin{aligned}
&y(n)=\sum_{k=0}^{M}b_k x(n-k)-\sum_{l=1}^{N}a_l y(n-l)\\
&y(n)+\sum_{l=1}^{N}a_l y(n-l)=\sum_{k=0}^{M}b_k x(n-k)\\
&Y(z)\left(1+\sum_{l=1}^{N}a_l z^{-l}\right)=X(z)\sum_{k=0}^{M}b_k z^{-k}\\
&H(z)=\frac{Y(z)}{X(z)}=\frac{\sum_{k=0}^{M}b_k z^{-k}}{1+\sum_{l=1}^{N}a_l z^{-l}}=\frac{b_0+b_1z^{-1}+\cdots+b_Mz^{-M}}{1+a_1z^{-1}+\cdots+a_Nz^{-N}},\quad a_0=1
\end{aligned} \tag{6-2}$$

여기서 b_k와 a_l은 필터의 계수이다. 그리고 필터의 차수는 $a_N \neq 0$일 때 N이다. 위의 차분방정식 또는 시스템함수를 가지는 IIR 필터를 구현하는 데는 크게는 다음과 같은 세 가지

형태의 다른 구조를 사용할 수 있다.

1. **직접형**(Direct Form): 차분방정식을 바탕으로 직접 구성되는 형태를 말하며, 비순환 부분(non-recursive part)과 순환 부분(recursive part)의 직접 연결로 이루어진다. 비순환 부분은 시스템함수에서는 분자 부분에 해당하며, 순환 부분은 시스템함수에서 분모 부분에 해당한다. 직접형은 지연소자의 공유 여부에 따라 또다시 제1 직접형(Direct Form 1)과 제2 직접형(Direct Form 2), 그리고 전치 제2 직접형(Transposed Direct Form 2)의 세 가지로 구분된다.
2. **직렬형**(Cascade Form): 시스템함수를 바이쿼드(Biquad)로 불리는 더 작은 2차 섹션(second-order section)으로 나누어서 이 바이쿼드들의 곱으로 나타내는 형태이다. 그리고 각각의 바이쿼드를 직접형으로 구성함으로써, 전체는 바이쿼드 섹션의 직렬연결로 실현된다.
3. **병렬형**(Parallel Form): 이 형태는 직렬형과 유사하게 바이쿼드 섹션들로 나누어지지만, 바이쿼드들의 곱이 아닌 합의 형태로 구성되는 형태이다. 즉 직접형 바이쿼드 섹션들의 병렬연결로 실현된다.

6.2.1 직접형

6.2.1.1 제1 직접형

식 (6–1)의 차분방정식에서 $M=N=4$ 인 경우에, 차분방정식은 다음과 같아진다.

$$\begin{aligned} y(n) = {} & b_0x(n)+b_1x(n-1)+b_2x(n-2)+b_3x(x-3)+b_4x(n-4) \\ & -a_1y(n-1)-a_2y(n-2)-a_3y(n-3)-a_4y(n-4) \end{aligned}$$

위의 차분방정식에 z변환을 적용하여 시스템함수를 구하면 식 (6–3)과 같다.

$$H(z)=\frac{Y(z)}{X(z)}=\frac{b_0+b_1z^{-1}+b_2z^{-2}+b_3z^{-3}+b_4z^{-4}}{1+a_1z^{-1}+a_2z^{-2}+a_3z^{-3}+a_4z^{-4}} \tag{6-3}$$

이 시스템함수를 비순환 부분 $H_1(z)$와 순환 부분 $H_2(z)$로 구분하면 다음 식과 같다.

$$\begin{aligned} H_1(z) &= b_0+b_1z^{-1}+b_2z^{-2}+b_3z^{-3}+b_4z^{-4} \\ H_2(z) &= \frac{1}{1+a_1z^{-1}+a_2z^{-2}+a_3z^{-3}+a_4z^{-4}} \\ H(z) &= H_1(z)H_2(z) \end{aligned}$$

$H_1(z)$와 $H_2(z)$를 직접 연결하면 그림 6–1과 같이 직접형 필터를 실현할 수 있으며, 이 구조를 제1 직접형 구조라 한다.

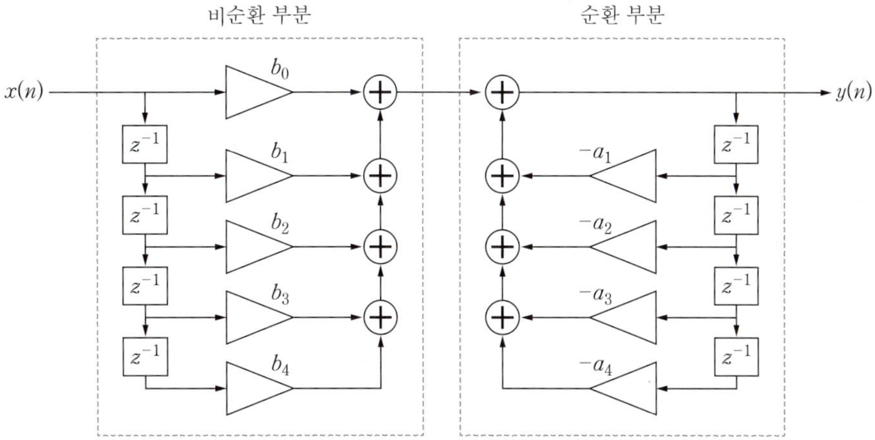

그림 6-1 4차 IIR 필터의 제1 직접형 구조

제1 직접형 구조에서는 $M = N = 4$의 경우에 곱셈기는 9개, 가산기는 8개, 그리고 지연소자는 8개가 필요하다.

〈제1 직접형 구조〉

- 곱셈기: $M+N+1 = 4+4+1 = 9$
- 가산기: $M+N = 4+4 = 8$
- 지연소자: $M+N = 4+4 = 8$

6.2.1.2 제2 직접형

제1 직접형 구조에서 비순환 부분 $H_1(z)$와 순환 부분 $H_2(z)$의 순서를 바꾸고 지연소자를 공유하면 그림 6-2와 같이 제2 직접형 구조가 형성된다.

$$H(z) = H_2(z)H_1(z)$$

제2 직접형 구조는 제1 직접형 구조에 비해 지연소자의 수를 절반으로 줄일 수 있는 장점이 있어 실현하는 비용이 절감될 수 있다. 곱셈기와 가산기의 수는 제1 직접형 구조와 동일하다.

〈제2 직접형 구조〉

- 곱셈기: $M+N+1=4+4+1=9$
- 가산기: $M+N=4+4=8$
- 지연소자: $N=4$

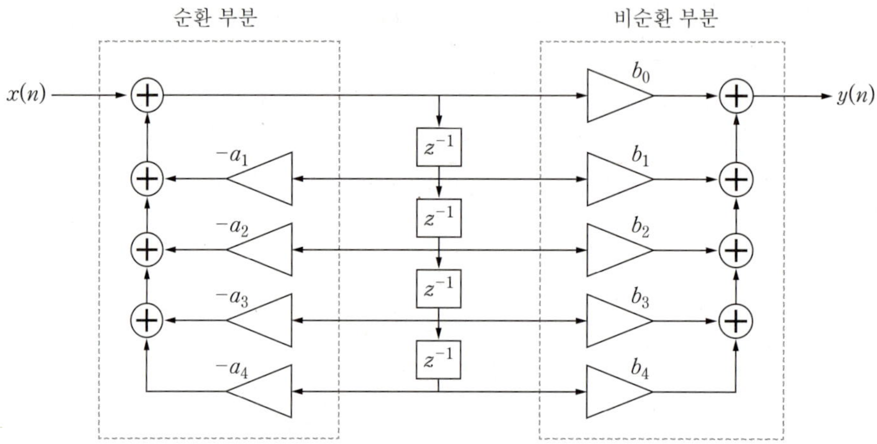

그림 6-2 제2 직접형 구조

6.2.1.3 전치 제2 직접형

위의 제2 직접형 구조에서, 다음과 같은 전치(transposition) 과정을 적용하면 전치 제2 직접형 구조를 얻을 수 있다.

- 단계 1: 모든 화살표(arrows)와 가산기 머리(adder head)를 역으로 변경한다.
- 단계 2: 모든 경로에서의 절점 노드(branch nodes)를 가산기 노드(adder nodes)로, 가산기 노드는 절점 노드로 대체한다.
- 단계 3: 입력과 출력 노드를 교환한다.

위의 세 단계 전치 과정을 거친 후에 얻어진 전치 제2 직접형 구조를 그림 6-3에 나타내었다.

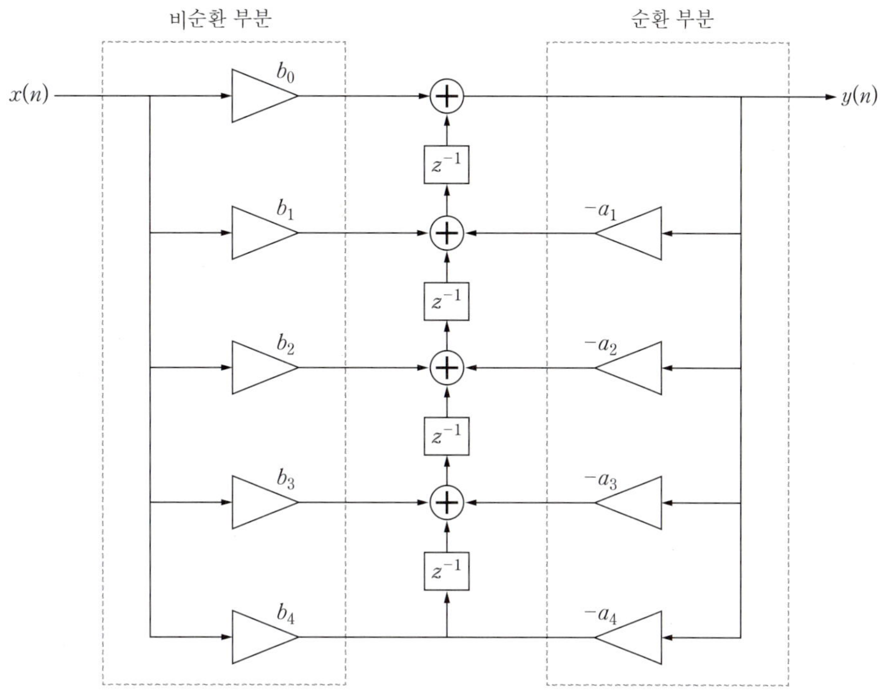

그림 6-3 전치 제2 직접형 구조

전치 제2 직접형 구조의 시스템함수를 그림 6-3의 구조를 통해서 재구성해보면 다음과 같이 나타내어진다.

$$
\begin{aligned}
H(z) &= H_1(z)H_2(z) \\
H_1(z) &= b_0 + (((b_4 z^{-1} + b_3)z^{-1} + b_2)z^{-1} + b_1)z^{-1} \\
H_2(z) &= \frac{1}{1+(((a_4 z^{-1} + a_3)z^{-1} + a_2)z^{-1} + a_1)z^{-1}}
\end{aligned}
$$

기본 소자의 수는 다음과 같이 제2 직접형에 비해서 가산기의 수가 절반으로 줄어드는 것을 볼 수 있다. 따라서 제1 직접형에 비해서는 가산기와 지연소자의 수를 둘 다 절반으로 줄일 수 있는 경제적인 구조임을 알 수 있다.

〈전치 제2 직접형 구조〉

- 곱셈기: $M+N+1=4+4+1=9$
- 가산기: $N=4$
- 지연소자: $N=4$

6.2.2 직렬형

필터의 차수 N이 짝수인 경우에 시스템함수는 실수 계수(real coefficients)를 가지는 2차 섹션(second-order sections or partial fractions), 즉 바이쿼드 섹션들의 곱으로 식 (6-4)와 같이 나타낼 수 있다. 여기서 바이쿼드 수는 $K=N/2$이다.

직렬형에서는 식 (6-4)에서 b_0처럼 분모와 분자 상수항의 계수 값들을 모두 1이 되도록 독립된 항으로 빼낸다. 이것은 결과적으로 바이쿼드 내의 곱셈기를 줄이는 효과를 가져온다.

시스템함수 $H(z)$의 분모와 분자에서 z^0 항의 계수가 1이 되도록 상수 계수(여기서는 b_0)를 식 (6-4)에서처럼 증폭(또는 이득) 용도로 따로 떼어낸다.

$$
\begin{aligned}
H(z)=\frac{Y(z)}{X(z)}&=\frac{b_0+b_1z^{-1}+b_2z^{-2}+\cdots+b_Nz^{-N}}{1+a_1z^{-1}+a_2z^{-2}+\cdots+a_Nz^{-N}}, \quad \text{let) } M=N \\
&=b_0\frac{1+\frac{b_1}{b_0}z^{-1}+\frac{b_2}{b_0}z^{-2}+\cdots+\frac{b_N}{b_0}z^{-N}}{1+a_1z^{-1}+a_2z^{-2}+\cdots+a_Nz^{-N}} \\
&=b_0\prod_{k=1}^{K}\frac{1+B_{k,1}z^{-1}+B_{k,2}z^{-2}}{1+A_{k,1}z^{-1}+A_{k,2}z^{-2}}=\prod_{k=1}^{K}H_k(z) \quad K=\frac{N}{2}
\end{aligned} \tag{6-4}
$$

k번째 바이쿼드 섹션의 시스템함수는 다음 식과 같으며, 그 구조는 그림 6-4와 같다.

$$H_k(z)=\frac{Y_k(z)}{Y_{k-1}(z)}=\frac{1+B_{k,1}z^{-1}+B_{k,2}z^{-2}}{1+A_{k,1}z^{-1}+A_{k,2}z^{-2}}$$

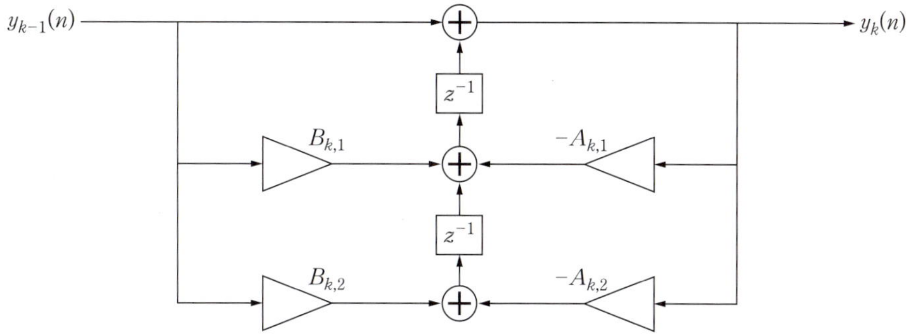

그림 6-4 직렬형 구조에서 k번째 바이쿼드 섹션의 구조

이 바이쿼드 섹션들을 직렬로 연결하면 곧 직렬형 구조를 실현할 수 있다. 그림 6-5는 $N = 4$ 인 경우의 4차 IIR 필터의 직렬형 구조를 보여준다.

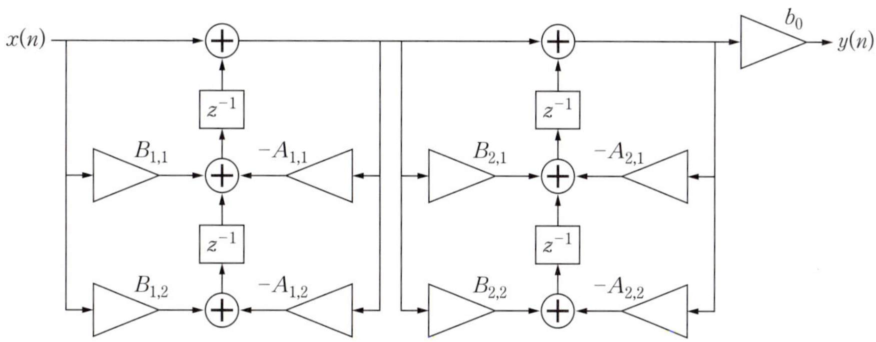

그림 6-5 4차 IIR 필터의 직렬형 구조

$$H_1(z) = \frac{Y_1(z)}{X(z)} = \frac{1+B_{1,1}z^{-1}+B_{1,2}z^{-2}}{1+A_{1,1}z^{-1}+A_{1,2}z^{-2}}$$

$$H_2(z) = \frac{Y(z)}{Y_1(z)} = \frac{1+B_{2,1}z^{-1}+B_{2,2}z^{-2}}{1+A_{2,1}z^{-1}+A_{2,2}z^{-2}}$$

$$H(z) = b_0 H_1(z) H_2(z) = b_0 \frac{Y_1(z)}{X(z)} \frac{Y(z)}{Y_1(z)} = b_0 \frac{Y(z)}{X(z)}$$

$$= b_0 \frac{1+B_{1,1}z^{-1}+B_{1,2}z^{-2}}{1+A_{1,1}z^{-1}+A_{1,2}z^{-2}} \frac{1+B_{2,1}z^{-1}+B_{2,2}z^{-2}}{1+A_{2,1}z^{-1}+A_{2,2}z^{-2}}$$

각각의 바이쿼드를 구성하는 기본 소자들의 수는 다음과 같다.

- 곱셈기: 4
- 가산기: 3
- 지연소자: 2

따라서 직렬형 구조의 기본 소자의 수는 바이쿼드의 기본 소자 수에 (차수/2= $N/2$)를 곱한 수만큼 필요하며, 여기에 입력시퀀스 $x(n)$의 계수 b_0에 관련된 곱셈기 한 개가 더 추가된다. 4차($N=4$)인 경우에는 $K=N/2=2$이므로 다음과 같다.

- 곱셈기: $4\times2+1=9$
- 가산기: $3\times2=6$
- 지연소자: $2\times2=4$

차수가 2차씩 늘어날수록 직접형에 비해 2차의 바이쿼드 섹션을 동일하게 반복 사용할 수 있음으로써 하드웨어 설계와 집적에 매우 효과적인 면을 가지고 있을 뿐만 아니라, 소프트웨어 구현에도 유리한 장점을 가지고 있다.

6.2.3 병렬형

필터의 시스템함수식은 식 (6–5)와 같이 바이쿼드의 합의 형태로 변환할 수 있으며, 구조는 병렬형으로 구성된다.

$$\begin{aligned}
H(z)=\frac{Y(z)}{X(z)}&=\frac{b_0+b_1z^{-1}+b_2z^{-2}+\cdots+b_Mz^{-M}}{1+a_1z^{-1}+a_2z^{-2}+\cdots+a_Nz^{-N}}\\
&=\frac{\hat{b}_0+\hat{b}_1z^{-1}+\hat{b}_2z^{-2}+\cdots+\widehat{b_{N-1}}z^{-(N-1)}}{1+a_1z^{-1}+a_2z^{-2}+\cdots+a_Nz^{-N}}+\left(\sum_{k=0}^{M-N}C_kz^{-k},\ \text{olny if } M\ge N\right) \quad (6\text{–}5)\\
&=\sum_{k=1}^{K}\frac{B_{k,0}+B_{k,1}z^{-1}}{1+A_{k,1}z^{-1}+A_{k,2}z^{-2}}+\left(\sum_{k=0}^{M-N}C_kz^{-k},\ \text{olny if } M\ge N\right),\quad K=\frac{N}{2}
\end{aligned}$$

여기서 시스템함수는 직렬형에서는 바이쿼드들의 곱으로 이루어지는 반면에 병렬형에서는 바이쿼드들의 합으로 이루어지며, $K=\frac{N}{2}$이다.

위 식에서 k번째 바이쿼드 섹션은 다음 식과 같으며, 직렬형 구조에서와는 다르게 분자의 차수가 1차이다. 이 바이쿼드 섹션의 구조는 그림 6-6과 같이 구성된다.

$$H_k(z) = \frac{Y_k(z)}{Y_{k-1}(z)} = \frac{B_{k,0} + B_{k,1}z^{-1}}{1 + A_{k,1}z^{-1} + A_{k,2}z^{-2}}, \quad k = 1, 2, 3, \cdots, K$$

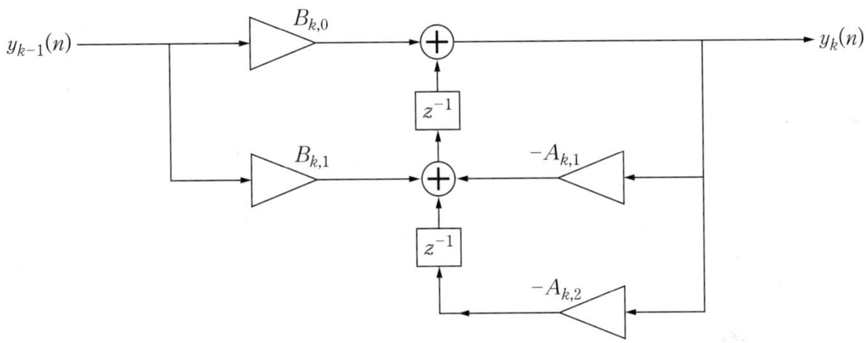

그림 6-6 병렬형 구조에서의 k번째 바이쿼드 섹션의 구조

병렬형 구조로 실현된 4차($M = N = 4$) IIR 필터의 시스템함수식은 다음과 같아지며, 그 구조는 그림 6-7과 같다.

$$H(z) = \sum_{k=1}^{K} H_k(z) + \sum_{0}^{M-N} C_k z^{\ k} = \frac{Y_1(z)}{X(z)} + \frac{Y_2(z)}{X(z)} + C_0, \quad K = \frac{N}{2}$$

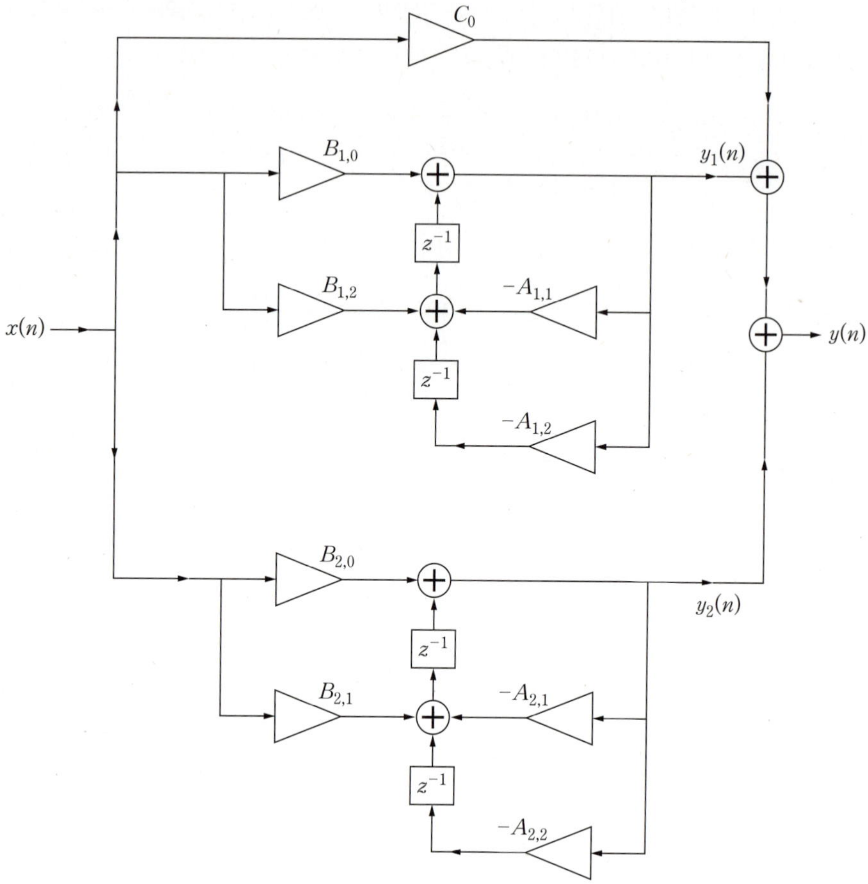

그림 6-7 4차 IIR 필터의 병렬형 구조

예제 6-1 다음과 같은 차분방정식을 가지는 IIR 필터가 있다. 이 필터에 대해 제1 직접형, 제2 직접형, 그리고 전치 제2 직접형으로 그 구조를 나타내시오.

$$\begin{aligned}16y(n)+12y(n-1)+2y(n-2)-4y(n-3)-y(n-4)\\=x(n)-3x(n-1)+11x(n-2)-27x(n-3)+18x(n-4)\end{aligned}$$

풀이 위 차분방정식에 z-변환을 적용하여 시스템함수를 구한다.

$$(16+12z^{-1}+2z^{-2}-4z^{-3}-z^{-4})Y(z)=(1-3z^{-1}+11z^{-2}-27z^{-3}+18z^{-4})X(z)$$

$$H(z)=\frac{Y(z)}{X(z)}=\frac{1-3z^{-1}+11z^{-2}-27z^{-3}+18z^{-4}}{16+12z^{-1}+2z^{-2}-4z^{-3}-z^{-4}}$$
$$=\frac{\frac{1}{16}-\frac{3}{16}z^{-1}+\frac{11}{16}z^{-2}-\frac{27}{16}z^{-3}+\frac{18}{16}z^{-4}}{1+\frac{12}{16}z^{-1}+\frac{2}{16}z^{-2}-\frac{4}{16}z^{-3}-\frac{1}{16}z^{-4}}$$
$$H(z)=H_1(z)H_2(z)$$
$$H_1(z)=\frac{1}{16}-\frac{3}{16}z^{-1}+\frac{11}{16}z^{-2}-\frac{27}{16}z^{-3}+\frac{18}{16}z^{-4}$$
$$H_2(z)=\frac{1}{1+\frac{12}{16}z^{-1}+\frac{2}{16}z^{-2}-\frac{4}{16}z^{-3}-\frac{1}{16}z^{-4}}$$

1. 제1 직접형

제1 직접형 구조는 위의 시스템함수에서 $H_1(z)$(비순환 부분)와 $H_2(z)$(순환 부분)를 직접 연결하면 된다. 그 결과는 다음 그림과 같다.

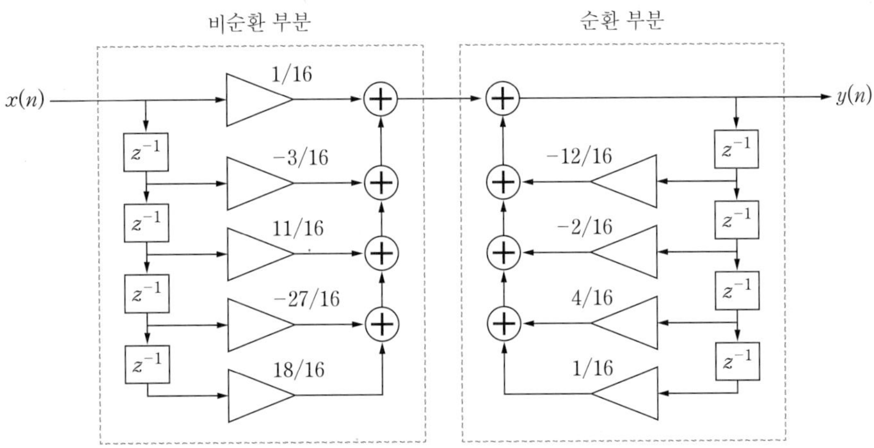

2. 제2 직접형

제2 직접형은 제1 직접형 구조에서 $H_1(z)$와 $H_2(z)$의 위치를 바꾸고, 지연소자를 공통으로 두면 된다. 그 결과 구조는 다음 그림과 같다.

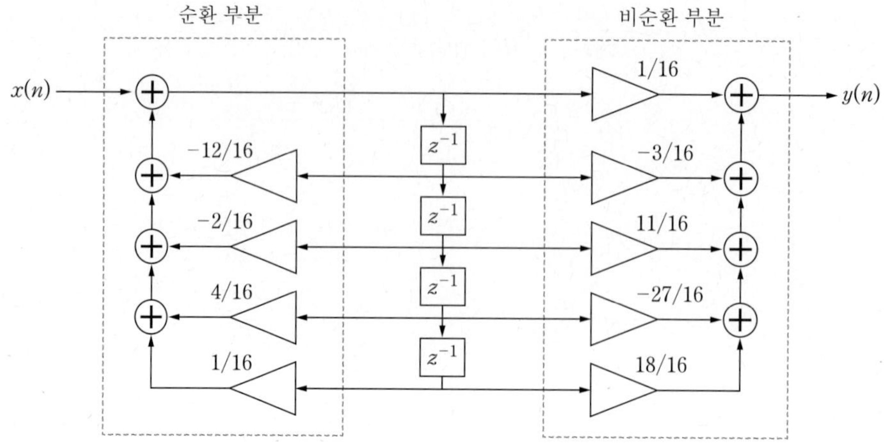

3. 전치 제2 직접형

전치 제2 직접형 구조에서 앞에서 제시한 3단계 전치 과정을 거치면 된다. 그 결과 구조는 다음 그림과 같다.

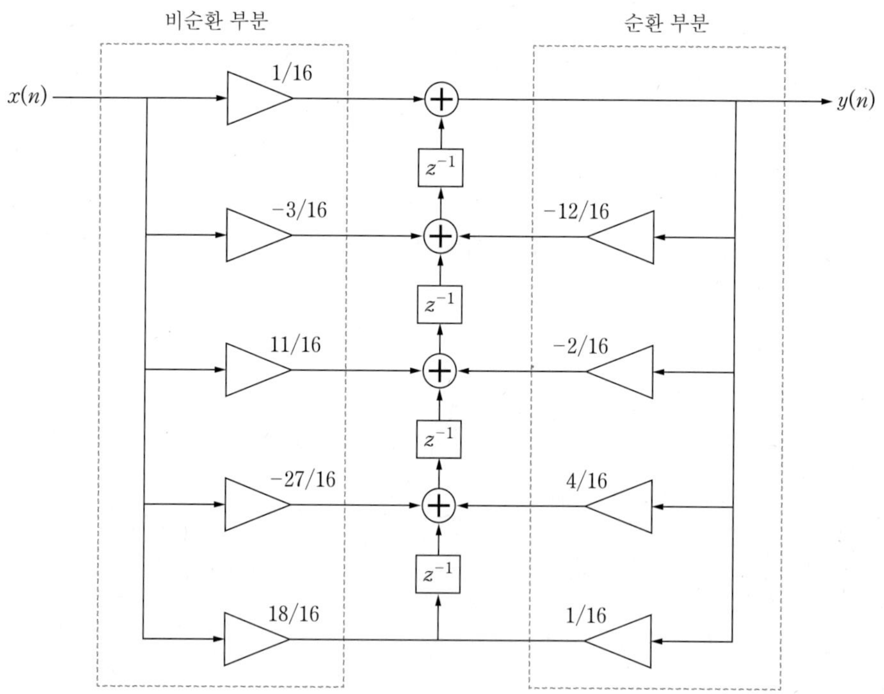

예제 6-2 예제 6-1에서와 동일한 차분방정식을 가지는 IIR 필터에 대해 직렬형 구조를 나타내시오.

$$\begin{aligned}16y(n)+12y(n-1)+2y(n-2)-4y(n-3)-y(n-4)\\ =x(n)-3x(n-1)+11x(n-2)-27x(n-3)+18x(n-4)\end{aligned}$$

풀이 직렬형에서는 시스템함수 $H(z)$의 분모와 분자에서 z^0 항의 계수가 1이 되도록 상수 계수를 증폭(또는 이득) 용도로 따로 떼어내어서 1개의 곱셈기로 실현한다. 위 차분방정식에 z-변환을 적용하여 시스템함수를 구하면 다음 식과 같다.

$$\begin{aligned}H(z)=\frac{Y(z)}{X(z)}&=\frac{1-3z^{-1}+11z^{-2}-27z^{-3}+18z^{-4}}{16+12z^{-1}+2z^{-2}-4z^{-3}-z^{-4}}\\ &=\frac{1}{16}\frac{1-3z^{-1}+11z^{-2}-27z^{-3}+18z^{-4}}{1+0.75z^{-1}+0.125z^{-2}-0.25z^{-3}-0.0625z^{-4}}\end{aligned}$$

직렬형 구조로 만들려면 위 시스템함수식을 2차 바이쿼드 항의 곱으로 분해해야 하며, 다음 식과 같이 분해할 수 있다.

$$\begin{aligned}H(z)=\frac{Y(z)}{X(z)}&=\frac{1}{16}\frac{1-3z^{-1}+11z^{-2}-27z^{-3}+18z^{-4}}{1+0.75z^{-1}+0.125z^{-2}-0.25z^{-3}-0.0625z^{-4}}\\ &=\frac{1}{16}\frac{1+9z^{-2}}{1+z^{-1}+0.5z^{-2}}\frac{1-3z^{-1}+2z^{-2}}{1-0.25z^{-1}-0.125z^{-2}}\end{aligned}$$

위의 분해된 시스템함수식을 사용하여 IIR 필터를 구성하면 그 결과는 다음 그림과 같은 직렬형 구조를 가진다.

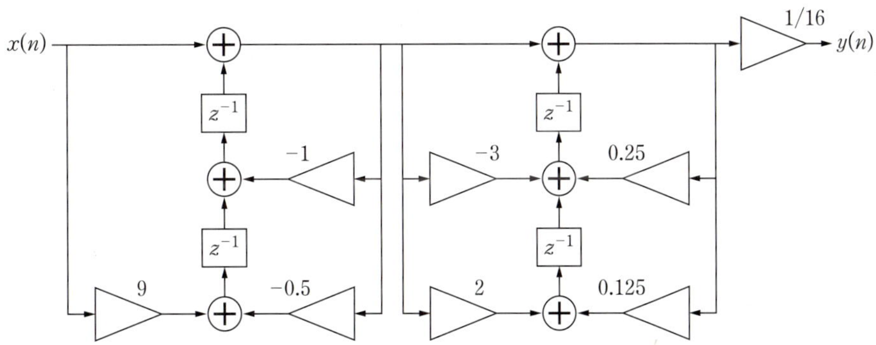

예제 6-3 예제 6-1에서와 동일한 차분방정식을 가지는 IIR 필터에 대해 병렬형 구조를 나타내시오.

$$\begin{aligned}&16y(n)+12y(n-1)+2y(n-2)-4y(n-3)-y(n-4)\\&\quad=x(n)-3x(n-1)+11x(n-2)-27x(n-3)+18x(n-4)\end{aligned}$$

풀이 위 차분방정식에 z-변환을 적용하여 시스템함수를 구하고 직렬형을 위한 2차 바이쿼드 항의 곱 형태로 분해하면 다음 식과 같다.

$$\begin{aligned}H(z)=\frac{Y(z)}{X(z)}&=\frac{1}{16}\frac{1-3z^{-1}+11z^{-2}-27z^{-3}+18z^{-4}}{1+0.75z^{-1}+0.125z^{-2}-0.25z^{-3}-0.0625z^{-4}}\\&=\frac{1}{16}\frac{1+9z^{-2}}{1+z^{-1}+0.5z^{-2}}\frac{1-3z^{-1}+2z^{-2}}{1-0.25z^{-1}-0.125z^{-2}}\end{aligned}$$

병렬형 구조로 만들려면 위 시스템함수식을 2차 바이쿼드 항의 합의 형태로 분해해야 하며, 직렬형에서 구한 항들의 분모가 동일하게 다음 식과 같이 분해하면 된다.

$$H(z)=-18+\frac{-10.05-3.92z^{-1}}{1+z^{-1}+0.5z^{-2}}+\frac{28.1125-13.3625z^{-1}}{1-0.25z^{-1}-0.125z^{-2}}$$

위의 분해된 시스템함수식을 사용하여 IIR 필터를 구성하면 그 결과는 다음 그림과 같은 병렬형 구조를 가진다.

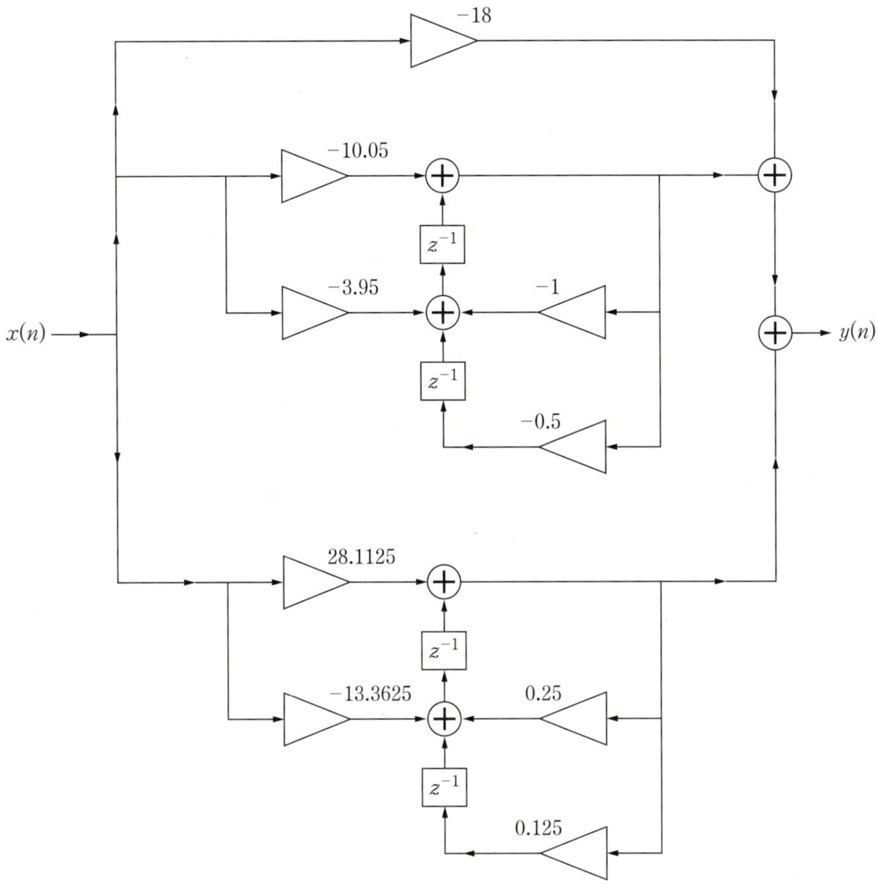

6.3 IIR 필터 구조 실습

본 절에서는 IIR 필터의 여러 가지 구조들에 대해, 예제에서 나타낸바와 같이 하나의 차분방정식에 대해 그 구조는 다르더라도 동일한 출력을 나타내는지를 실습을 통해서 확인한다. 구조는 다르더라도 필터의 입출력 관계를 나타내는 차분방정식이 다음 식과 같이 동일하다면 동일한 출력을 내야만 할 것이다.

$$\begin{aligned}&16y(n)+12y(n-1)+2y(n-2)-4y(n-3)-y(n-4)\\&\quad=x(n)-3x(n-1)+11x(n-2)-27x(n-3)+18x(n-4)\end{aligned}$$

입력신호로는 그림 6-8과 같이 처음에 주파수가 0Hz에서부터 시작하여 0.2초만에 500Hz까지 그 주파수가 변하는 처프신호(chirp signal)를 사용할 것이며, 이 입력 주파수 성분들에 대해 어떠한 출력 주파수 특성을 나타내는지를 알아볼 것이다. 이 처프신호는 5,000개의 샘플로 구성되며, 처프신호란 주파수가 시간에 따라 연속적으로 증가하거나 감소하는 신호를 말한다.

```
tn=5000    #총 데이터 샘플 수
t = np.linspace(0, 1, tn)    #x축 설정
input = chirp(t, f0=10, t1=0.2, f1=500, method='linear')    #처프신호 발생
```

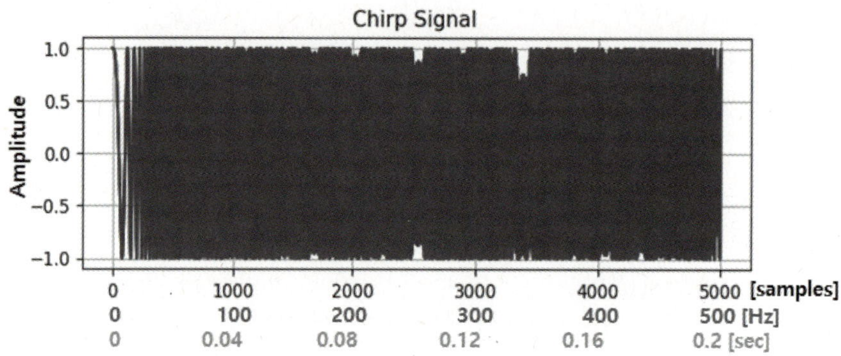

그림 6-8 실습에 사용될 0.2초 만에 주파수가 0Hz에서 500Hz까지 변하는 처프신호

6.3.1 제1 직접형 구조 실습

예제 6-1의 제1 직접형 구조 결과를 다시 나타내면 다음 그림과 같다.

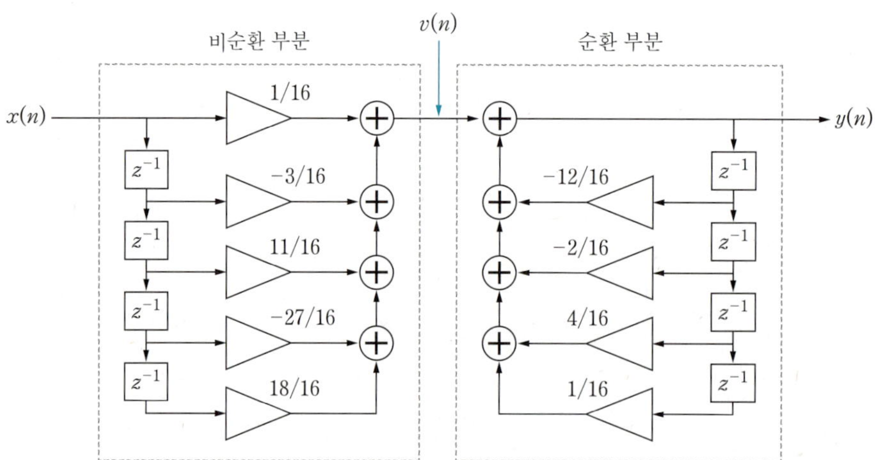

그림의 구조에서 중간에 있는 곱셈기의 출력을 $v(n)$이라 두면, 비순환 부분을 통과한 후의 입력 $x(n)$과 중간 출력 $v(n)$ 사이의 관계식은 다음과 같이 쓸 수 있다.

$$v(n)=\frac{1}{16}x(n)-\frac{3}{16}x(n-1)+\frac{11}{16}x(n-2)-\frac{27}{16}x(n-3)+\frac{18}{16}x(n-4)$$

그리고 중간 출력 $v(n)$을 입력으로 순환 부분을 통과한 후의 중간 출력, 즉 입력 $v(n)$과 최종 출력 $y(n)$ 사이의 관계식은 다음과 같이 쓸 수 있다.

$$y(n)=v(n)-\frac{12}{16}y(n-1)-\frac{2}{16}y(n-2)+\frac{4}{16}y(n-3)+\frac{1}{16}y(n-4)$$

제1 직접형 구조에서 $y(n)$을 구하는 함수 명칭을 "IIR_direct_1()"으로 하면, 소스코드는 다음과 같다. 위의 두 식을 사용하여 제1 직접형 구조를 다음과 같이 구현하고, "IIR_direct_1.py" 파일로 저장한다.

IIR_direct_1.py

```
import numpy as np
import matplotlib.pyplot as plt
from scipy.signal import chirp

def IIR_direct_1(x):     #제1 직접형 IIR 필터
    y=[0]*tn
    v=[0]*tn
    for n in range(4, len(x)):
        v[n]=1/16*x[n]-3/16*x[n-1]+11/16*x[n-2]-27/16*x[n-3]+18/16*x[n-4]
        y[n]=v[n]-12/16*y[n-1]-2/16*y[n-2]+4/16*y[n-3]+1/16*y[n-4]
    return y

tn=5000     #총 데이터 샘플 수
t = np.linspace(0, 1, tn)     #x축 설정
input = chirp(t, f0=10, t1=0.2, f1=500, method='linear')     #처프신호 발생
IIR_direct_1_output=[0]*tn     #필터 출력 어레이 설정
IIR_direct_1_output=IIR_direct_1(input)     #필터 출력 계산

plt.plot(IIR_direct_1_output,"b"); plt.xlim(0,5000)
plt.xlabel("samples, frequncy[0~500Hz]"); plt.grid()
plt.title("Frequency filtering result of IIR Direct-1 filter")
```

위에서 구현한 제1 직접형 구조의 IIR 필터의 출력 결과는 다음 그림과 같다. 여기서 이 IIR 필터는 크기가 약 8배 증폭되고, 차단주파수(cut-off frequency)가 약 350Hz인 고주파통과필터인 것을 알 수 있다.

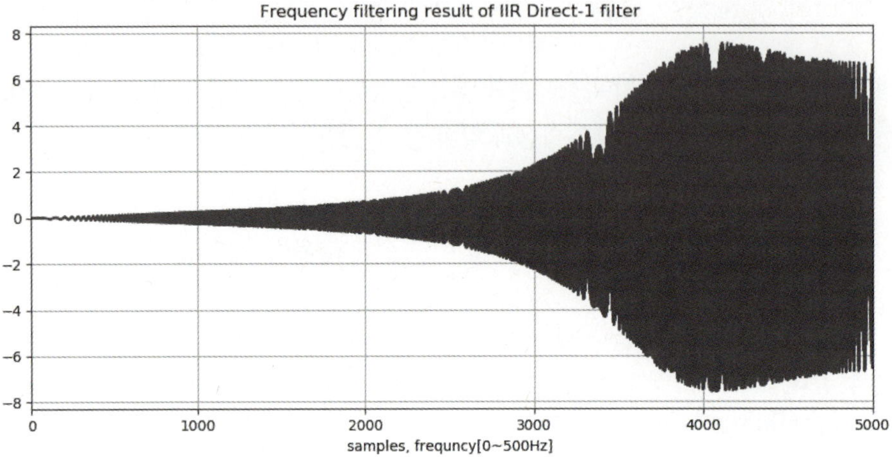

6.3.2 제2 직접형 구조 실습

예제 6–1의 제2 직접형 구조에 대해서도 6.3.1절의 제1 직접형 구조와 마찬가지로 다음 그림과 같이 중간 출력을 $v(n)$이라 둔다.

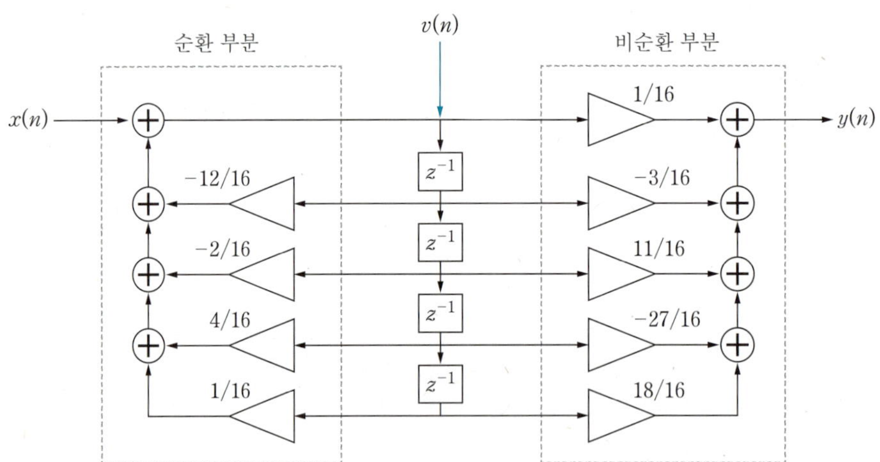

입력 $x(n)$과 중간 출력 $v(n)$ 사이의 관계식과 중간 출력 $v(n)$과 출력 $y(n)$ 사이의 관계식을 다음과 같이 나타낼 수 있다.

$$v(n) = x(n) - \frac{12}{16}v(n-1) - \frac{2}{16}v(n-2) + \frac{4}{16}v(n-3) + \frac{1}{16}v(n-4)$$
$$y(n) = \frac{1}{16}v(n) - \frac{3}{16}v(n-1) + \frac{11}{16}v(n-2) - \frac{27}{16}v(n-3) + \frac{18}{16}v(n-4)$$

위의 두 식을 사용하여 소스코드를 작성하고, "IIR_direct_2.py" 파일로 저장한다.

IIR_direct_2.py

```
import numpy as np
import matplotlib.pyplot as plt
from scipy.signal import chirp

def IIR_direct_2(x):    #제2 직접형 IIR 필터
    y=[0]*tn
    v=[0]*tn
    for n in range(4, len(x)):
        v[n]=x[n]-12/16*v[n-1]-2/16*v[n-2]+4/16*v[n-3]+1/16*v[n-4]
        y[n]=1/16*v[n]-3/16*v[n-1]+11/16*v[n-2]-27/16*v[n-3]+18/16*v[n-4]
    return y

tn=5000    #총 데이터 샘플 수
t = np.linspace(0, 1, tn)    #x축 설정
input = chirp(t, f0=10, t1=0.2, f1=500, method='linear')    #처프신호 발생
IIR_direct_2_output=[0]*tn    #필터 출력 어레이 설정
IIR_direct_2_output=IIR_direct_2(input)    #필터 출력 계산

plt.plot(IIR_direct_2_output,"b"); plt.xlim(0,5000)
plt.xlabel("samples, frequncy[0~500Hz]"); plt.grid()
plt.title("Frequency filtering result of IIR Direct-2 filter")
```

위에서 구현한 제2 직접형 구조의 IIR 필터의 출력 결과는 다음 그림과 같으며, 제1 직접형 구조의 결과와 동일한 것을 확인할 수 있다.

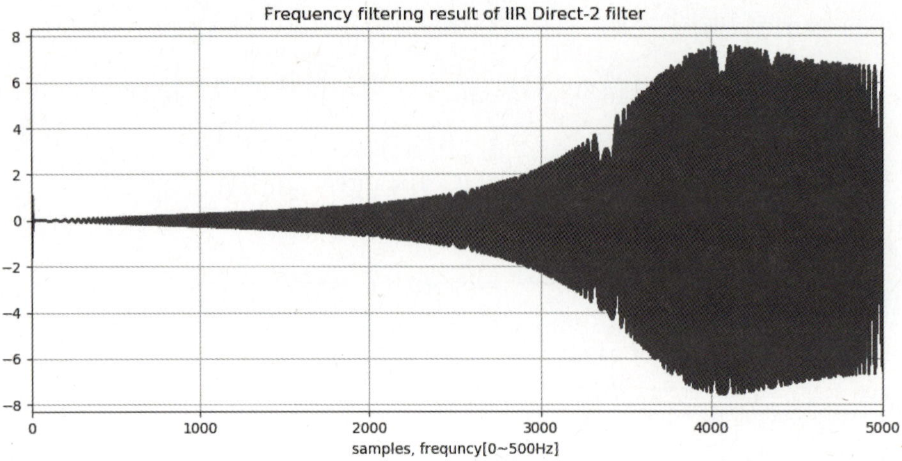

6.3.3 전치 제2 직접형 구조 실습

예제 6-1의 전치 제2 직접형 구조에 대해서는 앞의 구조와는 달리 다음 그림과 같이 중간 출력 $v(n)$이 곧 바로 출력 $y(n)$으로 연결된다.

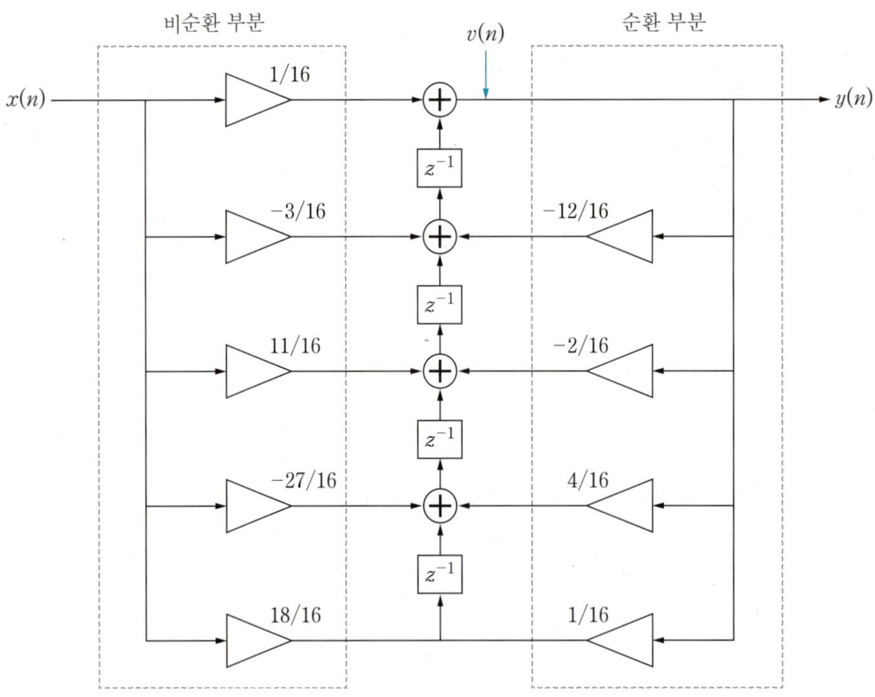

입력 $x(n)$과 출력 $y(n)$ 사이의 관계식을 다음과 같이 나타낼 수 있다. 다음 두 식을 사용하여 전치 제2 직접형 구조를 구현하고, "IIR_transposed_direct_2.py" 파일로 저장한다.

$$y(n) = \frac{1}{16}x(n) + \left(-\frac{3}{16}x(n-1) - \frac{12}{16}y(n-1)\right) + \left(\frac{11}{16}x(n-2) - \frac{2}{16}y(n-2)\right)$$
$$+\left(-\frac{27}{16}x(n-3) + \frac{4}{16}y(n-3)\right) + \left(\frac{18}{16}x(n-4) + \frac{1}{16}y(n-4)\right)$$

IIR_transposed_direct_2.py

```
import numpy as np
import matplotlib.pyplot as plt
from scipy.signal import chirp

def IIR_transposed_direct_2(x):      #전치 제2 직접형 IIR 필터
    y=[0]*tn
    v=[0]*tn
    for n in range(4, len(x)):
        y[n]=1/16*x[n]+(-3/16*x[n-1]-12/16*y[n-1])+(11/16*x[n-2]-2/16*y[n-2])\
        +(-27/16*x[n-3]+4/16*y[n-3])+(18/16*x[n-4]+1/16*y[n-4])
    return y

tn=5000    #총 데이터 샘플 수
t = np.linspace(0, 1, tn)    #x축 설정
input = chirp(t, f0=10, t1=0.2, f1=500, method='linear')    #처프신호 발생
IIR_transposed_direct_2_output=[0]*tn    #필터 출력 어레이 설정
IIR_transposed_direct_2_output=IIR_transposed_direct_2(input)  #필터 출력 계산

plt.plot(IIR_transposed_direct_2_output,"b"); plt.xlim(0,5000)
plt.xlabel("samples, frequncy[0~500Hz]"); plt.grid()
plt.title("Frequency filtering result of IIR Transposed Direct-2 filter")
```

위에서 구현한 전치 제2 직접형 구조의 IIR 필터의 출력 결과는 다음 그림과 같으며, 제1 직접형 구조나 제2 직접형 구조의 결과와 동일한 것을 확인할 수 있다.

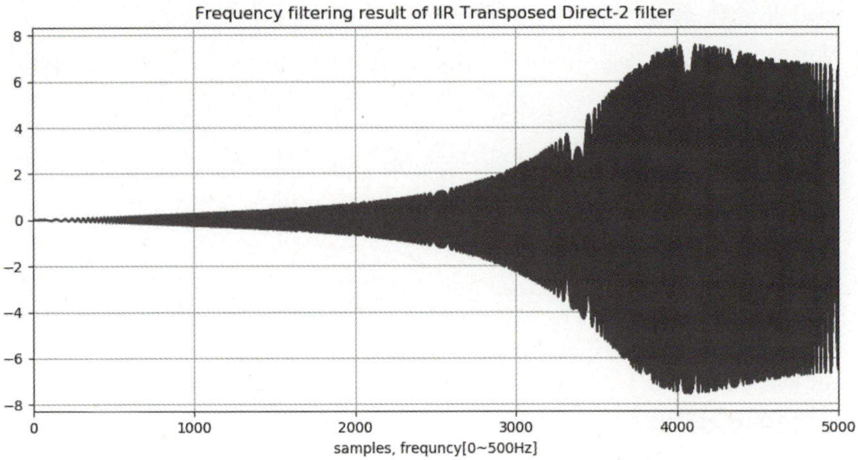

6.3.4 직렬형 구조 실습

예제 6-2의 직렬형 구조에 대해서도 지금까지와 마찬가지로 중간 출력을 $v(n)$이라 두고, 입력 $x(n)$, 중간 출력 $v(n)$, 그리고 최종 출력 $y(n)$ 사이의 관계식은 다음과 같다.

$$v(n)=x(n)-v(n-1)+(9x(n-2)-0.5v(n-2))$$
$$y_1(n)=v(n)+(-3v(n-1)+0.25y_1(n-1))+(2v(n-2)+0.125y_1(n-2))$$
$$y(n)=\frac{1}{16}y_1(n)$$

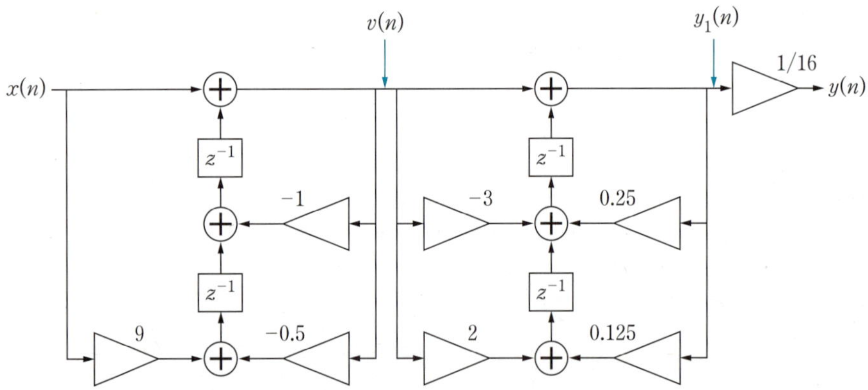

위 관계식을 사용하여 직렬형 구조를 다음과 같이 구현하고, "IIR_cascade.py" 파일로 저장한다.

▌IIR_cascade.py

```
import numpy as np
import matplotlib.pyplot as plt
from scipy.signal import chirp

def IIR_cascade(x):      #직렬형 IIR 필터
    y=[0]*tn
    v=[0]*tn
    for n in range(4, len(x)):
        v[n]=x[n]-v[n-1]+(9*x[n-2]-0.5*v[n-2])
        y[n]=1/16*(v[n]+(-3*v[n-1]+0.25*y[n-1])+(2*v[n-2]+0.125*y[n-2]))
    return y

tn=5000    #총 데이터 샘플 수
t = np.linspace(0, 1, tn)    #x축 설정
input = chirp(t, f0=10, t1=0.2, f1=500, method='linear')    #처프신호 발생
IIR_cascade_output=[0]*tn    #필터 출력 어레이 설정
IIR_cascade_output=IIR_cascade(input) #필터 출력 계산

plt.plot(IIR_cascade_output,"b"); plt.xlim(0,5000)
plt.xlabel("samples, frequncy[0~500Hz]"); plt.grid()
plt.title("Frequency filtering result of IIR Cascade filter")
```

그리고 위에서 구현한 직렬형 구조의 IIR 필터의 출력 결과는 다음 그림과 같으며, 앞의 다른 모든 구조들의 결과와 동일한 것을 확인할 수 있다.

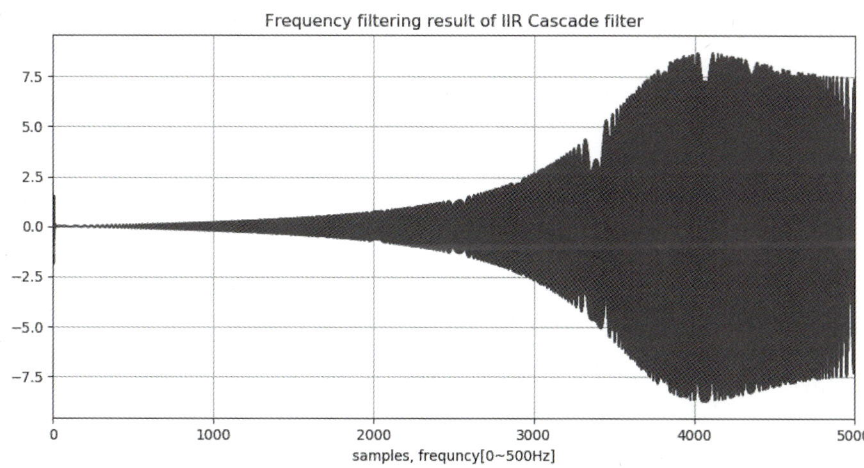

6.3.5 병렬형 구조 실습

예제 6-3의 병렬형 구조에 대해서는 두 개의 중간 출력을 각각 $v_1(n)$, $v_2(n)$이라 두고 세 갈래의 중간 출력들을 더해서 최종 출력을 구한다.

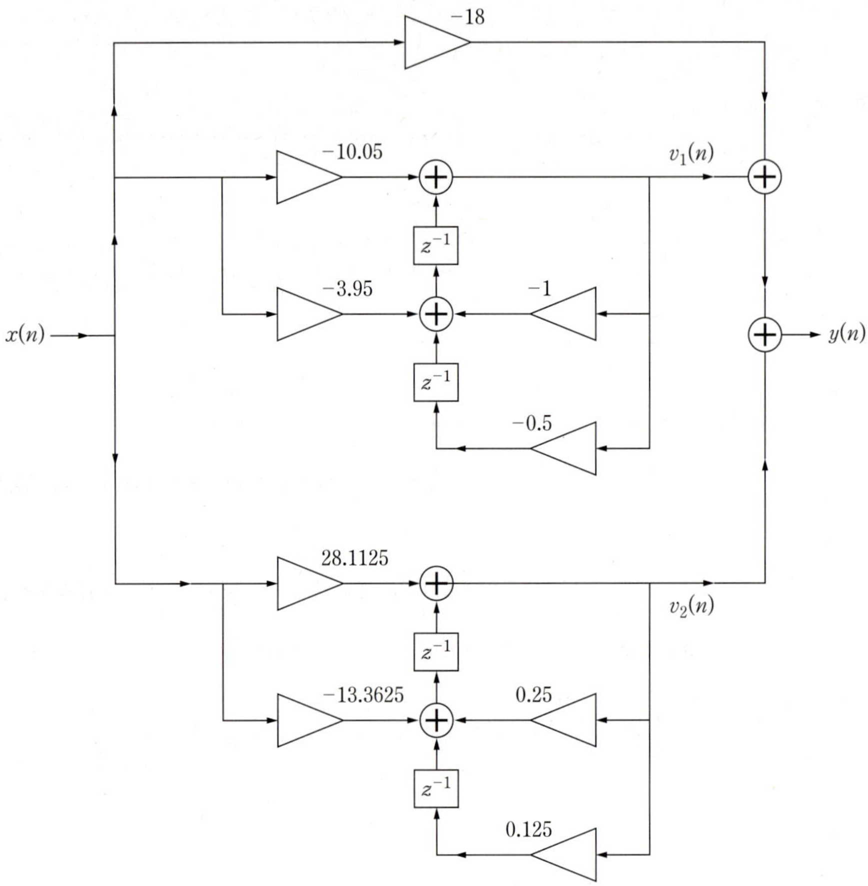

이들 중간 출력 $v_1(n)$, $v_2(n)$과 입력 $x(n)$ 사이의 관계식은 다음과 같다.

$$v_1(n) = -10.05x(n) - 3.95x(n-1) - v_1(n-1) - 0.5v_1(n-2)$$
$$v_2(n) = 28.1125x(n) - 13.3625x(n-1) - 0.25v_2(n-1) + 0.125v_2(n-2)$$

그리고 입력 $x(n)$, 중간 출력 $v_1(n)$과 $v_2(n)$, 그리고 출력 $y(n)$ 사이의 관계식은 다음과 같다.

$$y(n) = -18x(n) + v_1(n) + v_2(n)$$

위의 두 관계식을 사용하여 IIR 필터의 병렬형 구조를 다음과 같이 구현하고, "IIR_parallel.py" 파일로 저장한다.

IIR_parallel.py

```
import numpy as np
import matplotlib.pyplot as plt
from scipy.signal import chirp

def IIR_parallel(x):    #병렬형 IIR 필터
    y=[0]*tn
    v1=[0]*tn
    v2=[0]*tn
    for n in range(4, len(x)):
        v1[n]=-10.05*x[n]-3.95*x[n-1]-v1[n-1]-0.5*v1[n-2]
        v2[n]=28.1125*x[n]-13.3625*x[n-1]+0.25*v2[n-1]+0.125*v2[n-2]
        y[n]=-18*x[n]+v1[n]+v2[n]
    return y

tn=5000    #총 데이터 샘플 수
t = np.linspace(0, 1, tn)    #x축 설정
input = chirp(t, f0=10, t1=0.2, f1=500, method='linear')    #처프신호 발생
IIR_parallel_output=[0]*tn    #필터 출력 어레이 설정
IIR_parallel_output=IIR_parallel(input)  #필터 출력 계산

plt.plot(IIR_parallel_output,"b"); plt.xlim(0,5000)
plt.xlabel("samples, frequncy[0~500Hz]"); plt.ylim(-8,8); plt.grid()
plt.title("Frequency filtering result of IIR Parallel filter")
```

그리고 위에서 구현한 병렬형 구조의 IIR 필터의 출력 결과는 다음 그림과 같으며, 앞의 다른 모든 구조들의 결과와 동일한 것을 확인할 수 있다.

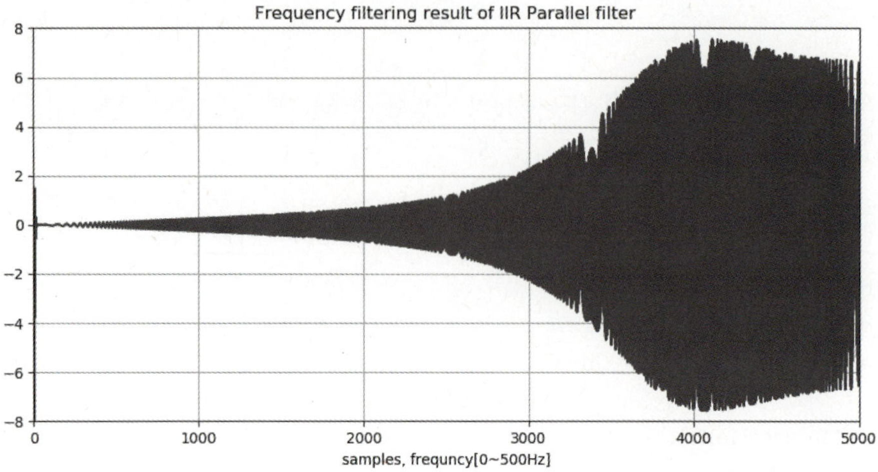

6.4 FIR 필터 구조

FIR 필터는 식 (6−6)과 같은 차분방정식으로 표현된다. 이것은 IIR 필터의 차분방정식에서 비순환 부분만 있는 형태이며, 시스템함수는 식 (6−7)과 같다.

$$y(n) = \sum_{k=0}^{M-1} b_k x(n-k) = b_0 + b_1 x(n-1) + b_2 x(n-2) + \cdots + b_{M-1} x(n-(M-1)) \quad (6\text{−}6)$$

$$H(z) = \sum_{k=0}^{M-1} b_k z^{-k} = b_0 + b_1 z^{-1} + b_2 z^{-2} + \cdots + b_{M-1} z^{-(M-1)} \quad (6\text{−}7)$$

FIR 필터의 길이는 계수의 수 M과 같으며, 필터의 차수는 M−1이다. FIR 필터의 구조는 순환 부분이 없어서 안정적이다. 그리고 IIR 필터 구조에 비해서 상대적으로 단순하다. 더군다나 FIR 필터는 적용하기에 바람직한 선형위상응답(linear−phase response)을 가지도록 설계될 수 있다.

FIR 필터의 구조는 다음과 같은 세 가지 구조를 고려할 수 있다.

1. **직접형**(Direct Form): 차분방정식을 바탕으로 직접 구현되는 형태를 말한다.
2. **직렬형**(Cascade Form): 시스템함수를 바이쿼드로 불리는 더 작은 2차 섹션으로 나누어서 이 바이쿼드들의 곱으로 나타내는 형태이다. 그리고 각각의 바이쿼드를 직접형으로 구현함으로써, 전체는 바이쿼드 섹션의 직렬연결로 구현된다.
3. **선형위상형**(Linear–Phase Form): FIR 필터가 선형위상 반응을 가지게 되면 임펄스응답이 특정한 대칭 조건을 나타내게 된다. 이 대칭 관계로 인해 곱셈기를 약 절반으로 줄일 수 있다.

6.4.1 직접형

앞의 차분방정식 (6–6) 식에서는 피드백 경로가 전혀 없기 때문에 단순한 일련의 탭 지연선 (a tapped delay line)의 형태로 구현된다. 다음 식과 같은 8차 FIR 필터(M=9)를 예를 들면, 차분방정식은 다음 식과 같으며, 이에 대한 직접형 구조는 그림 6–9와 같다. IIR 필터의 직접형 구조와는 달리 한 가지 형태 밖에 없다.

$$\begin{aligned}y(n) = b_0x(n)+b_1x(n-1)+b_2x(n-2)+b_3x(n-3)+b_4x(n-4)\\ +b_5x(n-5)+b_6x(n-6)+b_7x(n-7)+b_8x(n-8)\end{aligned}$$

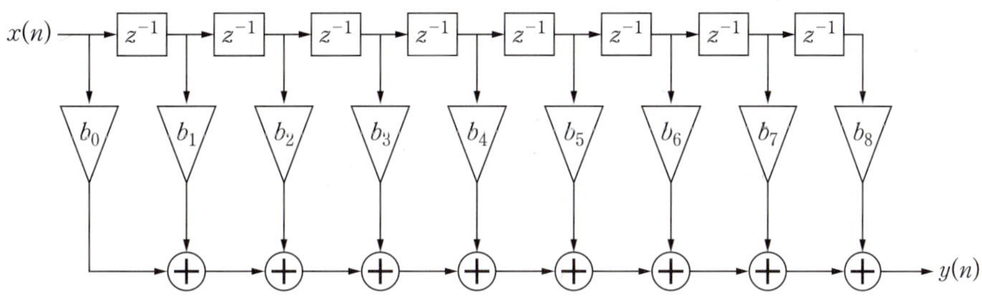

그림 6–9 8차 FIR 필터의 직접형 구조

6.4.2 직렬형

이 직렬형 구조는 IIR 필터의 직렬형 구조와 유사하다. 다음 식과 같이 시스템함수를 실수 계수를 가지는 2차 바이쿼드 섹션의 곱으로 변환한 다음, 이들을 직렬로 연결하여 구현한다. 이 바이쿼드들은 직접형으로 구현된다. 바이쿼드의 수 K는 $\left\lfloor \frac{M}{2} \right\rfloor$이다.

$$H(z)=\sum_{k=0}^{M-1} b_k z^{-k}=b_0+b_1 z^{-1}+b_2 z^{-2}+\cdots+b_{M-1} z^{-(M-1)}$$
$$=b_0 \prod_{k=1}^{K}(1+B_{k,1} z^{-1}+B_{k,2} z^{-2})$$

8차 FIR 필터에 대해서는 $K=\left\lfloor \frac{M}{2} \right\rfloor=\left\lfloor \frac{9}{2} \right\rfloor=4$ 이므로 그림 6-10과 같이 4단의 바이쿼드가 직렬로 연결된다.

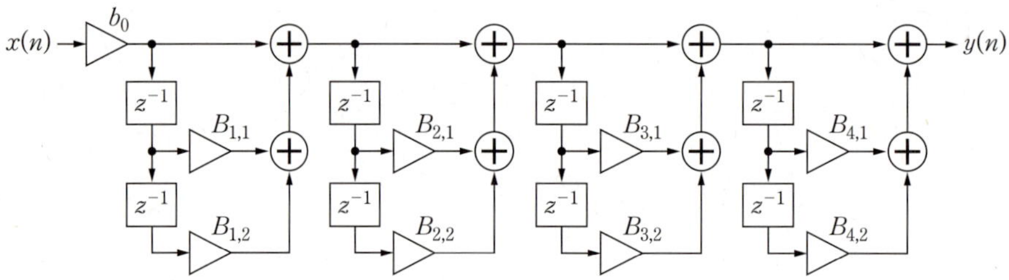

그림 6-10 8차 FIR 필터의 직렬형 구조

6.4.3 선형위상형

저역통과 필터와 같은 주파수선택형 필터는 일반적으로 다음 식과 같은 형태의 선형위상응답을 가지도록 하는 것이 바람직하다.

$$\angle H(\Omega)=\beta-\alpha\Omega, \qquad -\pi<\Omega\le\pi$$

여기서 $\beta=0$ 또는 $\pm\pi/2$, 그리고 α은 상수이다.

선형위상 조건은 시스템의 임펄스응답 $h(n)$에 대해 식 (6-8)과 같은 대칭 조건을 부과한다.

$$\begin{aligned} &h(n)=h(M-1-n); \quad \beta=0,\ \alpha=\frac{M-1}{2},\ 0\le n\le M-1 \\ &h(n)=-h(M-1-n); \quad \beta=\pm\pi/2,\ \alpha=\frac{M-1}{2},\ 0\le n\le M-1 \end{aligned} \tag{6-8}$$

식 (6-8)에서 상위 식을 만족하는 임펄스응답을 대칭임펄스응답(symmetric impulse response)이라고 부르고, 하위 식을 만족하는 임펄스응답을 반-대칭임펄스응답

(antisymmetric impulse response)이라고 부른다.

FIR 필터에서 대칭임펄스응답을 가지는 경우의 차분방정식과 그 구조는 필터의 차수 M이 홀수인지 짝수인지에 따라 다르다.

1) 필터의 차수가 짝수인 경우, 예를 들어 8차($M=9$)인 경우, 차분방정식은 식 (6-9)와 같이 쓸 수 있으며, 그 구조는 그림 6-11에 나타낸 것과 같다.

$$\begin{aligned} y(n) &= b_0x(n)+b_1x(n-1)+b_2x(n-2)+b_3x(n-3)+b_4x(n-4) \\ &\quad +b_3x(n-5)+b_2x(n-6)+b_1x(n-7)+b_0x(n-8) \\ &= b_0(x(n)+x(n-8))+b_1(x(n-1)+x(n-7))+b_2(x(n-2)+x(n-6)) \\ &\quad +b_3(x(n-3)+x(n-5))+b_4x(n-4) \end{aligned} \tag{6-9}$$

필터의 구조가 대칭이 되는 구조에 따라 설계할 때에 대칭되는 요소들끼리 하나의 항으로 묶을 수 있어서 곱셈기의 개수를 절반으로 줄일 수 있는 이점이 있다.

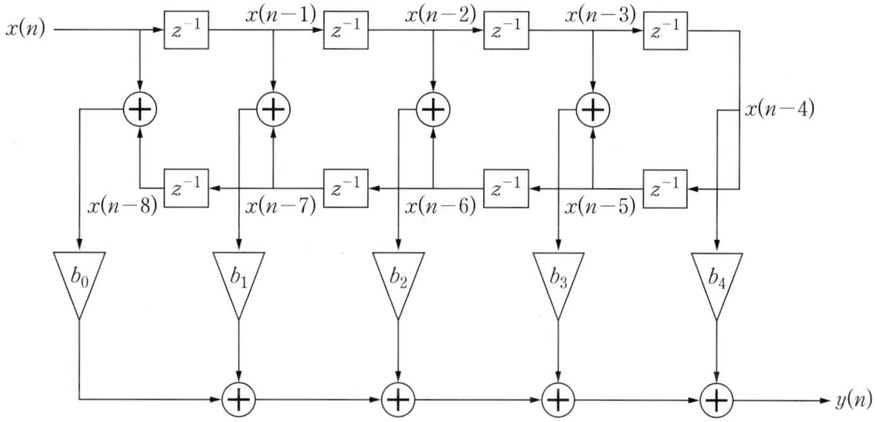

그림 6-11 8차 FIR 필터의 선형위상형 구조

2) 반면에 FIR 필터의 차수가 홀수인 경우, 예를 들어 9차($M=10$)인 경우, 차분방정식은 식 (6-10)과 같이 쓸 수 있으며, 그 구조는 그림 6-12에 나타낸 것과 같다.

$$\begin{aligned} y(n) &= b_0x(n)+b_1x(n-1)+b_2x(n-2)+b_3x(n-3)+b_4x(n-4) \\ &\quad +b_4x(n-5)+b_3x(n-6)+b_2x(n-7)+b_1x(n-8)+b_0x(n-9) \\ &= b_0(x(n)+x(n-9))+b_1(x(n-1)+x(n-8))+b_2(x(n-2)+x(n-7)) \\ &\quad +b_3(x(n-3)+x(n-6))+b_4(x(n-4)+x(n-5)) \end{aligned} \tag{6-10}$$

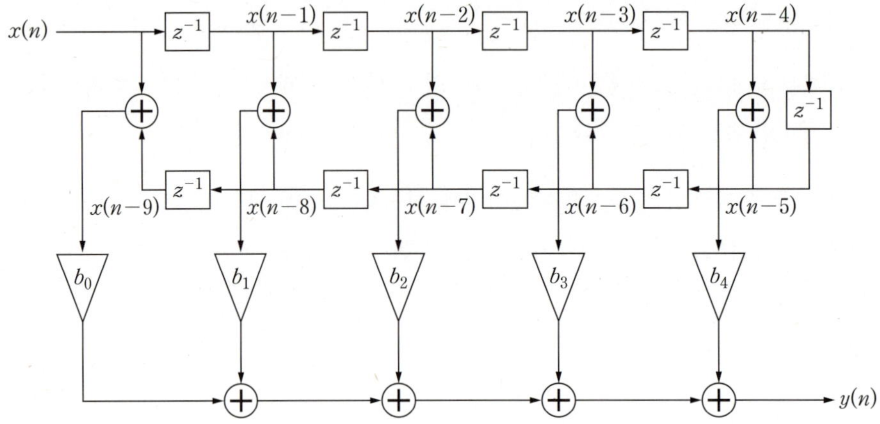

그림 6-12 9차 FIR 필터의 선형위상형 구조

예제 6-4 다음과 같은 차분방정식을 가지는 FIR 필터가 있다. 이 필터에 대해 직접형으로 그 구조를 나타내시오.

$$y(n)=x(n)+16.0625x(n-4)+x(n-8)$$

풀이 위 차분방정식에 z−변환을 적용하여 시스템함수를 구해본다.

$$Y(z)=X(z)+16.0625z^{-4}X(z)+z^{-8}X(z)=(1+16.0625z^{-4}+z^{-8})X(z)$$
$$H(z)=\frac{Y(z)}{X(z)}=1+16.0625z^{-4}+z^{-8}$$

위의 차분방정식과 시스템함수를 바탕으로 하여 직접형으로 필터를 구현하면 다음과 같은 구조를 가진다.

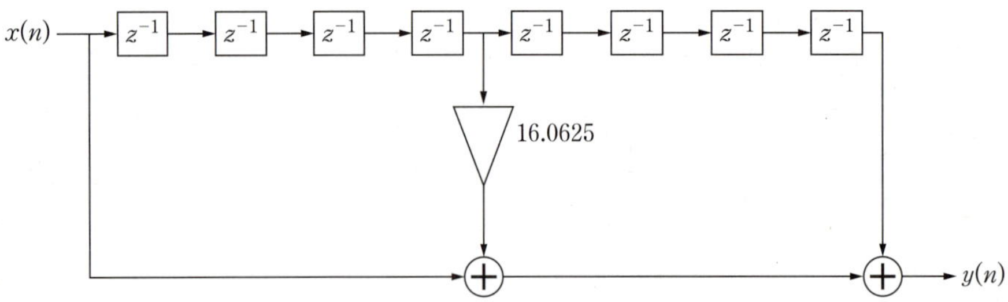

예제 6-5 예제 6-4와 동일한 차분방정식을 가지는 FIR 필터가 있다. 이 필터에 대해 직렬형으로 그 구조를 나타내시오.

$$y(n) = x(n) + 16.0625x(n-4) + x(n-8)$$

풀이 위 차분방정식에 z-변환을 적용하여 시스템함수를 구해본다.

$$Y(z) = X(z) + 16.0625z^{-4}X(z) + z^{-8}X(z) = (1 + 16.0625z^{-4} + z^{-8})X(z)$$
$$H(z) = \frac{Y(z)}{X(z)} = 1 + 16.0625z^{-4} + z^{-8}$$

위의 시스템함수를 2차 바이쿼드 섹션으로 분해하면 다음과 같은 식으로 전개된다.

$$\begin{aligned} H(z) &= 1 + 16.0625z^{-4} + z^{-8} = (1 + 16z^{-4})\left(1 + \frac{1}{16}z^{-4}\right) \\ &= (1 + 2\sqrt{2}z^{-1} + 4z^{-2})(1 - 2\sqrt{2}z^{-1} + 4z^{-2})\left(1 + \frac{\sqrt{2}}{2}z^{-1} + \frac{1}{4}z^{-2}\right) \\ &\quad \left(1 - \frac{\sqrt{2}}{2}z^{-1} + \frac{1}{4}z^{-2}\right) \\ &= (1 + 2.8284z^{-1} + 4z^{-2})(1 - 2.8284z^{-1} + 4z^{-2})(1 + 0.7071z^{-1} + 0.25z^{-2}) \\ &\quad (1 - 0.7071z^{-1} + 0.25z^{-2}) \end{aligned}$$

위 식과 같이 바이쿼드 섹션의 곱으로 분해된 시스템함수를 바탕으로 하여 직렬형으로 필터를 구현하면 다음과 같은 구조를 가진다.

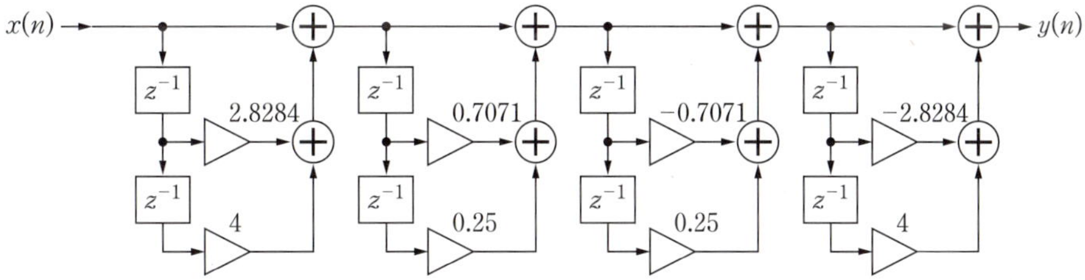

예제 6-6 예제 6-4와 동일한 차분방정식을 가지는 FIR 필터가 있다. 이 필터에 대해 선형위상형으로 그 구조를 나타내시오.

$$y(n) = x(n) + 16.0625x(n-4) + x(n-8)$$

풀이 위 차분방정식에 z-변환을 적용하여 시스템함수를 구해본다.

$$Y(z) = X(z) + 16.0625z^{-4}X(z) + z^{-8}X(z) = (1 + 16.0625z^{-4} + z^{-8})X(z)$$
$$H(z) = \frac{Y(z)}{X(z)} = 1 + 16.0625z^{-4} + z^{-8}$$

위의 시스템함수를 대칭임펄스응답 조건을 만족하는 형태의 시스템함수로 변환한다.

$$H(z) = 1 + 16.0625z^{-4} + z^{-8} = (1 + z^{-8}) + 16.0625z^{-4}$$

이 식을 기반으로 차수가 짝수인 선형위상형 구조로 구현하면 다음 그림과 같은 구조를 가진다. 직접형 구조와 비교하면 비슷한 것 같으나 대칭된 항끼리 묶는다는 점에서 그 구조가 달라지고 그로써 선형위상형이 된다는 점을 발견할 수 있다.

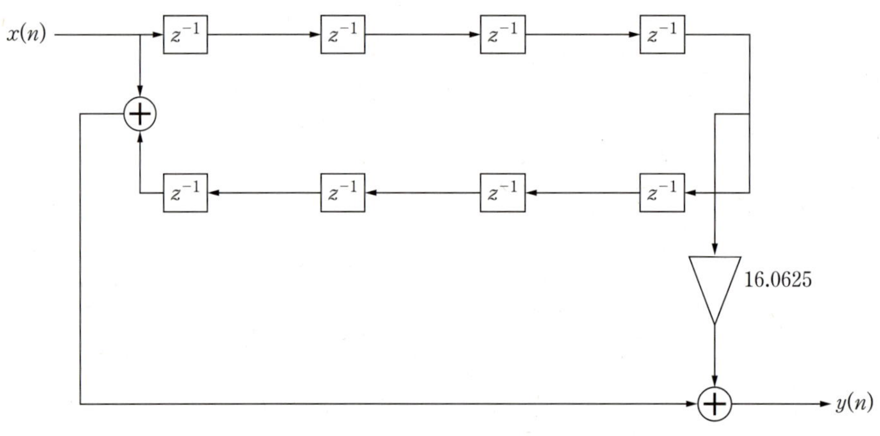

6.5 FIR 필터 구조 실습

본 절에서는 FIR 필터의 여러 가지 구조들에 대해, 예제에서 나타낸 바와 같이 하나의 차분방정식에 대해 그 구조는 다르더라도 동일한 출력을 나타내는지를 실습을 통해서 확인할 것이다. 구조는 다르더라도 필터의 입출력 관계를 나타내는 차분방정식이 동일하다면 동일한 출력을 내야만 할 것이다.

$$y(n) = x(n) + 16.0625x(n-4) + x(n-8)$$

각각의 FIR 필터 구조들에 대해 주파수 필터링특성을 알아보기 위해서 입력신호로 6.3절의 IIR 필터 구조 실습에서 사용한 것과 동일하게 10Hz에서부터 시작하여 0.2초만에 500Hz까지 그 주파수가 변하는 처프신호를 사용할 것이다. 처프신호는 5,000개의 샘플로 구성되어 있다.

6.5.1 직접형 구조 실습

7차 FIR 필터의 직접형 구조 실습은 다음의 차분방정식을 바로 사용하면 된다.

$$y(n) = x(n) + 16.0625x(n-4) + x(n-8)$$

위 차분방정식에 대해 다음과 같이 구현하고, "FIR_direct.py" 파일로 저장한다. 입력이 18배 정도 증폭되고 120Hz와 380Hz 근방에서 약간의 감소가 발생하는 필터링특성을 보인다.

▌FIR_direct.py

```
import numpy as np
import matplotlib.pyplot as plt
from scipy.signal import chirp

def FIR_direct(x):     #직접형 FIR 필터
    y=[0]*tn
    for n in range(4, len(x)):
        y[n]=x[n]+16.0625*x[n-4]+x[n-8]
    return y
```

```
tn=5000    #총 데이터 샘플 수
t = np.linspace(0, 1, tn)    #x축 설정
input = chirp(t, f0=10, t1=0.2, f1=500, method='linear')    #처프신호 발생
Filter_output=[0]*tn    #필터 출력 어레이 설정
Filter_output=FIR_direct(input)    #필터 출력 계산

plt.plot(Filter_output,"b"); plt.xlim(0,5000)
plt.xlabel("samples, frequncy[0~500Hz]"); plt.grid()
plt.title("Frequency filtering result of FIR direct filter")
```

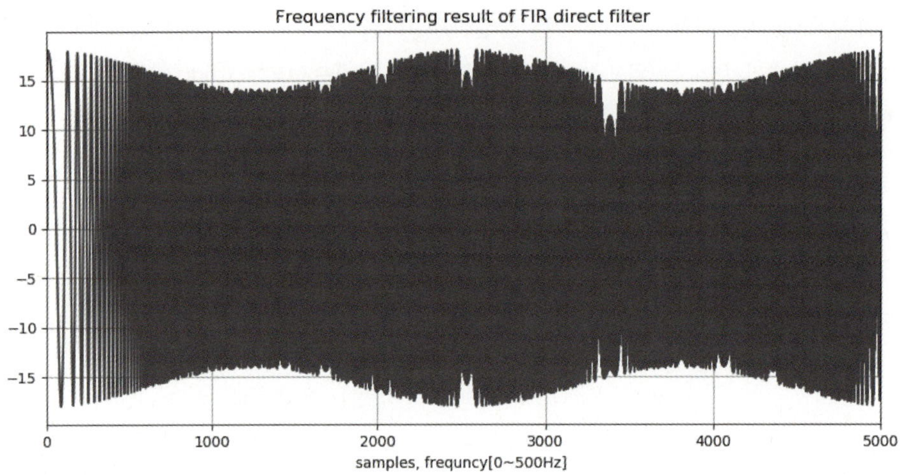

6.5.2 직렬형 구조 실습

8차 FIR 필터의 직접형 구조 실습은 다음 식과 같이 바이쿼드 섹션으로 분해된 차분방정식을 사용하면 된다.

$$
\begin{aligned}
H(z) &= 1+16.0625z^{-4}+z^{-8} \\
&= (1+2.8284z^{-1}+4z^{-2})(1-2.8284z^{-1}+4z^{-2})(1+0.7071z^{-1}+0.25z^{-2}) \\
&\quad (1-0.7071z^{-1}+0.25z^{-2})
\end{aligned}
$$

다음 그림과 같이 각 바이쿼드 섹션의 중간 결과들을 $v_1(n)$, $v_2(n)$, $v_3(n)$으로 명하고, 각각의 바이쿼드 섹션의 중간 출력과 최종 출력 사이의 차분방정식을 구하면 다음과 같다.

$$v_1(n) = x(n) + 2.8284x(n-1) + 4x(n-2)$$
$$v_2(n) = v_1(n) + 0.7071v_1(n-1) + 0.25v_1(n-2)$$
$$v_3(n) = v_2(n) - 0.7071v_2(n-1) + 0.25v_2(n-2)$$
$$y(n) = v_3(n) - 2.8284v_3(n-1) + 4v_3(n-2)$$

위 식을 사용하여 8차 FIR 필터의 직렬형 구조를 나타내면 다음 그림과 같다.

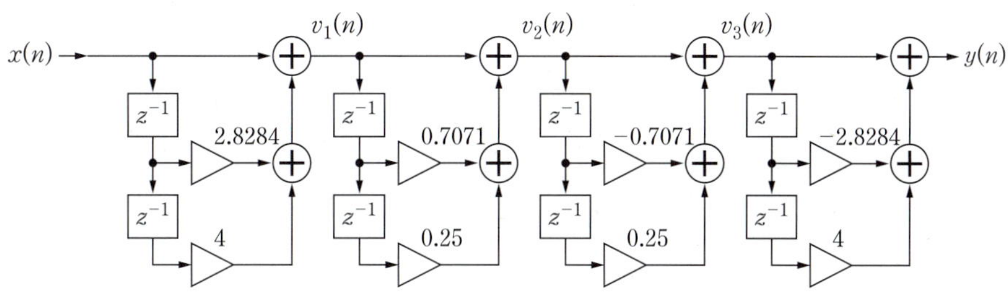

위 차분방정식에 대해 다음과 같이 구현하고, "FIR_cascade.py" 파일로 저장한다. 직접형 구조에서와 동일한 필터링 결과를 나타내는 것을 볼 수 있다.

FIR_cascade.py

```
import numpy as np
import matplotlib.pyplot as plt
from scipy.signal import chirp

def FIR_cascade(x):     #직렬형 FIR 필터
    y=[0]*tn
    v1=[0]*tn; v2=[0]*tn; v3=[0]*tn
    for n in range(4, len(x)):
        v1[n]=x[n]+2.8284*x[n-1]+4*x[n-2]
        v2[n]=v1[n]+0.7071*v1[n-1]+0.25*v1[n-2]
        v3[n]=v2[n]-0.7071*v2[n-1]+0.25*v2[n-2]
        y[n]=v3[n]-2.8284*v3[n-1]+4*v3[n-2]
    return y

tn=5000    #총 데이터 샘플 수
t = np.linspace(0, 1, tn)    #x축 설정
input = chirp(t, f0=10, t1=0.2, f1=500, method='linear')    #처프신호 발생
```

```
Filter_output=[0]*tn      #필터 출력 어레이 설정
Filter_output=FIR_cascade(input)    #필터 출력 계산
plt.plot(Filter_output,"b"); plt.xlim(0,5000)
plt.xlabel("samples, frequncy[0~500Hz]"); plt.grid()
plt.title("Frequency filtering result of FIR cascade filter")
```

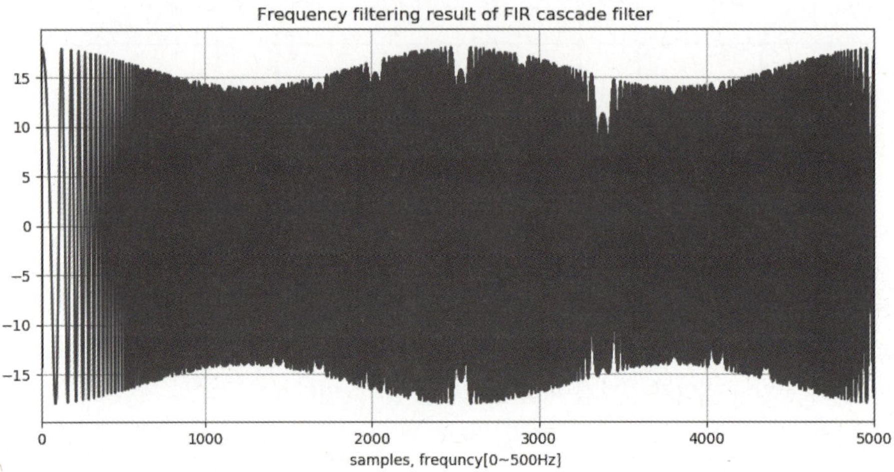

6.5.3 선형위상형 구조 실습

8차 FIR 필터의 선형위상형 구조 실습은 다음과 같이 변경된 차분방정식으로부터 구한 차분방정식을 곧 바로 사용하면 된다.

$$H(z) = \frac{Y(z)}{X(z)} = 1 + 16.0625z^{-4} + z^{-8} = (1 + z^{-8}) + 16.0625z^{-4}$$
$$y(n) = \{x(n) + x(n-8)\} + 16.0625x(n-4)$$

위 차분방정식에 대해 다음과 같이 구현하고, "FIR_linear_phase.py" 파일로 저장한다. 앞에서의 다른 구조들에서와 동일한 필터링 결과를 나타내고 있다.

FIR_linear_phase.py

```
import numpy as np
import matplotlib.pyplot as plt
from scipy.signal import chirp

def FIR_linear_phase(x):      #선형 위상 FIR 필터
    y=[0]*tn
    for n in range(4, len(x)):
        y[n]=(x[n]+x[n-8])+16.0625*x[n-4]
    return y

tn=5000    #총 데이터 샘플 수
t = np.linspace(0, 1, tn)    #x축 설정
input = chirp(t, f0=10, t1=0.2, f1=500, method='linear')     #처프신호 발생
Filter_output=[0]*tn     #필터 출력 어레이 설정
Filter_output=FIR_linear_phase(input)    #필터 출력 계산

plt.plot(Filter_output,"b"); plt.xlim(0,5000)
plt.xlabel("samples, frequncy[0~500Hz]"); plt.grid()
plt.title("Frequency filtering result of FIR linear phase filter")
```

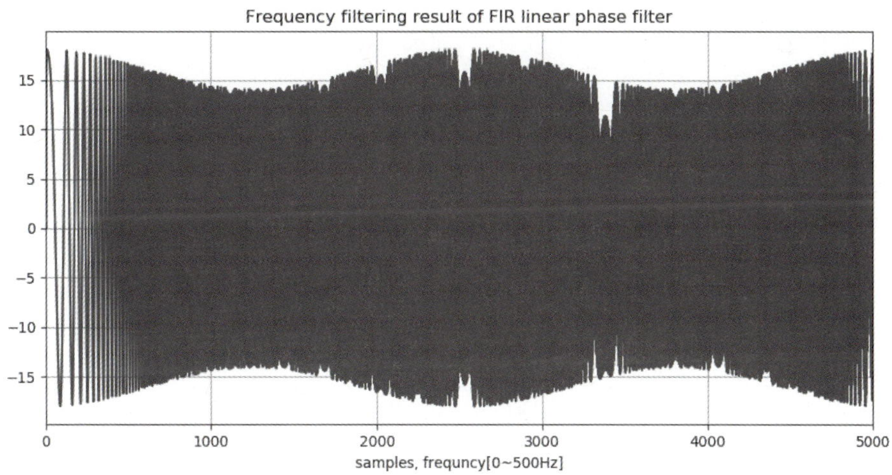

연습문제

1. 필터에는 임펄스응답의 특성에 따라 (a) 필터와 (b) 필터의 두 가지가 있다. (a) 필터는 ( ) 구간의 임펄스응답을 가지는 필터이며, (b) 필터는 ( ) 구간의 임펄스응답을 가지는 필터이다.

2. 필터를 구성하는 구조에는 ( )형, ( )형, ( )형, 그리고 ( )형의 네 가지가 있다.

3. 필터의 구조를 기술하기 위해서는 세 가지 기본 소자가 필요하며, ( ), ( ), 그리고 ( )가 있다.

4. 필터의 구조를 기술하기 위한 세 가지 기본 소자의 기능과 표기를 비교하여 나타내시오.

5. 차분방정식과 시스템함수가 다음과 같은 각각의 LTI 시스템에 대해 제1 직접형 구조의 필터를 구성하시오.

(1) $y(n)=x(n)+2x(n-1)+3x(n-2)$

(2) $H(z)=\dfrac{1-3z^{-1}+3z^{-2}+z^{-3}}{1+0.2z^{-1}-0.14z^{-2}+0.44z^{-3}}$

6. 다음과 같은 시스템함수를 가지는 LTI 시스템이 있다. 직접형과 직렬형 구조의 블록다이어그램을 그리시오.

$$H(z)=2+3z^{-1}+5z^{-2}-3z^{-3}+4z^{-5}+8z^{-7}-7z^{-8}+4z^{-9}$$

7. 다음과 같은 시스템함수를 가지는 FIR 필터가 있다. 아래와 같은 블록다이어그램 구조들을 나타내시오.

$$H(z)=1-4z^{-1}+6.4z^{-2}-5.12z^{-3}+2.048z^{-4}-0.32768z^{-5}$$

(1) 직접형과 전치 직접형 구조

(2) 다섯 개의 1차 섹션들의 직렬형 구조

(3) 1개의 1차 섹션과 2개의 2차 섹션들의 직렬형 구조

(4) 1개의 2차 섹션과 1개의 3차 섹션의 직렬형 구조

8. 시스템함수가 다음과 같은 IIR 필터가 있다.

$$H(z)=2\left(\frac{1+z^{-2}}{1-0.8z^{-1}+0.64z^{-2}}\right)+\left(\frac{2-z^{-1}}{1-0.75z^{-1}}\right)+\left(\frac{1+2z^{-1}+z^{-2}}{1+0.81z^{-2}}\right)$$

(1) 전치 제2 직접형 구조를 나타내시오.

(2) 직접형 바이쿼드 구조의 직렬형 구조를 나타내시오.

(3) 직접형 바이쿼드 구조의 병렬형 구조를 나타내시오.

9. 시스템함수가 다음과 같은 FIR 필터가 있다.

$$H(z)=2+3z^{-1}+5z^{-2}-3z^{-3}+4z^{-5}+8z^{-7}-7z^{-8}+4z^{-9}$$

(1) 직접형 구조를 나타내시오.

(2) 직렬형 구조를 나타내시오.

10. 시스템 함수가 다음과 같은 IIR 필터가 있다.

$$H(z)=2+\frac{0.2-0.3z^{-1}}{1+0.9z^{-1}+0.9z^{-2}}+\frac{0.4+0.5z^{-1}}{1-0.8z^{-1}+0.8z^{-2}}$$

(1) 시스템의 차분방정식을 구하시오.

(2) 직접형 구조를 나타내시오.

(3) 병렬형 구조를 나타내시오.

(4) 병렬형 구조에 대해 처프신호에 대한 주파수선택 특성을 보이시오.

11. 시스템함수가 다음과 같은 IIR 필터가 있다. 아래와 같은 구조를 결정하고 나타내시오.

$$H(z) = 2\left(\frac{1+z^{-1}+z^{-2}}{1-0.8z^{-1}+0.64z^{-2}}\right)+\left(\frac{2-z^{-1}}{1-0.75z^{-1}}\right)+\left(\frac{1+2z^{-1}+z^{-2}}{1+0.81z^{-2}}\right)$$

(1) 전치 제1-직접형

(2) 제2-직접형

(3) 전치 2차 제2-직접형 섹션들의 직렬형

(4) 2차 제2-직접형 섹션들의 병렬형

12. 다음 그림과 같은 구조의 필터가 있다. 여기서 시스템 $H_1(z)$와 $H_2(z)$는 더 큰 시스템 $H(z)$를 구성하는 하위 성분들이다. 그리고 시스템 함수 $H_1(z)$와 $H_2(z)$는 각각 병렬형과 직렬형의 구조를 가지고 있다.

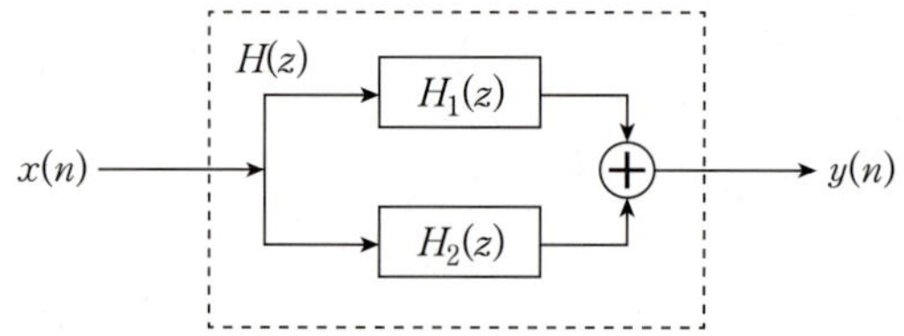

$$H_1(z) = 2 + \frac{0.2-0.3z^{-1}}{1+0.9z^{-1}+0.9z^{-2}} + \frac{0.4+0.5z^{-1}}{1-0.8z^{-1}+0.8z^{-2}}$$

$$H_2(z) = \left(\frac{2+z^{-1}-z^{-2}}{1+1.7z^{-1}+0.72z^{-2}}\right)\left(\frac{3+4z^{-1}+5z^{-2}}{1-1.5z^{-1}+0.56z^{-2}}\right)$$

(1) $H(z)$를 분모 분자 모두 다항식인 유리함수로 나타내시오.

(2) $H(z)$를 직렬형 구조로 나타내시오.

(3) $H(z)$를 병렬형 구조로 나타내시오.

CHAPTER 07

디지털 FIR 필터 설계

Digital Signal Processing

contents

07 디지털 FIR 필터 설계

7.1 디지털필터 설계 기초

디지털 신호처리에는 두 가지 형태의 중요한 시스템이 있다. 하나는 시간영역에서 신호의 주파수 선별을 수행하는 디지털필터(Digital Filter)와 주파수영역에서 신호표현을 제공하는 스펙트럼분석기(Spectrum Analyzer)이다. DFT라는 변환을 통해서 신호를 표현하는 스펙트럼분석에 대해서는 앞 장에서 배웠다. 디지털 신호처리의 마지막 목표는 바로 이 디지털 필터를 설계(design)하는 것이다.

디지털필터 설계는 다음과 같은 세 단계로 수행된다.

1. **사양결정**(specifications): 필터를 설계하기 전에 먼저 특정한 사양을 결정해야 한다. 필터의 사양은 어플리케이션에 따라서 결정된다.
2. **근사**(approximations): 사양이 정해지면, 지금까지 배운 여러 가지 이산신호처리 개념과 수학적 방법을 사용해서 주어진 사양을 근사시킨다.
3. **구현**(implementations): 앞의 두 단계를 거쳐서 생산된 차분방정식이나, 전달함수나, 아니면 임펄스반응으로부터 필터를 하드웨어 또는 소프트웨어로 구현한다.

7.1절에서는 먼저 이상적인 필터가 가지는 특성에 대해 알아보고, 다음은 실제적인 필터의 특성에 대해 알아본다. 그런 다음 필터를 설계하는 데 있어서 사양은 어떻게 결정하는지에 대해 살펴본다.

7.1.1 이상적인 필터의 특성

이상적인 필터(ideal filter)란 입력신호가 주파수선택(frequency selection)되었을 때, 통과된 주파수 성분에는 감쇠나 왜곡이 전혀 없고, 저지된 주파수 성분들 또한 전혀 남아있지 않는 주파수선택 결과를 나타내는 이산시스템을 말한다. 이러기 위해서는 통과대역과 저지대역의 경계가 명확해야만 한다. 실제로 이러한 필터시스템은 구현할 수가 없다. 다만 하드웨어나 소프트웨어적으로 여러 가지 장치나 도구들을 사용하여 이상적인 특성에 근접하는 특성을 낼 수 있도록 설계하고 구현하는 것이 현실적인 목표이다.

이상적인 필터는 그림 7–1에 나타낸 바와 같이 주파수선택 특성에 따라 다음과 같은 네 가지 형태의 필터를 고려할 수 있다.

1. **저역통과필터(LPF, Low Pass Filter)**: 입력신호가 가지고 있는 전체 주파수 대역 중에서 특정 주파수보다 낮은 주파수 성분들만 통과시키는 필터
2. **고역통과필터(HPF, High Pass Filter)**: 전체 주파수 대역 중에서 특정 주파수보다 높은 주파수 성분들만 통과시키는 필터
3. **대역통과필터(BPF, Band Pass Filter)**: 전체 주파수 대역 중에서 특정한 구간의 대역에 있는 주파수 성분들만 통과시키는 필터
4. **대역저지필터(BSF, Band Stop Filter)**: 전체 주파수 대역 중에서 특정 구간의 대역에 있는 주파수 성분은 저지시키고, 특정 구간을 제외한 나머지 저역과 고역의 주파수 성분만을 통과시키는 필터를 말한다. 대역저지필터를 노치필터(Notch Filter)라고도 한다.

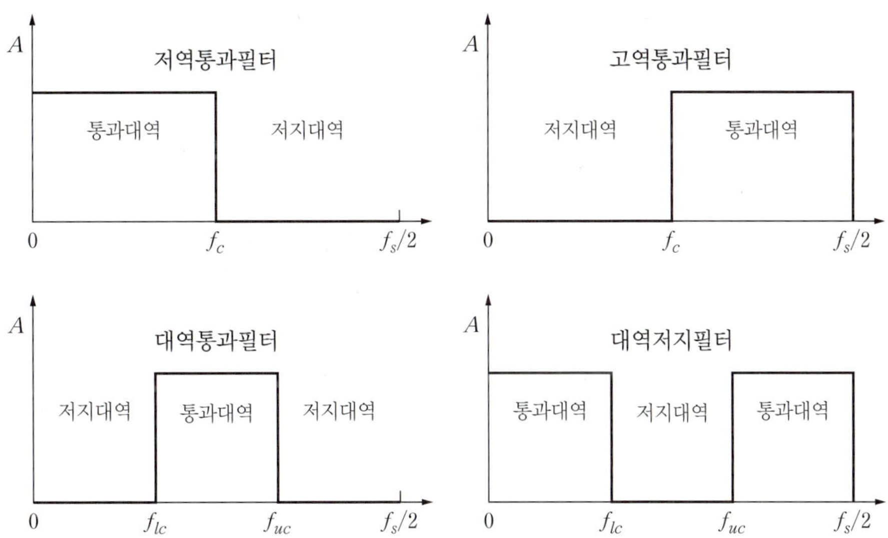

그림 7–1 이상적인 필터의 주파수 대역 선택 특성

예를 들어, 그림 7-2와 같이 1초 동안에 0Hz에서부터 500Hz까지 주파수가 선형적으로 변하는 처프신호를 발생시켜서 이상적인 필터에 입력해본다.

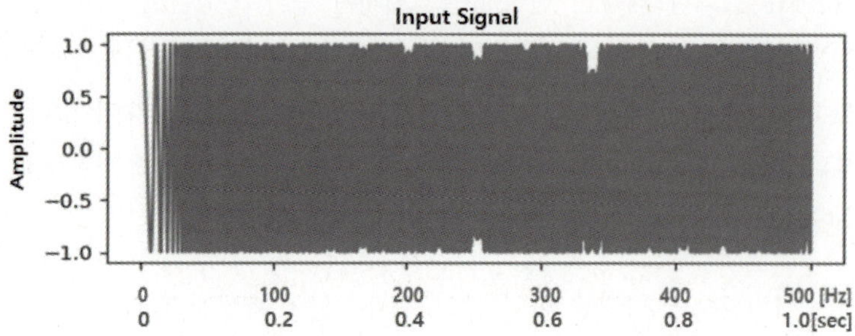

그림 7-2 이상적인 필터의 출력 특성을 알아보기 위한 처프 입력신호

위의 입력신호에 대해, 차단주파수(cutoff frequency)가 $f_c = 200\text{Hz}$ 인 저역통과필터와 차단주파수가 $f_c = 300\text{Hz}$ 인 고역통과필터의 이상적인 출력 특성, 그리고 하위 차단주파수(lower cut-off frequency)가 $f_{lc} = 200\text{Hz}$, 상위 차단주파수(upper cut-off frequency)가 $f_{uc} = 300\text{Hz}$ 인 대역통과필터와 대역저지필터의 이상적인 출력 특성은 그림 7-3과 같을 것이다.

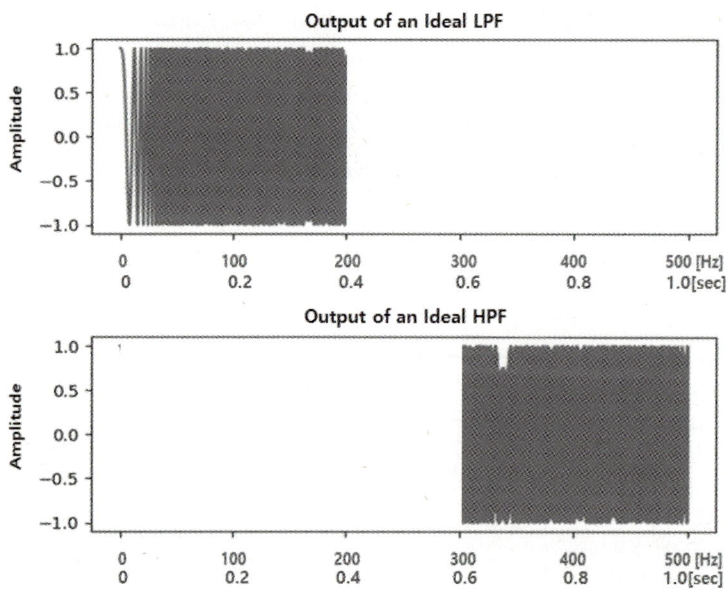

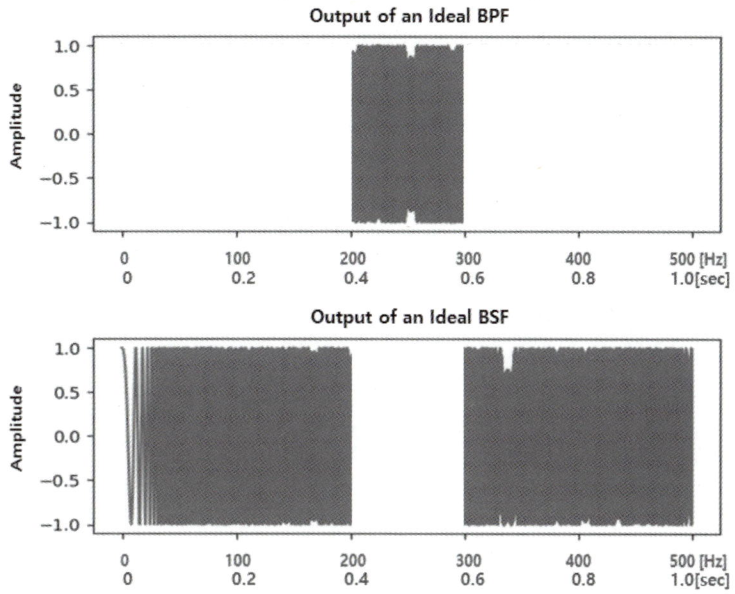

그림 7-3 처프 입력신호에 대한 이상적인 필터들의 출력 특성

7.1.2 실제적인 필터 특성

실제적인 필터(practical filter)에서는 그림 7-3에서와 같은 이상적인 응답 특성을 기대할 수 없다. 이상적인 필터의 경우에는 차단주파수를 중심으로 천이대역이 존재하지 않지만, 실제적인 필터에서는 차단주파수보다는 좌우로 통과대역 에지주파수(stopband edge frequency)와 저지대역 에지주파수(stopband edge frequency) 사이에 대역 특성이 전환되는 천이대역(transition band)이 존재하고, 통과대역이나 저지대역에서는 그 크기가 물결 모양으로 변동하는 리플(ripple)이 발생하게 된다. 또한 대역통과필터와 대역저지필터의 경우에는 하위와 상위에 두 개의 천이대역이 존재하게 된다.

따라서 필터를 실제적으로 설계하기 위해서는 그림 7-4와 같은 실제적인 필터 특성을 그림 7-1과 같이 이상적인 특성을 가지도록 최대한 근사시키는 여러 가지 방법들을 적용해야 한다.

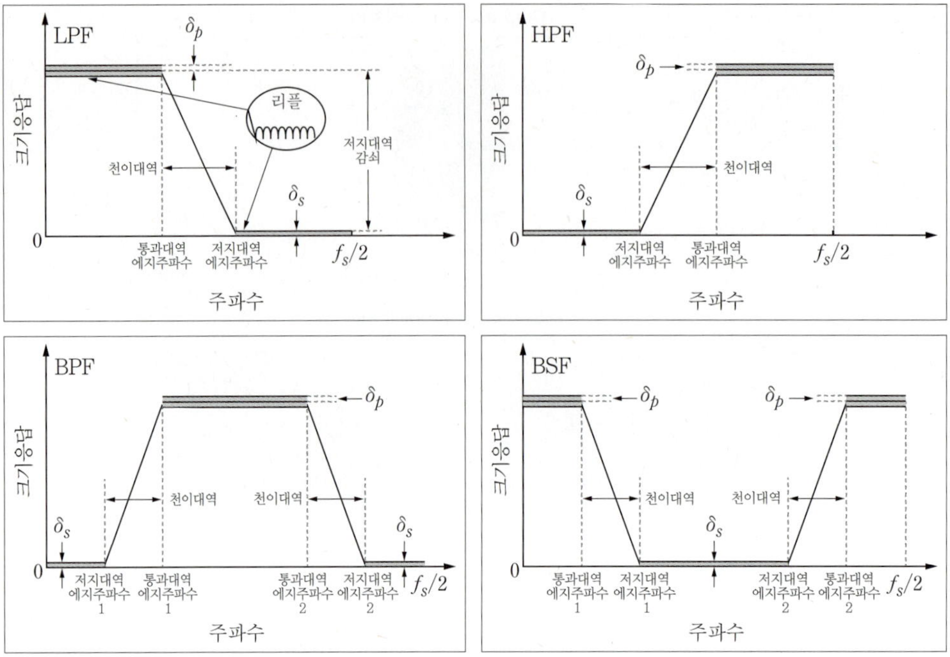

그림 7-4 실제적인 필터의 주파수응답 특성(National Instruments 제공)

7.1.3 필터 설계 사양

필터 설계(filter design)에 있어서 가장 먼저 해야 할 일은 적용하고자 하는 필터의 특성에 맞게 요구사항(requirements) 또는 사양(specification)을 결정하는 것이다.

필터의 목적은 입력신호의 주파수 대역에서 특정 대역을 통과시키고자 하는 것이므로, 적정한 필터를 설계하기 위해서는 사용 목적에 알맞도록 주파수 대역에 대한 응답의 사양을 결정해야 한다. 응답에는 크기응답과 위상응답이 있으며, 위상응답은 통과대역에서 선형(linear) 특성을 가지는 것이 바람직하다. 일반적으로 크기응답을 지정하는 사양은 절대 사양(absolute spec)과 상대 사양(relative spec)의 두 가지가 있다.

(1) 절대 사양

절대 사양은 그림 7-5에서와 같이 저역통과필터인 경우, 주파수(이산라디안주파수, $\Omega = 2\pi F = 2\pi f/f_s$)에 대한 주파수응답함수 $H(\Omega)$의 절댓값인 크기응답 $|H(\Omega)|$에 대한 사양을 지정하는 것이다.

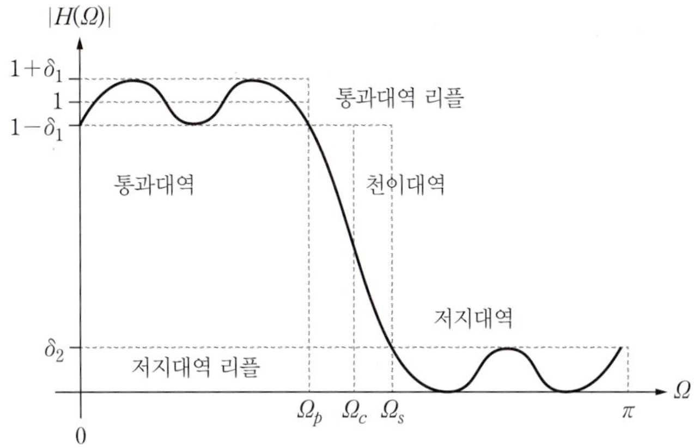

그림 7-5 저역통과필터의 주파수응답에 대한 절대 사양

그림 7–5에서 $[0,\ \Omega_p]$은 통과대역, $[\Omega_p,\ \Omega_s]$은 천이대역, $[\Omega_s,\ \pi]$은 저지대역이다. 통과대역에서 δ_1는 이상적인 통과대역 응답에서의 허용오차(tolerance)를 나타내며, δ_2는 이상적인 저지대역 응답에서의 허용오차를 나타낸다. 천이대역에서의 크기응답에 대한 제한은 없다. 허용오차를 리플(ripple)이라고도 부른다.

사양의 주파수 축에서 주파수$(\Omega_{\max} = 2\pi/2 = \pi)$ 범위는 0에서 π까지이다. 이것은 샘플링 정리에 근거하면, 신호에서 분석할 수 있는 최대주파수는 나이키스트주파수$(f_{\max} = f_s/2)$까지이므로, 최대 이산라디안주파수는 $\Omega_{\max} = \pi$가 된다. 그리고 최대 주파수는 곧 $f_{\max} = f_s/2$이며, 예를 들어서 샘플링주파수가 $f_s = 8\text{kHz}$이면 $f_{\max} = 4\text{kHz}$가 된다. 따라서 π와 4kHz는 주파수 축에서 상응하는 동일 범위를 의미한다.

$$f_{\max} = \frac{f_s}{2}[\text{Hz}], \quad \Omega_{\max} = \frac{2\pi f_{\max}}{f_s} = \frac{2\pi f_s/2}{f_s} = \pi[\text{radians}]$$

(2) 상대 사양

상대 사양은 그림 7–6에서와 같이 크기응답 $|H(\Omega)|$의 상대적인 크기로 사양을 지정하고, 식 (7–1)과 같이 데시벨(dB, decibel) 단위로 로그 척도를 사용한다.

$$-20\log_{10}\frac{|H(\Omega)|}{|H(\Omega)|_{\max}}\ [\text{dB}] \tag{7–1}$$

상대 사양을 사용하여 필터의 사양을 지정하는 방법은 MATLAB이나 LabVIEW와 같은 대부분의 상용 필터 설계 소프트웨어 툴에서 사용하는 방법이다.

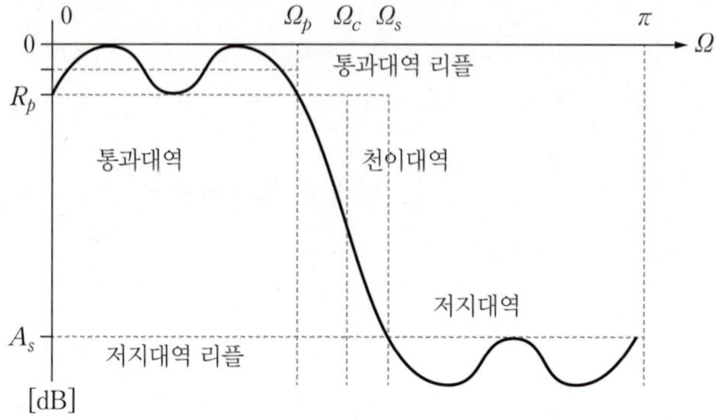

그림 7-6 저역통과필터의 상대 사양

그림 7-6에서 R_p는 통과대역에서의 허용오차, A_s는 저지대역에서의 감쇠를 나타내고 단위는 [dB]이다. 절대 사양과 상대 사양에서의 매개변수들 사이에는 밀접한 관계가 있으며, 그 관계는 식 (7-2)와 같다.

$$R_p = -20\log_{10}\frac{1-\delta_1}{1+\delta_1}, \quad A_s = -20\log_{10}\frac{\delta_2}{1+\delta_1} \tag{7-2}$$

예를 들어, 절대 사양에서 통과대역의 허용오차가 $\delta_1 = 0.01$, 저지대역의 허용오차가 $\delta_2 = 0.001$이라면, 상대 사양에의 통과대역의 허용오차 R_p와 저지대역의 감쇠 A_s은 위의 관계식에 의해 각각 약 0dB와 60dB임을 알 수 있다.

$$R_p = -20\log_{10}\frac{1-0.01}{1+0.01} = -20\log_{10}\frac{0.99}{1.01} \approx 0[\text{dB}]$$
$$A_s = -20\log_{10}\frac{0.001}{1+0.01} = -20\log_{10}\frac{0.001}{1.01} \approx 60[\text{dB}]$$

(3) 설계 문제

일반적으로는 상대 사양을 사용하며, 저역통과필터를 설계하자면, "통과대역 에지주파수가 Ω_p, 저지대역의 에지주파수가 Ω_s, 통과대역 리플이 R_p[dB], 저지대역 감쇠가 A_s[dB]인 저역통과필터를 설계하시오."와 같이 기술하게 될 것이다.

(4) 상용 설계 도구

필터를 설계하는 것은 궁극적으로 필터시스템의 전달함수나 차분방정식의 계수 값을 얻는 것이다. 필터의 사양을 결정하고, 이 사양을 근사하는 차분방정식이나 전달함수를 구한 다음, 이를 바탕으로 계수를 얻기까지의 과정은 필터의 차수가 높아질수록 일일이 수동적으로 계산하기는 거의 불가능할 만큼 복잡한 수학적인 과정을 거쳐야 한다. 따라서 최근에는 이러한 문제를 해결할 수 있도록 설계를 자동적으로 처리해주는 전용 소프트웨어 도구들이 상용화되어 있다.

필터를 설계하는 상용 도구들에는 대표적으로 MATLAB에 내장되어 있는 FDA(Filter Design & Analysis) 툴과 LabVIEW에 내장되어 있는 CFD(Classical Filter Design) 툴이 있다. 이 툴들을 사용하면 설계한 필터들의 계수 값들을 저장한 파일들을 얻을 수 있으며, 이 저장된 계수 값들을 사용하여 필터를 구현할 수 있다.

설계 결과를 실현해보기 위해서 앞의 장들에서 행해왔던 것처럼 파이썬 기반의 여러 가지 신호처리 관련 라이브러리를 참조하고, 이들 라이브러리에서 제공하는 다양한 함수들을 사용하여 신호처리 소스코드를 작성할 것이다. 기존으로 제공되는 함수들과 필요에 따라 사용자정의함수를 만들어서 사용한다. 이러한 사용자정의함수들은 각 장별로 작성하며 "chapxx_module.py" 파일로 저장하고 필요할 때 불러서 사용할 것이다.

다음 그림들은 각각 상용 도구인 MATLAB의 FDA와 LabVIEW의 CFD 필터 설계 GUI 상에서 필터를 설계하는 회면을 보여준다.

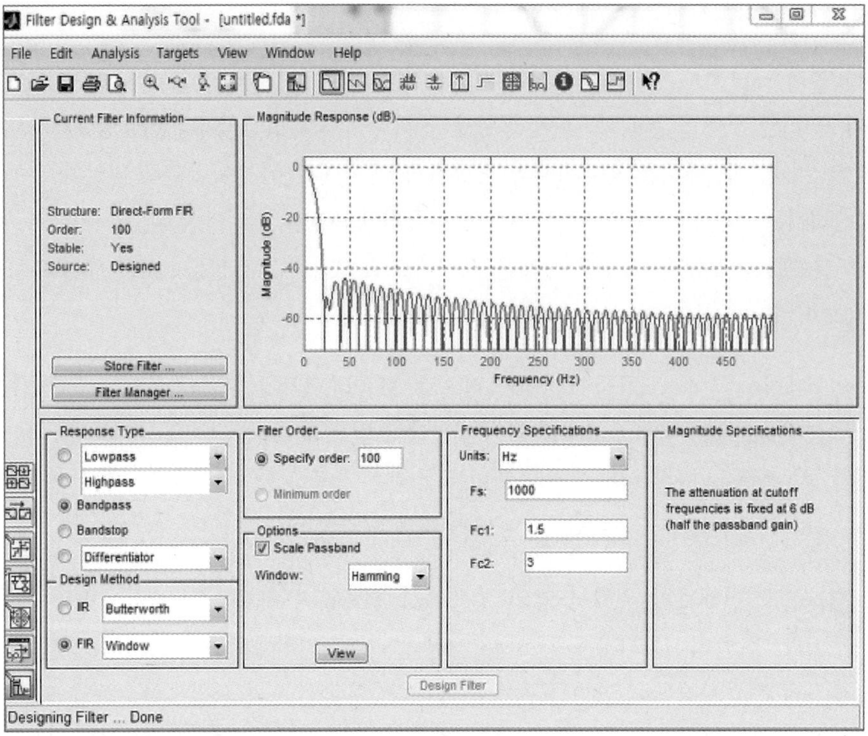

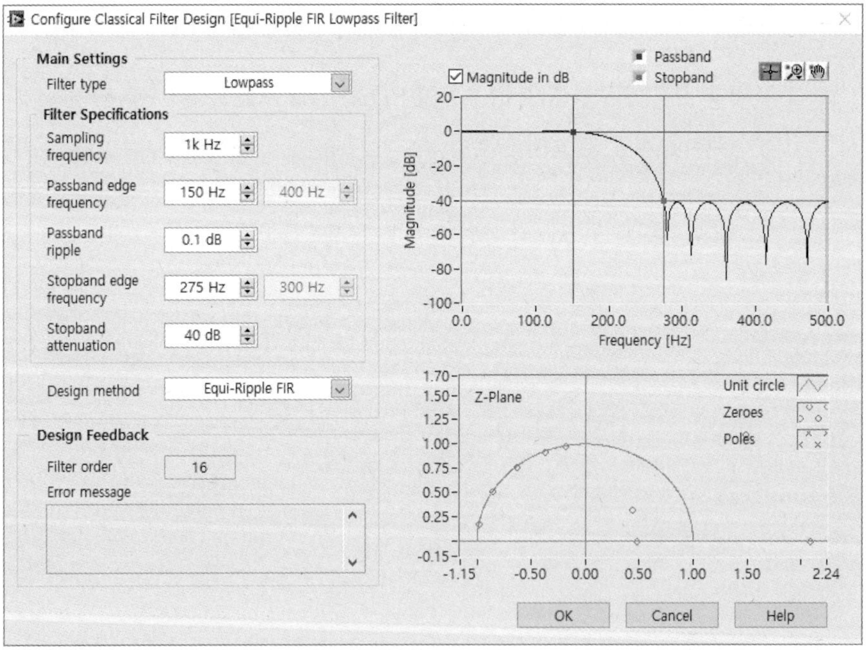

7.2 디지털 FIR 필터 설계 기법

스피치 또는 오디오 신호처리와 같은 응용분야에서는 특정한 주파수를 선별적으로 처리하는 주파수선택 기능을 구현하기 위해서 디지털필터를 사용하고 있다. 필터의 사양을 결정할 때는, 필터의 크기와 위상응답의 관점에서 주파수영역에서의 사양을 결정하는 것이 필요하며, 통과대역에서 선형위상응답(linear-phase response)을 가지는 것이 바람직하다. FIR 필터의 경우에는 통과대역에서 정확한 선형위상을 가지는 것이 가능하지만, IIR 필터에서는 통과대역에서의 선형위상은 성취하기가 힘들다. 따라서 이 장에서는 먼저 선형위상 FIR 필터의 특성에 대해 알아보고, 그 다음으로 세 가지 형태의 FIR 필터 설계 기법들에 대해 알아본다. 세 가지 형태의 FIR 필터 설계 기법은 다음과 같다.

1. 창 설계 기법
2. 주파수 샘플링 설계 기법
3. 최적 등-리플 설계 기법

창 설계(window design) 기법은 주파수영역에서 이상적인 주파수응답을 내는 무한구간의 시간영역 임펄스응답에 대해 적절한 모양과 크기의 창을 가하여 유한구간의 입력시퀀스를 취하는 방식으로 가장 이상적인 주파수응답에 근접하는 응답을 내는 창을 설계하는 방법이며 기존으로 설계되어 있는 여러 가지 창들을 적용한다. 그리고 주파수 샘플링 설계(frequency-sampling design) 기법은 주파수영역에서 이상적이고 연속적인 주파수응답으로부터 일정 개수의 샘플들을 취하고 천이대역에 적절한 샘플을 추가함으로써 이상적인 임펄스응답에 가까운 응답을 가지는 필터를 설계하는 방법이다. 또한 최적 등-리플 설계(optimal equiripple design) 방법은 원하는 주파수응답과 실제 주파수응답 사이의 최대오차를 최소화하는 방법으로 주파수응답에서 등-리플 특성을 나타내는 설계 방법이다. 제7장에서는 창 설계 기법과 최적 등-리플 설계 기법에 대해서만 살펴본다.

7.3 위상과 선형위상

그림 7-7에서와 같이 사인신호와 코사인신호는 크기에 따른 파형의 변화하는 모양은 동일하지만 위상 각도의 관점에서 90도의 차이가 나는 것을 알고 있다. 이 차이를 위상차(phase difference)라고 한다. 이와 같은 두 신호의 위상차는 시간축에 있어서 신호의 출발 시간의 차이, 즉 시간차라고도 말할 수 있다.

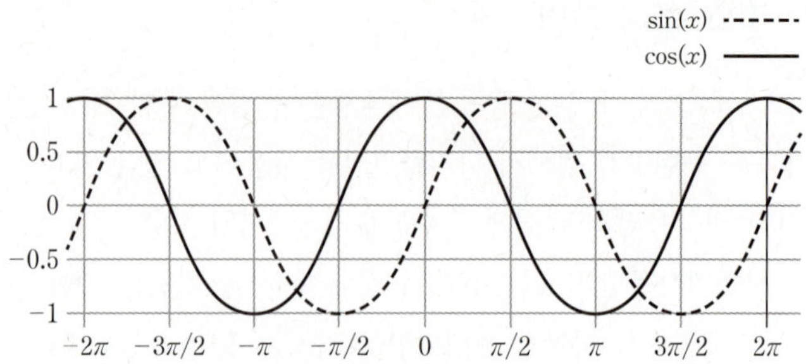

그림 7-7 사인파와 코사인파의 위상 비교

예를 들어서 녹음된 어떤 음악을 스피커를 통해서 재생하려고 할 때, 실제 우리가 듣는 하나의 음악을 구성하는 주파수가 다른 수많은 파들이 시작하는 시점, 즉 위상이 매질이나 전송시스템의 영향 등으로 원 신호의 위상과 미세하게 달라지고, 이로 인해 재생되는 음에 왜곡이 생겨 원래 음이 완벽하게 재생되지는 않는다. 다만 인간의 청각시스템이 이러한 위상차를 느낄 수 있을 정도로 감각적이지 못하기 때문에 인지하지 못하는 것일 뿐이다. 그러므로 신호가 필터와 같은 어떤 전달매체를 통과하더라도 신호를 구성하는 주파수 성분들의 위상이 선형적일 필요가 있으며, 앞으로 설계하려는 FIR 필터의 위상이 선형이 되도록 설계하는 것이 바람직하다.

그림 7-8에서와 같이 두 신호가 동일한 주파수라 하더라도 지연시간에 따라 위상차이가 나게 된다. 역으로 보면 같은 위상차가 나는 두 신호 사이에서도 주파수에 따라서 지연시간이 달라지는 것을 알 수 있다. 따라서 신호처리에서 위상은 매우 중요한 개념이다.

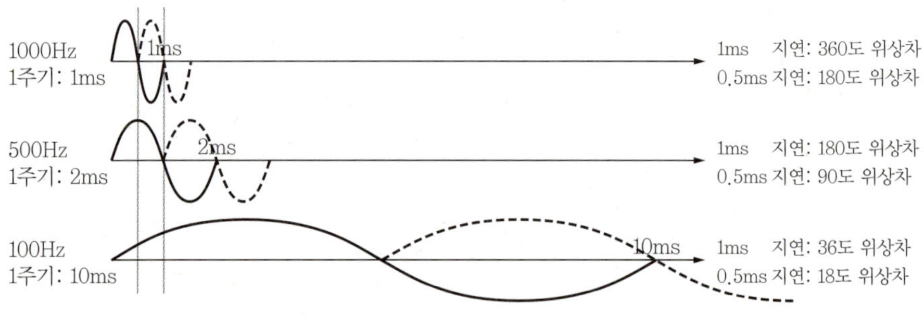

그림 7-8 주파수별 주기와 위상차

예를 들어서 1kHz 주파수를 가지는 신호의 주기는 1ms이므로 1ms 지연은 360도의 위상차가 생기고 0.5ms의 지연은 180도의 위상차가 생긴다. 또한 500Hz 주파수를 가지는 신호의 주기는 2ms이므로 1ms 지연은 180도의 위상차가 생기고 0.5ms의 지연은 90도의 위상차가 생긴다. 따라서 주파수가 다르면 같은 시간지연에 대해서도 위상차이가 달라지는 것을 알 수 있다. 표 7-1은 주파수별 지연시간에 따른 위상차를 보여준다.

표 7-1 주파수별 지연시간에 따른 위상차

	지연시간				
	0.5ms	1.0ms	2.0ms	5.0ms	10ms
1kHz	180°	360°			
500Hz	90°	180°	360°		
100Hz	18°	36°	72°	180°	360°

그러므로 어떤 신호가 필터를 거친 다음 나타나는 위상응답이 비선형이면 주파수별로 지연시간이 달라지기 때문에 출력신호의 모양이 크게 달라질 수도 있다. 따라서 구현하고자 하는 필터의 위상응답이 선형이 되도록 설계하는 것은 매우 중요하다. 위상응답이 선형인 FIR 필터를 선형위상 FIR 필터(Linear-Phase FIR Filter)라고 부른다.

7.4 선형위상 FIR 필터의 특성

길이가 M(차수는 $M-1$)인 선형위상필터의 임펄스응답이 $h(n)$이면 시스템함수 $H(z)$와 주파수응답함수 $H(\Omega)$는 식 (7-3)과 같이 나타낸다.

$$H(z)=\sum_{n=0}^{M-1} h(n)z^{-n}=\frac{\sum_{n=0}^{M-1} h(n)z^{(M-1)-n}}{z^{(M-1)}} \qquad (7\text{-}3)$$
$$H(\Omega)=\sum_{n=0}^{M-1} h(n)e^{-j\Omega n}, \quad -\pi<\Omega<\pi$$

식 (7-3)에서 선형위상필터는 원점 $z=0$에 $(M-1)$개의 극점을 가지고, z-평면 내의 어떤 지점들에 $(M-1)$개의 영점을 가지는 것을 알 수 있다.

길이가 M인 선형위상필터의 특성을 이해하기 위해서, 먼저 임펄스에 대한 응답 특성을 알아보고, 다음으로는 주파수에 대한 응답 특성을 알아본 다음, 마지막으로 영점들의 위치 특성에 대해 알아본다.

7.4.1 임펄스응답 특성

위상응답이 선형이 되기 위해서는 임펄스응답 $h(n)$의 값들이 양편으로 서로 대칭이거나 반-대칭으로 분포해야 한다.

(1) 임펄스응답 $h(n)$이 대칭으로 분포하는 경우

임펄스응답 $h(n)$은 식 (7-4)와 같이 대칭적 관계식을 가지며, 이 경우에 위상은 원점을 지나는 직선이 된다.

$$h(n) = h(M-1-n),\ 0 \le n \le (M-1),\ \alpha = \frac{M-1}{2} \qquad (7\text{-}4)$$
$$\angle H(\Omega) = -\alpha\Omega,\ -\pi < \Omega \le \pi$$

여기서 α를 상수위상지연(constant phase delay)이라 하며 실수 값이다. 임펄스응답 $h(n)$은 α에 대해 대칭이 되며, 필터의 길이 M이 홀수인지 짝수인지에 따라 다음과 같은 두 종류의 가능한 대칭 형태가 있다.

1. **M이 홀수인 경우**: 이 경우에는 $\alpha = (M-1)/2$이 정수가 된다. 필터의 길이가 $M = 11$이고 임펄스응답 $h(n)$이 다음 식과 같으면, 그림과 같이 양편에 위치한 값들이 한 쌍씩 같은 값으로 대칭적인 분포를 하고 있게 된다.

$$h(n) = \{\underset{\uparrow}{-4}, 1, -1, -2, 5, 6, 5, -2, -1, 1, -4\},\ M = 11,\ \alpha = 5$$

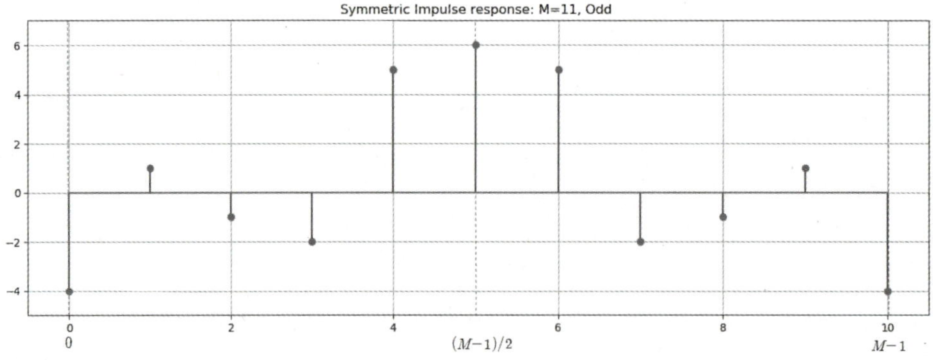

2. **M이 짝수인 경우**: 이 경우에는 $\alpha = \dfrac{M-1}{2}$ 이 정수가 아니다. 필터의 길이가 $M=12$ 이고 임펄스응답 $h(n)$ 이 다음 식과 같으면, 그림과 같이 α 를 중심으로 양편에 위치한 값들이 한 쌍씩 같은 값으로 대칭적인 분포를 하고 있게 된다.

$$h(n) = \{\underset{\uparrow}{-4}, 1, -1, -2, 5, 6, 6, 5, -2, -1, 1, -4\},\ M=12,\ \alpha=5.5$$

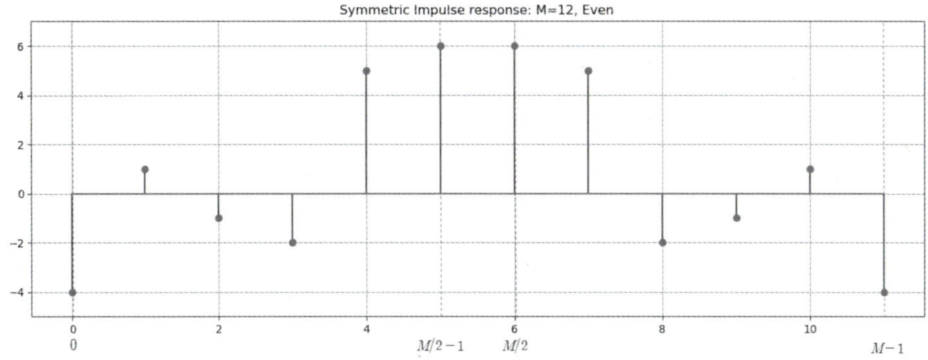

(2) 임펄스응답 $h(n)$ 이 반-대칭으로 분포하는 경우

임펄스응답 $h(n)$ 은 식 (7-5)와 같이 반-대칭적 관계식을 가지며, 이 경우에는 위상이 직선이지만 원점을 지나지 않는다.

$$\begin{aligned} & h(n) = -h(M-1-n),\ 0 \le n \le (M-1) \ \text{with}\ \alpha = \frac{M-1}{2},\ \beta = \pm\frac{\pi}{2} \\ & \angle H(\Omega) = \beta - \alpha\Omega,\ -\pi < \Omega \le \pi \end{aligned} \tag{7-5}$$

이 경우에 α 는 상수위상지연은 아니지만, 식 (7-6)과 같이 위상의 변화율은 상수이며, 그룹지연(group delay)을 가지게 된다.

$$\frac{d\angle H(\Omega)}{d\Omega} = -\alpha \tag{7-6}$$

따라서 이 경우에는 주파수들이 하나의 그룹으로 일정 비율로 지연된다. 임펄스응답 $h(n)$ 이 대칭일 때와 마찬가지로 필터의 길이 M이 홀수인지 짝수인지에 따라 두 종류의 가능한 반-대칭 형태가 있다.

1. **M이 홀수인 경우**: 이 경우에는 $\alpha=\frac{M-1}{2}$이 정수이며, 필터의 길이가 $M=11$이고 임펄스응답 $h(n)$이 다음 식과 같으면, 그림과 같이 α를 중심으로 양편에 위치한 값들이 한 쌍씩 크기가 같고 부호가 다른 값으로 반-대칭적인 분포를 하고 있게 된다.

$$h(n)=\{\underset{\uparrow}{-4},1,-1,-2,5,0,-5,2,1,-1,4\},\ M=11,\ \alpha=5$$

$\alpha=\frac{M-1}{2}$에서의 임펄스응답 $h(\alpha)$, 즉 $h\left(\frac{M-1}{2}\right)$은 반드시 0이어야 한다.

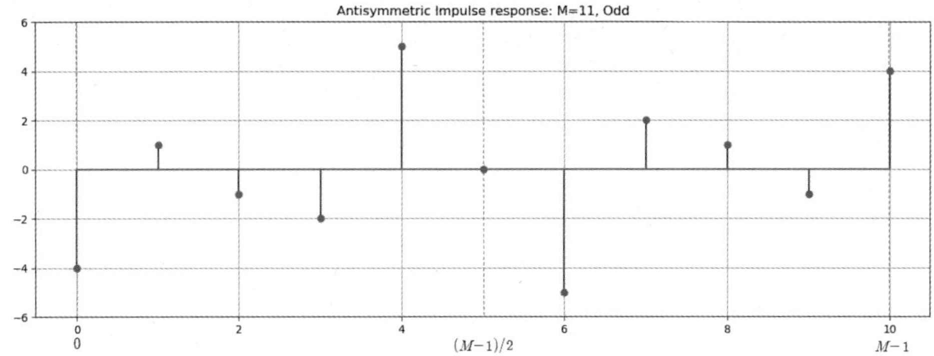

2. **M이 짝수인 경우**: 이 경우에는 $\alpha=\frac{M-1}{2}$이 정수가 아니며, 필터의 길이가 $M=12$이고 임펄스응답 $h(n)$이 다음 식과 같으면, 그림과 같이 α를 중심으로 양편에 위치한 값들이 한 쌍씩 크기가 같고 부호가 다른 값으로 반-대칭적인 분포를 하고 있게 된다.

$$h(n)=\{\underset{\uparrow}{-4},1,-1,-2,5,6,-6,\ -5,2,1,-1,4\},\ M=12,\ \alpha=5.5$$

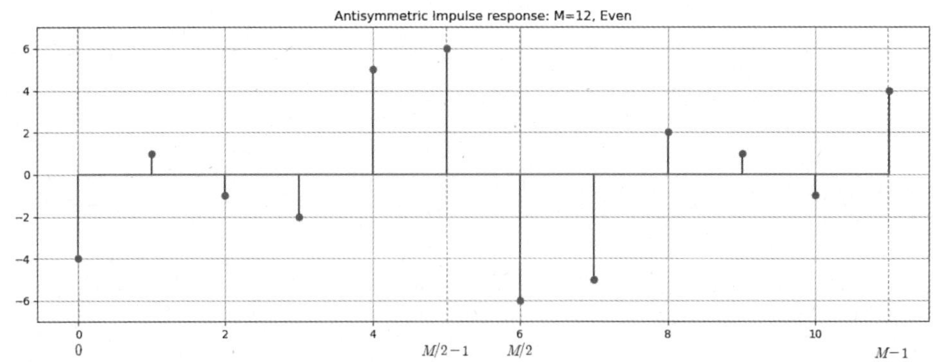

7.4.2 주파수응답과 위상응답 특성

필터의 임펄스응답이 대칭인지 반-대칭인지와, 필터의 길이 M이 홀수인지 짝수인지를 결합하면, 표 7-2와 같이 네 가지 형태의 선형위상 FIR 필터를 구할 수 있으며, 각각의 형태에 대한 주파수응답은 각각의 표현식과 형태를 가진다.

표 7-2 선형위상 FIR 필터의 형태

		임펄스응답 형태	
		대칭	반-대칭
필터길이 M	홀수	제1형	제3형
	짝수	제2형	제4형

식 (7-3)에서의 주파수응답함수 $H(\Omega)$를 다시 쓰면 식 (7-7)과 같이 나타낼 수 있다.

$$H(\Omega)= H_r(\Omega)e^{j(\beta-\alpha\Omega)}, \quad \beta=\pm\frac{\pi}{2}, \ \alpha=\frac{M-1}{2}$$
$$|H(\Omega)|=|H_r(\Omega)|, \quad |e^{j(\beta-\alpha\Omega)}|=1 \tag{7-7}$$

여기서 $H_r(\Omega)$는 주파수영역에서의 진폭응답(amplitude response)이며, $|H(\Omega)|$는 크기응답(magnitude response)이다. 진폭응답은 양과 음의 값을 모두 가질 수 있지만 크기응답은 실수이며 항상 양의 값을 가진다. 크기응답에 연관된 위상응답은 불연속선형함수인 반면에 진폭응답에 연관된 위상응답은 연속선형함수이다. 예제 7-1을 통해서 이들 둘 사이의 차이를 알아보자.

예제 7-1 임펄스응답이 $h(n)=|\underset{\uparrow}{1}, 1, 1|$인 필터시스템에 대해 주파수응답과 위상응답을 결정하고 그림으로 나타내시오.

풀이 임펄스응답 $h(n)$의 길이는 $M=3$이며, 주파수응답함수는 식 (7-3)에 따라 다음과 같다. 여기로부터 크기응답과 관련 위상응답을 구하면 아래와 같다.

$$H(\Omega)=\sum_{n=0}^{2}h(n)e^{-j\Omega n}=1+e^{-j\Omega}+e^{-j2\Omega}=\{e^{j\Omega}+1+e^{-j\Omega}\}e^{-j\Omega}=\{1+2\cos(\Omega)\}e^{-j\Omega}$$

$$|H(\Omega)| = |1+2\cos(\Omega)|, \quad 0 < \Omega \le \pi$$

$$\angle H(\Omega) = \begin{cases} -\Omega, & 0 < \Omega < \dfrac{2\pi}{3} \\ \pi-\Omega, & \dfrac{2\pi}{3} < \Omega < \pi \end{cases}$$

따라서 크기응답에 대한 위상응답은 Ω의 두 범주로 나누어지기 때문에 불연속선형의 형태를 나타낸다. 반면에 진폭응답과 관련된 위상응답을 구해보자.

$$H_r(\Omega) = 1+2\cos(\Omega), \quad -\pi < \Omega \le \pi$$
$$\angle H(\Omega) = -\Omega$$

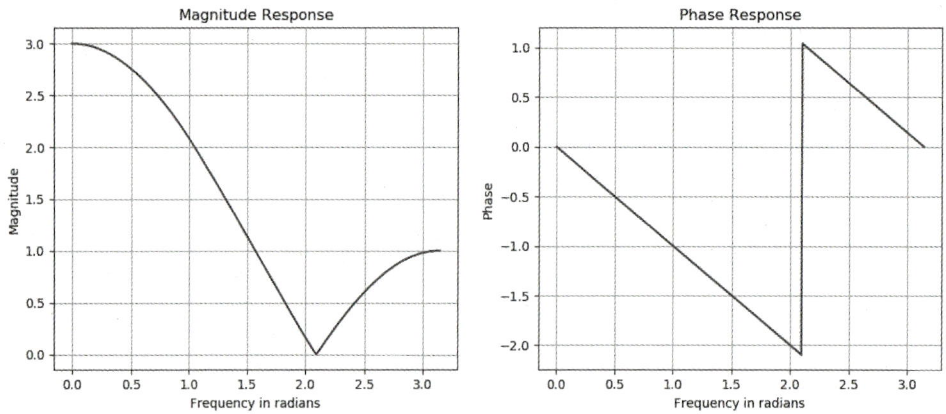

그림 7-9 크기응답과 그 위상응답(불연속선형)

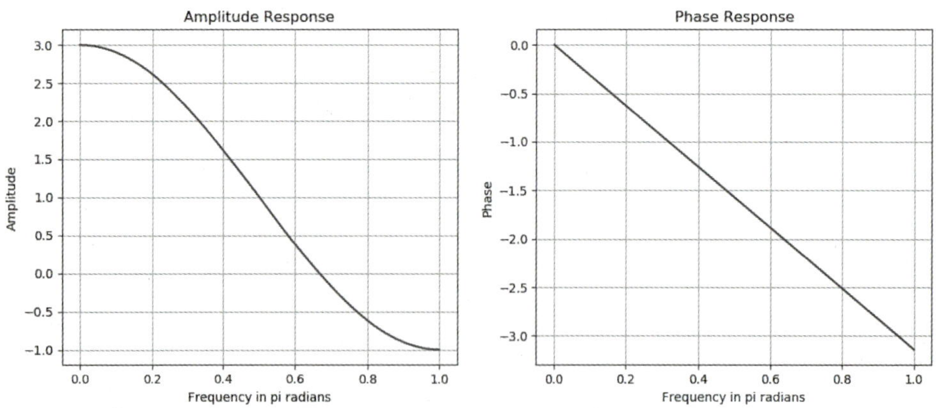

그림 7-10 진폭응답과 그 위상응답(선형)

진폭응답에 대한 위상응답은 Ω에 대해 전체가 선형이 되는 것을 볼 수 있다. 그림 7-9는 크기응답과 그것의 위상응답(불연속선형)을 보여주고 있으며, 그림 7-10은 진폭응답과 그것의 위상응답(선형)을 보여준다.

선형위상 FIR 필터의 주파수응답에서 진폭응답의 위상응답이 선형이 되는 것을 보았다. 앞으로 진행될 유형별 선형위상 FIR 필터의 특성 분석에는 크기응답과 관련 선형위상응답에 대해서 주로 살펴볼 것이다.

7.4.3 선형위상 FIR 필터의 영점 분포 특성

길이가 M인 FIR 필터의 경우에 $(M-1)$개의 극점들은 원점에 존재하고, $(M-1)$의 영점들은 z-평면의 임의의 위치에 존재하게 된다. 선형위상 FIR 필터의 경우에는 임펄스응답 $h(n)$의 대칭성으로 인해 이 영점들도 대칭성을 가지게 된다. 만약 필터의 시스템함수 $H(z)$가 다음 위치에서 영점이 있으면,

$$z = z_1 = re^{j\theta}$$

선형위상의 경우, 다음 위치에서도 영점이 있게 된다.

$$z = \frac{1}{z_1} = \frac{1}{r}e^{-j\theta}$$

실수 값 필터에서는 만약 z_1이 복소수이면, 다음 위치에 공액 영점(conjugate zero)이 존재해야 하고, 동시에 그 공액 영점의 공액 영점도 존재한다.

$$z_1^* = re^{-j\theta}, \quad \frac{1}{z_1^*} = \frac{1}{r}e^{j\theta}$$

그러므로 일반적으로 영점의 집합체는 식 (7-8)과 그림 7-11에서와 같이 4중(quadruplet)으로 존재하게 된다.

$$re^{j\theta}, \quad \frac{1}{r}e^{-j\theta}, \quad re^{-j\theta}, \quad \frac{1}{r}e^{j\theta} \tag{7-8}$$

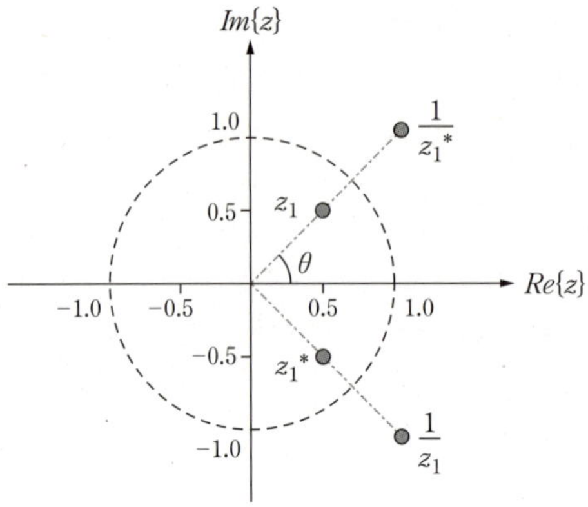

그림 7-11 선형위상 FIR 필터의 z-평면 영점 위치

7.5 선형위상 FIR 필터의 형태와 특성 실습

7.4절에서 알아본 선형위상 FIR 필터의 형태별로 크기응답 특성과 위상응답 특성, 그리고 영점위치 특성을 알아보기 위해 관련 코드를 작성하고 그래프로 그려본다.

7.5.1 제1형 선형위상 FIR 필터

다음과 같은 임펄스응답을 가지는 제1형 선형위상 FIR 필터의 주파수응답, 크기응답, 위상응답, 그리고 영점-극점 다이어그램을 구해보자.

$$h(n) = \{-4, \underset{\uparrow}{1}, -1, -2, 5, 6, 5, -2, -1, 1, -4\}$$

필터의 길이는 $M = 11$ 로 홀수이므로 $\alpha = \dfrac{M-1}{2} = 5$ 에 대해 대칭이며, 주파수응답은 다음과 같다.

$$H(\Omega) = \left[\sum_{n=0}^{\frac{M-1}{2}} a(n)\cos(\Omega n)\right] e^{-j\Omega\frac{M-1}{2}}$$

$$a(0) = h\left(\frac{M-1}{2}\right): \quad \text{the middle sample}$$

$$a(n) = 2h\left(\frac{M-1}{2} - n\right): \ 1 \le n \le \frac{M-1}{2}$$

위 식을 사용하여 주파수응답 $H(\Omega)$을 구성하고, 이로부터 진폭응답 $H_r(\Omega)$과 크기응답 $|H(\Omega)|$을 구하면 다음과 같다.

$$
\begin{aligned}
H(\Omega) &= \left[\sum_{n=0}^{5} a(n)\cos(\Omega n)\right]e^{-j5\Omega} \\
&= [a(0)\cos(0\Omega)+a(1)\cos(1\Omega)+a(2)\cos(2\Omega)+a(3)\cos(3\Omega) \\
&\quad +a(4)\cos(4\Omega)+a(5)\cos(5\Omega)]e^{-j5\Omega} \\
&= [h(5)\cos(0\Omega)+2h(4)\cos(1\Omega)+2h(3)\cos(2\Omega)+2h(2)\cos(3\Omega) \\
&\quad +2h(1)\cos(4\Omega)+2h(0)\cos(5\Omega)]e^{-j5\Omega} \\
H_r(\Omega) &= \left[\sum_{n=0}^{5} a(n)\cos(\Omega n)\right] \\
|H(\Omega)| &= \left|\left[\sum_{n=0}^{5} a(n)\cos(\Omega n)\right]\right|
\end{aligned}
$$

제1형 선형위상 FIR 필터의 임펄스응답, 주파수영역에서의 크기응답과 위상응답, 극점-영점 다이어그램을 얻는 과정

1. 관련 라이브러리들을 불러온다.

```
import numpy as np
import matplotlib.pyplot as plt
from chap07_module import *     #사용자정의함수 사용
```

2. 임펄스응답 $h(n)$과 순서시퀀스 n을 구성한다. 그리고 주파수응답 $H(\Omega)$를 구하기 위해서 주파수 축을 0부터 π까지 1000등분한다.

```
hn=np.array([-4,1,-1,-2,5,6,5,-2,-1,1,-4])   #임펄스응답
M=11; n=np.arange(0,M)     #필터길이, 시퀀스축
Omega=np.linspace(0, np.pi, 1000)     #0에서 3.14까지 1000등분
```

3. 주파수응답을 저장하기 위한 어레이를 구성하고, 크기응답과 위상응답을 구한다.

```
H=np.arange(1000); H=np.float64(H)     #주파수응답
for x in range(1000):
   H[x]=hn[5]*np.cos(Omega[x]*0)+2*hn[4]*np.cos(Omega[x]*1)\
   +2*hn[3]*np.cos(Omega[x]*2)+2*hn[2]*np.cos(Omega[x]*3)\
   +2*hn[1]*np.cos(Omega[x]*4)+2*hn[0]*np.cos(Omega[x]*5)
amplitude=H    #진폭응답
magnitude=abs(H)     #크기응답
phase=np.angle(H)*180/np.pi    #위상응답
```

4. 두 개의 그림 창에, 창 1에는 임펄스응답, 크기응답, 위상응답을 그리고, 창 2에는 극점-영점 다이어그램을 그린다.

```
plt.figure(1)
plt.subplot(2,2,1); plt.stem(n,hn,"b"); plt.grid()
plt.title("Impulse Response")
plt.subplot(2,2,2); plt.plot(Omega/np.pi,magnitude,"g"); plt.grid()
plt.ylabel("Magnitude"); plt.title("Magnitude Response")
plt.subplot(2,2,4); plt.plot(Omega/np.pi,phase,"b"); plt.grid()
plt.ylabel("Phase"); plt.xlabel("Frequency in pi radians")
plt.title("Phase Response")
plt.figure(2)
plt.subplot(2,2,2); an=np.array([1,0]); zplane(hn,an); plt.grid()
plt.title("Pole-Zero Diagram")
```

임펄스응답, 크기응답, 위상응답, 그리고 극점-영점 다이어그램은 다음과 같다.

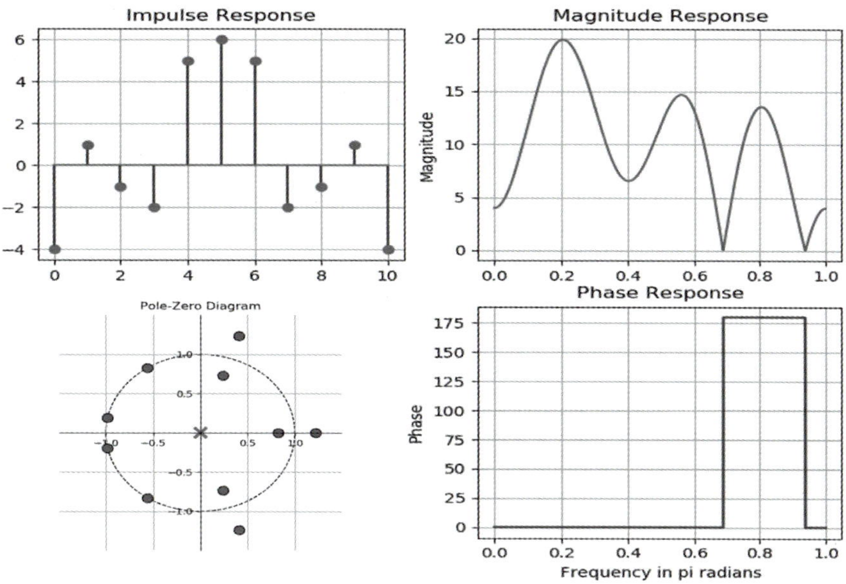

전체 소스코드는 다음과 같으며, "Type1_FIR_responses.py" 파일로 저장한다.

Type1_FIR_responses.py

```
import numpy as np
import matplotlib.pyplot as plt
from chap07_module import *    #사용자정의함수 사용

hn=np.array([-4,1,-1,-2,5,6,5,-2,-1,1,-4])    #임펄스응답
M=11; n=np.arange(0,M)    #필터길이, 시퀀스축
Omega=np.linspace(0, np.pi, 1000)    #0에서 3.14까지 1000등분

H=np.arange(1000); H=np.float64(H)    #주파수응답
for x in range(1000):
    H[x]=hn[5]*np.cos(Omega[x]*0)+2*hn[4]*np.cos(Omega[x]*1)\
    +2*hn[3]*np.cos(Omega[x]*2)+2*hn[2]*np.cos(Omega[x]*3)\
    +2*hn[1]*np.cos(Omega[x]*4)+2*hn[0]*np.cos(Omega[x]*5)
amplitude=H    #진폭응답
magnitude=abs(H)    #크기응답
phase=np.angle(H)*180/np.pi    #위상응답

plt.figure(1)
```

```
plt.subplot(2,2,1); plt.stem(n,hn,"b"); plt.grid()
plt.title("Impulse Response")
plt.subplot(2,2,2); plt.plot(Omega/np.pi,magnitude,"g"); plt.grid()
plt.ylabel("Magnitude"); plt.title("Magnitude Response")
plt.subplot(2,2,4); plt.plot(Omega/np.pi,phase,"b"); plt.grid()
plt.ylabel("Phase"); plt.xlabel("Frequency in pi radians")
plt.title("Phase Response")
plt.figure(2)
plt.subplot(2,2,2); an=np.array([1,0]); zplane(hn,an); plt.grid()
plt.title("Pole-Zero Diagram")
```

영점-극점 다이어그램을 구하기 위해서, "chap07_module.py" 파일을 만들고, 여기에 "zplane()"이라는 사용자함수를 정의하고 저장한다.

7.5.2 제2형 선형위상 FIR 필터

다음과 같은 임펄스응답을 가지는 제2형 선형위상 FIR 필터의 크기응답, 위상응답, 그리고 영점-극점 다이어그램을 구해보자.

$$h(n) = [\underset{\uparrow}{-4}, 1, -1, -2, 5, 6, 6, 5, -2, -1, 1, -4]$$

필터의 길이는 $M = 12$이므로 $\alpha = \frac{M-1}{2} = 5.5$에 대해 대칭이며, 주파수응답은 다음과 같다.

$$H(\Omega) = \left[\sum_{n=1}^{\frac{M}{2}} b(n)\cos\left(\Omega\left(n - \frac{1}{2}\right)\right)\right]e^{-j\Omega\frac{M-1}{2}}, \quad b(n) = 2h\left(\frac{M}{2} - n\right); 1 \le n \le \frac{M-1}{2}$$

위 식을 사용하여 주파수응답 $H(\Omega)$를 구성하고, 이로부터 진폭응답 $H_r(\Omega)$와 크기응답 $|H(\Omega)|$을 구하면 다음과 같다.

$$\begin{aligned}H(\Omega) &= \left[\sum_{n=1}^{6} b(n)\cos\left(\Omega\left(n - \frac{1}{2}\right)\right)\right]e^{-j5.5\Omega} \\ &= [b(1)\cos(0.5\Omega) + b(2)\cos(1.5\Omega) + b(3)\cos(2.5\Omega) + b(4)\cos(3.5\Omega)\end{aligned}$$

$$+b(5)\cos(4.5\Omega)+b(6)\cos(5.5\Omega)]e^{-j5.5\Omega}$$

$$=[2h(5)\cos(0.5\Omega)+2h(4)\cos(1.5\Omega)+2h(3)\cos(2.5\Omega)+2h(2)\cos(3.5\Omega)$$

$$+2h(1)\cos(4.5\Omega)+2h(0)\cos(5.5\Omega)]e^{-j5\Omega}$$

$$H_r(\Omega)=\left[\sum_{n=1}^{6}b(n)\cos\left(\Omega\left(n-\frac{1}{2}\right)\right)\right]$$

$$|H(\Omega)|=\left|\left[\sum_{n=1}^{6}b(n)\cos\left(\Omega\left(n-\frac{1}{2}\right)\right)\right]\right|$$

제2형 선형위상 FIR 필터의 임펄스응답, 주파수영역에서의 크기응답과 위상응답, 극점-영점 다이어그램을 얻는 과정

1. 관련 라이브러리들을 불러온다.

```
import numpy as np
import matplotlib.pyplot as plt
from chap07_module import *     #사용자정의함수 사용
```

2. 임펄스응답 $M=12$과 순서시퀀스 n을 구성한다. 그리고 주파수응답 $H(\Omega)$를 구하기 위해서 주파수 축을 0부터 π까지 1000등분한다.

```
hn=np.array([-4,1,-1,-2,5,6,6,5,-2,-1,1,-4]) #임펄스응답
M=12; n=np.arange(0,M)      #필터길이, 시퀀스축
Omega=np.linspace(0, np.pi, 1000)      #0에서 3.14까지 1000등분
```

3. 주파수응답을 저장하기 위한 어레이를 구성하고, 크기응답과 위상응답을 구한다.

```
H=np.arange(1000); H=np.float64(H)      #주파수응답
for x in range(1000):
    H[x]=2*hn[5]*np.cos(Omega[x]*(1-1/2))+2*hn[4]*np.cos(Omega[x]*(2-1/2))\
    +2*hn[3]*np.cos(Omega[x]*(3-1/2))+2*hn[2]*np.cos(Omega[x]*(4-1/2))\
    +2*hn[1]*np.cos(Omega[x]*(5-1/2))+2*hn[0]*np.cos(Omega[x]*(6-1/2))
amplitude=H     #진폭응답
magnitude=abs(H)     #크기응답
phase=np.angle(H)*180/np.pi     #위상응답
```

4. 두 개의 그림 창에, 창 1에는 임펄스응답, 크기응답, 위상응답을 그리고, 창 2에는 극점-영점 다이어그램을 그린다.

```
plt.figure(1)
plt.subplot(2,2,1); plt.stem(n,hn,"b"); plt.grid()
plt.title("Impulse Response")
plt.subplot(2,2,2); plt.plot(Omega/np.pi,magnitude,"g"); plt.grid()
plt.ylabel("Magnitude"); plt.title("Magnitude Response")
plt.subplot(2,2,4); plt.plot(Omega/np.pi,phase,"b"); plt.grid()
plt.ylabel("Phase"); plt.xlabel("Frequency in pi radians")
plt.title("Phase Response")
plt.figure(2)
plt.subplot(2,2,2); an=np.array([1,0]); zplane(hn,an); plt.grid()
plt.title("Pole-Zero Diagram")
```

임펄스응답, 크기응답, 위상응답, 그리고 극점-영점 다이어그램은 다음과 같다.

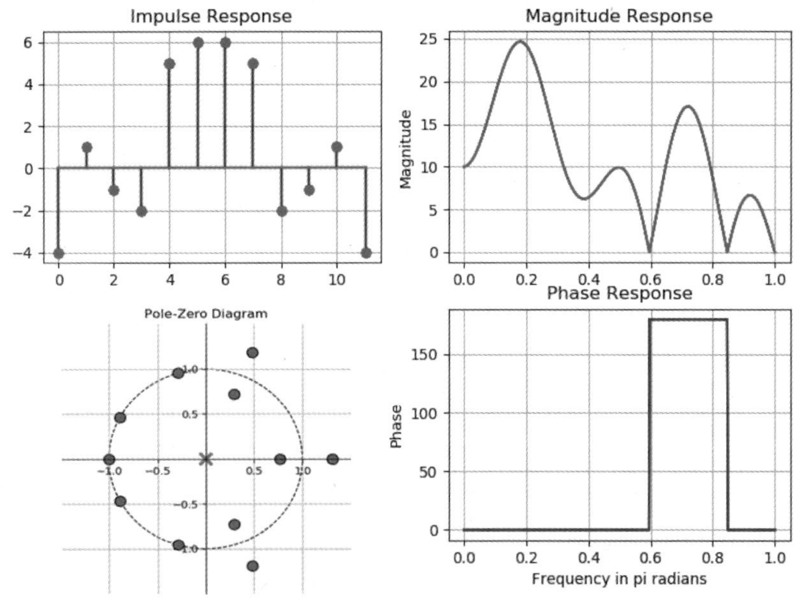

전체 소스코드는 다음과 같으며, "Type2_FIR_responses.py" 파일로 저장한다.

Type2_FIR_responses.py

```
import numpy as np
import matplotlib.pyplot as plt
from chap07_module import *    #사용자정의함수 사용

hn=np.array([-4,1,-1,-2,5,6,6,5,-2,-1,1,-4]) #임펄스응답
M=12; n=np.arange(0,M)    #필터길이, 시퀀스축
Omega=np.linspace(0, np.pi, 1000)    #0에서 3.14까지 1000등분

H=np.arange(1000); H=np.float64(H)    #주파수응답
for x in range(1000):
    H[x]=2*hn[5]*np.cos(Omega[x]*(1-1/2))+2*hn[4]*np.cos(Omega[x]*(2-1/2))\
    +2*hn[3]*np.cos(Omega[x]*(3-1/2))+2*hn[2]*np.cos(Omega[x]*(4-1/2))\
    +2*hn[1]*np.cos(Omega[x]*(5-1/2))+2*hn[0]*np.cos(Omega[x]*(6-1/2))
amplitude=H    #진폭응답
magnitude=abs(H)    #크기응답
phase=np.angle(H)*180/np.pi    #위상응답

plt.figure(1)
plt.subplot(2,2,1); plt.stem(n,hn,"b"); plt.grid()
plt.title("Impulse Response")
plt.subplot(2,2,2); plt.plot(Omega/np.pi,magnitude,"g"); plt.grid()
plt.ylabel("Magnitude"); plt.title("Magnitude Response")
plt.subplot(2,2,4); plt.plot(Omega/np.pi,phase,"b"); plt.grid()
plt.ylabel("Phase"); plt.xlabel("Frequency in pi radians")
plt.title("Phase Response")
plt.figure(2)
plt.subplot(2,2,2); an=np.array([1,0]); zplane(hn,an); plt.grid()
plt.title("Pole-Zero Diagram")
```

7.5.3 제3형 선형위상 FIR 필터

다음과 같은 임펄스응답을 가지는 제3형 선형위상 FIR 필터의 크기응답, 위상응답, 그리고 영점-극점 다이어그램을 구해보자.

$$h(n) = [\underset{\uparrow}{-4}, 1, -1, -2, 5, 0, -5, 2, 1, -1, -4]$$

필터의 길이는 $M = 11$로 홀수이므로 $\alpha = \frac{M-1}{2} = 5$에 대해 반-대칭이며, 주파수응답은 다음과 같다.

$$H(\Omega) = \left[\sum_{n=1}^{\frac{M-1}{2}} c[n]\sin(\Omega n)\right] e^{j\left(\frac{\pi}{2} - \Omega\frac{M-1}{2}\right)}$$
$$c(n) = 2h\left(\frac{M-1}{2} - n\right);\ 1 \le n \le \frac{M-1}{2}$$

위 식을 사용하여 주파수응답 $H(\Omega)$을 구성하고, 이로부터 진폭응답 $H_r(\Omega)$과 크기응답 $|H(\Omega)|$을 구하면 다음과 같다.

$$\begin{aligned}
H(\Omega) &= \left[\sum_{n=1}^{5} c(n)\sin(\Omega n)\right] e^{j\left(\frac{\pi}{2} - 5\Omega\right)} \\
&= [c(1)\sin(\Omega) + c(2)\sin(2\Omega) + c(3)\sin(3\Omega) + c(4)\sin(4\Omega) + c(5)\sin(5\Omega)]e^{j\left(\frac{\pi}{2} - 5\Omega\right)} \\
&= [2h(4)\sin(\Omega) + 2h(3)\sin(2\Omega) + 2h(2)\sin(3\Omega) + 2h(1)\sin(4\Omega) + 2h(0)\sin(5\Omega)]e^{j\left(\frac{\pi}{2} - 5\Omega\right)} \\
H_r(\Omega) &= \left[\sum_{n=1}^{5} c(n)\sin(\Omega n)\right] \\
|H(\Omega)| &= \left\|\sum_{n=1}^{5} c(n)\sin(\Omega n)\right\|
\end{aligned}$$

제3형 선형위상 FIR 필터의 임펄스응답, 주파수영역에서의 크기응답과 위상응답, 극점-영점 다이어그램을 얻는 과정

1. 관련 라이브러리들을 불러온다.

```
import numpy as np
import matplotlib.pyplot as plt
from chap07_module import *    #사용자정의함수 사용
```

2. 임펄스응답 $h(n)$과 순서시퀀스 n을 구성한다. 그리고 주파수응답 $H(\Omega)$를 구하기 위해서 주파수 축을 0부터 π까지 1000등분한다.

```
hn=np.array([-4,1,-1,-2,5,0,-5,2,1,-1,4])    #임펄스응답
M=11; n=np.arange(0,M)    #필터길이, 시퀀스축
Omega=np.linspace(0, np.pi, 1000)    #0에서 3.14까지 1000등분
```

3. 주파수응답을 저장하기 위한 어레이를 구성하고, 크기응답과 위상응답을 구한다.

```
H=np.arange(1000); H=np.float64(H)    #주파수응답
for x in range(1000):
    H[x]=2*hn[4]*np.sin(Omega[x])+2*hn[3]*np.sin(2*Omega[x])\
    +2*hn[2]*np.sin(3*Omega[x])+2*hn[1]*np.sin(4*Omega[x])\
    +2*hn[0]*np.sin(5*Omega[x])
amplitude=H    #진폭응답
magnitude=abs(H)    #크기응답
phase=np.angle(H)*180/np.pi    #위상응답
```

4. 두 개의 그림 창에, 창 1에는 임펄스응답, 크기응답, 위상응답을 그리고, 창 2에는 극점-영점 다이어그램을 그린다.

```
plt.figure(1)
plt.subplot(2,2,1); plt.stem(n,hn,"b"); plt.grid()
plt.title("Impulse Response")
plt.subplot(2,2,2); plt.plot(Omega/np.pi,magnitude,"g"); plt.grid()
plt.ylabel("Magnitude"); plt.title("Magnitude Response")
plt.subplot(2,2,4); plt.plot(Omega/np.pi,phase,"b"); plt.grid()
plt.ylabel("Phase"); plt.xlabel("Frequency in pi radians")
plt.title("Phase Response")
plt.figure(2)
plt.subplot(2,2,2); an=np.array([1,0]); zplane(hn,an); plt.grid()
plt.title("Pole-Zero Diagram")
```

임펄스응답, 크기응답, 위상응답, 그리고 극점-영점 다이어그램은 다음과 같다.

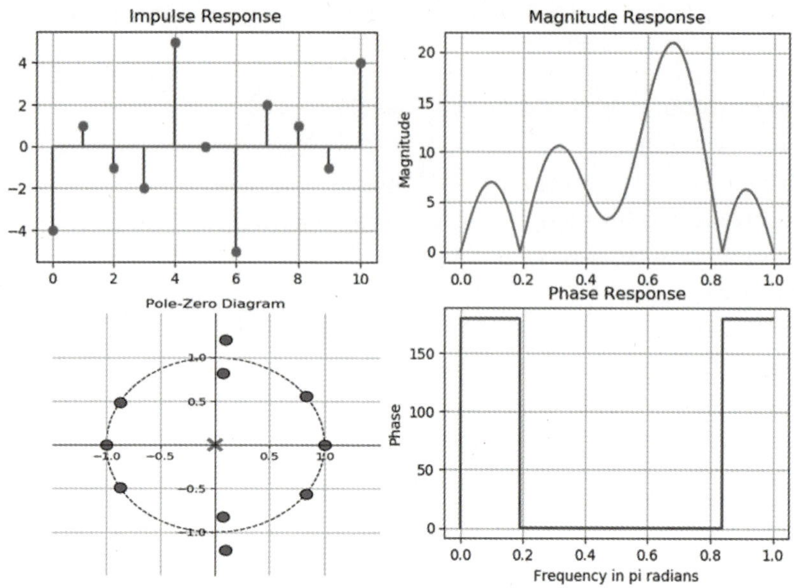

전체 소스코드는 다음과 같으며, “Type3_FIR_responses.py” 파일로 저장한다.

Type3_FIR_responses.py

```
import numpy as np
import matplotlib.pyplot as plt
from chap07_module import *     #사용자정의함수 사용

hn=np.array([-4,1,-1,-2,5,0,-5,2,1,-1,4])    #임펄스응답
M=11; n=np.arange(0,M)    #필터길이, 시퀀스축
Omega=np.linspace(0, np.pi, 1000)    #0에서 3.14까지 1000등분

H=np.arange(1000); H=np.float64(H)    #주파수응답
for x in range(1000):
    H[x]=2*hn[4]*np.sin(Omega[x])+2*hn[3]*np.sin(2*Omega[x])\
    +2*hn[2]*np.sin(3*Omega[x])+2*hn[1]*np.sin(4*Omega[x])\
    +2*hn[0]*np.sin(5*Omega[x])
amplitude=H    #진폭응답
magnitude=abs(H)    #크기응답
phase=np.angle(H)*180/np.pi    #위상응답

plt.figure(1)
```

```
plt.subplot(2,2,1); plt.stem(n,hn,"b"); plt.grid()
plt.title("Impulse Response")
plt.subplot(2,2,2); plt.plot(Omega/np.pi,magnitude,"g"); plt.grid()
plt.ylabel("Magnitude"); plt.title("Magnitude Response")
plt.subplot(2,2,4); plt.plot(Omega/np.pi,phase,"b"); plt.grid()
plt.ylabel("Phase"); plt.xlabel("Frequency in pi radians")
plt.title("Phase Response")
plt.figure(2)
plt.subplot(2,2,2); an=np.array([1,0]); zplane(hn,an); plt.grid()
plt.title("Pole-Zero Diagram")
```

7.5.4 제4형 선형위상 FIR 필터

다음과 같은 임펄스응답을 가지는 제4형 선형위상 FIR 필터의 크기응답, 위상응답, 그리고 영점–극점 다이어그램을 구해보자.

$$h(n) = [\underset{\uparrow}{-4}, 1, -1, -2, 5, 6, -6, -5, 2, 1, -1, 4]$$

필터의 길이는 $M = 12$ 이고 $\alpha = \dfrac{M-1}{2} = 5.5$ 에 대해 반–대칭이며, 주파수응답은 다음과 같다.

$$H(\Omega) = \left[\sum_{n=1}^{\frac{M}{2}} d[n]\sin\left(\Omega\left(n - \frac{1}{2}\right)\right)\right]e^{j\left(\frac{\pi}{2} - \Omega\frac{M-1}{2}\right)}$$
$$d(n) = 2h\left(\frac{M}{2} - n\right);\ 1 \le n \le \frac{M-1}{2}$$

위 식을 사용하여 주파수응답 $H(\Omega)$를 구성하고, 이로부터 진폭응답 $H_r(\Omega)$와 크기응답 $|H(\Omega)|$을 구하면 다음과 같다.

$$\begin{aligned}
H(\Omega) &= \left[\sum_{n=1}^{6} d(n)\sin\left(\Omega\left(n - \frac{1}{2}\right)\right)\right]e^{j\left(\frac{\pi}{2} - 5\Omega\right)} \\
&= [d(1)\sin(0.5\Omega) + d(2)\sin(1.5\Omega) + d(3)\sin(2.5\Omega) + d(4)\sin(3.5\Omega) \\
&\quad + d(5)\sin(4.5\Omega) + d(6)\sin(5.5\Omega)]e^{j\left(\frac{\pi}{2} - 5\Omega\right)} \\
&= [\,2h(5)\sin(0.5\Omega) + 2h(4)\sin(1.5\Omega) + 2h(3)\sin(2.5\Omega) + 2h(2)\sin(3.5\Omega) \\
&\quad + 2h(1)\sin(4.5\Omega) + 2h(0)\sin(5.5\Omega)]e^{j\left(\frac{\pi}{2} - 5\Omega\right)}
\end{aligned}$$

$$H_r(\Omega)=\left[\sum_{n=1}^{6} d(n)\sin\left(\Omega\left(n-\frac{1}{2}\right)\right)\right]$$
$$|H(e^{j\Omega})|=\left|\left[\sum_{n=1}^{6} d(n)\sin\left(\Omega\left(n-\frac{1}{2}\right)\right)\right]\right|$$

제4형 선형위상 FIR 필터의 임펄스응답, 주파수영역에서의 크기응답과 위상응답, 극점-영점 다이어그램을 얻는 과정

1. 관련 라이브러리들을 불러온다.

```
import numpy as np
import matplotlib.pyplot as plt
from chap07_module import *    #사용자정의함수 사용
```

2. 임펄스응답 $h(n)$과 순서시퀀스 n을 구성한다. 그리고 주파수응답 $H(\Omega)$를 구하기 위해서 주파수 축을 0부터 π까지 1000등분한다.

```
hn=np.array([-4,1,-1,-2,5,6,-6,-5,2,1,-1,4])   #임펄스응답
M=12; n=np.arange(0,M)   #필터길이, 시퀀스축
Omega=np.linspace(0, np.pi, 1000)   #0에서 3.14까지 1000등분
```

3. 주파수응답을 저장하기 위한 어레이를 구성하고, 크기응답과 위상응답을 구한다.

```
H=np.arange(1000); H=np.float64(H)    #주파수응답
for x in range(1000):
    H[x]=2*hn[5]*np.sin(Omega[x]*(1-1/2))+2*hn[4]*np.sin(Omega[x]*(2-1/2))\
    +2*hn[3]*np.sin(Omega[x]*(3-1/2))+2*hn[2]*np.sin(Omega[x]*(4-1/2))\
    +2*hn[1]*np.sin(Omega[x]*(5-1/2))+2*hn[0]*np.sin(Omega[x]*(6-1/2))
amplitude=H    #진폭응답
magnitude=abs(H)    #크기응답
phase=np.angle(H)*180/np.pi    #위상응답
```

4. 두 개의 그림 창에, 창 1에는 임펄스응답, 크기응답, 위상응답을 그리고, 창 2에는 극점-영점 다이어그램을 그린다.

```
plt.figure(1)
plt.subplot(2,2,1); plt.stem(n,hn,"b"); plt.grid()
plt.title("Impulse Response")
plt.subplot(2,2,2); plt.plot(Omega/np.pi,magnitude,"g"); plt.grid()
plt.ylabel("Magnitude"); plt.title("Magnitude Response")
plt.subplot(2,2,4); plt.plot(Omega/np.pi,phase,"b"); plt.grid()
plt.ylabel("Phase"); plt.xlabel("Frequency in pi radians")
plt.title("Phase Response")
plt.figure(2)
plt.subplot(2,2,2); an=np.array([1,0]); zplane(hn,an); plt.grid()
plt.title("Pole-Zero Diagram")
```

임펄스응답, 크기응답, 위상응답, 그리고 극점-영점 다이어그램은 다음과 같다.

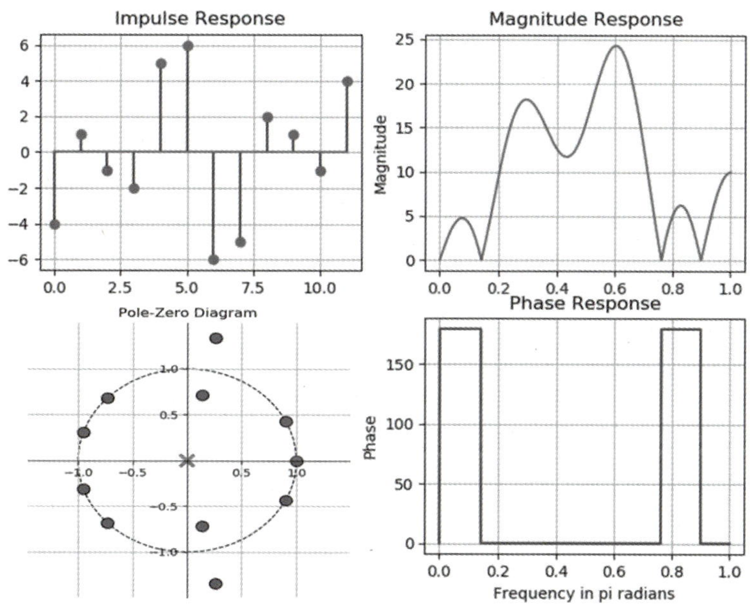

전체 소스코드는 다음과 같으며, "Type4_FIR_responses.py" 파일로 저장한다.

Type4_FIR_responses.py

```
import numpy as np
import matplotlib.pyplot as plt
from chap07_module import *    #사용자정의함수 사용

hn=np.array([-4,1,-1,-2,5,6,-6,-5,2,1,-1,4])   #임펄스응답
M=12; n=np.arange(0,M)    #필터길이, 시퀀스축
Omega=np.linspace(0, np.pi, 1000)    #0에서 3.14까지 1000등분

H=np.arange(1000); H=np.float64(H)    #주파수응답
for x in range(1000):
    H[x]=2*hn[5]*np.sin(Omega[x]*(1-1/2))+2*hn[4]*np.sin(Omega[x]*(2-1/2))\
    +2*hn[3]*np.sin(Omega[x]*(3-1/2))+2*hn[2]*np.sin(Omega[x]*(4-1/2))\
    +2*hn[1]*np.sin(Omega[x]*(5-1/2))+2*hn[0]*np.sin(Omega[x]*(6-1/2))
amplitude=H    #진폭응답
magnitude=abs(H)    #크기응답
phase=np.angle(H)*180/np.pi    #위상응답

plt.figure(1)
plt.subplot(2,2,1); plt.stem(n,hn,"b"); plt.grid()
plt.title("Impulse Response")
plt.subplot(2,2,2); plt.plot(Omega/np.pi,magnitude,"g"); plt.grid()
plt.ylabel("Magnitude"); plt.title("Magnitude Response")
plt.subplot(2,2,4); plt.plot(Omega/np.pi,phase,"b"); plt.grid()
plt.ylabel("Phase"); plt.xlabel("Frequency in pi radians")
plt.title("Phase Response")
plt.figure(2)
plt.subplot(2,2,2); an=np.array([1,0]); zplane(hn,an); plt.grid()
plt.title("Pole-Zero Diagram")
```

7.6 창 설계 기법의 개요와 창의 종류

7.6.1 창 설계 기법의 개요

그림 7-12와 같이 통과대역에서 단위 크기의 이득과 선형위상 특성을 가지고, 저지대역에서는 영 응답을 가지는 이상적인 주파수선택필터의 주파수응답이 식 (7-9)와 같은 저주파통과필터를 고려해보자.

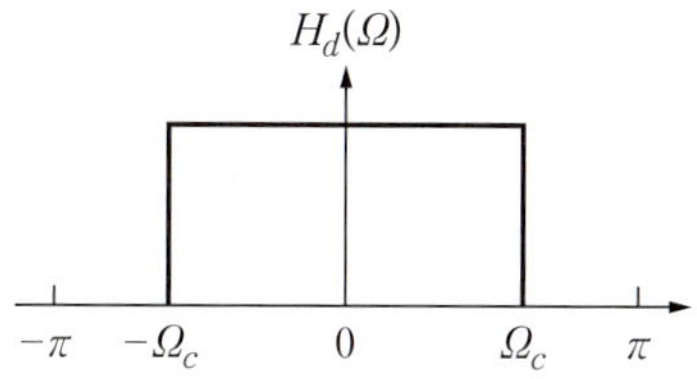

그림 7-12 이상적인 저역통과필터의 주파수응답

$$H_d(\Omega) = \begin{cases} 1e^{-j\alpha\Omega}, & |\Omega| \le \Omega_c \\ 0, & \Omega_c < \Omega \le \pi \end{cases} \tag{7-9}$$

여기서 Ω_c는 차단주파수, α는 샘플지연(sample delay)이다.

이 필터의 시간영역에서의 임펄스응답은 그림 7-13과 같으며, 식 (7-10)과 같이 싱크함수 형태로 무한구간의 응답을 가지고 있다. 그리고 α에 대칭적이다.

$$h_d(n) = \frac{\sin(\Omega_c(n-\alpha))}{\pi(n-\alpha)} \tag{7-10}$$

이 무한구간의 이상적인 저역통과필터를 적용하기에는 계산 처리가 어렵기 때문에 양끝을 잘라서 식 (7-11)과 같이 길이가 M인 유한길이의 선형위상 FIR 필터를 얻어야 한다.

$$h(n) = \begin{cases} h_d(n), & 0 \le n \le M-1 \\ 0, & \text{elsewhere} \end{cases}, \quad \alpha = \frac{M-1}{2} \tag{7-11}$$

그림 7-13은 이상적인 저역통과필터의 임펄스응답을 보여주고 있으며 싱크함수의 형태를 가진다.

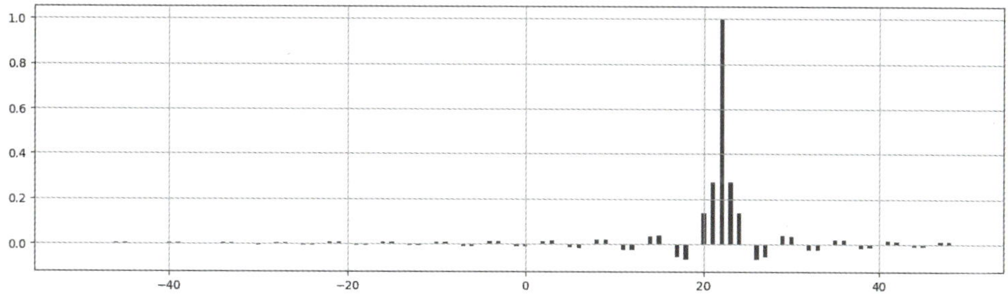

그림 7-13 이상적인 저역통과필터의 임펄스응답

그림 7-13과 같이 무한구간의 임펄스응답을 유한구간으로 자르는 것을 윈도우처리(windowing)라 하며, 식 (7-12)와 같이 $h(n)$은 무한구간의 임펄스응답 $h_d(n)$과, 길이가 M이고 크기가 $\alpha = 1$인 윈도우함수 $w(n)$의 곱으로 생각할 수 있다.

$$h(n) = h_d(n) \times w(n)$$
$$w(n) = \begin{cases} \alpha & 0 \le n \le M-1 \\ 0 & \text{otherwise} \end{cases} \tag{7-12}$$

그림 7-14는 그림 7-13의 이상적인 저역통과필터의 무한구간 임펄스응답에서 창 함수로 잘라낸 유한길이($M = 45$) FIR 필터의 임펄스응답을 나타낸 것이다.

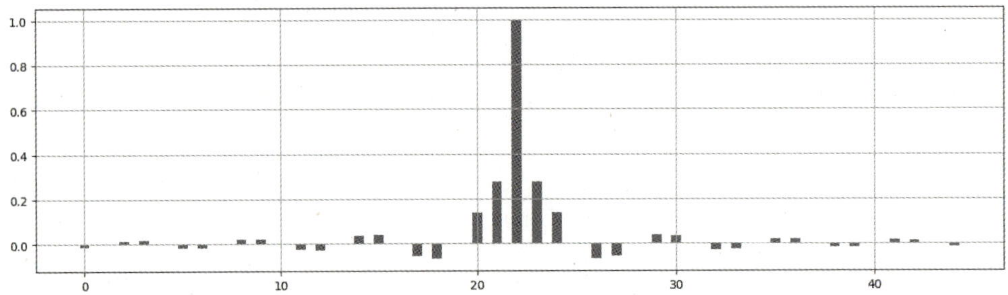

그림 7-14 창이 가해진 이상적인 저역통과필터의 임펄스응답(유한구간, $M = 45$)

앞 장에서 배운 바와 같이 시간영역에서의 곱 연산은 주파수영역에서는 컨볼루션 연산과 같은 효과를 가지는 것을 알고 있다. 시간영역에서의 이상적인 저역통과필터의 임펄스응답 $h_d(n)$과 창 함수 $w(n)$, 그리고 주파수영역에서의 이상적인 저역통과필터의 주파수응답 $H_d(\Omega)$와 창 함수의 주파수응답 $W(\Omega)$ 사이의 관계는 다음과 같이 된다.

$$h_d(n) \times w(n) \Leftrightarrow H_d(\Omega) * W(\Omega)$$

그림 7-15는 이상적인 저역통과필터의 임펄스응답과 주파수응답, 그리고 창 함수들 사이의 관계를 시간영역과 주파수영역에서 나타내었다.

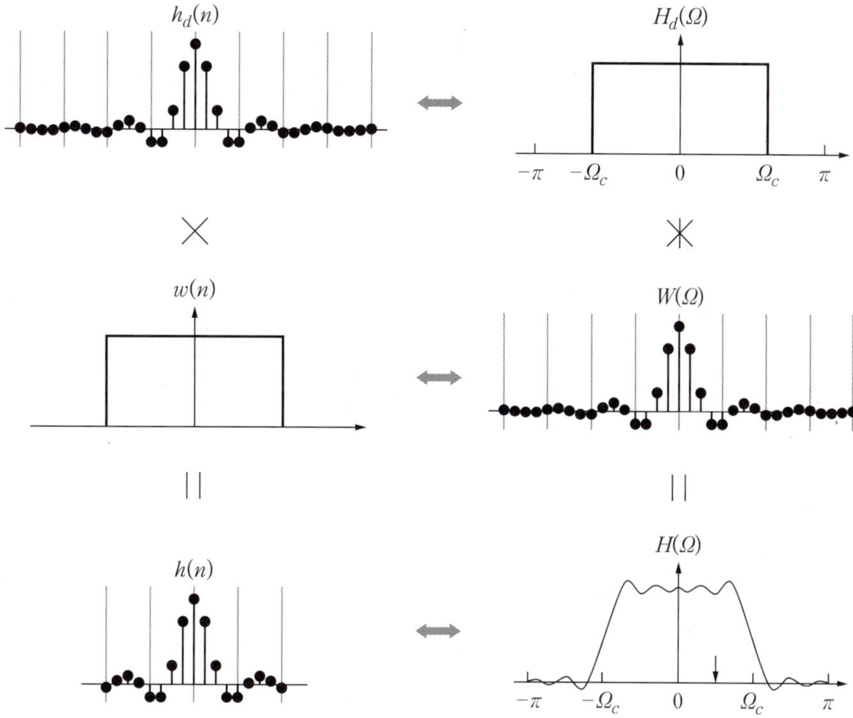

그림 7-15 이상적인 저역통과필터의 임펄스응답, 주파수응답, 창 함수의 관계

그림 7-15의 왼편 시간영역에서 무한구간의 임펄스응답 $h_d(n)$에 일정 길이의 창 함수 $w(n)$을 곱하여 유한구간의 임펄스응답 $h(n)$으로 잘라내면, 데이터가 부족하게 되어 오른편 주파수영역에서의 주파수응답 $H(\Omega)$는 이상적인 주파수응답 $H_d(\Omega)$에서 통과대역과 저지대역에서 리플 현상이 발생하고 천이대역이 생성되어 이상적이지 못한 결과를 나타내게 된다.

그러므로 임펄스응답을 유한하게 함으로써 발생하는 주파수응답의 왜곡을 가능한 작게 만들어서 최대한 이상적인 주파수응답에 가깝게 만들 수 있는 창 함수를 적용하는 것이 바로 창 설계 기법에 의한 FIR 필터 설계의 목적이다.

따라서 시간영역에서 FIR 필터의 임펄스응답에 곱하는 창 함수를 어떤 특성의 창 함수를 사용하느냐에 따라서 얼마나 이상적인 주파수응답에 가까운 응답을 얻을 수 있느냐가 연관되어 있다. 결과적으로 창 설계 기법에 의한 FIR 필터의 설계는 이상적인 필터의 임펄스응답에 성능이 좋은 창 함수를 단순하게 곱하는 것이라고 할 수 있다.

7.6.2 창의 종류

창 설계 기법에 의한 FIR 필터 설계에 널리 사용되고 있는 창에는 다음과 같은 것들이 있다.

- 사각 창(Rectangular Window)
- 바틀렛 창(Bartlett Window)
- 핸 창(Hann Window)
- 해밍 창(Hamming Window)
- 블랙맨 창(Blackman Window)
- 카이저 창(Kaiser Window)

위의 창들의 함수식과 모양, 그리고 주파수응답 특성들을 나타내면 다음과 같다.

(1) 사각 창

$$w(n) = \begin{cases} 1, & 0 \le n \le M-1 \\ 0, & \text{otherwise} \end{cases}$$

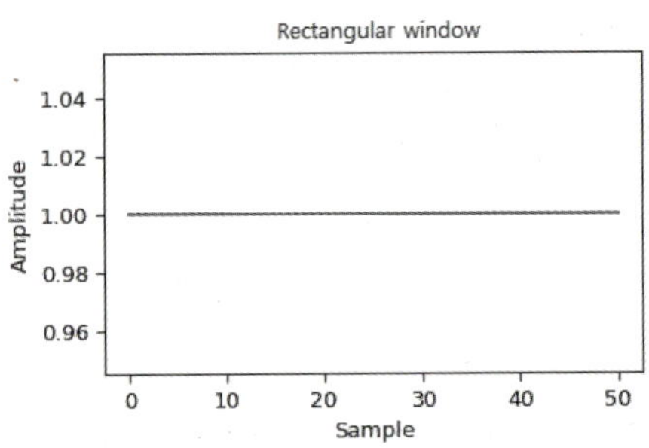

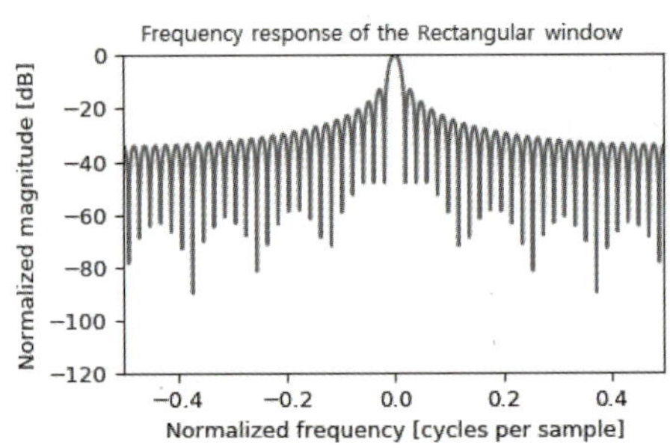

(2) 바틀렛 창

$$w(n) = \begin{cases} \dfrac{2n}{M-1}, & 0 \le n \le \dfrac{M-1}{2} \\ 2 - \dfrac{2n}{M-1}, & \dfrac{M-1}{2} \le n \le M-1 \end{cases}$$

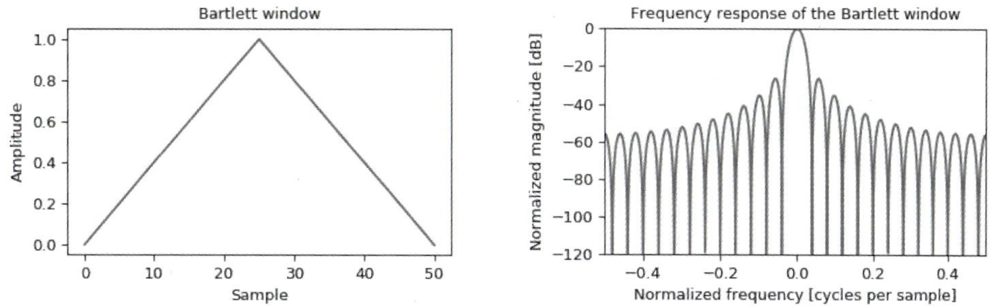

(3) 핸 창

$$w(n) = \begin{cases} 0.5 - 0.5\cos\left(\dfrac{2\pi n}{M-1}\right), & 0 \le n \le M-1 \\ 0 & , \text{otherwise} \end{cases}$$

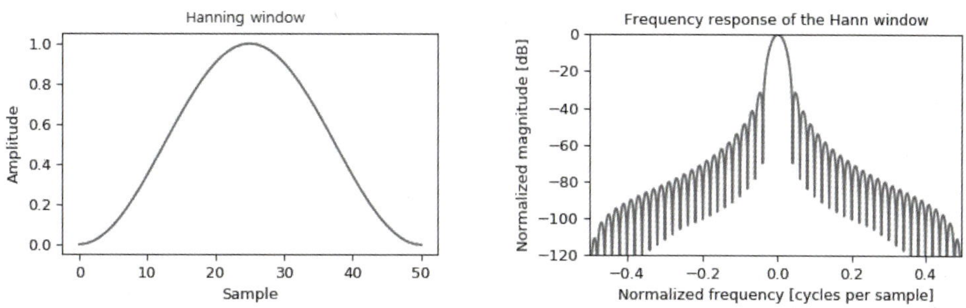

(4) 해밍 창

$$w(n) = \begin{cases} 0.54 - 0.46\cos\left(\dfrac{2\pi n}{M-1}\right), & 0 \le n \le M-1 \\ 0 & , \text{otherwise} \end{cases}$$

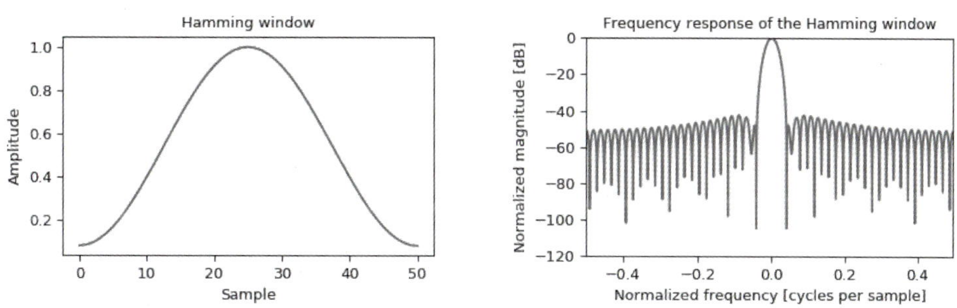

(5) 블랙맨 창

$$w(n)=\begin{cases}0.42-0.5\cos\left(\frac{2\pi n}{M-1}\right)+0.08\cos\left(\frac{4\pi n}{M-1}\right), & 0\le n\le M-1\\ 0 & ,\ \text{otherwise}\end{cases}$$

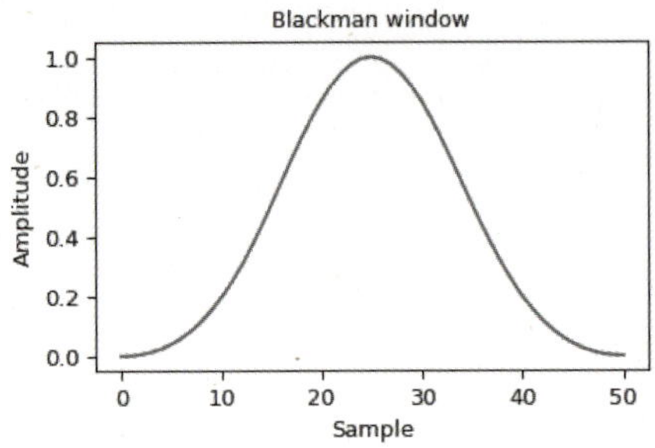

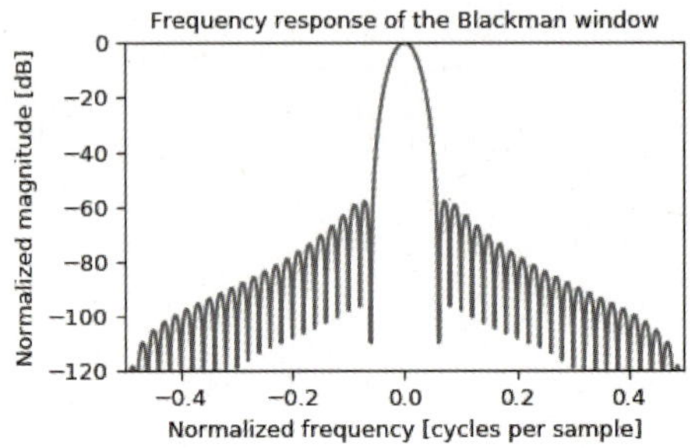

(6) 카이저 창

$$w(n)=I_0\left(\beta\sqrt{1-\left(1-\frac{2n}{M-1}\right)^2}\right)/I_0(\beta),\quad 0\le n\le M-1$$

$$I_0(x)=1+\sum_{k=0}^{\infty}\left[\frac{(x/2)^k}{k!}\right]^2$$

여기서 I_0은 수정된 영차 베셀함수(the modified zero-order Bessel function)이다.

카이저 창은 β의 값에 따라서 표 7-3과 같이 다른 창으로 근사될 수 있다.

표 7-3 β 값에 따른 창의 근사 형태

β	창 모양
0	사각 창
5	해밍 창에 유사
6	핸 창에 유사
8.6	블랙맨 창에 유사

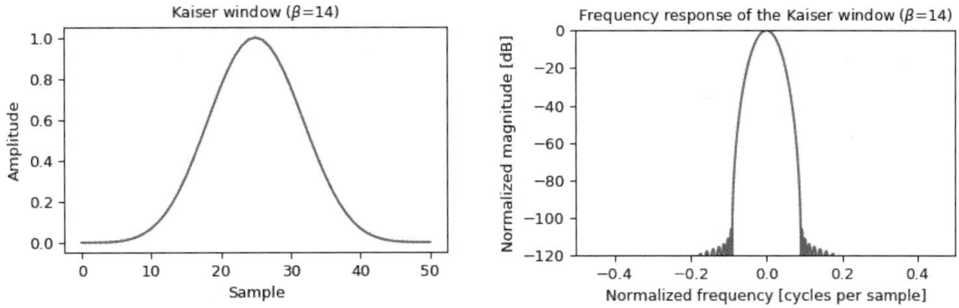

카이저 창은 조정 가능한(adjustable) 창 함수로써 실제적으로 널리 사용되고 있는 창 함수이다.

창 함수를 이용하여 FIR 필터를 설계하기 위해서는 통과대역 에지주파수 Ω_p, 저지대역 에지주파수 Ω_s, 천이대역폭 $\Delta\Omega = \Omega_s - \Omega_p$, 통과대역의 리플 값 R_p, 저지대역의 감쇠 값 A_s, 창의 길이 M 값과 파라미터 β 값 등이 필요하며, 이를 위해서 각 창들의 천이대역폭 $\Delta\Omega$과 저지대역 감쇠 A_s 값들을 비교하여 표 7-4에 나타내었다.

표 7-4 창 종류에 따른 천이대역폭과 저지대역 감쇠 값의 비교

창 명칭	천이대역폭 $\Delta\Omega$		최소 저지대역 감쇠
	근사치	정확한 값	
사각 창	$\frac{4\pi}{M}$	$\frac{1.8\pi}{M}$	21dB
바틀렛 창	$\frac{8\pi}{M}$	$\frac{6.1\pi}{M}$	25dB
핸 창	$\frac{8\pi}{M}$	$\frac{6.2\pi}{M}$	44dB
해밍 창	$\frac{8\pi}{M}$	$\frac{6.6\pi}{M}$	53dB
블랙맨 창	$\frac{12\pi}{M}$	$\frac{11\pi}{M}$	74dB

7.7 창 설계 기법에 의한 FIR 필터 설계

창 함수에 의해 FIR 필터를 설계하고 과정은 다음과 같은 세 단계를 거친다.

1. LPF, HPF, BPF, BSF의 네 가지 필터 중에서 설계하고자하는 이상적인 필터의 종류를 결정하고, 통과대역과 저지대역의 에지주파수를 결정한다.

2. 천이대역폭과 필터의 길이를 결정한다.

3. 임펄스응답을 구한다. 임펄스응답이 곧 필터이다.

7.7.1 이상적인 필터 구성

먼저 이상적인 필터의 구성에는 저역통과필터만 필요하다. 저역통과필터 이외의 필터들은 표 7-5에서처럼 저역통과필터들의 조합으로 구성할 수 있기 때문이다.

표 7-5 이상적인 필터의 구성 방법

이상적인 필터 종류	구성 방법
LPF	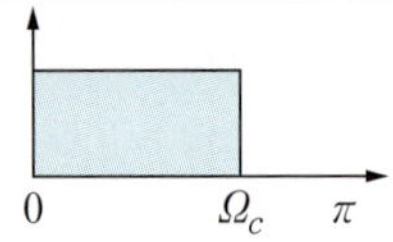
HPF	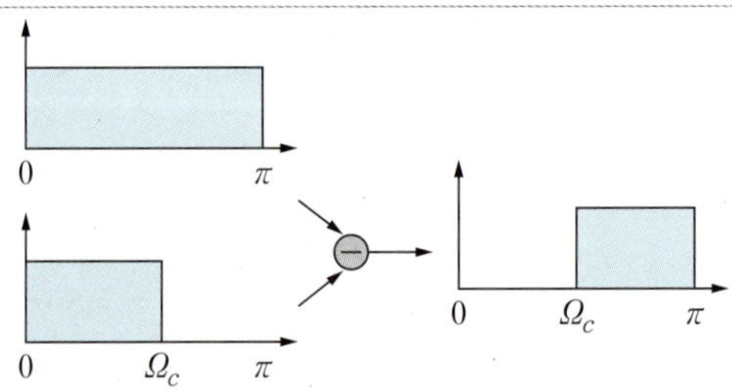
BPF	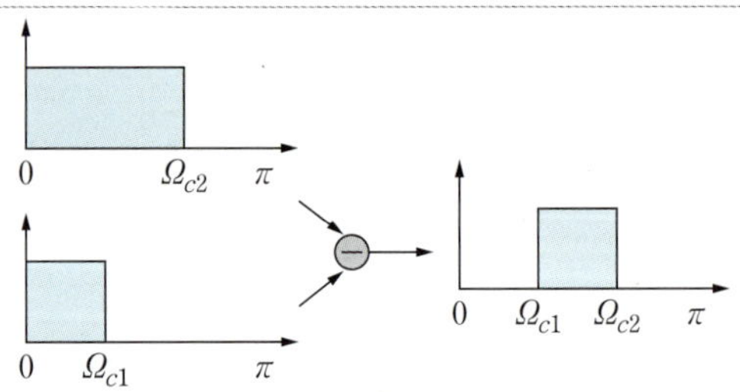
BSF	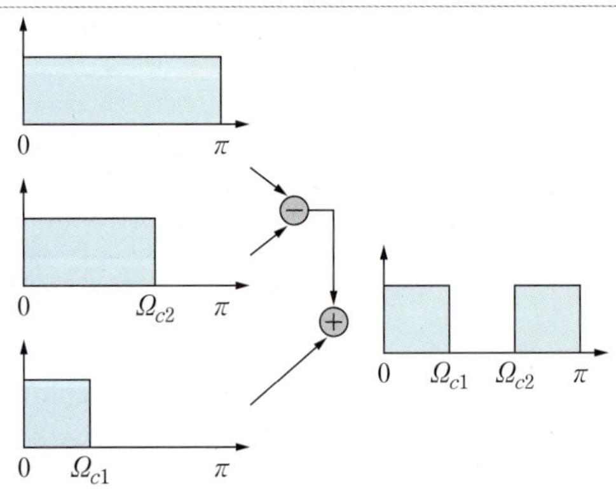

이상적인 저역통과필터의 임펄스응답함수의 생성

"chap07_module.py" 파일 내에, 차단주파수 Ω_c와 필터의 길이 M을 입력으로 받아서 싱크함수 "np.sinc()" 함수를 사용하여 이상적인 저역통과필터의 임펄스응답함수 $h_d(n)$을 생성하는 사용자정의함수 "ideal_lp()"를 만들고 저장한다.

$$h_d(n) = \Omega_c \operatorname{sinc}(n\Omega_c)$$

```
def ideal_lp(Omega_c,M):   #이상적인 LPF 임펄스응답 구하는 함수
    alpha=(M-1)/2   #임펄스응답의 중심
    nt=np.arange(0,M)   #시퀀스 축
    n=nt-alpha   #시퀀스축 이동
    fc=Omega_c/np.pi   #차단주파수
    hd=fc*np.sinc(fc*n)   #이상적인 저역통과필터의 임펄스응답
    return hd
```

7.7.2 해밍 창에 의한 저역통과 FIR 필터 설계

예제 7-2 해밍 창을 이용하여 통과대역 에지주파수가 $\Omega_p = 0.2\pi$, 저지대역 에지주파수가 $\Omega_p = 0.3\pi$, 통과대역 리플이 $R_p = 0.25\text{dB}$, 저지대역 감쇠가 $A_s = 50\text{dB}$인 저역통과 FIR 필터를 구현하시오.

풀이 다음 그림과 같이 차단주파수가 Ω_c인 저역통과 특성을 가지는 이상적인 필터에 가까운 실제 필터를 설계하는 것이다.

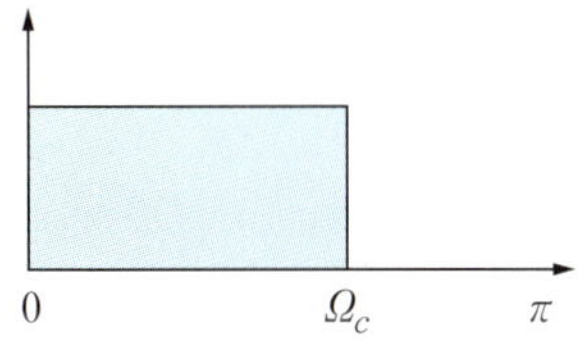

1. 관련 라이브러리들을 불러온다.

```
import numpy as np
import matplotlib.pyplot as plt
from scipy import signal
from scipy.signal import chirp
from chap07_module import *
```

2. 표 7-4에서 해밍 창에 대한 천이대역폭 $\Delta\Omega$와 필터길이 M과의 관계식은 다음과 같다.

$$\Delta\Omega = \frac{6.6\pi}{M}, \quad M = \frac{6.6\pi}{\Delta\Omega}$$

위 식으로부터 천이대역폭 $\Delta\Omega$와 필터길이 M, 그리고 차단주파수 Ω_c와 순서시퀀스 n을 다음과 같이 구한다.

$$\begin{aligned}
&\Delta\Omega = \Omega_s - \Omega_p = 0.3\pi - 0.2\pi = 0.1\pi \\
&M = \left\lceil \frac{6.6\pi}{\Delta\Omega} \right\rceil + 1 = \left\lceil \frac{6.6\pi}{0.1\pi} \right\rceil + 1 = 67 \\
&\Omega_c = \frac{\Omega_s + \Omega_p}{2} = \frac{0.3\pi + 0.2\pi}{2} = 0.25\pi \\
&n = [0, \cdots, M-1] = [0, \cdots, 66]
\end{aligned}$$

```
Omega_p=0.2*np.pi; Omega_s=0.3*np.pi     #통과대역에지주파수, 저지대역에지주파수
tr_width=Omega_s-Omega_p    #천이대역폭
M=int(np.ceil(6.6*np.pi/tr_width))+1; print("M=",M)     #창 길이
Omega_c=(Omega_s+Omega_p)/2    #차단주파수
nt=np.arange(0,M)    #시퀀스 축
```

3. "chap07_module.py" 파일에 있는 사용자정의함수 "ideal_lp()"를 사용하여 이상적인 저역통과필터의 임펄스응답 $h_d(n)$을 구하고, 여기에 해밍 창 함수 $w(n)$–"signal.hamming()"을 곱해서 유한길이의 임펄스응답 $h(n)$을 구한다.

$$h(n) = h_d(n) \times w(n)$$

```
hd=ideal_lp(Omega_c,M)    #이상적인 LPF 임펄스응답
wn=signal.hamming(M)    #해밍 창 함수
hn=hd*wn    #유한 임펄스응답
```

임펄스응답 $h(n)$을 구하면 사실상 필터 설계는 완료된 것이나 다름없다. 이제 이후에는 이 설계한 필터의 임펄스응답, 크기응답, 주파수 선별 특성을 알아보는 과정이다.

4. 그리고 유한길이의 임펄스응답 $h(n)$에 대해 주파수응답함수 "signal.freqz()"를 사용하여 주파수영역에서의 크기응답 $|H(\Omega)|$을 데시벨 값으로 구한다.

```
nf,H=signal.freqz(hn)    #주파수축, 주파수응답
H_dB=20*np.log10(abs(H))    #주파수응답(dB)
```

5. 임펄스응답 $h(n)$, 크기응답 $|H(\Omega)|$, 그리고 0.2초만에 10Hz에서 500Hz까지 변하는 처프신호에 대한 주파수 선별 결과를 그림으로 나타낸다.

그림으로부터, 해밍 창을 이용해서 설계한 저역통과필터는 임펄스응답이 대칭이며 필터의 길이는 홀수이므로 제1형 선형위상필터임을 알 수 있다.

```
plt.subplot(3,1,1); plt.stem(nt,hn,"b"); plt.grid()
plt.ylabel("h(n)"); plt.xlabel("n"); plt.xlim(0,M-1)
plt.title("Impulse response, Frequency response, Frequency filtering result")

plt.subplot(3,1,2); plt.plot(nf/np.pi,H_dB,"b"); plt.grid(); plt.xlim(0,1)
plt.xlabel("Frequency in pi radians"); plt.ylabel("Magnitude [dB]")

t=np.linspace(0,1,5000)
xn=chirp(t,f0=10, t1=0.2, f1=500, method="linear")  #처프신호 생성
yn=np.convolve(hn,xn)  #컨볼루션으로 출력생성
plt.subplot(3,1,3); plt.plot(yn,"b"); plt.xlim(0,5000)
plt.xlabel("Samples(Frequency(0~500[Hz]))"); plt.grid()
```

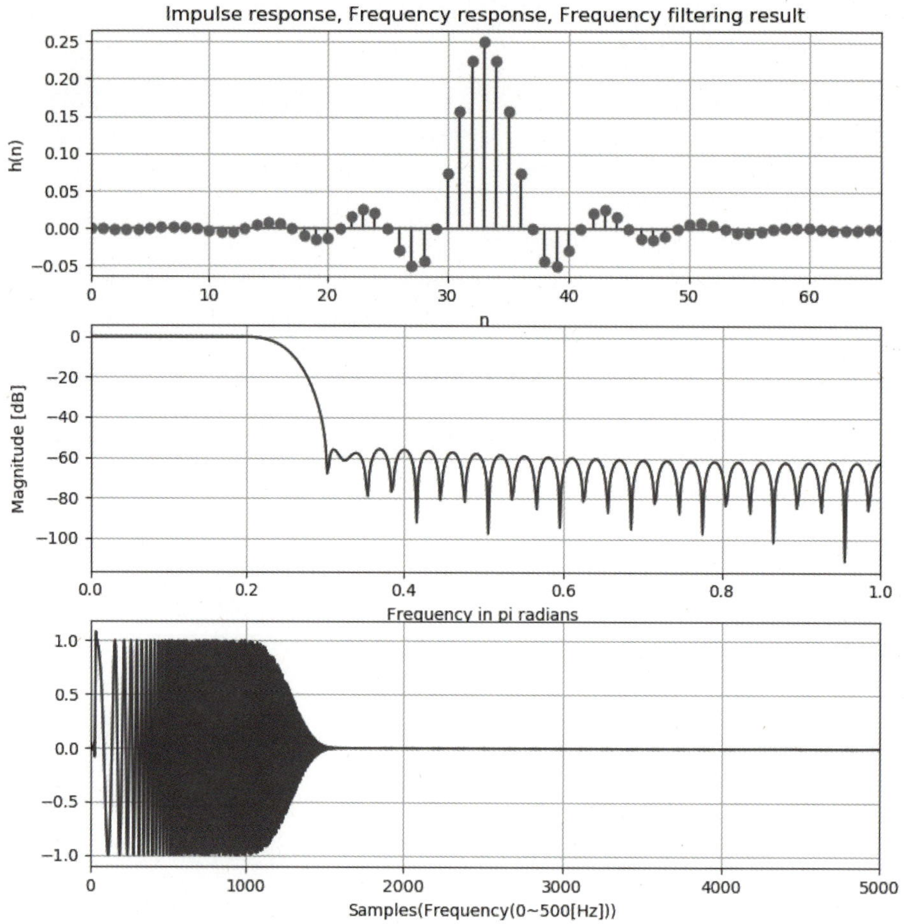

전체 소스코드는 다음과 같으며, "Hamming_Lowpass.py" 파일로 저장한다.

Hamming_Lowpass.py

```
import numpy as np
import matplotlib.pyplot as plt
from scipy import signal
from scipy.signal import chirp
from chap07_module import *

Omega_p=0.2*np.pi; Omega_s=0.3*np.pi    #통과대역에지주파수, 저지대역에지주파수
tr_width=Omega_s-Omega_p    #천이대역폭
M=int(np.ceil(6.6*np.pi/tr_width))+1; print("M=",M)    #창 길이
```

```
Omega_c=(Omega_s+Omega_p)/2    #차단주파수
nt=np.arange(0,M)    #시퀀스 축

hd=ideal_lp(Omega_c,M)    #이상적인 LPF 임펄스응답
wn=signal.hamming(M)    #해밍 창 함수
hn=hd*wn    #유한 임펄스응답

nf,H=signal.freqz(hn)    #주파수축, 주파수응답
H_dB=20*np.log10(abs(H))    #주파수응답(dB)

plt.subplot(3,1,1); plt.stem(nt,hn,"b"); plt.grid()
plt.ylabel("h(n)"); plt.xlabel("n"); plt.xlim(0,M-1)
plt.title("Impulse response, Frequency response, Frequency filtering result")

plt.subplot(3,1,2); plt.plot(nf/np.pi,H_dB,"b"); plt.grid(); plt.xlim(0,1)
plt.xlabel("Frequency in pi radians"); plt.ylabel("Magnitude [dB]")

t=np.linspace(0,1,5000)
xn=chirp(t,f0=10, t1=0.2, f1=500, method="linear")  #처프신호 생성
yn=np.convolve(hn,xn)  #컨볼루션으로 출력생성
plt.subplot(3,1,3); plt.plot(yn,"b"); plt.xlim(0,5000)
plt.xlabel("Samples(Frequency(0~500[Hz]))"); plt.grid()
```

7.7.3 핸 창에 의한 고역통과 FIR 필터 설계

예제 7-3 핸 창을 이용하여 통과대역 에지주파수가 $\Omega_p = 0.7\pi$, 저지대역 에지주파수가 $\Omega_s = 0.6\pi$, 통과대역 리플이 $R_p = 1\text{dB}$, 저지대역 감쇠가 $A_s = 40\text{dB}$ 인 고역통과 FIR 필터를 구현하시오.

풀이 다음 그림과 같이 고주파대역 통과 특성을 가지는 이상적인 필터에 가까운 실제 필터를 설계하는 것이다. 이상적인 고역통과필터의 임펄스응답을 통과대역폭이 π 인 이상적인 저역통과필터의 임펄스응답에서 차단주파수가 Ω_c 인 이상적인 저역통과필터의 임펄스응답을 빼는 방법으로 설계한다.

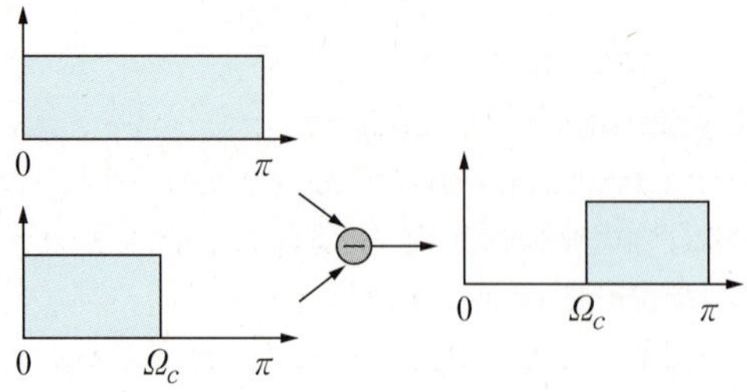

1. 관련 라이브러리들을 불러온다.

2. 표 7-4에서 핸 창에 대한 천이대역폭 $\Delta\Omega$와 필터길이 M과의 관계식은 다음과 같다.

$$\Delta\Omega = \frac{6.2\pi}{M}, \quad M = \frac{6.2\pi}{\Delta\Omega}$$

위 식으로부터 천이대역폭 $\Delta\Omega$와 필터길이 M, 그리고 차단주파수 Ω_c와 순서시퀀스 n을 다음과 같이 구한다.

$$\begin{aligned}
\Delta\Omega &= \Omega_p - \Omega_s = 0.7\pi - 0.6\pi = 0.1\pi \\
M &= \left\lceil \frac{6.2\pi}{\Delta\Omega} \right\rceil = \left\lceil \frac{6.2\pi}{0.1\pi} \right\rceil = 62 \\
\Omega_c &= \frac{\Omega_s + \Omega_p}{2} = \frac{0.7\pi + 0.6\pi}{2} = 0.65\pi \\
n &= [0, \cdots, M-1] = [0, \cdots, 61]
\end{aligned}$$

```
Omega_p=0.7*np.pi; Omega_s=0.6*np.pi    #통과대역에지주파수, 저지대역에지주파수
tr_width=Omega_p-Omega_s    #천이대역폭
M=int(np.ceil(6.2*np.pi/tr_width)); print("M=",M)    #창 길이
Omega_c=(Omega_s+Omega_p)/2    #차단주파수
nt=np.arange(0,M)    #시퀀스 축
```

3. "chap07_module.py" 파일에 있는 사용자정의함수 "ideal_lp()"를 사용하여 통과대역폭이 π인 이상적인 저역통과필터의 임펄스응답에서 차단주파수가 Ω_c인 이상적인 저역통과필터의 임펄스응답을 빼는 방법으로 이상적인 고역통과필터의 임펄스응답 $h_d(n)$을 구하고, 여기에 핸 창 함수 $w(n)$-"signal.hann()"을 곱해서 유한길이의 임펄스응답 $h(n)$을 구한다.

$$h(n) = h_d(n) \times w(n)$$

```
hd=ideal_lp(np.pi,M)-ideal_lp(Omega_c,M)    #이상적인 HPF 임펄스응답
wn=signal.hann(M)    #핸 창 함수
hn=hd*wn    #유한 임펄스응답
```

4. 그리고 유한길이의 임펄스응답 $h(n)$에 대해 주파수응답함수 "signal.freqz()"를 사용하여 주파수영역에서의 크기응답 $|H(\Omega)|$을 데시벨 값으로 구한다.

```
nf,H=signal.freqz(hn)    #주파수축, 주파수응답
H_dB=20*np.log10(abs(H))    #주파수응답(dB)
```

5. 임펄스응답 $h(n)$, 주파수영역에서의 크기응답 $|H(\Omega)|$, 그리고 0.2초만에 10Hz에서 500Hz까지 변하는 처프신호에 대한 주파수 선별 결과를 그림으로 나타낸다.

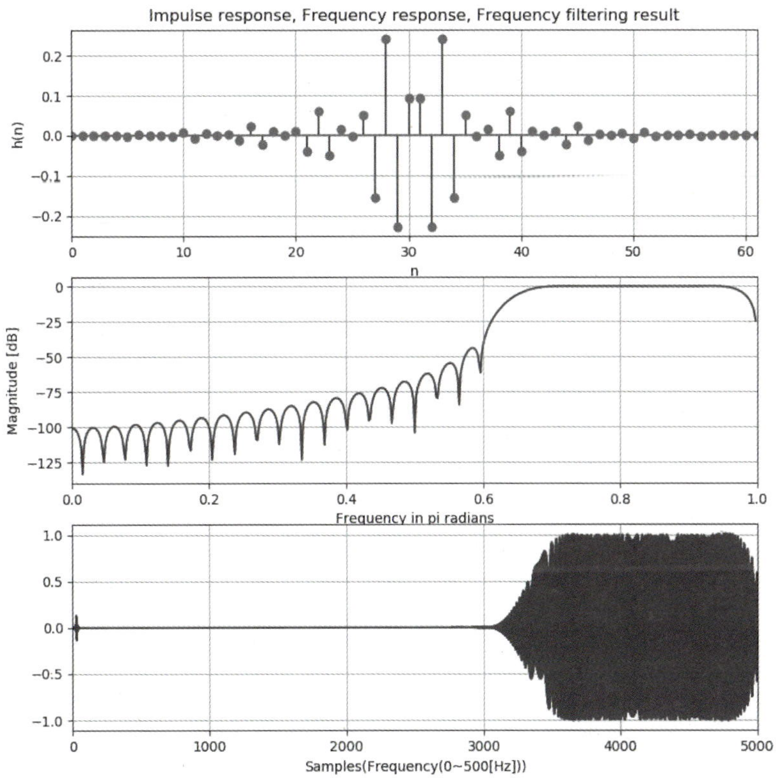

그림으로부터, 핸 창을 이용해서 설계한 고역통과필터는 임펄스응답이 대칭이며 필터의 길이는 짝수이므로 제2형 선형위상필터임을 알 수 있다.

전체 소스코드는 다음과 같으며, "Hann_Highpass.py" 파일로 저장한다.

Hann_Highpass.py

```
import numpy as np
import matplotlib.pyplot as plt
from scipy import signal
from scipy.signal import chirp
from chap07_module import *

Omega_p=0.7*np.pi; Omega_s=0.6*np.pi     #통과대역에지주파수, 저지대역에지주파수
tr_width=Omega_p-Omega_s     #천이대역폭
M=int(np.ceil(6.2*np.pi/tr_width)); print("M=",M)     #창 길이
Omega_c=(Omega_s+Omega_p)/2     #차단주파수
nt=np.arange(0,M)     #시퀀스 축

hd=ideal_lp(np.pi,M)-ideal_lp(Omega_c,M)     #이상적인 HPF 임펄스응답
wn=signal.hann(M)     #핸 창 함수
hn=hd*wn     #유한 임펄스응답

nf,H=signal.freqz(hn)     #주파수축, 주파수응답
H_dB=20*np.log10(abs(H))     #주파수응답(dB)

plt.subplot(3,1,1); plt.stem(nt,hn,"b"); plt.grid()
plt.ylabel("h(n)"); plt.xlabel("n"); plt.xlim(0,M-1)
plt.title("Impulse response, Frequency response, Frequency filtering result")

plt.subplot(3,1,2); plt.plot(nf/np.pi,H_dB,"b"); plt.grid(); plt.xlim(0,1)
plt.xlabel("Frequency in pi radians"); plt.ylabel("Magnitude [dB]")

t=np.linspace(0,1,5000)
xn=chirp(t,f0=10, t1=0.2, f1=500, method="linear") #처프신호 생성
yn=np.convolve(hn,xn) #컨볼루션으로 출력생성
plt.subplot(3,1,3); plt.plot(yn,"b"); plt.xlim(0,5000)
plt.xlabel("Samples(Frequency(0~500[Hz]))"); plt.grid()
```

7.7.4 블랙맨 창에 의한 대역통과 FIR 필터 설계

예제 7-4 블랙맨 창을 이용하여 에지주파수들이 다음과 같은 대역통과 FIR 필터를 구현하시오.

하위 저지대역 에지주파수: $\Omega_{s1} = 0.2\pi,\quad A_s = 60\text{dB}$

하위 통과대역 에지주파수: $\Omega_{p1} = 0.35\pi,\quad R_p = 1\text{dB}$

상위 저지대역 에지주파수: $\Omega_{p2} = 0.65\pi,\quad R_p = 1\text{dB}$

상위 통과대역 에지주파수: $\Omega_{s2} = 0.8\pi,\quad A_s = 60\text{dB}$

풀이 다음과 같은 대역통과 특성을 가지는 이상적인 필터에 가까운 실제 필터를 설계하는 것이다. 이상적인 대역통과필터의 임펄스응답을 차단주파수가 Ω_{c2} 인 이상적인 저역통과필터의 임펄스응답에서 차단주파수가 Ω_{c1} 인 이상적인 저역통과필터의 임펄스응답을 빼는 방법으로 설계한다.

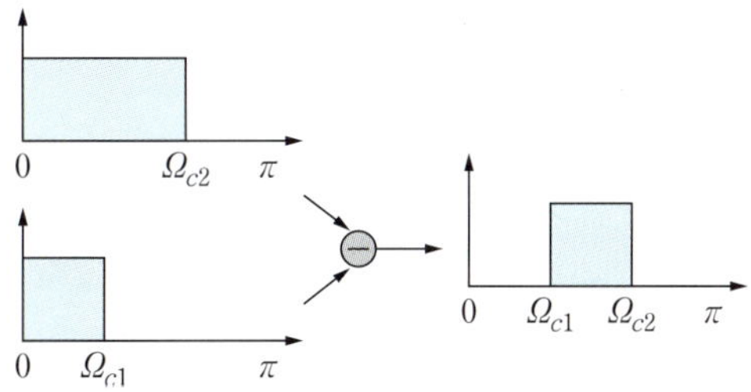

1. 관련 라이브러리들을 불러온다.

2. 표 7-4에서 블랙맨 창에 대한 천이대역폭 $\Delta\Omega$와 필터길이 M과의 관계식은 다음과 같다.

$$\Delta\Omega = \frac{11\pi}{M},\ \ M = \frac{11\pi}{\Delta\Omega}$$

위 식으로부터 천이대역폭 $\Delta\Omega$와 필터길이 M, 차단주파수 Ω_{c1}과 Ω_{c2}, 그리고 순서시퀀스 n을 다음과 같이 구한다.

$$\Delta\Omega = \min\left((\Omega_{p1} - \Omega_{s1}),\ (\Omega_{s2} - \Omega_{p2})\right) = \min(0.15\pi,\ 0.15\pi) = 0.15\pi$$
$$M = \left\lceil \frac{11\pi}{\Delta\Omega} \right\rceil + 1 = \left\lceil \frac{11\pi}{0.15\pi} \right\rceil + 1 = 74 + 1 = 75$$

$$\Omega_{c1}=\frac{\Omega_{s1}+\Omega_{p1}}{2}=\frac{0.55\pi}{2}=0.275\pi,\ \ \Omega_{c2}=\frac{\Omega_{s2}+\Omega_{p2}}{2}=\frac{1.45\pi}{2}=0.725\pi$$
$$n=[0,\cdots,M-1]=[0,\cdots,74]$$

```
Omega_s1=0.2*np.pi; Omega_p1=0.35*np.pi #하위 저지대역과 통과대역에지주파수
Omega_p2=0.65*np.pi; Omega_s2=0.8*np.pi #상위 통과대역과 저지대역에지주파수
tr_width=np.min([(Omega_p1-Omega_s1),(Omega_s2-Omega_p2)])    #천이대역폭
M=int(np.ceil(11*np.pi/tr_width))+1; print("M=",M)    #창 길이
Omega_c1=(Omega_s1+Omega_p1)/2; Omega_c2=(Omega_s2+Omega_p2)/2    #차단주파수
nt=np.arange(0,M)    #시퀀스 축
```

3. 차단주파수가 Ω_{c2} 인 이상적인 저역통과필터의 임펄스응답에서 차단주파수가 Ω_{c1} 인 이상적인 저역통과필터의 임펄스응답을 빼서 이상적인 대역통과 필터의 임펄스응답 $h_d(n)$을 구하고, 여기에 "signal.blackman()" 함수를 이용하여 블랙맨 창 함수 $w(n)$을 생성한다. 그리고 이들을 곱해서 유한길이의 임펄스응답 $h(n)$을 구한다.

$$h(n)=h_d(n)\times w(n)$$

```
hd=ideal_lp(Omega_c2,M)-ideal_lp(Omega_c1,M)    #이상적인 LPF 임펄스응답
wn=signal.blackman(M)    #해밍 창 함수
hn=hd*wn    #유한 임펄스응답
```

4. 그리고 유한길이 임펄스응답에 대해 주파수응답함수 "signal.freqz()"를 사용하여 주파수영역에서의 크기응답 $|H(\Omega)|$을 데시벨 값으로 구한다.

```
nf,H=signal.freqz(hn)    #주파수축, 주파수응답
H_dB=20*np.log10(abs(H))    #주파수응답(dB)
```

5. 임펄스응답 $h(n)$, 주파수영역에서의 크기응답 $|H(\Omega)|$, 그리고 0.2초만에 10Hz에서 500Hz까지 변하는 처프신호에 대한 주파수 선별 결과를 그림으로 나타낸다.

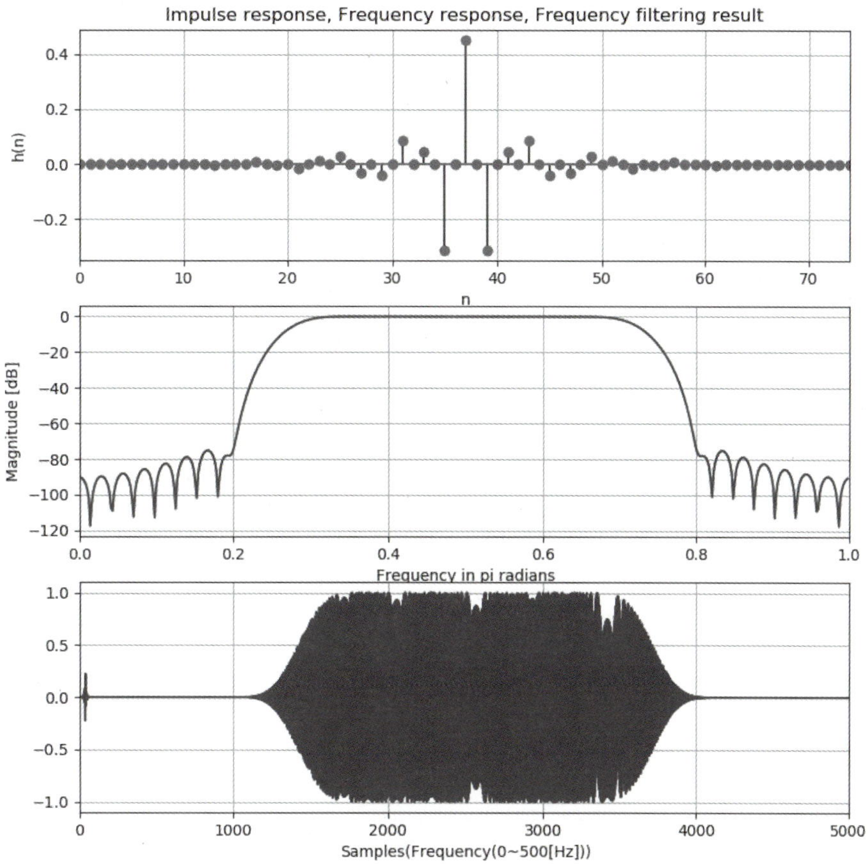

그림으로부터, 블랙맨 창을 이용한 대역통과필터는 임펄스응답특성이 대칭이며 필터길이는 홀수인 제1형 선형위상필터임을 알 수 있다.

블랙맨 창 함수를 이용하여 대역통과 FIR 필터를 설계하는 전체 소스코드를 작성하고, "Blackmann_Bandpass.py" 파일로 저장한다.

Blackmann_Bandpass.py

```
import numpy as np
import matplotlib.pyplot as plt
from scipy import signal
from scipy.signal import chirp
```

```
from chap07_module import *

Omega_s1=0.2*np.pi; Omega_p1=0.35*np.pi #하위 저지대역과 통과대역에지주파수
Omega_p2=0.65*np.pi; Omega_s2=0.8*np.pi #상위 통과대역과 저지대역에지주파수
tr_width=np.min([(Omega_p1-Omega_s1),(Omega_s2-Omega_p2)])    #천이대역폭
M=int(np.ceil(11*np.pi/tr_width))+1; print("M=",M)    #창 길이
Omega_c1=(Omega_s1+Omega_p1)/2; Omega_c2=(Omega_s2+Omega_p2)/2    #차단주파수
nt=np.arange(0,M)    #시퀀스 축

hd=ideal_lp(Omega_c2,M)-ideal_lp(Omega_c1,M)    #이상적인 LPF 임펄스응답
wn=signal.blackman(M)    #해밍 창 함수
hn=hd*wn    #유한 임펄스응답

nf,H=signal.freqz(hn)    #주파수축, 주파수응답
H_dB=20*np.log10(abs(H))    #주파수응답(dB)

plt.subplot(3,1,1); plt.stem(nt,hn,"b"); plt.grid()
plt.ylabel("h(n)"); plt.xlabel("n"); plt.xlim(0,M-1)
plt.title("Impulse response, Frequency response, Frequency filtering result")

plt.subplot(3,1,2); plt.plot(nf/np.pi,H_dB,"b"); plt.grid(); plt.xlim(0,1)
plt.xlabel("Frequency in pi radians"); plt.ylabel("Magnitude [dB]")

t=np.linspace(0,1,5000)
xn=chirp(t,f0=10, t1=0.2, f1=500, method="linear") #처프신호 생성
yn=np.convolve(hn,xn) #컨볼루션
plt.subplot(3,1,3); plt.plot(yn,"b"); plt.xlim(0,5000)
plt.xlabel("Samples(Frequency(0~500[Hz]))"); plt.grid()
```

7.7.5 카이저 창에 의한 대역저지 FIR 필터 설계

예제 7-5 카이저 창을 이용하여 저지대역 감쇠가 $A_s = 50\text{dB}$, 필터길이가 $M = 45$ 인 대역저지 FIR 필터를 구현하시오. 이상적인 대역저지 필터의 주파수응답은 다음과 같다. 하위 차단주파수: $\Omega_{c1} = \pi/3$, 상위 차단주파수: $\Omega_{c2} = 2\pi/3$

$$H(\Omega)=\begin{cases}1, & 0\le|\Omega|<\pi/3\\ 0, & \pi/3\le|\Omega|<2\pi/3\\ 1, & 2\pi/3\le|\Omega|<\pi\end{cases}$$

풀이 다음과 같은 대역저지 특성을 가지는 이상적인 필터에 가까운 실제 필터를 설계하는 것이다. 이상적인 대역저지필터의 임펄스응답은, 통과대역폭이 π 인 이상적인 저역통과필터의 임펄스응답에서 차단주파수가 Ω_{c2} 인 이상적인 저역통과필터의 임펄스응답을 뺀 다음, 여기에 차단주파수가 Ω_{c1} 인 이상적인 저역통과필터의 임펄스응답을 더하는 방법으로 설계한다.

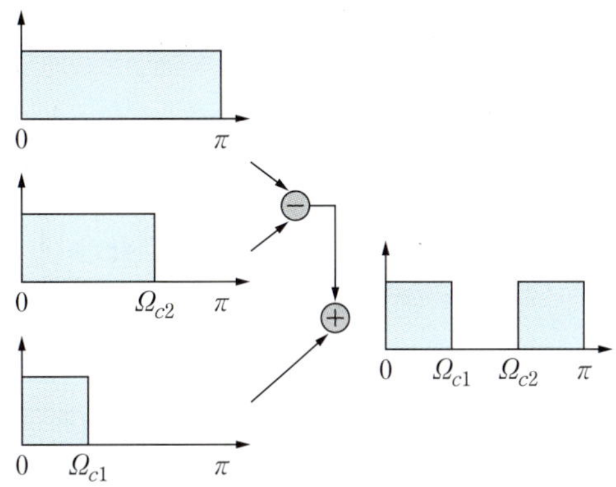

1. 관련 라이브러리들을 불러온다.

2. 먼저 카이저 창을 이용한 필터 설계에서는 설계할 창의 길이를 정해주어야 한다. $M=45$로 두었다. 그리고 저지대역 감쇠 A_s를 사용하여 파라미터 β 값을 결정한다. 파라미터 β는 최소의 저지대역 감쇠 A_s를 조절하는 역할을 하며, 적정 A_s에 가까운 천이대역을 가지도록 선택할 수 있다.

$$\beta=0.1102\times(A_s-8.7)=0.1102\times(50-8.7)=4.5513$$

```
M=45    #창 길이 결정
As=50    #저지대역 감쇠
beta=0.1102*(As-8.7)    #베타 값 계산
nt=np.arange(0,M)    #시퀀스 축
```

3. 통과대역폭이 π 인 이상적인 저역통과필터의 임펄스응답에서 차단주파수가 Ω_{c2} 인 이상적인 저역통과필터의 임펄스응답을 뺀 다음, 차단주파수가 Ω_{c1} 인 이상적인 저역통과필터의 임펄스응답을 더해서 이상적인 대역저지 필터의 임펄스응답 $h_d(n)$을 구하고, 여기에 "signal.kaiser()" 함수를 이용하여 카이저 창 함수 $w(n)$을 생성한다. 그리고 이들을 곱해서 유한길이의 임펄스응답 $h(n)$을 구한다.

$$h(n) = h_d(n) \times w(n)$$

```
Omega_c1=np.pi/3; Omega_c2=np.pi*2/3  #하위 및 상위 차단주파수
hd=ideal_lp(Omega_c1,M)+(ideal_lp(np.pi,M)-ideal_lp(Omega_c2,M))  #임펄스응답
wn=signal.kaiser(M,beta)    #카이저 창 함수
hn=hd*wn    #유한 임펄스응답
```

4. 그리고 유한길이 임펄스응답에 대해 주파수응답함수 "signal.freqz()"를 사용하여 주파수영역에서의 크기응답 $|H(\Omega)|$을 데시벨 값으로 구한다.

```
nf,H=signal.freqz(hn)    #주파수축, 주파수응답
H_dB=20*np.log10(abs(H))    #주파수응답(dB)
```

5. 임펄스응답 $h(n)$, 주파수영역에서의 크기응답 $|H(\Omega)|$, 그리고 0.2초만에 10Hz에서 500Hz까지 변하는 처프신호에 대한 주파수 선별 결과를 그림으로 나타낸다.

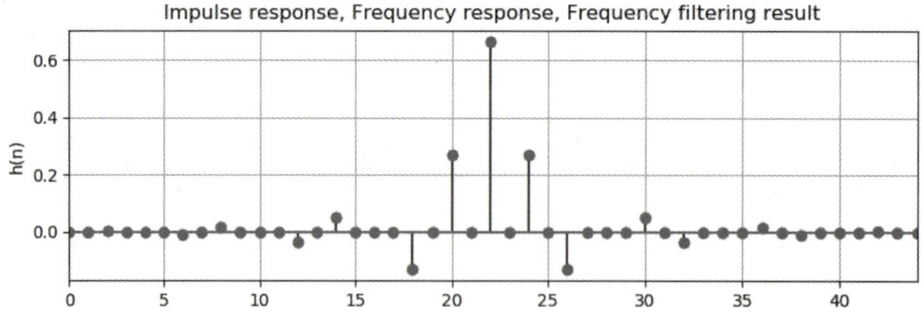

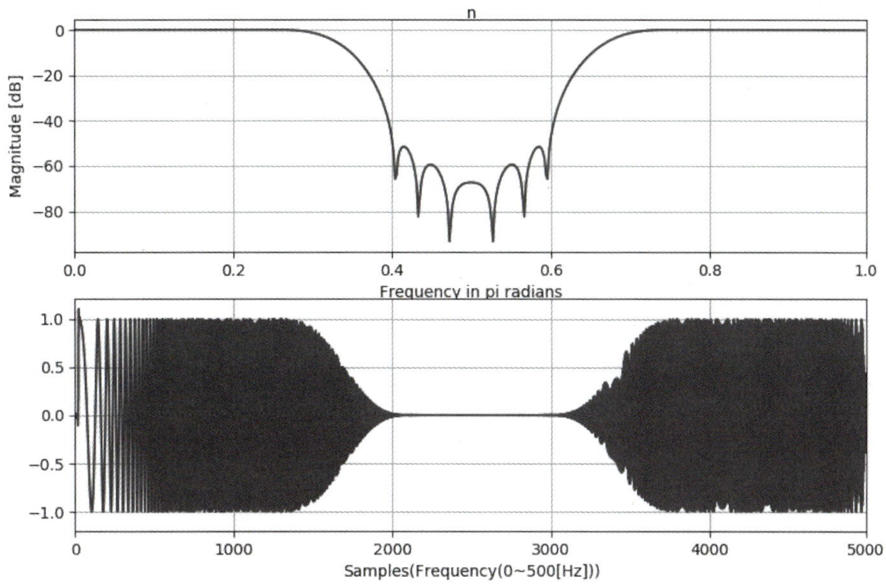

그림으로부터, 카이저 창을 이용한 대역저지필터는 임펄스응답 특성이 대칭이며 필터의 길이는 홀수이므로 제1형 선형위상필터임을 알 수 있다.

카이저 창 함수를 이용하여 대역저지 FIR 필터를 설계하는 전체 소스코드를 작성하고, "Kaiser_Bandstop.py" 파일로 저장한다.

Kaiser_Bandstop.py

```
import numpy as np
import matplotlib.pyplot as plt
from scipy import signal
from scipy.signal import chirp
from chap07_module import *

M=45     #창 길이 결정
As=50    #저지대역 감쇠
beta=0.1102*(As-8.7)    #베타 값 계산
nt=np.arange(0,M)    #시퀀스 축

Omega_c1=np.pi/3; Omega_c2=np.pi*2/3   #하위 및 상위 차단주파수
```

```
hd=ideal_lp(Omega_c1,M)+(ideal_lp(np.pi,M)-ideal_lp(Omega_c2,M))  #임펄스응답
wn=signal.kaiser(M,beta)    #카이저 창 함수
hn=hd*wn    #유한 임펄스응답

nf,H=signal.freqz(hn)    #주파수축, 주파수응답
H_dB=20*np.log10(abs(H))    #주파수응답(dB)

plt.subplot(3,1,1); plt.stem(nt,hn,"b"); plt.grid()
plt.ylabel("h(n)"); plt.xlabel("n"); plt.xlim(0,M-1)
plt.title("Impulse response, Frequency response, Frequency filtering result")

plt.subplot(3,1,2); plt.plot(nf/np.pi,H_dB,"b"); plt.grid(); plt.xlim(0,1)
plt.xlabel("Frequency in pi radians"); plt.ylabel("Magnitude [dB]")

t=np.linspace(0,1,5000)
xn=chirp(t,f0=10, t1=0.2, f1=500, method="linear") #처프신호 생성
yn=np.convolve(hn,xn) #컨볼루션
plt.subplot(3,1,3); plt.plot(yn,"b"); plt.xlim(0,5000)
plt.xlabel("Samples(Frequency(0~500[Hz]))"); plt.grid()
```

7.8 최적 등-리플 설계 기법에 의한 FIR 필터 설계

7.7절에서 배운 창 설계 기법에 의한 FIR 필터 설계는 그 원리를 이해하고 구현하는데는 다소 쉬운 점이 있지만 다음과 같은 몇 가지 단점을 가지고 있다.

1. 통과대역 에지주파수와 저지대역 에지주파수, 즉 Ω_p 와 Ω_s 를 정밀하게 특정할 수가 없기 때문에 설계후의 결과를 무조건 수용해야 한다.
2. 통과대역과 저지대역의 리플 값들, 즉 δ_1 과 δ_2 을 동시에 특정할 수가 없다. 그러므로 $\delta_1 = \delta_2$ 로 둔다.
3. 이상적인 응답과 실제 응답의 차이, 즉 근사오차가 대역구간 전체에 걸쳐서 균일하게 분포되지 않는다. 대역에지주파수에 가까울수록 더 높고, 대역에지주파수로부터 멀어질수록 더 낮다.

3번에서의 근사오차를 전체 대역에서 균일하게 분포하게 하면 동일한 사양에 대해서 더 낮은 차수의 필터를 얻을 수가 있다. 위의 세 가지 문제를 해결할 수 있는 한 가지 기법이 존재하며, 최적 등-리플(Optimal equiripple) 설계 기법이다. 이 기법은 이해하기가 다소 어

렵고 구현하는데 상당한 컴퓨팅 과정을 요구하는 면이 있다.

선형위상 FIR 필터에 대해서는 이 기법이 최대근사오차(maximum approximation error, 미니맥스(minimax) 또는 체비세프오차(Chebyshev error)라고 부르기도 한다)를 최소화한다는 점에서 적정한 기법이라고 할 수 있다. 따라서 이러한 기법으로 설계된 필터들은 통과대역과 저지대역에서 모두 다 균일한 근사오차를 가지기 때문에 등-리플 필터(Equiripple Filter)라고 부른다.

먼저 미니맥스 적정 FIR 필터 설계 문제를 공식화하고 선형위상 FIR 필터의 주파수응답에서 얻을 수 있는 최대(maxima)와 최소(minima)의 극값(extrema)들의 전체 수에 대해 알아보고, 해법으로써 다항보간(polynomial interpolation)을 사용하는 일반적인 등-리플 FIR 필터 설계 알고리즘에 대해 알아본다. 이 알고리즘은 Parks-McClellan 알고리즘으로 알려져 있으며, 다항해석을 위해서 Remez 교환 알고리즘과 결합되어 있다. 이 알고리즘은 많은 계산 플랫폼에서 서브루틴으로 유용하게 사용되고 있다. 여기서는 등-리플 FIR 필터를 설계하기 위해서 Github의 scikit_dsp_com에서 제공하는 필터설계 모듈(filter design modules)인 "sk_dsp_comm.fir_design_helper" 모듈을 사용하여 간편하게 설계하고자 한다.

7.8.1 미니맥스 문제

앞 절에서 네 가지 형태의 선형위상 FIR 필터의 주파수응답은 식 (7-4)에서 다음 식의 형태로 나타낼 수 있었다.

$$H(\Omega) = H_r(\Omega)e^{j(\beta-\alpha\Omega)} = H_r(\Omega)e^{j\beta}e^{-j\alpha\Omega} = H_r(\Omega)e^{j\beta}e^{-j\frac{M-1}{2}\Omega}$$

위 식에서 $H_r(\Omega)$는 실제 주파수응답에서 진폭응답을 나타내며, 고정 Ω의 함수인 $Q(\Omega)$와 코사인들의 합인 $P(\Omega)$의 곱으로 식 (7-13)과 같이 나타낼 수 있다.

$$H_r(\Omega) = Q(\Omega)P(\Omega) \tag{7-13}$$

여기서 $P(\Omega) = \sum_{n=0}^{L}\alpha(n)\cos\Omega n$로 둔 것이다.

이와 같은 해석을 하는 목적은 네 가지 형태의 선형위상 FIR 필터 모두에서 $H_r(\Omega)$에 대한 공통의 형식을 얻기 위한 것이며, 이것은 문제를 체비세프 근사 문제로 공식화하기 위한 것이다. 다시 말하면 식 (7–5)에서 식 (7–6)까지의 유형별 주파수응답을 기반으로, 표 7–6에서 표 7–7로 네 가지 형태에 대해 공통의 형식으로 변환하기 위한 것이다.

표 7–6 선형위상 FIR 필터에 대한 진폭응답과 β–값

Linear–phase FIR filter type	β	$H_r(\Omega)$
Type–1, odd, symmetric h[n]	0	$\sum_{0}^{(M-1)/2} a[n]\cos\Omega n$
Type–2, even, symmetric h[n]	0	$\sum_{1}^{M} b[n]\cos\left(\Omega\left(\frac{n-1}{2}\right)\right)$
Type–3, odd, antisymmetric h[n]	$\frac{\pi}{2}$	$\sum_{1}^{(M-1)/2} c[n]\sin\Omega n$
Type–3, even, antisymmetric h[n]	$\frac{\pi}{2}$	$\sum_{1}^{M} d[n]\sin\left(\Omega\left(\frac{n-1}{2}\right)\right)$

표 7–7 선형위상 FIR 필터에 대한 $Q(\Omega)$, L, $P(\Omega)$

Linear–phase FIR filter type	$Q(\Omega)$	L	$P(\Omega)$
Type–1, odd, symmetric h[n]	1	$\frac{M-1}{2}$	$\sum_{0}^{L} a[n]\cos\Omega n$
Type–2, even, symmetric h[n]	$\cos\frac{\Omega}{2}$	$\frac{M}{2}-1$	$\sum_{0}^{L} \tilde{b}[n]\cos\Omega n$
Type–3, odd, antisymmetric h[n]	$\sin\Omega$	$\frac{M-3}{2}$	$\sum_{0}^{L} \tilde{c}[n]\cos\Omega n$
Type–3, even, antisymmetric h[n]	$\sin\frac{\Omega}{2}$	$\frac{M}{2}-1$	$\sum_{0}^{L} \tilde{d}[n]\cos\Omega n$

저지대역과 통과대역에서의 희망하는 이상적인 주파수응답을 $H_{dr}(\Omega)$, 실제 주파수응답을 $H_r(\Omega)$라 하면, 이들의 차이에 가중치 함수 $W(\Omega)$를 곱한 값을 가중치화 오차(weighted error), $E(\Omega)$라 하며 식 (7–14)와 같이 정의된다.

$$E(\Omega) \doteq W(\Omega)|H_r(\Omega) - H_{dr}(\Omega)| \tag{7-14}$$

여기서 가중치 함수 $W(\Omega)$를 적용하는 것은 리플 δ_1과 δ_2에 대해 독립적으로 제어할 수 있기 위해서이다. 이러한 개념을 이해하기 위해서 다음 사항들을 살펴본다.

다음 그림 7-16은 전형적인 등-리플 FIR 필터의 주파수응답에 있어서 이상적인 응답 $H_{dr}(\Omega)$과 실제 응답 $H_r(\Omega)$ 사이의 오차를 보여주고 있으며, 통과대역과 저지대역에서의 오차 범위가 다르다.

여기서 가중치 함수 $W(\Omega)$는 식 (7-15)와 같다.

$$W(\Omega) = \begin{cases} \dfrac{\delta_2}{\delta_1}, & \text{통과대역} \\ 1, & \text{저지대역} \end{cases} \tag{7-15}$$

만약 $\delta_1 = 0.2$, $\delta_2 = 0.1$이면, 통과대역에서의 가중치 함수는 $W(\Omega) = \frac{1}{2}$이 되므로 가중치화한 후의 오차는 그림 7-17과 같이 동일 범위를 가지게 된다.

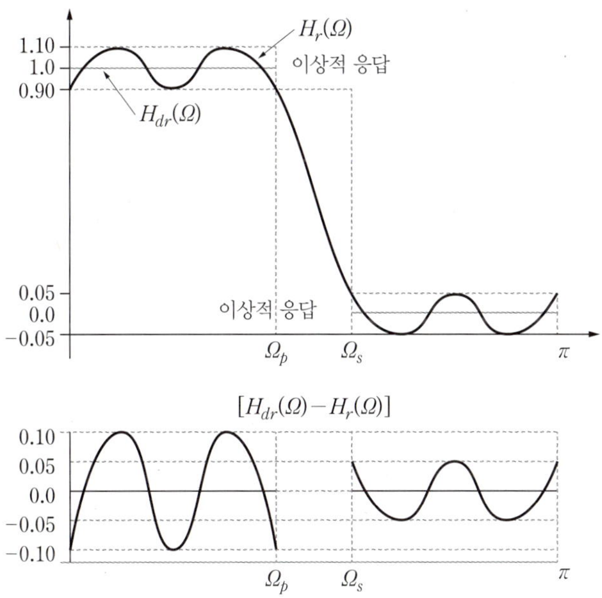

그림 7-16 등-리플 FIR 필터의 이상적인 주파수응답과 실제 주파수응답 사이의 오차

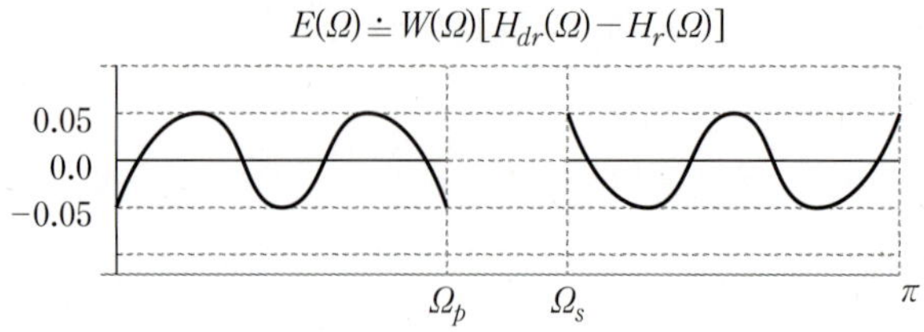

그림 7-17 통과대역에서의 오차 가중치화

따라서 통과대역과 저지대역에서의 최대오차는 이제 둘 다 δ_2가 된다. 그러므로 최대 가중화 오차가 δ_2로 최소화하는데 성공하게 되면 통과대역에서의 사양은 자동적으로 δ_1을 만족하게 된다. 따라서 가중치화 오차는 식 (7-16)과 같이 나타낼 수 있다.

$$\begin{aligned} E(\Omega) &= W(\Omega)[H_{dr}(\Omega) - H_r(\Omega)] = W(\Omega)[H_{dr}(\Omega) - Q(\Omega)P(\Omega)] \\ &= W(\Omega)Q(\Omega)\left[\frac{H_{dr}(\Omega)}{Q(\Omega)} - P(\Omega)\right] \end{aligned} \tag{7-16}$$

위 식에서 $\hat{W}(\Omega) \doteq W(\Omega)Q(\Omega)$, $\hat{H}_{dr}(\Omega) \doteq \dfrac{H_{dr}(\Omega)}{Q(\Omega)}$로 두면, 가중치화 오차는 최종적으로 식 (7-17)과 같이 된다.

$$E(\Omega) = \hat{W}(\Omega)[\hat{H}_{dr}(\Omega) - P(\Omega)] \tag{7-17}$$

이제 모든 유형의 선형위상 FIR 필터에 대해 가중치화 오차 $E(\Omega)$의 공통 형식을 가지게 되었다. 그러므로 지금까지의 근사 문제를, "통과대역과 저지대역에 걸쳐서 가중치화 오차 $E(\Omega)$의 최대 절대치를 최소화하도록 계수 값 $a[n]$, $b[n]$, $c[n]$ 또는 $d[n]$을 결정하는 것"이라고 할 수 있다.

$$\min(\max(|E(\Omega)|))$$

이렇게 하면 최적 등-리플 설계 기법에서는 앞의 창-함수 설계 기법에 비해, Ω_p, Ω_s, δ_1, δ_2 값을 정확하게 사양화하는데 성공하게 된다.

팍스와 멕클렐란은 1979년 〈Digital Signal Processing Committee of the IEEE Acoustics, Speech, and Signal Processing Society〉에서 발행한 "Programs for Digital

Signal Processing"에서 리메즈 교환 알고리즘(Remez Exchange Algorithm)과 체비세프 근사이론을 사용하여 원하는 주파수응답과 실제 주파수응답 사이에 최적합을 가지는 필터를 설계하는 기법을 소개하였으며, 이를 팍스-멕클렐란 알고리즘(Parks-McClellan Algorithm)이라 한다.

이 팍스-멕클렐란 알고리즘으로 설계한 FIR 필터는 원하는 주파수응답과 실제 주파수응답 사이의 최대오차가 최소화된다는 측면에서 가장 적합한 필터 설계 기법이라 할 수 있으며, 이렇게 설계된 필터는 해당 주파수응답에서 등-리플 동작을 보이므로 등-리플 필터라고 부르는 것이다.

따라서 등-리플 FIR 필터를 설계하기 위해서 Github의 scikit_dsp_com에서 제공하는 필터설계 모듈인 "sk_dsp_comm.fir_design_helper" 모듈에서 제공하는 함수들을 사용하면 손쉽게 설계할 수 있다. 표 7-8에서 나타낸 함수들을 사용해서 설계해 보고자 한다.

표 7-8 최적 등-리플 FIR 필터 설계를 위한 함수

FIR filter design functions in fir_design_helper.py	
저역통과	h_FIR = fir_remez_lpf(f_pass, f_stop, d_pass, d_stop, fs=1.0 n_bump=5)
고역통과	h_FIR = fir_remez_hpf(f_stop, f_pass, d_pass, d_stop, fs=1.0, n_bump=5)
대역통과	h_FIR = fir_remez_bpf(f_stop1, f_pass1, f_pass2, f_stop2, d_pass, d_stop, fs=1.0, n_bump=5)
대역저지	h_FIR = fir_remez_bsf(f_pass1, f_stop1, f_stop2, f_pass2, d_pass, d_stop, fs=1.0, n_bump=5)

7.8.2 최적 등-리플 FIR 필터 설계

최적 등-리플 FIR 필터의 설계에 들어가기 전에 먼저 프롬프트 창에서 "scikit-dsp-comm"를 설치한다.

```
C:\Users\Ha>pip install scikit-dsp-comm
```

최적 등-리플 FIR 필터의 설계는 표 7-8에서 제공하는 필터 설계함수를 사용해서 단순하게 샘플링주파수 f_s를 기준으로 이에 대한 비율로 통과대역 에지주파수, 저지대역 에지주파수, 저지대역 리플, 그리고 샘플링주파수의 인수를 "remez()" 함수에 적용하면 실행이 된다.

(1) 저역통과필터 설계

1. "fir_d.fir_remez_lpf()" 함수에 $f_p=\frac{1}{8}$, $f_s=\frac{1}{6}$, $\delta_2=50[\mathrm{dB}]$, $f_s=1.0$을 적용하고 저역통과 등-리플 FIR 필터를 구현하면 필터의 길이 값을 반환한다.

2. 그리고 "signal.freqz()" 함수를 사용해서 주파수 축 순서시퀀스와 실제 주파수응답을 구한다.

3. 주파수응답을 데시벨로 나타낸다.

4. 0.2초 동안 10Hz에서 500Hz까지 변하는 처프신호에 대한 주파수 선별 결과를 나타낸다.

```
hn=fir_d.fir_remez_lpf(1/8,1/6,0.2,50,1.0) #임펄스응답 생성
nf,Hr=signal.freqz(hn)      #실제 주파수응답 계산
Hr_dB=20*np.log10(abs(Hr))      #실제주파수응답(dB)
```

```
Remez filter taps = 53.
```

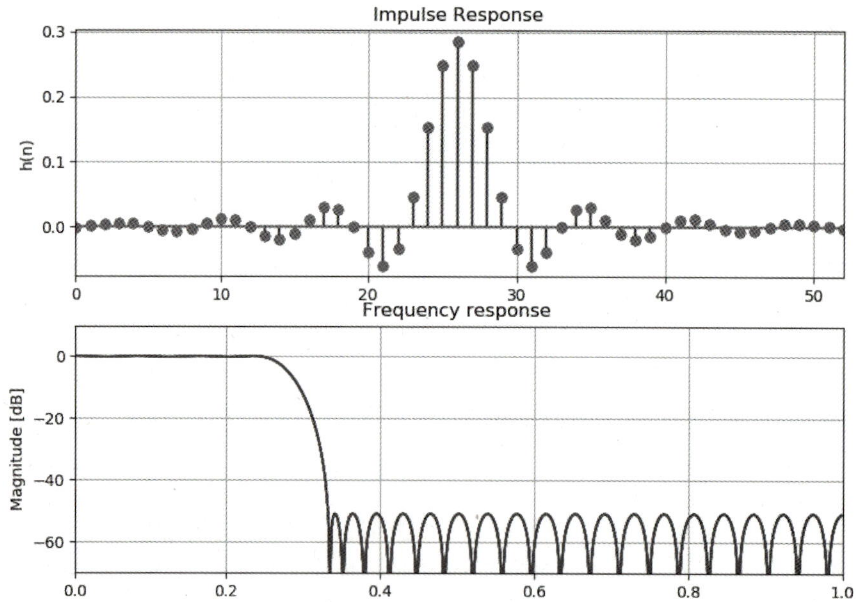

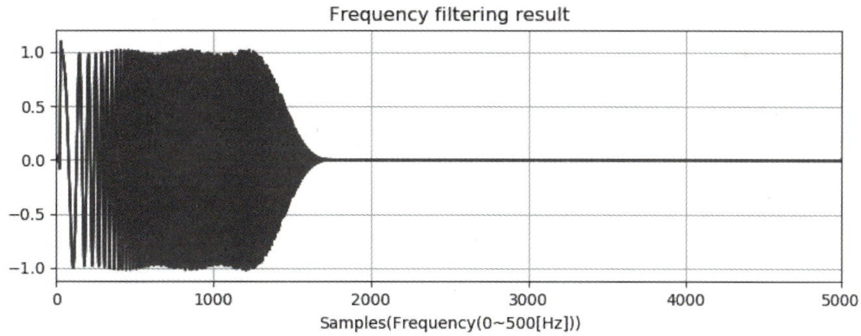

소스코드는 다음과 같으며, "Equiripple_LPF_FIR_Filter.py" 파일로 저장한다.

Equiripple_LPF_FIR_Filter.py

```
import numpy as np
import matplotlib.pyplot as plt
from scipy import signal
import sk_dsp_comm.fir_design_helper as fir_d

hn=fir_d.fir_remez_lpf(1/8,1/6,0.2,50,1.0) #임펄스응답 생성
nf,Hr=signal.freqz(hn)     #실제 주파수응답 계산
Hr_dB=20*np.log10(abs(Hr))     #실제주파수응답(dB)

n=np.arange(53)
plt.subplot(3,1,1); plt.stem(n,hn,"b"); plt.xlim(0,52); plt.grid();
plt.ylabel("h(n)"); plt.title("Impulse Response")
plt.subplot(3,1,2); plt.plot(nf/np.pi,Hr_dB,"b"); plt.xlim(0,1); plt.grid()
plt.ylim(-70,10); plt.title("Frequency response"); plt.ylabel("Magnitude [dB]")

t=np.linspace(0,1,5000)
tn=chirp(t,f0=10, t1=0.2, f1=500, method="linear")
yn=np.convolve(hn,tn)
plt.subplot(3,1,3); plt.plot(yn,"b"); plt.title("Frequency filtering result")
plt.xlabel("Samples(Frequency(0~500[Hz]))"); plt.xlim(0,5000); plt.grid()
```

(2) 고역통과필터 설계

1. "fir_d.fir_remez_hpf()" 함수에 $f_s = \frac{5}{8}$, $f_p = \frac{6}{8}$, $\delta_2 = 50[\text{dB}]$, $f_s = 1.0$을 적용하고 고

역통과 등-리플 FIR 필터를 구현하면 필터의 차수 값을 반환한다.

2. 그리고 "signal.freqz()" 함수를 사용해서 주파수 축 순서시퀀스와 실제 주파수응답을 구한다.

3. 주파수응답을 데시벨로 나타낸다.

4. 0.2초 동안 10Hz에서 500Hz까지 변하는 처프신호에 대한 주파수 선별 결과를 나타낸다.

```
hn=fir_d.fir_remez_hpf(1/8,1/6,0.2,50,1.0) #임펄스응답 생성
nf,Hr=signal.freqz(hn)    #실제 주파수응답 계산
Hr_dB=20*np.log10(abs(Hr))    #실제주파수응답(dB)
```

```
Remez filter taps = 53.
```

소스코드는 다음과 같으며, "Equiripple_HPF_FIR_Filter.py" 파일로 저장한다.

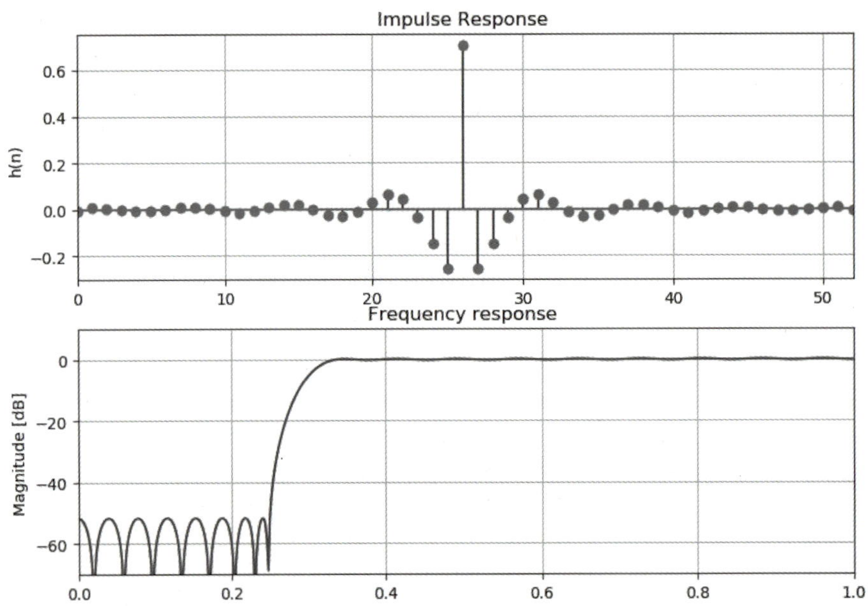

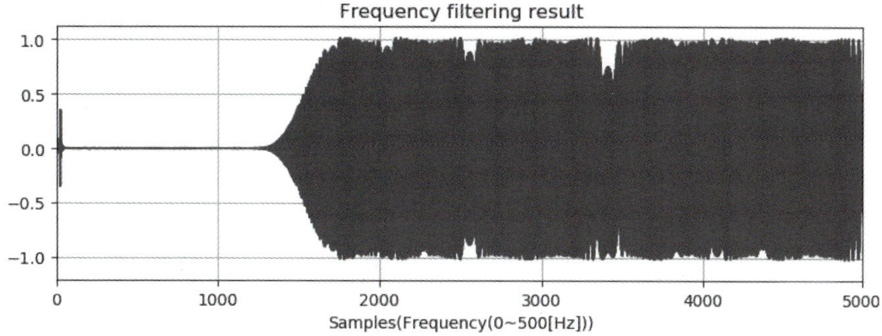

▌ Equiripple_HPF_FIR_Filter.py

```
import numpy as np
import matplotlib.pyplot as plt
from scipy import signal
import sk_dsp_comm.fir_design_helper as fir_d

hn=fir_d.fir_remez_hpf(1/8,1/6,0.2,50,1.0) #임펄스응답 생성
nf,Hr=signal.freqz(hn)     #실제 주파수응답 계산
Hr_dB=20*np.log10(abs(Hr))     #실제주파수응답(dB)

n=np.arange(53)
plt.subplot(3,1,1); plt.stem(n,hn,"b"); plt.xlim(0,52); plt.grid();
plt.ylabel("h(n)"); plt.title("Impulse Response")
plt.subplot(3,1,2); plt.plot(nf/np.pi,Hr_dB,"b"); plt.xlim(0,1); plt.grid()
plt.ylim(-70,10); plt.title("Frequency response"); plt.ylabel("Magnitude [dB]")

t=np.linspace(0,1,5000)
tn=chirp(t,f0=10, t1=0.2, f1=500, method="linear")
yn=np.convolve(hn,tn)
plt.subplot(3,1,3); plt.plot(yn,"b"); plt.title("Frequency filtering result")
plt.xlabel("Samples(Frequency(0~500[Hz]))"); plt.xlim(0,5000); plt.grid()
```

(3) 대역통과필터 설계

1. 필터 사양 $f_{s1}=\frac{1}{7}$, $f_{p1}=\frac{1}{6}$, $f_{p2}=\frac{2}{7}$, $f_{s2}=\frac{5}{16}$, $\delta_2=50[\text{dB}]$, $f_s=1.0$을 리메즈 함수 "fir_d.fir_remez_bpf()"에 적용하고 대역통과 등-리플 FIR 필터를 구현하면 필터의 길이 값을 반환한다.

2. 그리고 “signal.freqz()” 함수를 사용해서 주파수 축 순서시퀀스와 실제 주파수응답을 구한다.

3. 주파수응답을 데시벨로 나타낸다.

4. 0.2초 동안 10Hz에서 500Hz까지 변하는 처프신호에 대한 주파수 선별 결과를 나타낸다.

```
hn=fir_d.fir_remez_bpf(1/7,1/6,2/7,5/16,0.2,50,1.0) #임펄스응답 생성
nf,Hr=signal.freqz(hn)     #실제 주파수응답 계산
Hr_dB=20*np.log10(abs(Hr))     #실제주파수응답(dB)
```

```
Remez filter taps = 89.
```

소스코드는 다음과 같으며, “Equiripple_BPF_FIR_Filter.py” 파일로 저장한다.

Equiripple_BPF_FIR_Filter.py

```
import numpy as np
import matplotlib.pyplot as plt
from scipy import signal
import sk_dsp_comm.fir_design_helper as fir_d

hn=fir_d.fir_remez_bpf(1/7,1/6,2/7,5/16,0.2,50,1.0) #임펄스응답 생성
nf,Hr=signal.freqz(hn)     #실제 주파수응답 계산
Hr_dB=20*np.log10(abs(Hr))     #실제주파수응답(dB)

n=np.arange(89)
plt.subplot(3,1,1); plt.stem(n,hn,"b"); plt.xlim(0,88); plt.grid();
plt.ylabel("h(n)"); plt.title("Impulse Response")
plt.subplot(3,1,2); plt.plot(nf/np.pi,Hr_dB,"b"); plt.xlim(0,1); plt.grid()
plt.ylim(-70,10); plt.title("Frequency response"); plt.ylabel("Magnitude [dB]")

t=np.linspace(0,1,5000)
tn=chirp(t,f0=10, t1=0.2, f1=500, method="linear")
yn=np.convolve(hn,tn)
plt.subplot(3,1,3); plt.plot(yn,"b"); plt.title("Frequency filtering result")
plt.xlabel("Samples(Frequency(0~500[Hz]))"); plt.xlim(0,5000); plt.grid()
```

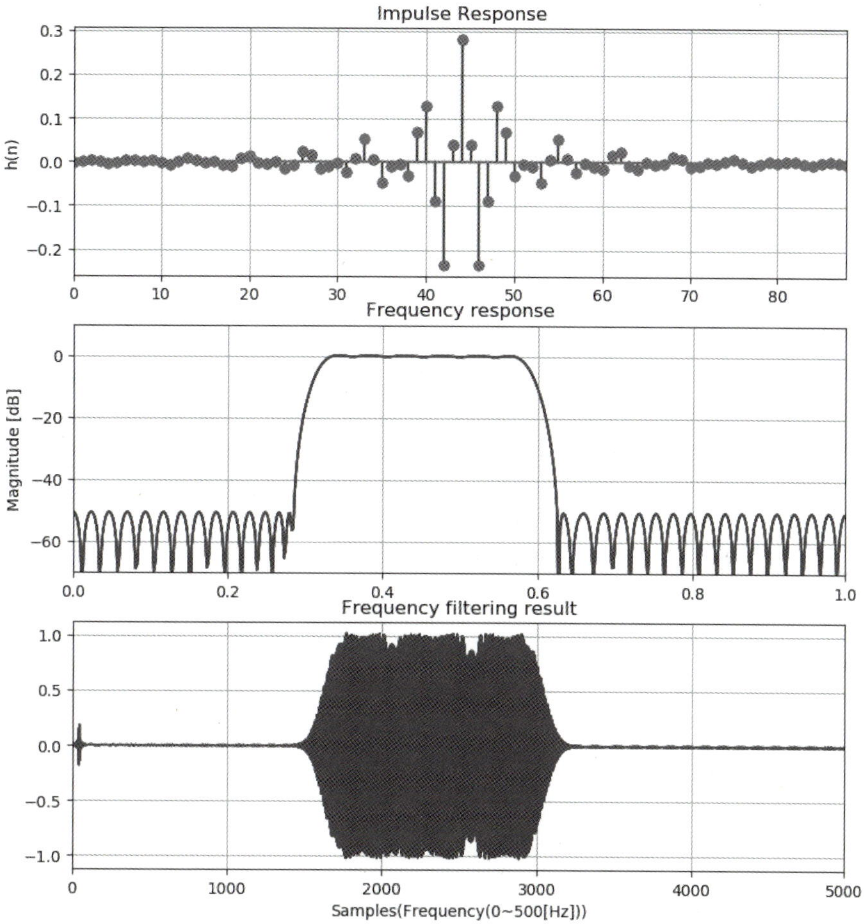

(4) 대역저지필터 설계

1. 필터 사양 $f_{p1}=\frac{1}{7}$, $f_{s1}=\frac{1}{6}$, $f_{s2}=\frac{2}{7}$, $f_{p2}=\frac{5}{16}$, $\delta_2=50[\text{dB}]$, $f_s=1.0$을 리메즈 함수 "fir_d.fir_remez_bsf()"에 적용하고 대역저지 등-리플 FIR 필터를 구현하면 필터의 길이 값을 반환한다.

2. 그리고 "signal.freqz()" 함수를 사용해서 주파수 축 순서시퀀스와 실제 주파수응답을 구한다.

3. 주파수응답을 데시벨로 나타낸다.

4. 0.2초 동안 10Hz에서 500Hz까지 변하는 처프신호에 대한 주파수 선별 결과를 나타낸다.

```
hn=fir_d.fir_remez_bsf(7/48,8/48,14/48,15/48,0.1,50,1.0) #임펄스응답 생성
nf,Hr=signal.freqz(hn)    #실제 주파수응답 계산
Hr_dB=20*np.log10(abs(Hr))    #실제주파수응답(dB)
```

```
Remez filter taps = 113.
```

소스코드는 다음과 같으며, "Equiripple_BSF_FIR_Filter.py" 파일로 저장한다.

Equiripple_BSF_FIR_Filter.py

```
import numpy as np
import matplotlib.pyplot as plt
from scipy import signal
from scipy.signal import chirp

import sk_dsp_comm.fir_design_helper as fir_d

hn=fir_d.fir_remez_bsf(7/48,8/48,14/48,15/48,0.1,50,1.0) #임펄스응답 생성
nf,Hr=signal.freqz(hn)    #실제 주파수응답 계산
Hr_dB=20*np.log10(abs(Hr))    #실제주파수응답(dB)

n=np.arange(113)
plt.subplot(3,1,1); plt.stem(n,hn,"b"); plt.xlim(0,112); plt.grid();
plt.ylabel("h(n)"); plt.title("Impulse Response")
plt.subplot(3,1,2); plt.plot(nf/np.pi,Hr_dB,"b"); plt.xlim(0,1); plt.grid()
plt.ylim(-70,10); plt.title("Frequency response"); plt.ylabel("Magnitude [dB]")

t=np.linspace(0,1,5000)
tn=chirp(t,f0=10, t1=0.2, f1=500, method="linear")
yn=np.convolve(hn,tn)
plt.subplot(3,1,3); plt.plot(yn,"b"); plt.title("Frequency filtering result")
plt.xlabel("Samples(Frequency(0~500[Hz]))"); plt.xlim(0,5000); plt.grid()
```

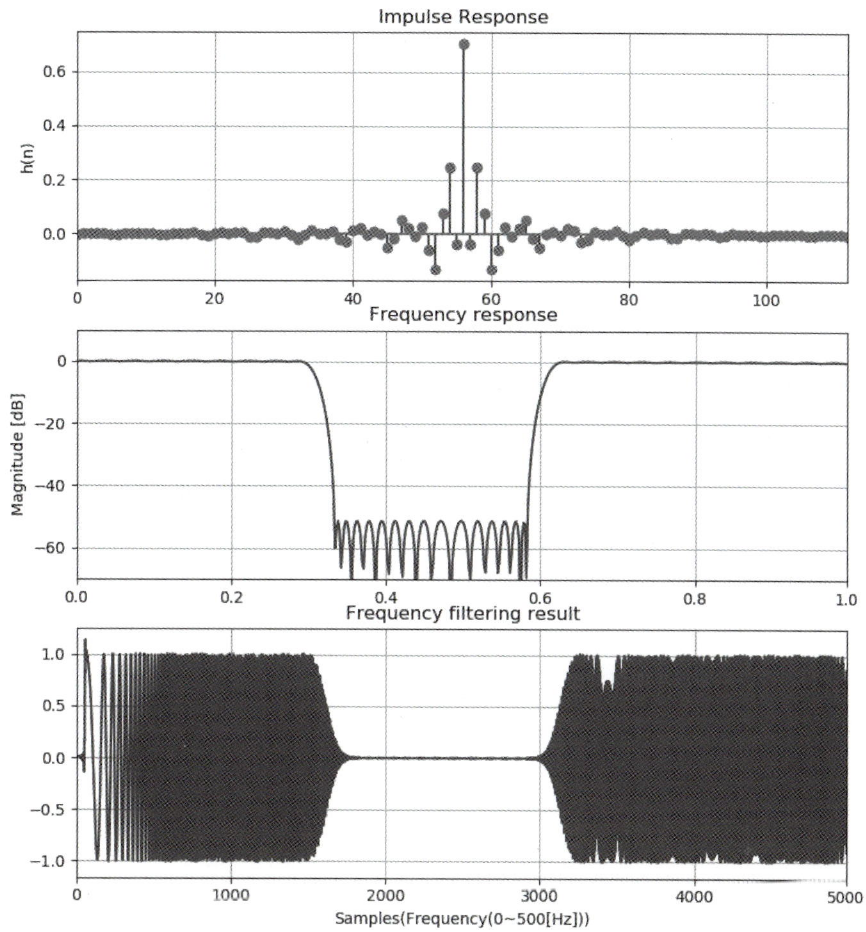

제7장 전체에서 사용된 사용자정의함수들을 작성한 "chap07_module.py" 파일은 다음과 같다.

chap07_module.py

```
import numpy as np
import matplotlib.pyplot as plt
from  matplotlib import patches, rcParams

def zplane(b,a):
    ax = plt.subplot(111)      #그림창을 만들고 단위원을 그린다.
    uc = patches.Circle((0,0), radius=1, fill=False,
                        color='black', ls='dashed')
    ax.add_patch(uc)
```

```
    if np.max(b) > 1:      #계수값 정규화
        kn = np.max(b)
        b = b/float(kn)
    else:
        kn = 1
    if np.max(a) > 1:
        kd = np.max(a)
        a = a/float(kd)
    else:
        kd = 1

    p = np.roots(a)     #극점, 영점 결정
    z = np.roots(b)
    k = kn/float(kd)

    t1 = plt.plot(z.real, z.imag, 'go', ms=10)     #영점 그리고 표시하기
    plt.setp( t1, markersize=10.0, markeredgewidth=1.0,
              markeredgecolor='k', markerfacecolor='g')

    t2 = plt.plot(p.real, p.imag, 'rx', ms=10)     #극점 그리고 표시하기
    plt.setp( t2, markersize=12.0, markeredgewidth=3.0,
              markeredgecolor='r', markerfacecolor='r')
    plt.title("Pole-Zero Diagram"); plt.grid()

    ax.spines['left'].set_position('center')
    ax.spines['bottom'].set_position('center')
    ax.spines['right'].set_visible(False)
    ax.spines['top'].set_visible(False)

    r = 1.5; plt.axis('scaled'); plt.axis([-r, r, -r, r])   #눈금 값 쓰기
    ticks = [-1, -.5, .5, 1]; plt.xticks(ticks); plt.yticks(ticks)
    plt.grid()

def ideal_lp(Omega_c,M): #이상적인 LPF 임펄스응답 구하는 함수
    alpha=(M-1)/2     #임펄스응답의 중심
    nt=np.arange(0,M)   #시퀀스 축
    n=nt-alpha  #시퀀스축 이동
    fc=Omega_c/np.pi   #차단주파수
    hd=fc*np.sinc(fc*n)   #이상적인 저역통과필터의 임펄스응답
    return hd
```

연습문제

1. 디지털필터의 설계 3단계를 나타내고 단계별 기능을 설명하시오.

2. 이상적인 필터란 입력신호가 (　　　) 되었을 때, 통과된 주파수 성분에는 (　　)나 (　　)이 전혀 없고, 저지된 주파수 성분 또한 전혀 (　　　) 않는 주파수 선별 결과를 나타내는 (　　) 시스템을 말한다.

3. 주파수선택 특성에 따른 필터의 종류에는 네 가지가 있다. 이들 종류를 나열하고, 그 특성을 설명하시오.

4. 이상적인 필터시스템에 대해 0부터 1kHz까지 변하는 처프신호를 입력하였을 때, 차단주파수가 $f_c = 400\text{Hz}$ 인 저역통과필터와 차단주파수가 $f_c = 600\text{Hz}$ 인 고역통과필터의 이상적인 출력 특성, 그리고 하위 차단주파수가 $f_{lc} = 400\text{Hz}$, 상위 차단주파수가 $f_{uc} = 600\text{Hz}$ 인 대역통과필터와 대역저지필터의 이상적인 출력 특성을 그리시오.

5. 절대 사양과 상대 사양에서의 매개변수들을 정의하고, 이들 사이의 관계를 수식으로 나타내시오.

6. 필터 설계를 위한 절대 사양에서 통과대역의 허용오차가 $\delta_p = 0.1$, 저지대역의 허용오차가 $\delta_s = 0.01$ 이라면, 절대 사양과 상대 사양 사이의 관계식를 통해서 상대 사양에서의 통과대역의 허용오차 R_p 와 저지대역의 감쇠 A_s 값을 데시벨 값으로 계산하시오.

7. FIR 필터를 설계하기 위한 기법들에는 (　　)-함수 설계 기법, (　　　　　) 설계 기법, 최적 (　　　) 설계 기법의 세 가지가 있다.

8. 사인파와 코사인파 사이에는 (　　)도의 위상차이가 있다. 이와 같은 두 신호의 차이는 두 파가 시작하는 (　　)의 차이라고도 할 수 있다.

9. 선형위상 FIR 필터는, 그 필터의 임펄스응답이 (　　　) 또는 (　　　　)인지와 필터의 길이가 (　　) 또는 (　　)인지에 따라, (　　　), (　　　), (　　　), (　　)의 네 가지 형태가 있다.

10. 필터의 주파수응답에서 크기응답에 연관된 위상응답은 (　　　　)함수인 반면에 진폭응답에 연관된 위상응답은 (　　　　)함수이다.

11. 선형위상 FIR 필터에서 시스템함수 $H(z)$의 영점의 분포 특성을 나타내시오.

12. 무한구간의 임펄스응답을 유한구간의 임펄스응답으로 잘라내는 처리를 (　　　　)이라 한다. 이것은 무한구간의 임펄스응답함수에 창-함수를 곱하는 것과 같다. 시간영역에서의 (　) 연산은 주파수영역에서는 (　　　) 연산과 등가의 관계를 가진다.

13. 이상적인 저역통과필터의 임펄스응답, 주파수응답, 그리고 창 함수 사이의 관계를 시간영역과 주파수영역에서 나타내고 그 관계를 상세하게 설명하시오.

14. 창-함수 설계 기법에 의한 FIR 필터 설계에 적용하는 창-함수들의 종류를 나타내시오.

15. 창-함수 설계 기법에 의한 FIR 필터 설계에 있어서, 이상적인 필터를 구성하는 데는 기본적으로 (　　　　)필터만 있으면 가능하다. 다른 형태의 주파수선택형 필터들은 이 (　　　　)필터들의 조합으로 구성할 수 있다.

16. 창-함수 설계 기법에 의한 FIR 필터 설계에 있어서, 이상적인 필터 구성 방법을 도형으로 나타내고, 그 방법들에 대해 설명하시오.

17. 창-함수 설계 기법에 의한 FIR 필터 설계의 단점을 나타내고, 최적 등-리플 설계 기법의 특성을 설명하시오.

18. 다음과 같은 임펄스응답을 가지는 제2형 선형위상 FIR 필터의 크기응답, 위상응답, 그리고 영점-극점 다이어그램을 구하시오.

$$h(n) = [\underset{\uparrow}{2}, -3, -1, 4, -5, 7, -5, 4, -1, -3, 2]$$

19. 카이저 창을 이용하여 통과대역 차단주파수가 $\Omega_p = 0.2\pi$, 저지대역 차단주파수가 $\Omega_p = 0.3\pi$, 저지대역 감쇠 값이 $A_s = 50\text{dB}$ 인 선형위상 저역통과 FIR 필터를 설계하고 실현하시오.

20. 바틀렛 창을 이용하여 통과대역 차단주파수가 $\Omega_p = 0.7\pi$, 저지대역 차단주파수가 $\Omega_s = 0.6\pi$, 저지대역 감쇠 값이 $A_s = 50\text{dB}$ 인 선형위상 고역통과 FIR 필터를 설계하고 실현하시오.

21. 선형위상 FIR 필터에 대해서는 최적 등-리플 설계 기법이 (　　　) 오차를 최소화한다는 점에서 적정한 기법이라는 것을 증명할 수 있는 일련의 조건들을 유도하는 것이 가능하다. 때로는 이 (　　　) 오차를 (　　　) 또는 (　　　) 오차라고 부르기도 한다. 그리고 이러한 특성을 가지는 필터들은 통과대역과 저지대역에서 모두 다 균일한 근사오차를 가지기 때문에 (　　　) 필터라고 부른다.

22. 다음과 같은 사양에 대해, Hann 창-설계 기법을 사용해서 선형위상 대역통과 FIR 필터를 설계하시오. 그리고 임펄스응답과 크기응답을 구하시오.

- 하위 및 상위 저지대역 에지주파수: 0.2π, 0.75π, $A_s = 40\text{dB}$
- 하위 및 상위 통과대역 에지주파수: 0.35π, 0.55π, $R_p = 0.25\text{dB}$

23. 다음과 같은 사양에 대해, Hamming 창-설계 기법을 사용해서 선형위상 대역저지 FIR 필터를 설계하시오. 그리고 임펄스응답과 크기응답을 구하시오.

- 하위 및 상위 저지대역 에지주파수: 0.4π, 0.6π, $A_s = 50\text{dB}$
- 하위 및 상위 통과대역 에지주파수: 0.3π, 0.7π, $R_p = 0.2\text{dB}$

24. 다음과 같은 사양에 대해, Kaiser 창-설계 기법을 사용해서 선형위상 FIR 필터를 설계하시오. 그리고 임펄스응답과 크기응답을 구하시오.

$$\begin{aligned} 0.975 \le |H(e^{j\Omega})| \le 1.025, &\quad 0 \le \Omega \le 0.25\pi \\ 0 \le |H(e^{j\Omega})| \le 0.005, &\quad 0.35\pi \le \Omega \le 0.65\pi \\ 0.975 \le |H(e^{j\Omega})| \le 1.025, &\quad 0.75\pi \le \Omega \le \pi \end{aligned}$$

CHAPTER 08

디지털 IIR 필터 설계

Digital Signal Processing

contents

08 디지털 IIR 필터 설계

8.1 디지털 IIR 필터 설계의 기본

디지털 IIR 필터(Infinite Impulse Response filter)는 무한구간의 임펄스응답을 가진다. 따라서 일반적으로 무한대로 긴 임펄스응답을 가지는 모든 아날로그필터와 정합될 수 있다. 그러므로 디지털 IIR 필터 설계의 기본 기술은 잘 알려져 있는 복소-값 정합(complex-valued mapping) 기법을 사용해서 아날로그필터를 디지털필터로 변환하는 것이다. 이와 같은 기법을 아날로그-디지털필터 변환(analog-to-digital filter transformation)이라고 부른다.

일반적으로 저역통과필터의 설계는 아날로그필터 설계(AFD, analog filter design) 테이블과 정합 기법을 사용해서 이루어진다. AFD 테이블은 저역통과필터의 설계에 대해서만 적용할 수 있으며, 고역통과필터와 같은 다른 종류의 주파수선택필터들은 저역통과필터에 주파수대역변환(frequency-band transformation) 기법을 적용하여 설계한다. 이러한 디지털 IIR 필터 설계의 기본 기법에는 그림 8-1에서와 같이 두 가지 접근 방법이 있다.

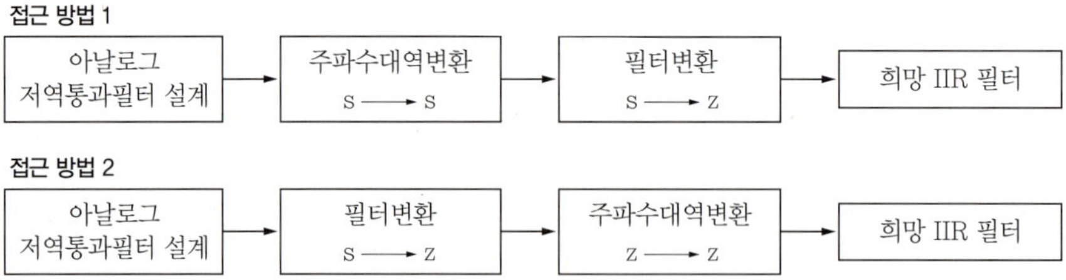

그림 8-1 디지털 IIR 필터 설계를 위한 두 가지 접근 방법

첫 번째 접근 방법은 주파수대역변환을 아날로그대역에서 행하는 것이고, 두 번째 접근 방

법은 디지털대역에서 행하는 것에 차이가 있다. 여기서는 두 번째 접근 방법에 대해 알아본다. 두 번째 방법의 처리 과정은 다음과 같다.

1. 아날로그 저역통과필터를 설계한다.
2. 필터변환을 통해서 디지털 저역통과필터를 얻는다.
3. 주파수대역변환을 적용해서 다른 주파수선택필터들을 구한다.

이와 같은 접근법에서의 주된 문제점은 위상 특성에는 어떠한 제어도 할 수 없다는 점이다. 따라서 IIR 필터 설계는 크기 특성의 설계에만 집중한다.

제8장에서는 먼저 아날로그 저역통과필터의 사양과 크기제곱응답(magnitude squared response) 특성과 극점-영점 특성에 대해 알아보고, 다음으로는 버터워스(Butterworth), 체비세프-1(Chebyshev-1), 체비세프-2(Chebyshev-2), 그리고 엘립틱(Elliptic)의 네 가지 프로토타입 아날로그 저역통과필터들의 설계, 그 다음으로는 이선형변환에 의한 디지털 저역통과필터들의 설계, 그리고는 주파수대역변환에 의한 다른 디지털 주파수선택필터들의 설계, 그리고 마지막으로는 SciPy에서 제공하는 signal 함수들을 사용하는 디지털 IIR 필터들을 직접 설계하는 방법을 알아본다.

8.2 아날로그 저역통과필터의 특성

8.2.1 크기제곱응답의 특성

아날로그 저역통과필터의 주파수응답을 $H_a(j\omega)$ 라고 하면, 크기제곱응답 $|H_a(j\omega)|^2$ 에 대한 저역통과필터의 사양은 식 (8-1)과 그림 8-2에 나타낸 것과 같다.

$$\begin{aligned} &\frac{1}{1+\epsilon^2} \le |H_a(j\omega)|^2 \le 1, \quad |\omega| \le \omega_p \\ &0 \le |H_a(j\omega)|^2 \le \frac{1}{A^2}, \qquad \omega_s \le |\omega| \end{aligned} \tag{8-1}$$

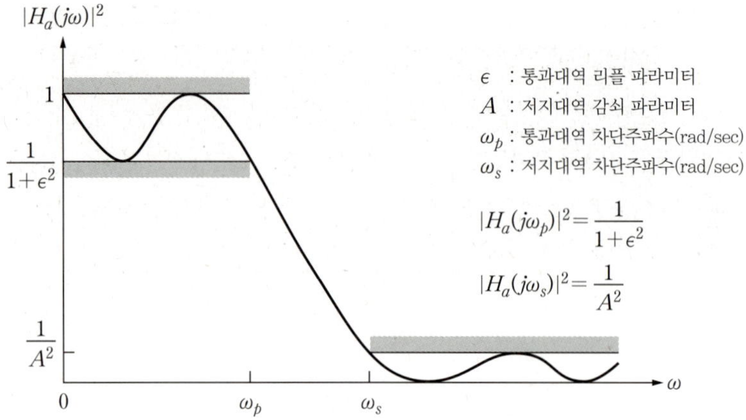

그림 8-2 아날로그 저역통과필터의 크기제곱응답 사양

여기서 ϵ은 통과대역 리플 파라미터, ω_p는 통과대역 차단주파수, A는 저지대역 감쇠 파라미터, ω_s는 저지대역 차단주파수이다. 그림 8-2의 사양에서 크기제곱응답은 식 (8-2)를 만족해야 한다.

$$
\begin{aligned}
|H_a(j\omega)|^2 &= \frac{1}{1+\epsilon^2} \quad \text{at} \ \ \omega = \omega_p \\
|H_a(j\omega)|^2 &= \frac{1}{A^2} \quad \text{at} \ \ \omega = \omega_s
\end{aligned} \tag{8-2}
$$

파라미터 ϵ과 A는 파라미터 R_p 및 A_s와 각각 dB 스케일로 식 (8-3)과 같은 관계가 있다.

$$
\begin{aligned}
R_p &= -10\log_{10}\frac{1}{1+\epsilon^2} \ \Rightarrow \ \epsilon = \sqrt{10^{R_p/10}-1} \\
A_s &= -10\log_{10}\frac{1}{A^2} \ \Rightarrow \ A = 10^{A_s/20}
\end{aligned} \tag{8-3}
$$

그리고 절대 스케일로 리플 δ_1과 δ_2는 ϵ과 A에 대해 식 (8-4)와 같은 관계를 가지고 있다.

$$
\begin{aligned}
\frac{1-\delta_1}{1+\delta_1} &= \sqrt{\frac{1}{1+\epsilon^2}} \ \Rightarrow \ \epsilon = \frac{2\sqrt{\delta_1}}{1-\delta_1} \\
\frac{\delta_2}{1+\delta_1} &= \frac{1}{A} \ \Rightarrow \ A = \frac{1+\delta_1}{\delta_2}
\end{aligned} \tag{8-4}
$$

크기제곱응답의 항으로 주어지는 아날로그필터의 사양은 위상정보를 전혀 포함하고 있지 않으며, s-영역 시스템함수 $H_a(s)$에 $s=j\omega$를 대입하면 식 (8-5)와 같은 주파수응답함수 $H_a(j\omega)$가 구해진다.

$$H_a(j\omega) = H_a(s)|_{s=j\omega} \tag{8-5}$$

따라서 $H_a(s)H_a(-s) = |H_a(j\omega)|^2_{w=s/j}$의 관계가 성립한다.

그러므로 크기제곱응답 함수의 극점과 영점들은 $j\omega$축에 대해 대칭으로 분포하게 된다. 또한 모든 실수 필터에 대해서는 극점들과 영점들이 그림 8-3에서와 같이 복소 공액쌍(complex conjugate pairs)의 형태로 생성된다.

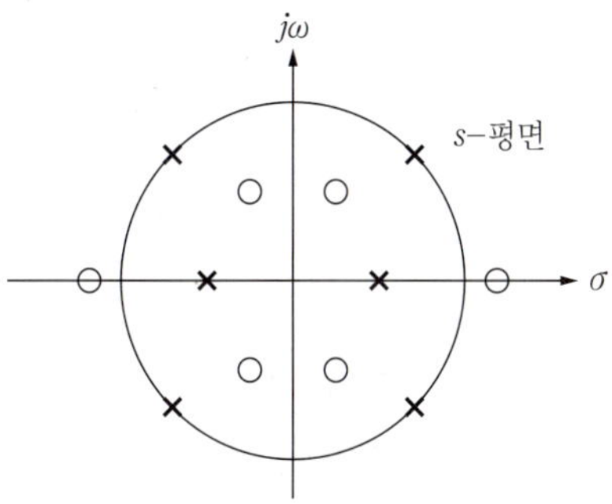

그림 8-3 $H_a(s)H_a(-s)$의 극점-영점 패턴

그림 8-3은 $H_a(s)H_a(-s)$의 극점-영점 패턴을 보여주고 있으며, 이 패턴으로부터 아날로그필터의 시스템함수인 $H_a(s)$을 구성할 수 있다. $H_a(s)$가 인과적이고 안정적인 필터가 되려면 $H_a(s)$의 모든 극점들이 왼편 절반 평면(LHP, left half-plane) 내에 위치해야 한다. 따라서 설계 시에는 LHP에 있는 모든 극점들을 $H_a(s)$에 할당한다. 영점들은 s-평면 어디에나 위치해도 되지만 설계 시에는 s-평면의 왼쪽이나 $j\omega$축 상에 위치하는 $H_a(s)H_a(-s)$의 영점들을 $H_a(s)$의 영점들로 선택한다.

8.3 아날로그 IIR 저역통과필터 설계

IIR 필터 설계 기술은 그로부터 디지털필터를 구할 수 있는 아날로그필터의 존재에 달려있으며, 그러한 아날로그필터들을 프로토타입 필터(prototype filter)라고 한다. 일반적으로 널리 쓰이고 있는 프로토타입 필터로는 다음의 네 가지가 있다.

1. 버터워스 필터(Butterworth filter)
2. 체비세프 필터(chebyshev filter) – 타입 1, 타입 2
3. 엘립틱 필터(Elliptic filter)

디지털 IIR 필터를 설계하려면 먼저 아날로그필터를 설계해야 한다. 프로토타입 필터들의 개별 특성들을 저역통과필터의 경우에 대해 알아보고, 설계 방법도 알아본다.

8.3.1 버터워스 저역통과필터의 특성 및 설계

아날로그 버터워스 저역통과필터는 그 크기응답이 통과대역과 저지대역에서 모두 편평한 특성을 가지고 있다. 차수가 N인 버터워스 저역통과필터의 크기제곱응답은 식 (8–6)으로 주어진다.

$$|H_a(j\omega)|^2 = \frac{1}{1+\left(\frac{\omega}{\omega_c}\right)^{2N}} \tag{8–6}$$

여기서 N은 필터의 차수이며, ω_c은 차단주파수이다. 그리고 크기제곱응답은 그림 8–4와 같이 표현되며, 통과대역과 저지대역에서 모두 단조한 특성을 보인다.

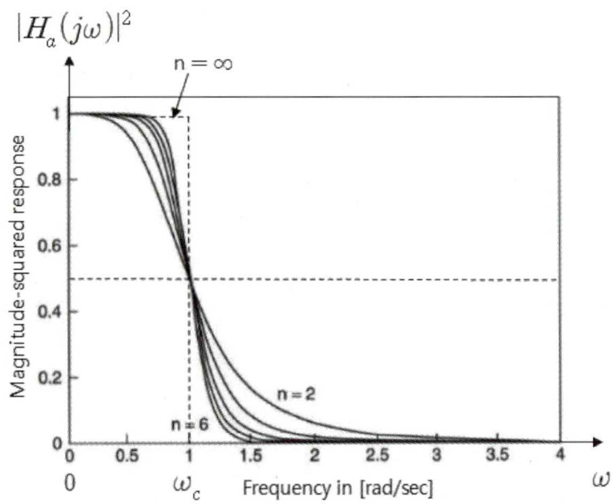

그림 8–4 버터워스 저역통과 필터의 크기제곱응답 특성

- $\omega=0$에서 모든 N에 대해 $|H_a(j0)|^2=1$이다.
- $\omega=\omega_c$에서 모든 N에 대해 $|H_a(j\omega_c)|^2=1/2$이다. ω_c에서 3dB의 감쇠를 가진다.
- $|H_a(j\omega)|^2$은 ω에 대해 단조롭게 감소한다.
- $|H_a(j\omega)|^2$은 $N\to\infty$에 따라 이상적 저역통과필터에 근접한다.
- $|H_a(j\omega)|^2$은 $\omega=0$에서 최대로 편평하다.

시스템함수 $H_a(s)$을 결정하기 위해서 식 (8-6)을 식 (8-5)의 형태로 다시 쓰면, 식 (8-7)과 같아진다.

$$H_a(s)H_a(-s)=|H_a(j\omega)|^2_{\omega=s/j}=\frac{1}{1+\left(\frac{s}{j\omega_c}\right)^{2N}}=\frac{(j\omega)^{2N}}{s^{2N}+(j\omega_c)^{2N}} \tag{8-7}$$

식 (8-7)로부터 분모다항식의 근, 즉 $H_a(s)H_a(-s)$의 극점은 식 (8-8)과 같다.

$$p_k=(-1)^{\frac{1}{2N}}(j\omega)=\omega_c e^{j\frac{\pi}{2N}(2k+N+1)},\quad k=0,1,\cdots,2N-1 \tag{8-8}$$

식 (8-8)의 극점들은 다음과 같은 특징들을 가진다.

- π/N 라디안의 각도 간격으로 반경이 ω_c인 원 상에 균등하게 분포되는 $2N$개의 극점들이 있다.
- 홀수 N에 대해서는 극점들은 $p_k=\omega_c e^{jk\pi/N}$, $k=0,\cdots,2N-1$으로 주어진다.
- 짝수 N에 대해서는 극점들은 $p_k=\omega_c e^{j\left(\frac{\pi}{2N}+\frac{k\pi}{N}\right)}$, $k=0,\cdots,2N-1$으로 주어진다.
- 극점들은 $j\omega$축에 대해 대칭적으로 위치한다.
- 극점은 허수축 상에는 절대 위치하지 않는다. 그리고 만약 N이 홀수이면 실수축 상에 위치하게 된다.

예를 들면, 홀수 차수($N=3$)와 짝수 차수($N=4$)의 버터워스 필터의 극점들은 각각 그림 8-5에서와 같이 분포한다. 그리고 반경이 ω_c인 원 상에 분포한다.

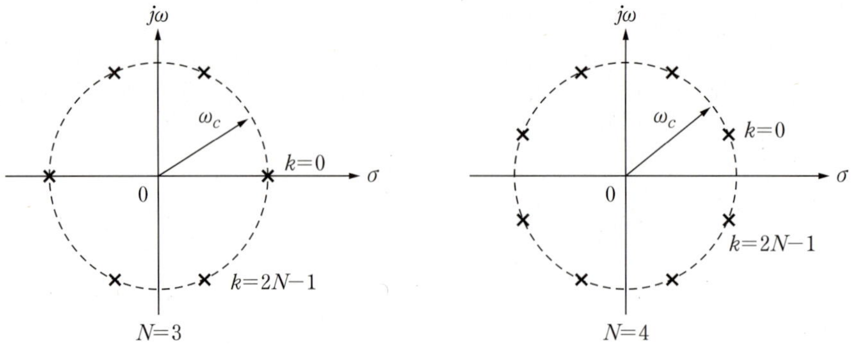

그림 8-5 버터워스 필터의 극점 분포

따라서 그림 8-5로부터 안정하고 인과적인 필터의 시스템응답 $H_a(s)$는 왼편 절반 평면에서 얻어지며, 식 (8-9)의 형태로 구성된다.

$$H_a(s) = \frac{\omega_c^N}{\prod\limits_{LHP\ poles}(s-p_k)} \tag{8-9}$$

예제 8-1 크기제곱응답이 $|H_a(j\omega)|^2 = \dfrac{1}{1+64\omega^6}$와 같을 때, 아날로그필터의 시스템응답 $H_a(s)$를 결정하시오.

풀이 풀이 과정은 다음과 같다.

1. 먼저 식 (8-6)을 사용하여 필터의 차수 N과 차단주파수 ω_c를 구한다.
2. 식 (8-8)에 필터의 차수 N과 차단주파수 ω_c를 적용하여 극점들을 구한다.
3. 구해진 극점들을 사용하여 식 (8-9)로부터 시스템함수 $H_a(s)$를 얻는다.

1. 예제에서 주어진 크기제곱응답을 다시 쓰면 다음과 같다.

$$|H_a(j\omega)|^2 = \frac{1}{1+64\omega^6} = \frac{1}{1+\left(\dfrac{1}{1/2}\omega\right)^6} = \frac{1}{1+\left(\left(\dfrac{\omega}{0.5}\right)^2\right)^3} = \frac{1}{1+\left(\dfrac{\omega}{\omega_c}\right)^{2N}}$$

식 (8-6)과 비교하면, 필터의 차수는 $N=3$, 차단주파수는 $\omega_c = 0.5$임을 알 수 있다.

2. 그리고 식 (8–8)에 필터의 차수는 $N=3$, 차단주파수는 $\omega_c=0.5$를 적용하여 시스템 함수 $H_a(s)$의 극점들을 구하면 다음과 같다.

$$
\begin{aligned}
p_k &= \omega_c e^{j\frac{\pi}{2N}(2k+N+1)}, \quad k=0,1,2 \\
&= 0.5e^{j\frac{\pi}{6}(2k+3+1)}, \quad k=0,1,2 \\
p_0 &= 0.5e^{j\frac{\pi}{6}(0+3+1)} = 0.5e^{j\frac{2\pi}{3}} = 0.5\left(\cos\frac{2\pi}{3}+j\sin\frac{2\pi}{3}\right) = -0.25+j0.433 \\
p_1 &= 0.5e^{j\frac{\pi}{6}(2+3+1)} = 0.5e^{j\pi} = 0.5(\cos\pi+j\sin\pi) = -0.5 \\
p_2 &= 0.5e^{j\frac{\pi}{6}(4+3+1)} = 0.5e^{j\frac{4\pi}{3}} = 0.5\left(\cos\frac{4\pi}{3}+j\sin\frac{4\pi}{3}\right) = -0.25-j0.433
\end{aligned}
$$

그리고 $H_a(-s)$의 극점들은 다음과 같이 $H_a(s)$ 극점들과 허수축에 대해 대칭으로 존재한다.

$$
\begin{aligned}
p_3 &= 0.25-j0.433 \\
p_4 &= 0.5 \\
p_5 &= 0.25+j0.433
\end{aligned}
$$

따라서 $H_a(s)H_a(-s)$의 극점들을 s–평면에 나타내면 그림 8–6과 같이 반경 $\omega_c=0.5$인 원 상에 분포하게 된다.

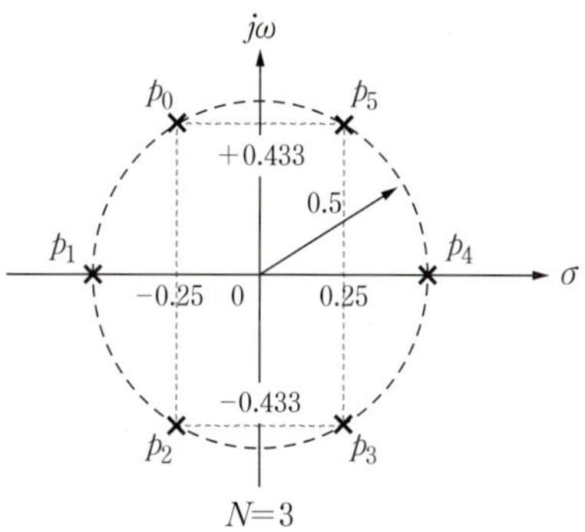

그림 8–6 $H_a(s)H_a(-s)$의 극점 분포

3. 그러므로 시스템함수 $H_a(s)$는 식 (8–9)로부터 다음과 같이 얻어진다.

$$
\begin{aligned}
H_a(s) &= \frac{\omega_c^3}{(s-p_0)(s-p_1)(s-p_2)} \\
&= \frac{(0.5)^3}{(s+0.25-j0.433)(s+0.5)(s+0.25+j0.433)} \\
&= \frac{0.125}{(s+0.5)(s^2+0.5s+0.25)} \\
&= \frac{0.125}{s^3+s^2+0.5s+0.125}
\end{aligned}
$$

예제 8-2 SciPy에서 제공하는 signal 함수를 사용하여 차단주파수가 $\omega_c = 0.5(= 0.16\pi)$ 인 3차 아날로그 버터워스 저역통과필터를 설계하시오.

풀이 SciPy 라이브러리의 "signal.butter()" 함수를 사용한다. 필터의 차수 $N = 3$, 차단주파수 $\omega_c = 0.5 = 0.16\pi$ 를 함수에 적용하면, 시스템함수 $H_a(s)$ 의 분자와 분모 계수를 구할 수 있다. 다음과 같이 코딩하고 "Butterworth_analog_filter_test.py" 파일로 저장한다.

Butterworth_analog_filter_test.py

```
import numpy as np
from scipy import signal

N=3; wc=0.5 #필터차수, 차단주파수 wc=0.5=0.16*pi
b,a=signal.butter(N,wc,"lowpass",analog="True")  #버터워스필터
print("시스템함수 Ha(s)의 분자 계수=",b)
print("시스템함수 Ha(s)의 분모 계수=",a)
```

"b,a=signal.butter(N,wc,"lowpass",analog="True")"에서 b는 시스템함수의 분자 계수, a는 시스템함수의 분모 계수, N은 차수, ω_c는 차단주파수, "lowpass"는 저역통과필터, "analog=True"는 이 함수를 아날로그필터로 사용한다는 것을 나타낸다. 이 함수는 아날로그필터와 디지털필터 설계에서 모두 사용할 수 있으며, 디지털필터 설계에서 사용할 때는 이 "analog=True" 파라미터를 사용하지 않는다.

위 함수를 사용하여 구한 시스템함수의 분자와 분모 계수는 다음과 같다.

```
시스템함수 Ha(s)의 분자 계수= [0.125]
시스템함수 Ha(s)의 분모 계수= [1.    1.    0.5   0.125]
```

그러므로 설계한 3차 아날로그 버터워스 저역통과필터의 시스템함수는 최종적으로 다음과 같이 구해진다.

$$H_a(s) = \frac{0.125}{s^3 + s^2 + 0.5s + 0.125}$$

이로부터 예제 8-1에서와 같은 크기제곱응답을 가지는 아날로그필터는 3차 버터워스 저역통과필터인 것을 알 수 있다.

설계관계식

아날로그 저역통과필터는 매개변수 ω_p, ω_s, R_p, A_s 에 의해서 사양이 결정된다. 그러므로 버터워스 저역통과필터의 경우, 먼저 주어진 사양에 대해 필터의 차수 N과 차단주파수 ω_c 를 구하는 것이 본질이다. 설계를 위한 관계방정식은 다음과 같다.

$$\omega = \omega_p: -10\log_{10}\left(\frac{1}{1+\left(\frac{\omega_p}{\omega_c}\right)^{2N}}\right) = R_p$$

$$\omega = \omega_s: -10\log_{10}\left(\frac{1}{1+\left(\frac{\omega_s}{\omega_c}\right)^{2N}}\right) = A_s$$

위의 두 관계식으로부터 필터의 차수 N을 구하는 식은 식 (8-10)과 같다.

$$N = \left\lceil \frac{\log_{10}\left[(10^{R_p/10}-1)/(10^{A_s/10}-1)\right]}{2\log_{10}(\omega_p/\omega_s)} \right\rceil \quad (8-10)$$

다음으로 차단주파수 ω_c 를 구할 때는, 통과대역 에지주파수 ω_p 와 저지대역 에지주파수 ω_s 의 둘 중에서 어느 것에 사양을 만족시킬 것인지를 선택해야 한다.

사양을 ω_p 에서 정확하게 만족시키면, 차단주파수 ω_c 에 관한 관계식은 식 (8-11)과 같다.

$$\omega_c = \frac{\omega_p}{\sqrt[2N]{(10^{R_p/10}-1)}} \tag{8-11}$$

사양을 ω_s 에서 정확하게 만족시키면, 차단주파수 ω_c 에 관한 관계식은 식 (8-12)와 같다.

$$\omega_c = \frac{\omega_s}{\sqrt[2N]{(10^{A_s/10}-1)}} \tag{8-12}$$

예제 8-3 다음 사양을 만족하는 아날로그 버터워스 저역통과필터를 설계하시오.

통과대역 차단주파수 $\omega_p = 0.2\pi$, 통과대역 리플: $R_p = 7\text{dB}$
저지대역 차단주파수 $\omega_s = 0.3\pi$, 저지대역 리플: $A_s = 16\text{dB}$

풀이 먼저 설계방정식의 식 (8-10)으로부터 차수를 구하면 다음과 같다.

$$N = \left\lceil \frac{\log_{10}[(10^{0.7}-1)/(10^{1.6}-1)]}{2\log_{10}(0.2\pi/0.3\pi)} \right\rceil = \lceil 2.79 \rceil = 3$$

식 (8-11)과 식 (8-12)로부터 차단주파수는 각각 다음과 같다.

$$\omega_{c1} = \frac{0.2\pi}{\sqrt[6]{(10^{0.7}-1)}} = 0.4985, \quad \omega_{c2} = \frac{0.3\pi}{\sqrt[6]{(10^{1.6}-1)}} = 0.5122$$

차단주파수 ω_c 를 구할 때, 통과대역 에지주파수 ω_p 와 저지대역 에지주파수 ω_s 의 둘 중에서 어느 것에 사양을 만족시킬 것인지를 선택해야 하며, 일반적으로 통과대역 에지주파수 ω_p 에 사양을 맞추고 있다. 여기서는 둘 중에 선택하는 방식을 사용하지 않고 두 차단주파수들 사이의 임의의 값으로 $\omega_c = 0.5$ 를 차단주파수로 정해 본다.

이제 필터의 차수 $N=3$ 과 차단주파수 $\omega_c = 0.5$ 가 정해졌으므로 예제 8-1과 동일하게 식 (8-8)로부터 극점들을 구하고 식 (8-9)로부터 시스템함수 $H_a(s)$ 를 구한 결과, 다음과 같이 구해졌다. 결과적으로 보면, 예제 8-1, 예제 8-2, 그리고 예제 8-3은 동일한 시스템 함수를 구하는 문제들임을 알 수 있다.

$$H_a(s) = \frac{0.125}{s^3 + s^2 + 0.5s + 0.125}$$

SciPy 라이브러리에는 사양에 대해서 필터의 차수 N과 차단주파수 ω_c 를 구하는 "signal.buttord()" 함수와, 필터의 차수 N과 차단주파수 ω_c 를 사용하여 시스템함수 $H_s(s)$ 의 분자와 분모 계수를 구할 수 있는 "signal.butter()" 함수가 제공되고 있으며, 이 값들을 사용하면 시스템함수 $H_s(s)$를 구할 수 있다. 그리고 "signal.butter()" 함수와 사용자정의함수인 "zplane()" 함수를 사용하면 극점-영점 다이어그램을 나타낼 수 있으며, 또한 "signal.butter()" 함수와 "signal.freqs()" 함수를 사용하면, 주파수영역의 크기응답 특성을 나타낼 수 있다.

예제 8-4 예제 8-3에서 주어진 사양을 기반으로, SciPy 라이브러리에서 제공하는 signal 함수들을 사용하여 아날로그 버터워스 저역통과필터를 설계하시오.

통과대역 차단주파수 $\omega_p = 0.2\pi$, 통과대역 리플: $R_p = 7\text{dB}$
저지대역 차단주파수 $\omega_s = 0.3\pi$, 저지대역 리플: $A_s = 16\text{dB}$

풀이 다음과 같이 소스코드를 작성하고 "Butterworth_analog_filter.py" 파일로 저장한다. 이 소스코드 파일을 실행한 결과, 다음과 같이 필요한 설계 결과 값들을 볼 수 있다. 버터워스 함수("N,wc=signal.butterord()")에서 반환주파수 ω_c 는 주파수응답이 3[dB]이 될 때의 주파수를 가리킨다.

```
필터차수 N= 3
차단주파수 wc= 0.4984504788818593 = 0.15866171520114059 pi
시스템함수 Ha(s) 분자계수= [0.12384146]
시스템함수 Ha(s) 분모계수= [1.         0.99690096 0.49690576 0.12384146]
영점 []
극점 [-0.24922524+0.43167078j -0.49845048-0.j         -0.24922524-0.43167078j]
이득= 0.12384145696451328
```

위의 결과 값들을 보면 필터의 차수는 $N=3$, 차단주파수는 $\omega_c = 0.498$이며, 시스템 극점들은 $-0.249+j0.432$, -0.498, $-0.249-j0.432$에 있다. 영점은 없으며 이득은 0.124이다. 이 값으로 시스템함수 $H_a(s)$을 구성하면 다음과 같으며, 설계관계식에 따라 구한 시스템함수와 일치한다.

$$H_a(s) = \frac{0.124}{(s+0.249-j0.432)(s+0.498)(s+0.249+j0.432)} \approx \frac{0.125}{s^3+s^2+0.5s+0.125}$$

극점-영점 다이어그램은 다음과 같으며, 극점들은 앞에서 설명한 아날로그 버터워스 필터의 극점-영점 특징에서와 동일하게 $\omega_c = 0.498 \approx 0.5$ 인 원상에 그리고 s-평면의 왼편 반쪽 평면에 분포되어 있다. 주파수영역 크기응답에서는 통과대역과 저지대역에서 모두 단조한 특성을 보인다. 차단주파수는 $\omega_c = 0.1587\pi$ 이다.

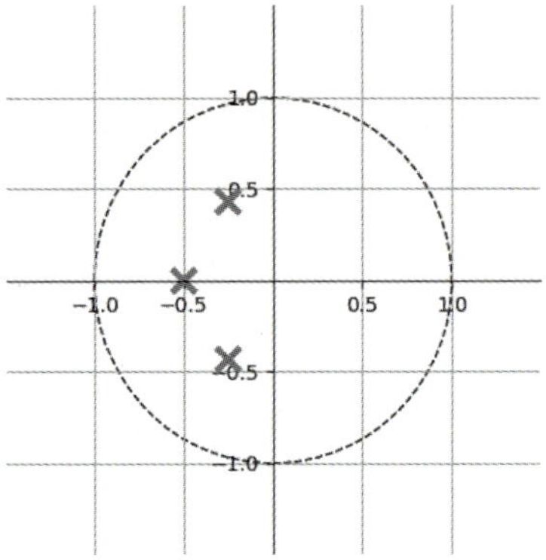

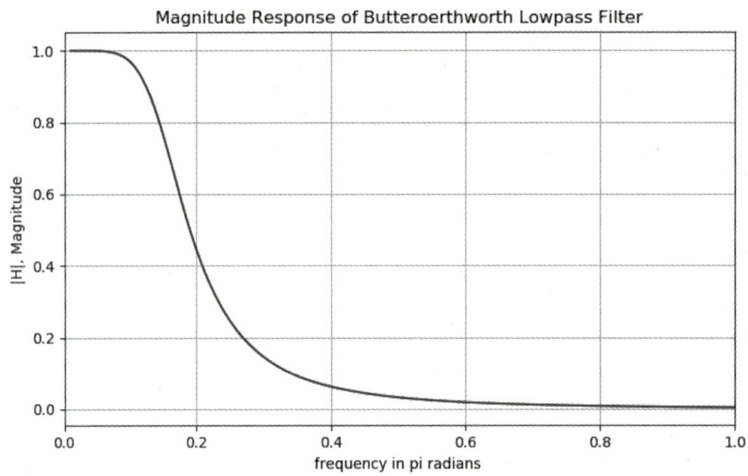

▌Butterworth_analog_filter.py

```
import numpy as np
import matplotlib.pyplot as plt
from scipy import signal
```

```
from chap08_module import *


wp=0.2*np.pi; ws=0.3*np.pi; Rp=7; As=16 #설계 사양
N,wc=signal.buttord(wp,ws,Rp,As,analog=True)
print("필터차수 N=",N); print("차단주파수 wc=",wc,"=",wc/np.pi,"pi")

b,a=signal.butter(N,wc,"lowpass",analog=True)
print("시스템함수 Ha(s) 분자계수=",b); print("시스템함수 Ha(s) 분모계수=",a)

z,p,k=signal.butter(N,wc,"lowpass",analog=True,output="zpk")
print("영점",z); print("극점",p); print("이득=",k)

plt.figure(1)
zplane(b,a) #극점-영점 다이어그램

b,a=signal.butter(N,wc/np.pi,"lowpass",analog=True) #차단주파수 정규화 [0~1]
w,H=signal.freqs(b,a) #정규화 주파수축[0~1], 주파수응답
plt.figure(2)
plt.plot(w,abs(H),"blue"); plt.grid(); plt.xlim(0,1) #크기응답
plt.title("Magnitude response of Butterworth Lowpass Filter")
plt.xlabel("Frequency in pi radians")
plt.ylabel("|H|, Magnitude")
```

8.3.2 체비세프 저역통과필터의 특성 및 설계

체비세프 필터는 두 가지 형이 있다. 체비세프-1 필터는 통과대역에서 등-리플 응답을 가지는 반면에 체비세프-2 필터는 저지대역에서 등-리플 응답을 가진다. 앞서 배운 등-리플 FIR 필터 설계에서 단조로운 반응보다는 등-리플 반응을 가지는 필터를 선택함으로써 더 낮은 차수의 필터를 얻을 수 있었다. 그러므로 체비세프 필터는 동일한 사양에 대해 버터워스 필터보다 더 낮은 차수를 제공하게 된다.

(1) 체비세프-1 필터

체비세프-1 저역통과필터의 크기제곱응답은 식 (8-13)과 같다.

$$|H_a(j\omega)|^2 = \frac{1}{1+\epsilon^2 T_N^2\left(\frac{\omega}{\omega_c}\right)} \tag{8-13}$$

여기서 N은 필터의 차수이다. ϵ은 통과대역 리플 인자이며, R_p와 관계가 있다. 그리고 $T_N(x)$은 식 (8-14)로 주어지는 N차 체비세프 다항식이다.

$$T_N(x) = \begin{cases} \cos\left(N\cos^{-1}(x)\right), & 0 \le x \le 1 \\ \cosh\left(\cosh^{-1}(x)\right), & 1 < x < \infty \end{cases} \quad \text{where} \quad x = \frac{\omega}{\omega_c} \tag{8-14}$$

체비세프 필터의 등-리플 반응은 이 다항식 $T_N(x)$에 기인하며, 통과대역에서는 등-리플 특성을 보이고, 저지대역에서는 단조 감소 특성을 보인다. 필터의 차수 N이 짝수인지 홀수인지에 따라 그림 8-7과 같이 통과대역에서 다른 형태의 응답을 나타낸다. 여기서 $x=\omega/\omega_c$는 정규화주파수(normalized frequency)이다.

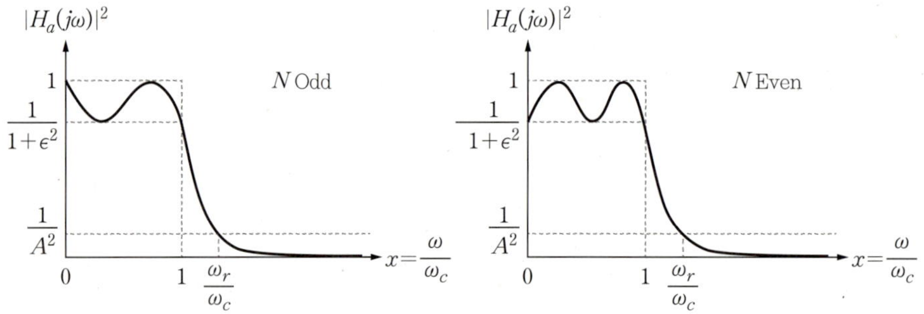

그림 8-7 체비세프-1 저역통과필터의 크기제곱응답 특성

위의 두 가지 형태의 응답으로부터 다음과 같은 특성을 알 수 있다.

- $x=0$(혹은 $\omega=0$)에서 N이 홀수이면 $|H_a(j0)|^2=1$이다.
  N이 짝수이면 $|H_a(j0)|^2=\frac{1}{1+\epsilon^2}$이다.
- $x=1$(혹은 $\omega=\omega_c$)에서 모든 N에 대해 $|H_a(j\omega_c)|^2=\frac{1}{1+\epsilon^2}$이다.
- $0 \le x \le 1$(혹은 $0 \le \omega \le \omega_c$)에 대해 $|H_a(jx)|^2$은 1과 $\frac{1}{1+\epsilon^2}$ 사이에서 진동한다.
- $x>1$(혹은 $\omega>\omega_c$)에 대해서는 $|H_a(jx)|^2$은 0까지 단조롭게 감소한다.
- $x=\omega_r$에서는 $|H_a(jx)|^2=\frac{1}{A^2}$이다.

인과적이고 안정적인 시스템응답 $H_a(s)$을 결정하기 위해서는 $H_a(s)H_a(-s)$의 극점들을 찾고, $H_a(s)$에 대해 왼편 반쪽 평면에 있는 극점들을 선택해야 한다. $H_a(s)H_a(-s)$의 극점들은 식 (8–15)의 근을 찾으면 구할 수 있다.

$$1+\epsilon^2 T_N^2\left(\frac{s}{j\omega_c}\right) \tag{8–15}$$

만약 $p_k = \sigma_k + j\omega_k,\ k=0, \cdots, N-1$가 위 다항식의 왼편 반쪽 평면에 위치하는 근이라면, 식 (8–16)으로 구해진다.

$$\begin{aligned} \sigma_k &= (a\omega_c)\cos\left[\frac{\pi}{2}+\frac{(2k+1)\pi}{2N}\right] \\ \omega_k &= (b\omega_c)\sin\left[\frac{\pi}{2}+\frac{(2k+1)\pi}{2N}\right] \end{aligned} \quad k=0, \cdots, N-1 \tag{8–16}$$

여기서, a, b, α는 식 (8–17)과 같다.

$$a=\frac{1}{2}\left(\sqrt[N]{\alpha}-\sqrt[N]{1/\alpha}\right),\ b=\frac{1}{2}\left(\sqrt[N]{\alpha}+\sqrt[N]{1/\alpha}\right),\ \text{and}\ \alpha=\frac{1}{\epsilon}+\sqrt{1+\frac{1}{\epsilon^2}} \tag{8–17}$$

위의 체비세프–1 저역통과필터의 근들은 장축(major axis) $b\omega_c$와 단축(minor axis) $a\omega_c$를 가지는 타원 상에 있게 된다. 구해지는 극점들을 사용하여 시스템함수를 구하면 식 (8–18)로 주어진다.

$$H_a(s)=\frac{K}{\prod_k (s-p_k)} \tag{8–18}$$

여기서 K은 다음 식이 되도록 선택된 하나의 정규화 인자이다.

$$H_a(j0)=\begin{cases} 1, & N:\text{odd} \\ \dfrac{1}{\sqrt{1+\epsilon^2}}, & N:\text{even} \end{cases}$$

설계관계식

필터 설계의 사양으로 $\omega_p, \omega_s, R_p, A_s$가 주어졌을 때, 체비세프 필터를 결정하는 데는

ϵ, ω_c, N 의 세 가지 매개변수가 필요하다. 식 (8–3)과 식 (8–4)로부터 다음을 얻을 수 있다.

$$\epsilon = \sqrt{10^{0.1R_p} - 1} \;\; \text{and} \;\; A = 10^{A_s/20}$$

위에서 논의한 특성으로부터 차단주파수 ω_c와 통과대역 에지주파수 ω_p에 대한 저지대역 에지주파수 ω_s의 비율 ω_r은 식 (8–19)과 같다.

$$\omega_c = \omega_p \quad \text{and} \quad \omega_r = \frac{\omega_s}{\omega_p} \tag{8–19}$$

그리고 필터의 차수 N은 식 (8–20)으로 주어진다.

$$\begin{aligned} g &= \sqrt{(A^2 - 1)/\epsilon^2} \\ N &= \left\lceil \frac{\log_{10}\left[g + \sqrt{g^2 - 1}\right]}{\log_{10}\left[\omega_r + \sqrt{\omega_r^2 - 1}\right]} \right\rceil \end{aligned} \tag{8–20}$$

이제 위에서 구해진 각종 파라미터 값들을 식 (8–16), 식 (8–17), 그리고 식 (8–18)을 적용하면 시스템함수 $H_a(s)$를 결정할 수 있게 된다.

예제 8–5 다음 사양을 만족하는 체비세프–1 저역통과필터를 설계하시오.

통과대역 차단주파수 $\omega_p = 0.2\pi$, 통과대역 리플: $R_p = 1\text{dB}$
저지대역 차단주파수 $\omega_s = 0.3\pi$, 저지대역 리플: $A_s = 16\text{dB}$

풀이 주어진 사양으로부터 필요한 매개변수 값을 다음과 같이 계산한다.

$$\begin{aligned} &\epsilon = \sqrt{10^{0.1(1)} - 1} = 0.5088 \\ &A = 10^{16/20} = 6.3096 \\ &\omega_c = \omega_p = 0.2\pi \;\; \text{and} \;\; \omega_r = \frac{\omega_s}{\omega_p} = \frac{0.3\pi}{0.2\pi} = 1.5 \end{aligned}$$

$$g = \sqrt{(6.3096^2 - 1)/0.5088^2} = 12.2429$$

$$N = \left\lceil \frac{\log_{10}[12.2429 + \sqrt{12.2429^2 - 1}]}{\log_{10}[1.5 + \sqrt{1.5^2 - 1}]} \right\rceil = 4$$

식 (8–17)로부터 α, a, b 값을 구한다.

$$\alpha = \frac{1}{0.5088} + \sqrt{1 + \frac{1}{0.5088^2}} = 4.1702$$

$$a = \frac{1}{2}(\sqrt[4]{4.1702} - \sqrt[4]{1/4.1702}) = 0.3646$$

$$b = \frac{1}{2}(\sqrt[4]{4.1702} + \sqrt[4]{1/4.1702}) = 1.0644$$

$N = 4$ 이므로 s–평면상에 네 개의 극점이 존재하게 된다. 식 (8–16)으로부터, 극점들을 구하면 다음과 같다.

$$\sigma_k + j\omega_k = (a\omega_c)\cos\left[\frac{\pi}{2} + \frac{(2k+1)\pi}{2N}\right] + j(b\omega_c)\sin\left[\frac{\pi}{2} + \frac{(2k+1)\pi}{2N}\right], \quad k = 0, 1, 2, 3$$

$$p_0 = 0.3646(0.2\pi)\cos\left[\frac{\pi}{2} + \frac{\pi}{2(4)}\right] + j1.0644(0.2\pi)\sin\left[\frac{\pi}{2} + \frac{\pi}{2(4)}\right] = -0.0877 + j0.6179$$

$$p_1 = 0.3646(0.2\pi)\cos\left[\frac{\pi}{2} + \frac{3\pi}{2(4)}\right] + j1.0644(0.2\pi)\sin\left[\frac{\pi}{2} + \frac{3\pi}{2(4)}\right] = -0.2177 + j0.2559$$

$$p_2 = 0.3646(0.2\pi)\cos\left[\frac{\pi}{2} + \frac{5\pi}{2(4)}\right] + j1.0644(0.2\pi)\sin\left[\frac{\pi}{2} + \frac{5\pi}{2(4)}\right] = -0.2177 - j0.2559$$

$$p_3 = 0.3646(0.2\pi)\cos\left[\frac{\pi}{2} + \frac{7\pi}{2(4)}\right] + j1.0644(0.2\pi)\sin\left[\frac{\pi}{2} + \frac{7\pi}{2(4)}\right] = -0.0877 - j0.6179$$

따라서 이들 극점들을 식 (8–18)에 적용하면 시스템응답은 식 (8–21)과 같이 결정된다.

$$\begin{aligned} H_a(s) &= \frac{K}{(s+0.0877-j0.6179)(s+0.2177-j0.2559)(s+0.2177+j0.2599)(s+0.0877+j0.6179)} \\ &= \frac{K}{s^4 + 0.59867s^3 + 0.57399s^2 + 0.18421s + 0.04296} \end{aligned} \tag{8–21}$$

여기서 K는 $H_a(j0) = \begin{cases} 1, & N: \text{odd} \\ \dfrac{1}{\sqrt{1+\epsilon^2}}, & N: \text{even} \end{cases}$ 이 되도록 선택된 정규화 인자이다.

$\omega = 0$ 에서는 $H_a(j0) = \dfrac{1}{\sqrt{1+0.5088^2}} = 0.89125$ 가 된다.

SciPy 라이브러리에는 사양에 대해서 필터의 차수 N과 차단주파수 ω_c 를 구하는 "signal.cheb1ord()" 함수와, 필터의 차수 N과 차단주파수 ω_c 를 사용하여 시스템함수 $H_s(s)$ 의 분자와 분모 계수를 구할 수 있는 "signal.cheby1()" 함수가 제공되고 있으며, 이 값들을 사용하면 시스템함수 $H_s(s)$ 를 구할 수 있다. 그리고 "signal.cheby1()" 함수와 사용자정의함수인 "zplane()" 함수를 사용하면 극점-영점 다이어그램을 나타낼 수 있으며, 또한 "signal.cheby1()" 함수와 "signal.freqs()" 함수를 사용하면, 주파수영역의 크기 특성을 나타낼 수 있다.

다음과 같이 소스코드를 작성하고 "Chebyshev1_analog_filter.py" 파일 내에 생성하고 저장한다. 체비세프-1 필터에서는 차단주파수 ω_c 는 주파수응답이 처음으로 R_p 아래로 떨어질 때의 주파수를 가리킨다. 소스코드 파일을 실행한 결과, 다음과 같은 설계 결과 값들을 얻었다. 여기서 설계관계식과 함수를 사용한 N과 ω_c 의 결과들이 동일함을 알 수 있다.

```
필터차수 N= 4
차단주파수 wc= 0.6283185307179586 = 0.2 pi
시스템함수 Ha(s) 분자계수= [0.03828619]
시스템함수 Ha(s) 분모계수= [1.         0.59866905 0.57398649 0.18420689
0.04295781]
영점 []
극점 [-0.08767305+0.61787535j -0.21166147+0.25593235j -0.21166147-0.25593235j
 -0.08767305-0.61787535j]
이득= 0.03828618985706009
```

위의 결과 값들을 보면 필터의 차수는 $N=4$, 차단주파수는 $\omega_c = 0.628 = 0.2\pi$ 이며, 극점들은 $-0.0877+j0.6179$, $-0.2117+j0.2559$, $-0.2117-j0.2559$, $-0.0877-j0.6179$ 에 위치해있다. 영점은 없으며 이득은 0.0383이다. 이 값으로 시스템함수 $H_a(s)$을 구성하면 다음과 같으며, 설계관계식에 따라 구한 시스템함수와 일치한다.

$$H_a(s) = \frac{0.0383}{s^4 + 0.59867s^3 + 0.57399s^2 + 0.18421s + 0.04296}$$

극점-영점 다이어그램은 다음과 같으며, 극점들은 장축과 단축이 각각 다음과 같은 타원상에, 그리고 s-평면의 왼편 반쪽 평면에 위치하는 것을 볼 수 있다. 장축은 $b\omega_c = 1.0644 \times 0.6283 = 0.6688$, 단축은 $a\omega_c = 0.3646 \times 0.6283 = 0.2291$ 이다.

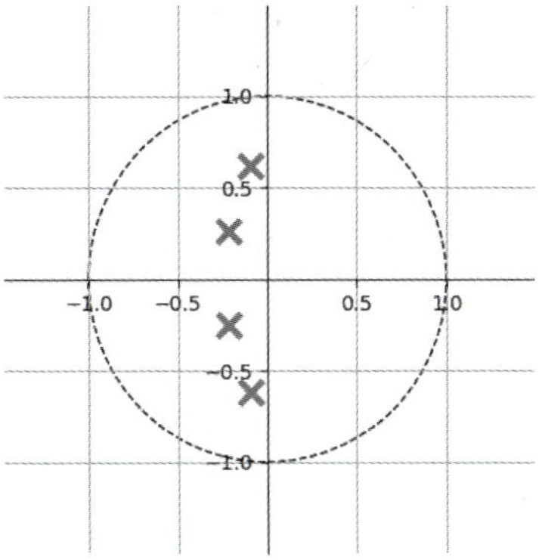

주파수영역 크기응답은 다음 그림과 같으며, 통과대역에서 등-리플 특성이 보인다.

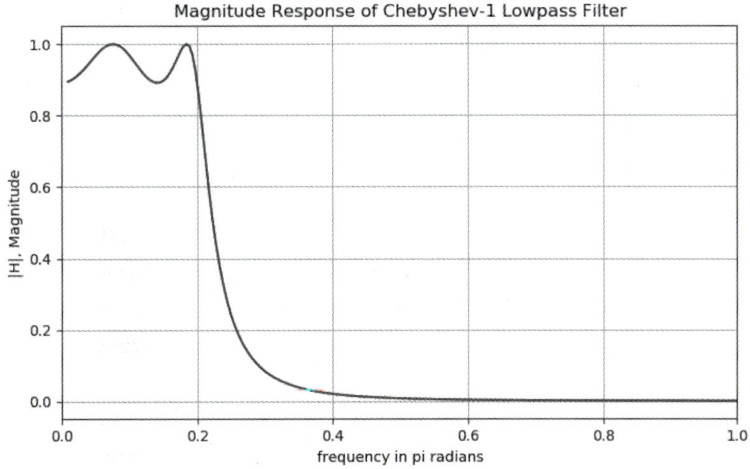

Chebyshev1_analog_filter.py

```
import numpy as np
import matplotlib.pylab as plt
from scipy import signal
from chap08_module import *   #사용자정의함수파일

wp=0.2*np.pi; ws=0.3*np.pi; Rp=1; As=16      #설계 사양
N,wc=signal.cheb1ord(wp,ws,Rp,As,analog="true")  #필터차수, 정규화 차단주파수
print("필터차수 N=",N); print("차단주파수 wc=",wc,"=",wc/np.pi,"pi")
```

```
b,a=signal.cheby1(N,Rp,wc,"lowpass",analog="true")     #시스템함수 계수
print("시스템함수 Ha(s) 분자계수=",b); print("시스템함수 Ha(s) 분모계수=",a)

z,p,k=signal.cheby1(N,Rp,wc,"lowpass",analog="true",output="zpk")
print("영점",z); print("극점",p); print("이득=",k)

plt.figure(1)
zplane(b,a)     #극점-영점 다이어그램

b,a=signal.cheby1(N,Rp,wc/np.pi,"lowpass",analog=True) #차단주파수 정규화 [0~1]
w,H=signal.freqs(b,a) #정규화 주파수축[0~1], 주파수응답
plt.figure(2)
plt.plot(w,abs(H),"blue"); plt.grid(); plt.xlim(0,1)
plt.title("Magnitude Response of Chebyshev-1 Lowpass Filter")
plt.xlabel("frequency in pi radians")
plt.ylabel("|H|, Magnitude")
```

(2) 체비세프-2 필터

체비세프-2 필터는 체비세프-1 필터에 단순한 변환을 적용하는 관계이다. 체비세프-1 필터와는 상대적으로 통과대역에서는 단조하고, 저지대역에서는 등-리플 특성을 가진다. 이것은 s-평면에서 극점과 영점을 모두 가진다는 의미를 지니고 있다. 그러므로 체비세프-1에 비해 통과대역에서 그룹지연 특성이 더 좋다. 다르게는 위상응답이 더 선형적이 된다.

식 (8-13)에서 $\epsilon^2 T_N^2\left(\frac{\omega}{\omega_c}\right)$을 그것의 역수로 대체하고, 또 $\frac{\omega}{\omega_c}$도 역수로 대체하면 체비세프-2 필터의 크기제곱응답을 다음 식과 같이 구할 수 있다.

$$|H_a(j\omega)|^2 = \frac{1}{1+\left[\epsilon^2 T_N^2\left(\frac{\omega_c}{\omega}\right)\right]^{-1}}$$

따라서 체비세프-2 필터를 설계하기 위한 하나의 접근법으로는 먼저 관련 체비세프-1 필터를 설계하고 난 다음, 위의 변환을 적용하는 것이다.

예제 8-6 다음을 만족하는 아날로그 체비세프-2 저역통과필터를 설계하시오.

통과대역 차단주파수 $\omega_p = 0.2\pi$, 통과대역 리플: $R_p = 1\text{dB}$
저지대역 차단주파수 $\omega_s = 0.3\pi$, 저지대역 리플: $A_s = 16\text{dB}$

풀이 SciPy 라이브러리에서 제공하는 signal 관련 함수들을 사용하여 직접 시스템응답을 구한다. 먼저 사양 값들을 "signal.cheb2ord()" 함수에 적용하여 필터의 차수 N과 차단주파수 ω_c를 구한다. 다음으로 이 필터의 차수 N과 차단주파수 ω_c 값을 "signal.cheby2()" 함수에 적용하여 시스템함수 $H_a(s)$의 분자와 분모 계수를 구한다. 그리고는 동일하게 "signal.cheby2()" 함수로부터 시스템함수 $H_a(s)$의 영점과 극점을 구한다. 또한 $H_a(s)$의 분자와 분모 계수를 "zplane()" 사용자함수에 적용하여 극점-영점 다이어그램을 얻고, 마지막으로 "signal.cheby2()" 함수와 "signal.freqs()" 함수를 사용하여 주파수응답을 얻는다. 체비세프-2 필터에서는 차단주파수 ω_c는 주파수응답이 처음으로 A_s에 도달할 때의 주파수를 가리킨다.

소스코드를 다음과 같이 작성하고 "Chebyshev2_analog_filter.py" 파일에 저장한다. 소스코드를 실행한 결과, 다음과 같은 설계 결과 값들을 얻었다.

```
필터차수 N= 4
차단주파수 wc= 0.8398376006225101 = 0.26732861106701905 pi
시스템함수 Ha(s) 분자계수= [0.15848932 0.         0.89429462 0.         0.63077031]
시스템함수 Ha(s) 분모계수= [1.         2.07098378 2.28622306 1.3251318  0.63077031]
영점 [ 0.-0.90903367j  0.-2.19460141j -0.+2.19460141j -0.+0.90903367j]
극점 [-0.16572044-0.71497521j -0.86977145-0.64382624j -0.86977145+0.64382624j
 -0.16572044+0.71497521j]
이득= 0.1584893192461113
```

위의 결과 값들을 보면 필터의 차수는 $N = 4$, 차단주파수는 $\omega_c = 0.8398$이며, 시스템의 영점들은 $-0.909j$, $-2.1946j$, $2.1946j$, $0.909j$에 있으며, 극점들은 $-0.1657-j0.7150$, $-0.8698-0.6438j$, $-0.8698+0.6438j$, $-0.1657+j0.7150$에 위치해 있다. 이 값으로 시스템함수 $H_a(s)$을 구성하면 다음과 같이 얻어진다.

$$H_a(s) = \frac{0.1585s^4 + 0.8943s^2 + 0.6308}{s^4 + 2.0710s^3 + 2.2862s^2 + 0.3251s + 0.6308}$$

극점-영점 다이어그램은 다음과 같으며, 극점들은 s-평면의 왼편 반쪽 평면에 위치하고 있다. 체비세프-2 저역통과필터에는 영점이 존재하며 $j\omega$축 상의 $-j0.909$, $-j2.1946$, $j2.1946$, $j0.909$ 위치에 존재한다. 값이 $\pm j1$보다 큰 영점은 다이어그램에 나타내지 않았다.

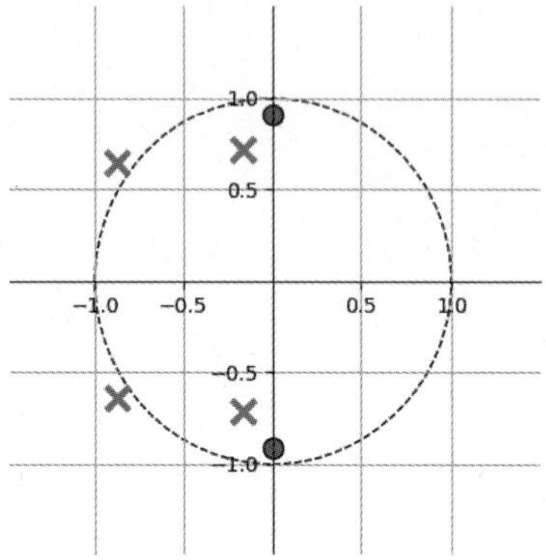

주파수영역 크기응답은 다음 그림과 같다. 체비세프-1 필터와는 상대적으로 통과대역에서는 단조하며, 저지대역에서 등-리플 특성을 보인다.

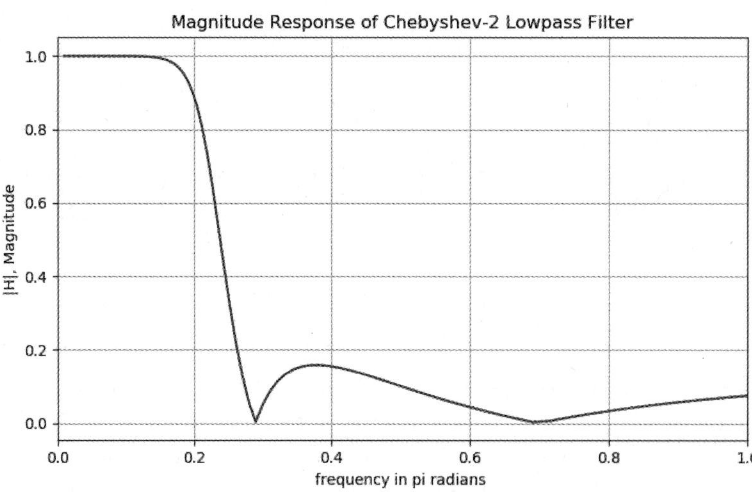

Chebyshev2_analog_filter.py

```
import numpy as np
import matplotlib.pylab as plt
from scipy import signal
from chap08_module import *   #사용자정의함수파일

wp=0.2*np.pi; ws=0.3*np.pi; Rp=1; As=16    #설계 사양
N,wc=signal.cheb2ord(wp,ws,Rp,As,analog="true")  #필터차수, 정규화 차단주파수
print("필터차수 N=",N); print("차단주파수 wc=",wc,"=",wc/np.pi,"pi")

b,a=signal.cheby2(N,As,wc,"lowpass",analog="true")    #시스템함수 계수
print("시스템함수 Ha(s) 분자계수=",b); print("시스템함수 Ha(s) 분모계수=",a)

z,p,k=signal.cheby2(N,As,wc,"lowpass",analog="true",output="zpk")
print("영점",z); print("극점",p); print("이득=",k)

plt.figure(1)
zplane(b,a)    #극점-영점 다이어그램

b,a=signal.cheby2(N,As,wc/np.pi,"lowpass",analog=True) #차단주파수 정규화 [0~1]
w,H=signal.freqs(b,a) #정규화 주파수축[0~1], 주파수응답
plt.figure(2)
plt.plot(w,abs(H),"blue"); plt.grid(); plt.xlim(0,1)
plt.title("Magnitude Response of Chebyshev-2 Lowpass Filter")
plt.xlabel("frequency in pi radians")
plt.ylabel("|H|, Magnitude")
```

8.3.3 엘립틱 저역통과필터의 특성 및 설계

엘립틱 필터는 통과대역과 저지대역에서 모두 등-리플 특성을 나타낸다. 즉 FIR 등리플 필터와 유사한 크기응답 특성을 보여준다. 그러므로 엘립틱 필터는 주어진 사양에 대해 다른 필터에 비해 최소의 필터 차수를 구할 수 있는 점에서 적정 필터라 할 수 있다. 그러나 실제로 이 필터를 분석하고 설계하기는 까다로운 면이 있지만 프로그램이나 테이블을 사용하면 설계하기가 쉬워질 수 있다. 엘립틱 필터의 크기제곱응답은 식 (8-22)와 같다.

$$|H_a(j\omega)|^2 = \frac{1}{1+\epsilon^2 U_N^2\left(\frac{\omega}{\omega_c}\right)} \tag{8-22}$$

여기서 N은 필터의 차수, ϵ은 통과대역 리플이며 R_p와 관계가 있다. 그리고 $U_N(.)$은 N차 야코비안 엘립틱 함수(Jacobian elliptic function)이다. 체비세프-1 필터의 응답 식 (8-13)을 참고하면 유사한 점을 볼 수 있다. 차수 N의 홀수와 짝수에 대한 전형적인 크기 응답은 다음 그림에서와 같다.

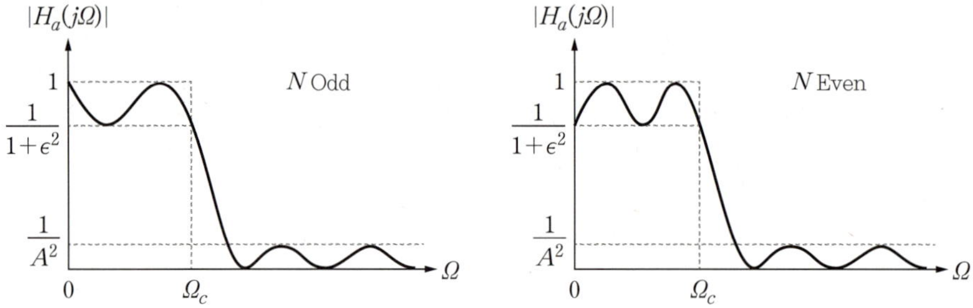

식 (8-22)의 해석이 까다롭지만 차수 계산 공식은 식 (8-23)과 같이 매우 단순한 편이다.

$$N = \frac{K(k)K\left(\sqrt{1-K_1^2}\right)}{K(k_1)K\left(\sqrt{1-k^2}\right)},\ k = \frac{\omega_p}{\omega_s},\ k_1 = \frac{\epsilon}{\sqrt{A^2-1}} \tag{8-23}$$

$$K(x) = \int_0^{\pi/2} \frac{d\theta}{\sqrt{1-x^2\sin^2\theta}}$$

예제 8-7 다음을 만족하는 아날로그 엘립틱 저역통과필터를 설계하시오.

통과대역 차단주파수 $\omega_p = 0.2\pi$, 통과대역 리플: $R_p = 1\text{dB}$

저지대역 차단주파수 $\omega_s = 0.3\pi$, 저지대역 리플: $R_p = 16\text{dB}$

풀이 SciPy 라이브러리에서 제공하는 signal 관련 함수들을 사용하여 직접 시스템응답을 구한다. 먼저 사양 값들을 "signal.ellipord()" 함수에 적용하여 필터의 차수 N과 차단주파수 ω_c를 구한다. 다음으로 이 필터의 차수 N과 차단주파수 ω_c 값을 "signal.ellip()"

함수에 적용하여 시스템함수 $H_a(s)$의 분자와 분모 계수를 구한다. 그리고는 동일하게 "signal.ellip()" 함수로부터 시스템함수 $H_a(s)$의 영점과 극점을 구한다. 또한 $H_a(s)$의 분자와 분모 계수를 "zplane()" 사용자함수에 적용하여 극점-영점 다이어그램을 얻고, 마지막으로 "signal.ellip()" 함수와 "signal.freqs()" 함수를 사용하여 주파수응답을 얻는다. 소스코드를 다음과 같이 작성하고 "Elliptic_analog_filter.py" 파일에 저장한다.

엘립틱 필터에서는 차단주파수 ω_c는 주파수응답이 3[dB]이 될 때의 주파수를 가리킨다. 소스코드를 실행한 결과, 다음과 같은 설계 결과 값들을 얻었다.

```
필터차수 N= 3
차단주파수 wc= 0.6283185307179586 = 0.2 pi
시스템함수 Ha(s) 분자계수= [0.27398064 0.         0.18195302]
시스템함수 Ha(s) 분모계수= [1.         0.61309447 0.48543624 0.18195302]
영점 [0.+0.81492887j 0.-0.81492887j]
극점 [-0.44353755+0.j         -0.08477846-0.63485746j -0.08477846+0.63485746j]
이득= 0.2739806359899733
```

위의 결과 값들을 보면 필터의 차수는 $N=4$, 차단주파수는 $\omega_c = 0.6283 = 0.2\pi$이다. 시스템함수의 극점들은 -0.4435, $-0.0848-j0.6349$, $-0.0848+j0.6349$에 위치하며, 영점들은 $j0.8149$, $-j0.8149$에 있다. 이득은 0.274이다. 이 값으로 시스템함수 $H_a(s)$을 구성하면 다음과 같이 얻어진다.

$$H_a(s) = \frac{0.274s^2 + 0.182}{s^3 + 0.6131s^2 + 0.4854s + 0.182} = \frac{0.274(s^2 + 0.6641)}{s^3 + 0.6131s^2 + 0.4854s + 0.182}$$

극점-영점 다이어그램은 다음과 같으며, 극점들은 s-평면의 왼편 반쪽 평면에 위치하고 있다. 엘립틱 저역통과필터에도 영점이 존재하며 둘 다 $j\omega$축 상에 위치한다.

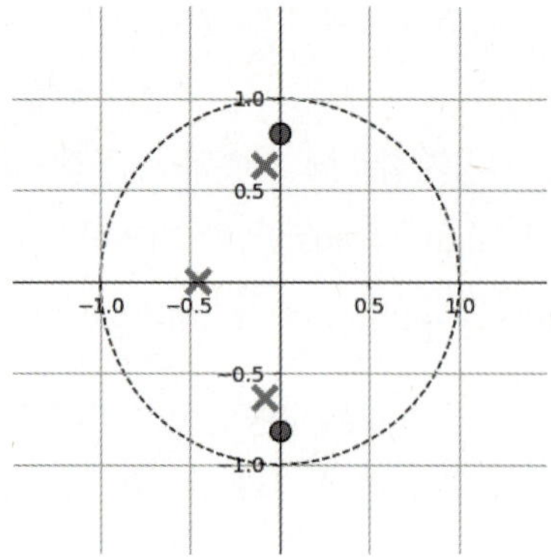

주파수영역 크기응답은 다음 그림과 같다. 체비세프 필터와 비교하여 통과대역과 저지대역에서 모두 등-리플 특성을 가진다.

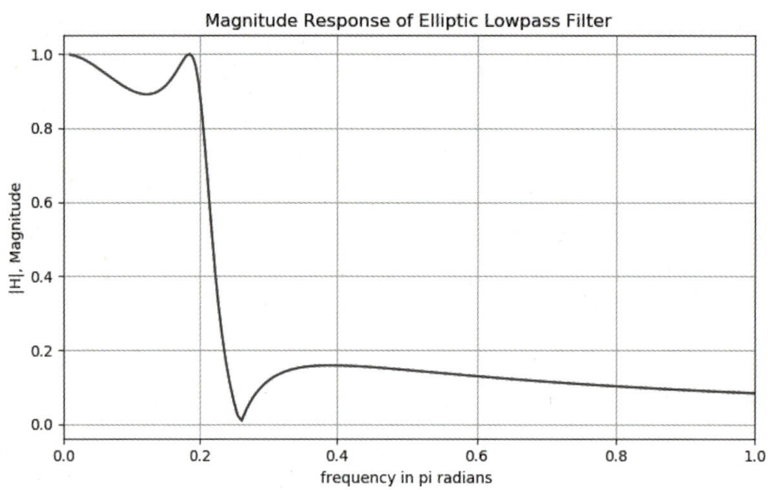

Elliptic_analog_filter.py

```
import numpy as np
import matplotlib.pylab as plt
from scipy import signal
from chap08_module import *   #사용자정의함수파일

wp=0.2*np.pi; ws=0.3*np.pi; Rp=1; As=16     #설계 사양
N,wc=signal.ellipord(wp,ws,Rp,As,analog="true")   #필터차수, 정규화 차단주파수
print("필터차수 N=",N); print("차단주파수 wc=",wc,"=",wc/np.pi,"pi")
```

```
b,a=signal.ellip(N,Rp,As,wc,"lowpass",analog="true")    #시스템함수 계수
print("시스템함수 Ha(s) 분자계수=",b); print("시스템함수 Ha(s) 분모계수=",a)

z,p,k=signal.ellip(N,Rp,As,wc,"lowpass",analog="true",output="zpk")
print("영점",z); print("극점",p); print("이득=",k)

plt.figure(1)
zplane(b,a)    #극점-영점 다이어그램

b,a=signal.ellip(N,Rp,As,wc/np.pi,"lowpass",analog=True)    #차단주파수 정규화 [0~1]
w,H=signal.freqs(b,a)    #정규화 주파수축[0~1], 주파수응답
plt.figure(2)
plt.plot(w,abs(H),"blue"); plt.grid(); plt.xlim(0,1)
plt.title("Magnitude Response of Elliptic Lowpass Filter")
plt.xlabel("frequency in pi radians")
plt.ylabel("|H|, Magnitude")
```

8.4 아날로그-디지털 변환에 의한 디지털 IIR 저역통과필터 설계

앞 절에서는 아날로그필터를 설계하기 위한 몇 가지 다른 접근법들에 대해 배웠다. 이번 절에서는 8-3절에서 나타낸 절차대로 설계한 아날로그필터를 디지털필터로 변환하는 방법을 살펴본다. 이러한 변환은 복소-값 정합 방식을 적용하고 있다. 디지털로 변환할 때, 먼저 아날로그필터의 임펄스응답을 보존하려면 임펄스불변변환(impulse invariance transform)이라는 기법을 적용하고, 미분방정식을 차분방정식으로 변환하려면 유한차분근사(finite difference approximation) 기법을 적용한다. 다른 기법들 중에서 스텝불변(step invariance)이라는 기법은 스텝응답(step response)의 모양을 보존하는 기법이다. 그리고 임펄스불변변환과 유사한 다른 기법으로는 정합-z 변환(matched-z transformation)이라는 기법도 있다. 실제에서는 이선형변환(bilinear transform)이라는 시스템함수의 표현을 그대로 보존하는 기법이 가장 널리 사용되고 있다. 그러므로 여기서는 이선형변환에 대해 먼저 살펴본다.

8.4.1 이선형변환

이선형변환은 가장 널리 사용되는 아날로그-디지털필터 변환 방법이다. 식 (8-24)와 같은

대역변환을 사용한다. 여기서 T는 매개변수이다.

$$s = \frac{2}{T}\frac{1-z^{-1}}{1+z^{-1}} \Rightarrow z = \frac{1+sT/2}{1-sT/2} \tag{8–24}$$

위의 변환을 풀어서 다음 식과 같이 전개한 것을 선형분수변환(linear fractional transformation)이라고 부른다.

$$\frac{T}{2}sz + \frac{T}{2}s - z + 1 = 0$$

s와 z에 대해서 어느 하나가 고정이면 다른 하나는 선형이 된다. 그러므로 s와 z에서 이선형이 된다. 따라서 이 변환을 이선형변환이라 한다. 식 (8–24) 하에서의 복소평면정합을 그림 8–8에 나타내었으며, 그림으로부터 아래와 같은 특성들을 관찰할 수 있다.

1. 식 (8–24)에 $s = \sigma + j\omega$을 적용하면 식 (8–25)를 얻는다.

$$z = \left(1+\frac{\sigma T}{2}+j\frac{\omega T}{2}\right)/\left(1-\frac{\sigma T}{2}-j\frac{\omega T}{2}\right) \tag{8–25}$$

   σ의 크기에 따라, $|z|$는 다음 식들과 같이 나타내어진다.

$$\sigma < 0 \Rightarrow |z| = \left|\left(1+\frac{\sigma T}{2}+j\frac{\omega T}{2}\right)/\left(1-\frac{\sigma T}{2}-j\frac{\omega T}{2}\right)\right| < 1$$
$$\sigma = 0 \Rightarrow |z| = \left|\left(1+j\frac{\omega T}{2}\right)/\left(1-j\frac{\omega T}{2}\right)\right| = 1$$
$$\sigma > 0 \Rightarrow |z| = \left|\left(1+\frac{\sigma T}{2}+j\frac{\omega T}{2}\right)/\left(1-\frac{\sigma T}{2}-j\frac{\omega T}{2}\right)\right| > 1$$

2. s–평면에서의 왼편 반쪽 평면 전체가 z–평면에서는 단위원의 내부로 정합된다. 그러므로 안정적인 정합이 이루어진다.

3. s–평면의 허수축은 일대일(one–to–one) 대응으로 z–평면의 단위원 상에 정합된다. 그러므로 주파수영역에서 어떠한 앨리어싱(aliasing)도 발생하지 않게 된다.

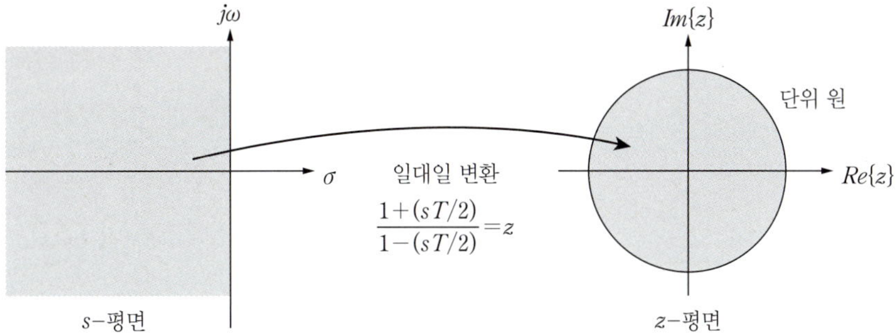

그림 8-8 이선형변환에서의 복소평면정합

식 (8−25)에서 $\sigma=0$으로 두면, 다음 식을 얻을 수 있으며, 그 크기는 $|z|=1$이다.

$$z=\left(1+j\frac{\omega T}{2}\right)\Big/\left(1-j\frac{\omega T}{2}\right)=e^{j\Omega},\quad |z|=1$$

위 식을 ω의 함수로 Ω에 대해 풀면, 식 (8−26)과 같은 관계가 얻어진다.

$$\Omega=2\tan^{-1}\left(\frac{\omega T}{2}\right)\quad \text{또는}\quad \omega=\frac{T}{2}\tan\left(\frac{\Omega}{2}\right) \tag{8−26}$$

위의 식은 ω가 Ω에 비선형적으로 관계되고 있으나 앨리어싱이 전혀 없음을 보여준다. 따라서 식 (8−26)의 변환을 Ω를 ω로 사전 와핑(pre−warping)한다고 말한다.

아날로그필터를 디지털필터로 변환하는 전체 절차는 다음과 같이 5단계를 거치며, 디지털필터의 사양 $\Omega_p, \Omega_s, R_p, A_s$가 주어질 때, 시스템함수 $H(z)$를 구하는 것이 목표이다.

〈이선형변환에 의한 아날로그−디지털필터 변환 절차〉

1. T의 값을 정한다. 여기서는 $T=1$로 둔다.
2. 통과대역과 저지대역의 디지털 에지주파수 Ω_p와 Ω_s를 사전 와핑한다. 즉 다음 식을 사용해서 아날로그 에지주파수 ω_p와 ω_s를 계산한다.

$$\omega_p=\frac{2}{T}\tan\left(\frac{\Omega_p}{2}\right),\quad \omega_s=\frac{2}{T}\tan\left(\frac{\Omega_s}{2}\right)$$

3. 앞의 8.3절에서의 절차대로 주어진 사양 $\omega_p, \omega_s, R_p, A_s$을 사용하여 아날로그 시스템함수 $H_a(s)$를

구한다. 이것은 네 가지 프로토타입들(버터워스, 체비세프-1, 체비세프-2, 엘립틱) 중에 한 가지를 사용해서 이루어진다.

4. 이선형변환을 적용하여 z^{-1} 의 함수로 디지털 시스템함수 $H(z)$를 구한다.

$$H(z) = H_a\left(\frac{2}{T}\frac{1-z^{-1}}{1+z^{-1}}\right)$$

5. $H(z)$ 의 분자, 분모 계수를 사용하여 디지털필터의 주파수응답을 구한다.

이제 아날로그 프로토타입 필터들에 위의 변환 설계 과정을 적용해서 디지털필터를 설계해 본다.

8.4.2 디지털 버터워스 저역통과필터 설계

예제 8-8 다음과 같은 사양을 가지는 디지털 버터워스 저역통과필터를 설계하시오.

$$\Omega_p = 0.2\pi,\ \Omega_s = 0.3\pi,\ R_p = 1\text{dB},\ A_s = 15\text{dB}$$

풀이

1. $T = 1$로 두고, Ω_p와 Ω_s로부터 ω_p와 ω_s를 계산한다. 즉 사전 와핑을 통해 아날로그 버터워스 저역통과필터의 통과대역과 저지대역 에지주파수를 구한다.

$$\omega_p = \frac{2}{T}\tan\left(\frac{\Omega_p}{2}\right) = \frac{2}{1}\tan\left(\frac{0.2\pi}{2}\right) = 2\tan(0.1\pi) = 0.6498 = 0.2069\pi$$
$$\omega_s = \frac{2}{T}\tan\left(\frac{\Omega_s}{2}\right) = \frac{2}{1}\tan\left(\frac{0.3\pi}{2}\right) = 2\tan(0.15\pi) = 1.0191 = 0.3245\pi$$

2. 이제 사양을 ω_p, ω_s, $R_p = 1\text{dB}$, $A = 15\text{dB}$로 대체하고 식 (8-10)과 식 (8-11)의 계산 과정 대신에 "signal.buttord()" 함수를 사용하여 필터의 차수 N과 차단주파수 ω_c를 구한다.
필터의 차수는 $N = 6$이며, 차단주파수는 $\omega_c = 0.7273 = 0.23\pi$로 구해졌다.

3. 다음으로 "signal.butter()" 함수를 사용하여 아날로그 시스템함수 $H_a(s)$의 분모와 분

자 계수를 구하고, 이 값들을 사용하여 시스템함수 $H_a(s)$를 구성하면 다음과 같다.

$$H_a(s) = \frac{0.1480}{s^6 + 2.8100s^5 + 3.9581s^4 + 3.5168s^3 + 2.0884s^2 + 0.7862s + 0.1480}$$

4. 그리고 "signal.bilinear()" 함수를 사용하여 이선형변환을 통해 디지털 시스템함수 $H(z)$의 분모와 분자 계수를 구하고, 시스템함수 $H(z)$를 구성하면 다음과 같다.

$$H(z) = \frac{0.0006 + 0.0035z^{-1} + 0.0087z^{-2} + 0.0116z^{-3} + 0.0087z^{-4} + 0.0035z^{-5} + 0.0006z^{-6}}{1 - 3.3143z^{-1} + 4.9501z^{-2} - 4.1432z^{-3} + 2.0275z^{-4} - 0.5458z^{-5} + 0.0628z^{-6}}$$

5. 4단계에서 구한 이선형변환 후의 $H(z)$의 분자, 분모 계수를 "signal.freqz()" 함수에 적용하여 디지털 버터워스 저역통과필터의 주파수응답을 구한다. 전체 소스코드를 작성하고 "Butterworth_bilinear_transform_Lowpass.py" 파일로 저장한다.

소스코드 파일을 실행한 결과, 설계 과정에서 얻어진 값들과 주파수영역에서의 크기응답이 다음과 같이 구해졌다.

```
wp= 0.6498393924658126
ws= 1.0190508989888576

 ============= Filter order, Cutoff frequency ===================
Filter order N= 6
wc= 0.7272908848251866 = 0.23150387877121356 *pi

 ============= Analog Filter ===================================
Numerator coefficients= [0.14799562]
Denomunator coefficients= [1.         2.8100362  3.94815171 3.51679948 2.08838287
0.78622073
 0.14799562]

 ========== Digital Filter(Direct Type) ========================
Numerator coefficients= [0.00057969 0.00347816 0.0086954  0.01159386 0.0086954
0.00347816
 0.00057969]
Denominator coefficients= [ 1.         -3.31430024  4.95010197 -4.14325386  2.02754119
-0.54583227
  0.06284356]
```

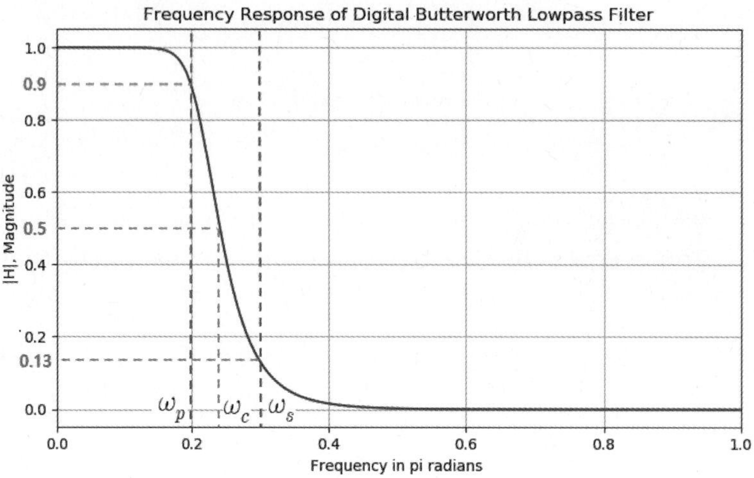

위의 주파수영역 크기응답으로부터 다음과 같은 설계 결과를 요약할 수 있다.

1. 통과대역 에지주파수는 $\Omega_p = 0.2\pi$ 이다.
2. 저지대역 에지주파수는 $\Omega_s = 0.3\pi$ 이다.
3. 천이대역에서 차단주파수는 $\Omega_c = 0.23\pi$ 이다.
4. 통과대역 에지주파수 $\Omega_p = 0.2\pi$ 에서의 리플 값은 $R_p = 0.9 = 0.915$[dB]로 설계 사양인 최소 리플 값 1[dB]보다 작으므로 설계 사양을 만족한다.
5. 저지대역 에지주파수 $\Omega_s = 0.3\pi$ 에서의 감쇠 값은 $A_s = 0.13 = 17.7$[dB]로 설계 사양인 최대 감쇠 값 15[dB]보다 크므로 설계 사양을 만족한다.

그리고 0.2초 만에 10Hz에서 500Hz까지 주파수가 변하는 처프신호에 대한 주파수선별 결과는 다음 그림과 같으며, 디지털 버터워스 저역통과 필터의 주파수선택 특성을 나타내고 있다.

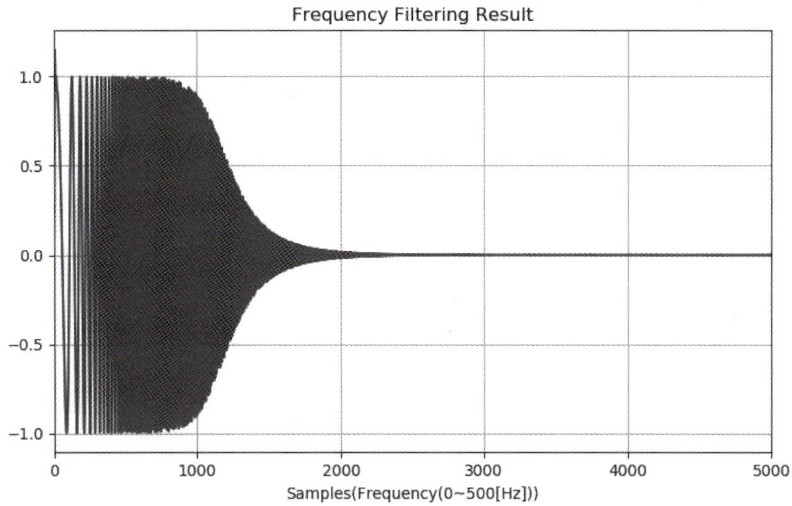

"Frequency_response_Signal_filtering()" 함수는 처프신호에 대한 주파수선별 결과를 내는 함수로서 "chap08_module.py" 파일 내에 첨가하였으며 다음과 같다. 함수 "signal.dimpulse()"를 사용하여 시스템의 임펄스응답 $h(n)$을 구하고, 처프신호 $x(n)$을 발생시킨 다음, 두 신호의 컨볼루션으로 필터 출력 $y(n)$을 얻는 과정이다.

```
def Frequency_response_Signal_filtering(b,a):
    system=[b,a,1]
    n,hn=signal.dimpulse(system)
    hh=hn[0]; M=len(hh)
    hn=np.zeros(M)
    for i in range(M):
        pp=hh[i]
        hn[i]=pp[0]
    t=np.linspace(0,1,5000)
    xn=chirp(t,f0=10, t1=0.2, f1=500, method="linear")
    yn=np.convolve(hn,xn)
    plt.plot(yn,"b"); plt.xlim(0,5000)
    plt.title("Frequency Filtering Result")
    plt.xlabel("Samples(Frequency(0~500[Hz]))"); plt.grid()
```

전체 소스코드는 다음과 같다.

▌Butterworth_bilinear_transform_Lowpass.py

```
import numpy as np
import matplotlib.pylab as plt
from scipy import signal
from chap08_module import *

Omegap=0.2*np.pi   #디지털 통과대역 에지주파수 [rad]
Omegas=0.3*np.pi   #디지털 저지대역 에지주파수 [rad]
Rp=1; As=15  #통과대역 리플과 저지대역 감쇠 [dB]
T=1; Fs=1/T    #샘플구간과 샘플주파수
wp=2/T*np.tan(Omegap/2); print("wp=",wp) #아날로그 통과대역 에지주파수 사전래핑
ws=2/T*np.tan(Omegas/2); print("ws=",ws) #아날로그 저지대역 에지주파수 사전래핑

print("\n","============= Filter order, Cutoff frequency ===================")
N,wc=signal.buttord(wp,ws,Rp,As,analog=True)  #필터차수, 차단주파수
print("Filter order N=",N)
print("Cutoff frequency, wc=",wc,"=",wc/np.pi,"*pi")
print("\n","============= Analog Filter ====================================")
c,d=signal.butter(N,wc,"low",analog=True)  #아날로그 시스템함수 분모/분자계수
print("Numerator coefficients=",c); print("Denomunator coefficients=",d)
print("\n","========== Digital Filter(Direct Type) ========================")
b,a=signal.bilinear(c,d,Fs)  #이선형변환(s->z), 디지털 시스템함수 분모/분자계수
print("Numerator coefficients=",b); print("Denominator coefficients=",a)

plt.figure(1)
Omega,H=signal.freqz(b,a)  #주파수축, 주파수응답
plt.plot(Omega/np.pi,abs(H),"blue"); plt.xlabel("Frequency in pi radians")
plt.title("Frequency Response of Digital Butterworth Lowpass Filter")
plt.ylabel("|H|, Magnitude"); plt.grid(); plt.xlim(0,1)

plt.figure(2)
Frequency_response_Signal_filtering(b,a)
```

8.4.3 디지털 체비세프-1 저역통과필터 설계

예제 8-9 다음과 같은 사양을 가지는 디지털 체비세프-1 저역통과필터를 설계하시오.

$$\Omega_p = 0.2\pi,\ \Omega_s = 0.3\pi,\ R_p = 1\text{dB},\ A_s = 15\text{dB}$$

풀이

1. $T = 1$로 두고, Ω_p와 Ω_s로부터 ω_p와 ω_s를 계산한다. 즉 사전 와핑을 통해 아날로그 체비세프-1 저역통과필터의 통과대역과 저지대역 에지주파수를 구한다.

$$\omega_p = \frac{2}{T}\tan\left(\frac{\Omega_p}{2}\right) = \frac{2}{1}\tan\left(\frac{0.2\pi}{2}\right) = 2\tan(0.1\pi) = 0.6498 = 0.2069\pi$$
$$\omega_s = \frac{2}{T}\tan\left(\frac{\Omega_s}{2}\right) = \frac{2}{1}\tan\left(\frac{0.3\pi}{2}\right) = 2\tan(0.15\pi) = 1.0191 = 0.3245\pi$$

2. 이제 사양을 ω_p, ω_s, $R_p = 1\text{dB}$, $A_s = 15\text{dB}$로 대체하고 식 (8–10)과 식 (8–11)의 계산과정 대신에 "signal.cheb1ord()" 함수를 사용하여 필터의 차수 N과 차단주파수 ω_c를 구한다.
   필터의 차수는 $N = 6$이며, 차단주파수는 $\omega_c = 0.6498 = 0.207\pi$로 구해졌다.

3. 다음으로 "signal.cheby1()" 함수를 사용하여 아날로그 시스템함수 $H_a(s)$의 분모와 분자 계수를 구하고, 시스템함수 $H_a(s)$를 구성하면 다음과 같다.

$$H_a(s) = \frac{0.0438}{s^4 + 0.6192s^3 + 0.6140s^2 + 0.2038s + 0.0492}$$

4. 그리고 "signal.bilinear()" 함수를 사용하여 이선형변환을 통해 디지털 시스템함수 $H(z)$의 분모와 분자 계수를 구하고, 시스템함수 $H(z)$를 구성하면 다음과 같다.

$$H(z) = \frac{0.0018 + 0.0073z^{-1} + 0.0110z^{-2} + 0.0073z^{-3} + 0.0018z^{-4}}{1 - 3.0543z^{-1} + 3.8290z^{-2} - 2.2925z^{-3} + 0.5507z^{-4}}$$

5. 4단계에서 구한 이선형변환 후의 $H(z)$의 분자, 분모 계수를 "signal.freqz()" 함수에 적용하여 디지털 버터워스 저역통과필터의 주파수응답을 구한다. 전체 소스코드를 작성하고 "Chebyshev1_bilinear_transform_Lowpass.py" 파일로 저장한다.

소스코드 파일을 실행한 결과, 설계 과정에서 얻어진 값들과 주파수영역에서의 크기응답이 다음과 같이 구해졌다.

```
wp= 0.6498393924658126
ws= 1.0190508989888576

 ============= Filter order, Cutoff frequency ===================
Filter order N= 4
Cutoff frequency, wc= 0.6498393924658126 = 0.2068503030535365 *pi

 ============= Analog Filter ===================================
Numerator coefficients= [0.04380733]
Denomunator coefficients= [1.         0.61917437 0.61397968 0.20379071 0.04915264]

 ========== Digital Filter(Direct Type) ========================
Numerator coefficients= [0.00183555 0.0073422  0.0110133  0.0073422  0.00183555]
Denomunator coefficients= [ 1.         -3.05433968  3.82899923 -2.29245173  0.55074452]
```

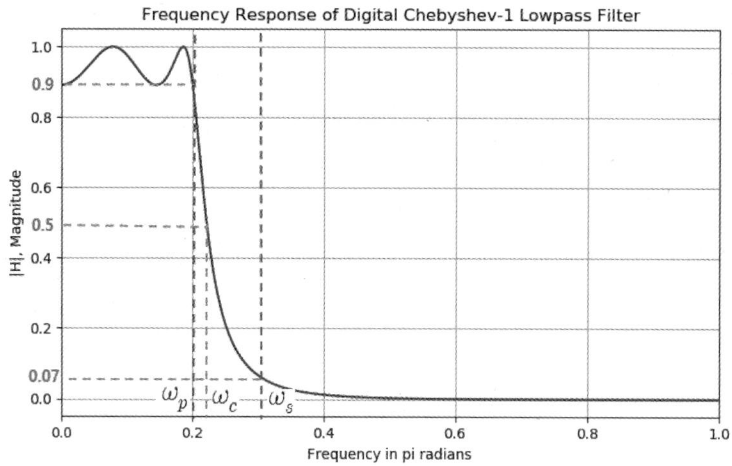

위의 주파수영역 크기응답으로부터 다음과 같은 설계 결과를 요약할 수 있다.

1. 통과대역 에지주파수는 $\Omega_p = 0.2\pi$ 이다.
2. 저지대역 에지주파수는 $\Omega_s = 0.3\pi$ 이다.
3. 천이대역에서 차단주파수는 $\Omega_c = 0.207\pi$ 이다.
4. 통과대역 에지주파수 $\Omega_p = 0.2\pi$ 에서의 리플 값은 $R_p = 0.9 = 0.62[\mathrm{dB}]$ 로 설계 사양인 최소 리플 값 1[dB]보다 작으므로 설계 사양을 만족한다.
5. 저지대역 에지주파수 $\Omega_s = 0.3\pi$ 에서의 감쇠 값은 $A_s = 0.07 = 23[\mathrm{dB}]$ 로 설계 사양인 최대 감쇠 값 15[dB]보다 크므로 설계 사양을 만족한다.

그리고 0.2초 만에 10Hz에서 500Hz까지 주파수가 변하는 처프신호에 대한 주파수선별 결과는 다음 그림과 같으며, 체비세프-1 저역통과 특성을 나타내고 있다.

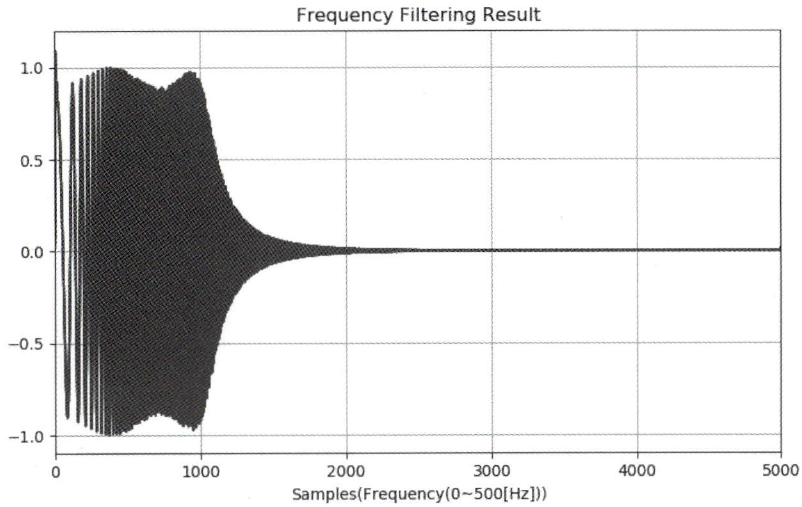

전체 소스코드는 다음과 같다.

Chebyshev1_bilinear_transform_Lowpass.py

```
import numpy as np
import matplotlib.pylab as plt
from scipy import signal
from chap08_module import *

Omegap=0.2*np.pi    #디지털 통과대역주파수 [rad]
Omegas=0.3*np.pi    #디지털 저지대역주파수 [rad]
Rp=1; As=15  #통과대역 리플과 저지대역 감쇠 [dB]
T=1; Fs=1/T      #샘플구간과 샘플주파수
wp=2/T*np.tan(Omegap/2); print("wp=",wp) #아날로그 통과대역 에지주파수 사전래핑
ws=2/T*np.tan(Omegas/2); print("ws=",ws) #아날로그 저지대역 에지주파수 사전래핑

print("\n","============= Filter order, Cutoff frequency ===================")
N,wc=signal.cheb1ord(wp,ws,Rp,As,analog=True)      #필터차수, 차단주파수
print("Filter order N=",N)
print("Cutoff frequency, wc=",wc,"=",wc/np.pi,"*pi")
print("\n","============= Analog Filter ====================================")
```

```
c,d=signal.cheby1(N,Rp,wc,"lowpass",analog=True)     #아날로그 시스템함수 계수
print("Numerator coefficients=",c); print("Denomunator coefficients=",d)
print("\n","========== Digital Filter(Direct Type) =========================")
b,a=signal.bilinear(c,d,Fs)     #이선형변환(s->z), 디지털 시스템함수 계수
print("Numerator coefficients=",b); print("Denomunator coefficients=",a)

plt.figure(1)
Omega,H=signal.freqz(b,a)  #주파수축, 주파수응답
plt.plot(Omega/np.pi,abs(H),"blue"); plt.xlabel("Frequency in pi radians")
plt.title("Frequency Response of Digital Chebyshev-1 Lowpass Filter")
plt.ylabel("|H|, Magnitude"); plt.grid(); plt.xlim(0,1)

plt.figure(2)
Frequency_response_Signal_filtering(b,a)
```

8.4.4 디지털 체비세프-2 저역통과필터 설계

예제 8-10 다음과 같은 사양을 가지는 디지털 체비세프-2 저역통과필터를 설계하시오.

$$\Omega_p = 0.2\pi,\ \ \Omega_s = 0.3\pi,\ \ R_p = 1\text{dB},\ \ A_s = 15\text{dB}$$

풀이

1. $T=1$로 두고, ω_p와 ω_s을 계산한다. 즉 프로토타입 통과대역과 저지대역 에지주파수를 사전 와핑한다.

$$\omega_p = \frac{2}{T}\tan\left(\frac{\Omega_p}{2}\right) = \frac{2}{1}\tan\left(\frac{0.2\pi}{2}\right) = 2\tan(0.1\pi) = 0.6498 = 0.2069\pi$$
$$\omega_s = \frac{2}{T}\tan\left(\frac{\Omega_s}{2}\right) = \frac{2}{1}\tan\left(\frac{0.3\pi}{2}\right) = 2\tan(0.15\pi) = 1.0191 = 0.3245\pi$$

2. 이제 사양을 ω_p, ω_s, $R_p = 1\text{dB}$, $A_s = 15\text{dB}$로 대체하고 식 (8-10)과 식 (8-11)의 계산과정 대신에 "signal.cheb2ord()" 함수를 사용하여 필터의 차수 N과 차단주파수 ω_c를 구한다.
필터의 차수는 $N=4$이며, 차단주파수는 $\omega_c = 0.8518 = 0.271\pi$로 구해졌다.

3. 다음으로 "signal.cheby2()" 함수를 사용하여 아날로그 시스템함수 $H_a(s)$의 분모와 분자 계수를 구하고, 시스템함수 $H_a(s)$를 구성하면 다음과 같다.

$$H_a(s) = \frac{0.1778s^4 + 1.0323s^2 + 0.7491}{s^4 + 2.1417s^3 + 2.4771s^2 + 1.4712s + 0.7491}$$

4. 그리고 "signal.bilinear()" 함수를 사용하여 이선형변환을 통해 디지털 시스템함수 $H(z)$의 분모와 분자 계수를 구하고, 시스템함수 $H(z)$를 구성하면 다음과 같다.

$$H(z) = \frac{0.1653 - 0.1794z^{-1} + 0.2847z^{-2} \pm 0.1794z^{-3} + 0.1653z^{-4}}{1 - 1.9127z^{-1} + 1.7263z^{-2} - 0.6980z^{-3} + 0.1408z^{-4}}$$

5. 4단계에서 구한 이선형변환 후의 $H(z)$의 분자, 분모 계수를 "signal.freqz()" 함수에 적용하여 디지털 버터워스 저역통과필터의 주파수응답을 구한다. 전체 소스코드를 작성하고 "Chebyshev2_bilinear_transform_Lowpass.py" 파일로 저장한다.

소스코드 파일을 실행한 결과, 설계 과정에서 얻어진 값들과 주파수영역에서의 크기응답이 다음과 같이 구해졌다.

```
wp= 0.6498393924658126
ws= 1.0190508989888576

 ============= Filter order, Cutoff frequency ===================
Filter order N= 4
Cutoff frequency, wc= 0.8518491226884835 = 0.2711519972887331 *pi

 ============= Analog Filter ===================================
Numerator coefficients= [0.17782794 0.         1.03232239 0.         0.74910157]
Denomunator coefficients= [1.         2.14172092 2.47706002 1.47122753 0.74910157]

 ========== Digital Filter(Direct Type) ========================
Numerator coefficients= [ 0.16526962 -0.17941242  0.28475279 -0.17941242  0.16526962]
Denomunator coefficients= [ 1.         -1.91267711  1.72634232 -0.69802014  0.14082211]
```

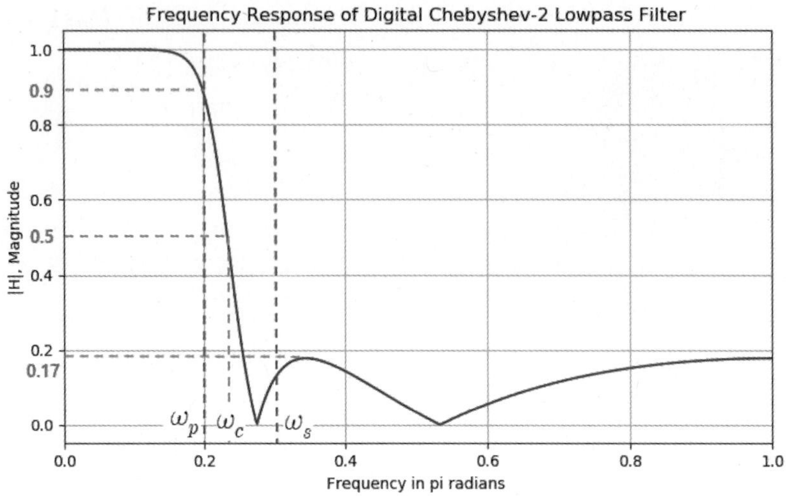

위의 주파수영역 크기응답으로부터 다음과 같은 설계 결과를 요약할 수 있다.

1. 통과대역 에지주파수는 $\omega_p = 0.2\pi$ 이다.
2. 저지대역 에지주파수는 $\omega_s = 0.3\pi$ 이다.
3. 천이대역에서 차단주파수는 $\omega_c = 0.271\pi$ 이다.
4. 통과대역 에지주파수 $\omega_p = 0.2\pi$ 에서의 리플 값은 $R_p = 0.9 = 0.915$[dB]로 설계 사양인 최소 리플 값 1[dB]보다 작으므로 설계 사양을 만족한다.
5. 저지대역 에지주파수 $\omega_s = 0.3\pi$ 에서의 감쇠 값은 $A_s = 0.17 = 15.4$[dB]로 설계 사양인 최대 감쇠 값 15[dB]보다 크므로 설계 사양을 만족한다.

그리고 0.2초 만에 10Hz에서 500Hz까지 주파수가 변하는 처프신호에 대한 주파수선별 결과는 다음 그림과 같으며, 체비세프-1 저역통과 특성을 나타내고 있다.

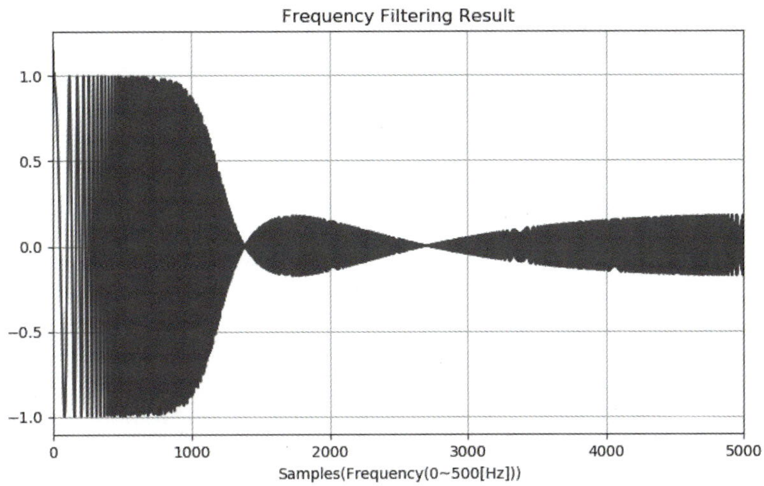

전체 소스코드는 다음과 같다.

Chebyshev2_bilinear_transform_Lowpass.py

```
import numpy as np
import matplotlib.pylab as plt
from scipy import signal
from chap08_module import *

Omegap=0.2*np.pi    #디지털 통과대역주파수 [rad]
Omegas=0.3*np.pi    #디지털 저지대역주파수 [rad]
Rp=1; As=15  #통과대역 리플과 저지대역 감쇠 [dB]
T=1; Fs=1/T     #샘플구간과 샘플주파수
wp=2/T*np.tan(Omegap/2); print("wp=",wp) #아날로그 통과대역 에지주파수 사전래핑
ws=2/T*np.tan(Omegas/2); print("ws=",ws) #아날로그 저지대역 에지주파수 사전래핑

print("\n","============= Filter order, Cutoff frequency ===================")
N,wc=signal.cheb2ord(wp,ws,Rp,As,analog=True)     #필터차수, 차단주파수
print("Filter order N=",N)
print("Cutoff frequency, wc=",wc,"=",wc/np.pi,"*pi")
print("\n","============= Analog Filter ====================================")
c,d=signal.cheby2(N,As,wc,"lowpass",analog=True)     #아날로그 시스템함수 계수
print("Numerator coefficients=",c); print("Denomunator coefficients=",d)
print("\n","========== Digital Filter(Direct Type) =========================")
b,a=signal.bilinear(c,d,Fs)     #이선형변환(s->z), 디지털 시스템함수 계수
```

```
print("Numerator coefficients=",b); print("Denomunator coefficients=",a)

plt.figure(1)
Omega,H=signal.freqz(b,a)  #주파수축, 주파수응답
plt.plot(Omega/np.pi,abs(H),"blue"); plt.xlabel("Frequency in pi radians")
plt.title("Frequency Response of Digital Chebyshev-2 Lowpass Filter")
plt.ylabel("|H|, Magnitude"); plt.grid(); plt.xlim(0,1)

plt.figure(2)
Frequency_response_Signal_filtering(b,a)
```

8.4.5 디지털 엘립틱 저역통과필터 설계

예제 8-11 다음과 같은 사양을 가지는 디지털 엘립틱 저역통과필터를 설계하시오.

$$\Omega_p = 0.5\pi,\ \ \Omega_s = 0.3\pi,\ \ R_p = 1\text{dB},\ \ A_s = 15\text{dB}$$

풀이

1. $T = 1$로 두고, ω_p와 ω_s을 계산한다. 즉 프로토타입 통과대역과 저지대역 에지주파수를 사전 와핑한다.

$$\omega_p = \frac{2}{T}\tan\left(\frac{\Omega_p}{2}\right) = \frac{2}{1}\tan\left(\frac{0.2\pi}{2}\right) = 2\tan(0.1\pi) = 0.6498 = 0.2069\pi$$
$$\omega_s = \frac{2}{T}\tan\left(\frac{\Omega_s}{2}\right) = \frac{2}{1}\tan\left(\frac{0.3\pi}{2}\right) = 2\tan(0.15\pi) = 1.0191 = 0.3245\pi$$

2. 이제 사양을 ω_p, ω_s, $R_p = 1\text{dB}$, $A_s = 15\text{dB}$로 대체하고 식 (8-10)과 식 (8-11)의 계산과정 대신에 "signal.ellipord()" 함수를 사용하여 필터의 차수 N과 차단주파수 ω_c를 구한다.

   필터의 차수는 $N = 4$이며, 차단주파수는 $\omega_c = 0.6498 = 0.207\pi$로 구해졌다.

3. 다음으로 "signal.ellip()" 함수를 사용하여 아날로그 시스템함수 $H_a(s)$의 분모와 분자 계수를 구하고, 시스템함수 $H_a(s)$를 구성하면 다음과 같다.

$$H_a(s) = \frac{0.3061s^2 + 0.2072}{s^3 + 0.6372s^2 + 0.5174s + 0.2072}$$

4. 그리고 "signal.bilinear()" 함수를 사용하여 이선형변환을 통해 디지털 시스템함수 $H(z)$의 분모와 분자 계수를 구하고, 시스템함수 $H(z)$를 구성하면 다음과 같다.

$$H(z)=\frac{0.1214-0.0511z^{-1}-0.0511z^{-2}+0.1214z^{-3}}{1-2.1111z^{-1}+1.7843z^{-2}-0.5325z^{-3}}$$

5. 4단계에서 구한 이선형변환 후의 $H(z)$의 분자, 분모 계수를 "signal.freqz()" 함수에 적용하여 디지털 버터워스 저역통과필터의 주파수응답을 구한다. 전체 소스코드를 작성하고 "Elliptic_bilinear_transform_Lowpass.py" 파일로 저장한다.

소스코드 파일을 실행한 결과, 설계 과정에서 얻어진 값들과 주파수영역에서의 크기응답이 다음과 같이 구해졌다.

```
wp= 0.6498393924658126
ws= 1.0190508989888576

 ============= Filter order, Cutoff frequency ===================
Filter order N= 3
Cutoff frequency, wc= 0.6498393924658126 = 0.2068503030535365 *pi

 ============= Analog Filter ===================================
Numerator coefficients= [0.3061496  0.         0.20721624]
Denomunator coefficients= [1.         0.63717187 0.51739836 0.20721624]

 ========== Digital Filter(Direct Type) ========================
Numerator coefficients= [ 0.12143593 -0.05113773 -0.05113773  0.12143593]
Denomunator coefficients= [ 1.         -2.11117585  1.78430151 -0.53252926]
```

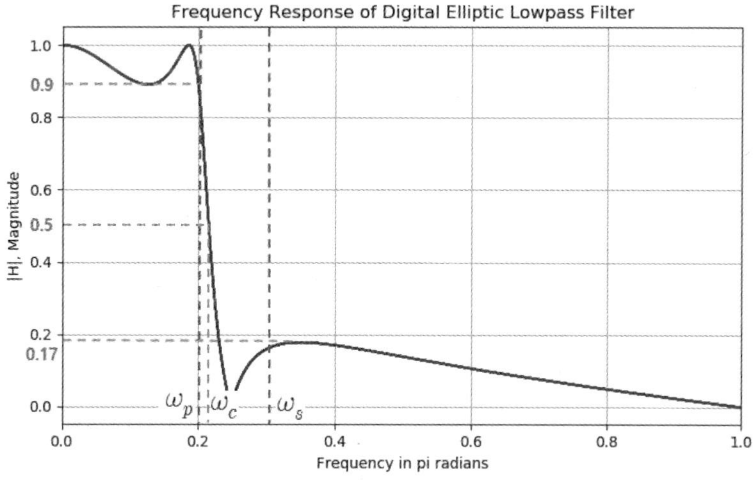

위의 주파수영역 크기응답으로부터 다음과 같은 설계 결과를 요약할 수 있다.

1. 통과대역 에지주파수는 $\Omega_p = 0.2\pi$ 이다.
2. 저지대역 에지주파수는 $\Omega_s = 0.3\pi$ 이다.
3. 천이대역에서 차단주파수는 $\Omega_c = 0.207\pi$ 이다.
4. 통과대역 에지주파수 $\Omega_p = 0.2\pi$ 에서의 리플 값은 $R_p = 0.9 = 0.915[\mathrm{dB}]$로 설계 사양인 최소 리플 값 1[dB]보다 작으므로 설계 사양을 만족한다.
5. 저지대역 에지주파수 $\Omega_s = 0.3\pi$ 에서의 감쇠 값은 $A_s = 0.17 = 15.4[\mathrm{dB}]$로 설계 사양인 최대 감쇠 값 15[dB]보다 크므로 설계 사양을 만족한다.

그리고 0.2초 만에 10Hz에서 500Hz까지 주파수가 변하는 처프신호에 대한 주파수선별 결과는 다음 그림과 같으며, 체비세프-1 저역통과 특성을 나타내고 있다.

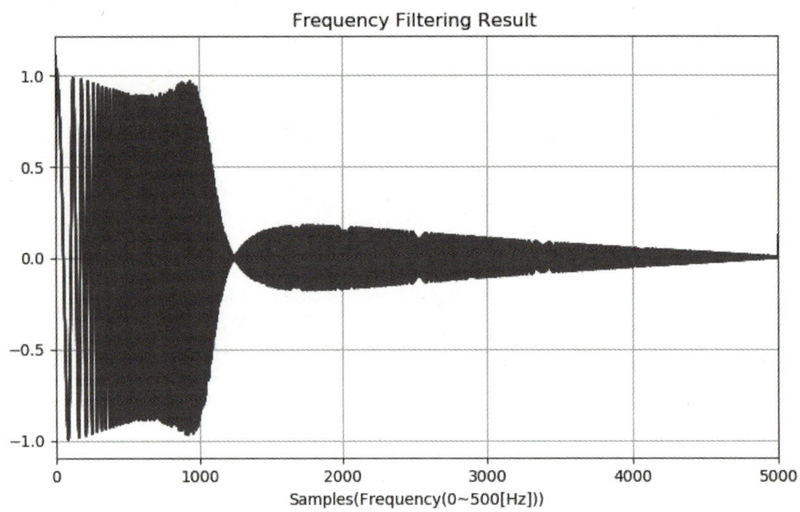

전체 소스코드는 다음과 같다.

Elliptic_bilinear_transform_Lowpass.py

```
import numpy as np
import matplotlib.pylab as plt
from scipy.signal import chirp
from chap08_module import *
```

```
Omegap=0.2*np.pi    #디지털 통과대역주파수 [rad]
Omegas=0.3*np.pi    #디지털 저지대역주파수 [rad]
Rp=1; As=15  #통과대역 리플과 저지대역 감쇠 [dB]
T=1; Fs=1/T    #샘플구간과 샘플주파수
wp=2/T*np.tan(Omegap/2); print("wp=",wp) #아날로그 통과대역 에지주파수 사전래핑
ws=2/T*np.tan(Omegas/2); print("ws=",ws) #아날로그 저지대역 에지주파수 사전래핑

print("\n","============= Filter order, Cutoff frequency ===================")
N,wc=signal.ellipord(wp,ws,Rp,As,analog=True)    #필터차수, 차단주파수
print("Filter order N=",N)
print("Cutoff frequency, wc=",wc,"=",wc/np.pi,"*pi")
print("\n","============= Analog Filter ====================================")
c,d=signal.ellip(N,Rp,As,wc,"lowpass",analog=True) #아날로그 시스템함수 계수
print("Numerator coefficients=",c); print("Denomunator coefficients=",d)
print("\n","========== Digital Filter(Direct Type) ========================")
b,a=signal.bilinear(c,d,Fs)    #이선형변환(s->z), 디지털 시스템함수 계수
print("Numerator coefficients=",b); print("Denomunator coefficients=",a)

plt.figure(1)
Omega,H=signal.freqz(b,a)  #주파수축, 주파수응답
plt.plot(Omega/np.pi,abs(H),"blue"); plt.xlabel("Frequency in pi radians")
plt.title("Frequency Response of Digital Elliptic Lowpass Filter")
plt.ylabel("|H|, Magnitude"); plt.grid(); plt.xlim(0,1)

plt.figure(2)
Frequency_response_Signal_filtering(b,a)
```

8.5 주파수대역변환에 의한 다른 디지털 IIR 선택형필터 설계

앞 절에서는 이선형변환에 의해 아날로그 저역통과필터로부터 디지털 저역통과필터를 설계하는 기법을 배웠다. 이제 이번 절에서는 주파수대역변환(frequency-band transformation)을 적용하여 디지털 저역통과필터로부터 고역통과, 대역통과, 대역저지필터를 설계할 것이다. 이와 같은 주파수대역변환은 저역통과필터의 주파수대역을 다른 주파수 선택필터의 주파수대역인 것처럼 작용하도록 변환하는 방법이다. 복소수 변수 z에 대한 이러한 변환은 이선형변환과 매우 유사하며, 설계방정식은 대수적이다. 일반적인 주파수선택 필터를 설계하는 과정은 먼저 디지털 프로토타입의 저역통과필터를 설계한 다음, 이러한 대

수적 변환을 적용하여 정합하는 것이다.

주파수선택 디지털필터들에 대한 전형적인 사양을 그림 8-9에 나타내었다.

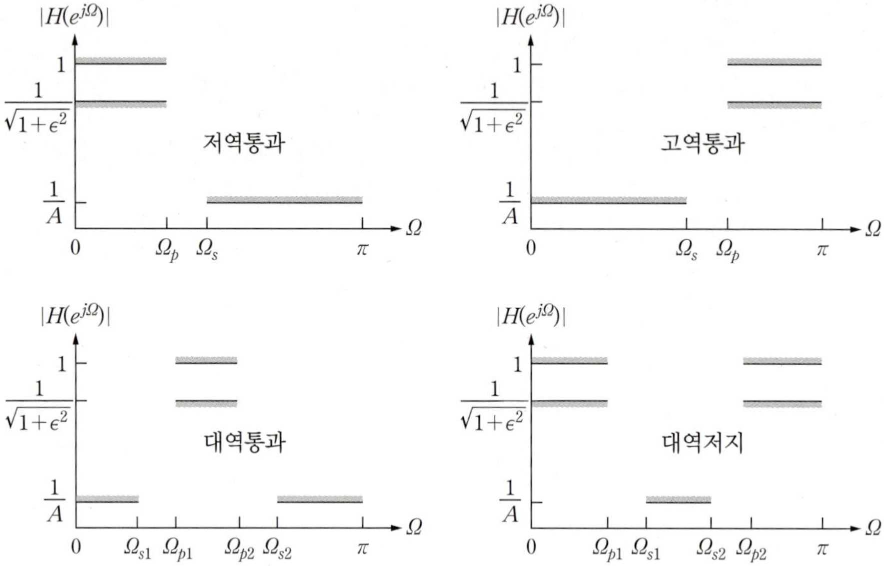

그림 8-9 주파수선택 디지털필터들의 사양

$H_{LP}(Z)$를 주어진 프로토타입 저역통과 디지털필터의 시스템함수라 하고, $H(z)$를 희망하는 주파수선택 디지털필터의 시스템함수라 하면, 각각 $H_{LP}(Z)$와 $H(z)$의 두 개의 다른 주파수 변수 Z와 z를 사용하고 식 (8-27)과 같은 형태의 정합 관계를 정의할 수 있다.

$$Z^{-1} = G(z^{-1}) \tag{8-27}$$

따라서 두 시스템함수들 사이에는 식 (8-28)의 관계가 성립한다.

$$H(z) = H_{LP}(Z)|_{Z^{-1}=G(z^{-1})} \tag{8-28}$$

식 (8-28)와 같은 변환을 수행하려면, $H_{LP}(Z)$에 있는 모든 Z^{-1}을 $G(z^{-1})$로 대체하면 된다. 그리고 $H_{LP}(Z)$가 안정하고 인과적이기 때문에 $H(z)$도 안정하고 인과적이 되어야 한다. 이것은 다음과 같은 사항들을 요구하고 있다.

1. $G(\cdot)$은 $H(z)$가 구현 가능하도록 z^{-1}의 유리함수이어야 한다.
2. Z-평면의 단위원은 z-평면에서는 단위원 상에 정합되어야 한다.
3. 안정적인 필터가 되기 위해서는, Z-평면의 단위원 내부 또한 z-평면에서는 단위원의 내부와도 정합되어야 한다.

Ω'과 Ω를 각각 Z와 z의 주파수 변수라고 하면, 그들 각각의 단위원 상에 $Z = e^{j\Omega'}$과 $z = e^{j\omega}$가 있다고 하면, 그 때 요구사항 2는 다음 관계식 (8-29)를 함축하고 있다.

$$|Z^{-1}| = |G(z^{-1})| = |G(e^{-j\Omega})| = 1 \tag{8-29}$$

$$e^{-j\Omega'} = |G(e^{-j\Omega})| e^{j\angle G(e^{-j\Omega})} \quad \text{또는} \quad -\Omega' = \angle G(e^{-j\Omega})$$

위의 요구사항을 만족하는 함수 $G(\cdot)$의 일반적인 형태는 식 (8-30)으로 주어지는 올-패스 형태의 유리함수이다.

$$Z^{-1} = G(z^{-1}) = \pm \prod_{k=1}^{n} \frac{z^{-1} - \alpha_k}{1 - \alpha_k z^{-1}} \tag{8-30}$$

여기서 안전성과 요구사항 3을 만족하기 위해 $|\alpha_k| < 1$의 범위를 가진다.

따라서 결론적으로 적정한 필터의 차수 N과 계수 α_k를 선택하면 다양한 정합을 얻을 수가 있다. 가장 널리 사용되는 주파수대역변환 관계식들을 표 8-1에 나타내었다.

표 8-1 주파수대역변환 관계표

변환 형태	변환식	파라미터
저역통과	$z^{-1} \rightarrow \dfrac{z^{-1} - \alpha}{1 - \alpha z^{-1}}$	Ω_c = 새 필터의 차단주파수 $\alpha = \dfrac{\sin[(\Omega_c' - \Omega_c)/2]}{\sin[(\Omega_c' + \Omega_c)/2]}$
고역통과	$z^{-1} \rightarrow \dfrac{z^{-1} + \alpha}{1 - \alpha z^{-1}}$	Ω_c = 새 필터의 차단주파수 $\alpha = -\dfrac{\cos[(\Omega_c' + \Omega_c)/2]}{\cos[(\Omega_c' - \Omega_c)/2]}$

대역통과	$z^{-1} \rightarrow \dfrac{z^{-2}-\alpha_1 z^{-1}+\alpha_2}{\alpha_2 z^{-2}-\alpha_1 z^{-1}+1}$	Ω_l = 하위 차단주파수 Ω_u = 상위 차단주파수 $\alpha_1 = -2\beta K/(K+1)$ $\alpha_1 = (K-1)/(K+1)$ $\beta = \dfrac{\cos[(\Omega_u+\Omega_l)/2]}{\cos[(\Omega_u-\Omega_l)/2]}$ $K = \cot\left(\dfrac{\Omega_u-\Omega_l}{2}\right)\tan\left(\dfrac{\Omega_c'}{2}\right)$
대역저지	$z^{-1} \rightarrow \dfrac{z^{-2}-\alpha_1 z^{-1}+\alpha_2}{\alpha_2 z^{-2}-\alpha_1 z^{-1}+1}$	Ω_l = 하위 차단주파수 Ω_u = 상위 차단주파수 $\alpha_1 = -2\beta/(K+1)$ $\alpha_1 = (K-1)/(K+1)$ $\beta = \dfrac{\cos[(\Omega_u+\Omega_l)/2]}{\cos[(\Omega_u-\Omega_l)/2]}$ $K = \tan\left(\dfrac{\Omega_u-\Omega_l}{2}\right)\tan\left(\dfrac{\Omega_c'}{2}\right)$

예제 8-12 예제 8-9에서 다음과 같은 사양을 가지는 디지털 체비세프-1 저역통과필터를 설계했고, 그 시스템함수는 다음과 같이 결정되었다. 통과대역이 $\Omega_p = 0.6\pi$ 에서 시작하는 고역통과필터를 설계하시오.

$$\Omega_p' = 0.2\pi,\ \ \Omega_s' = 0.3\pi,\ \ R_p = 1\text{dB},\ \ A_s = 15\text{dB}$$

$$H_{LP}(Z) = \frac{0.001836(1+Z^{-1})^4}{(1-1.4996Z^{-1}+0.8482Z^{-2})(1-1.5548Z^{-1}+0.6493Z^{-2})}$$

주파수대역변환에 의한 고역통과필터 설계 과정

다음 변환 과정은 차단주파수 $\Omega_p' = 0.2\pi$ 가 차단주파수 $\Omega_p = 0.6\pi$ 로 정합되도록 주어진 저역통과필터를 고역통과필터로 변환하는 것이다.

1. 식 (8-26)을 사용해서 디지털 에지주파수들을 아날로그 에지주파수들로 사전 와핑한다.

$$\omega_p = \frac{2}{T}\tan\left(\frac{\Omega_p}{2}\right) = \frac{2}{1}\tan\left(\frac{0.2\pi}{2}\right) = 2\tan(0.1\pi) = 0.6498 = 0.2069\pi$$
$$\omega_s = \frac{2}{T}\tan\left(\frac{\Omega_s}{2}\right) = \frac{2}{1}\tan\left(\frac{0.3\pi}{2}\right) = 2\tan(0.15\pi) = 1.0191 = 0.3245\pi$$

```
wp= 0.6498393924658126 = 0.2068503030535365 *pi
ws= 1.0190508989888576 = 0.3243739756726328 *pi
```

2. "signal.cheb1ord()" 함수를 사용하여 필터의 차수 N과 차단주파수 ω_c를 구한다.

$$N = 4, \ \omega_c = 0.6498 = 0.2069\pi$$

```
============= Analog Filter order, Cutoff frequency ============
Filter order N= 4
Cutoff frequency, wc= 0.6498393924658126 = 0.2068503030535365 *pi
```

3. "signal.cheby1()" 함수를 사용하여 아날로그 시스템함수 $H_a(s)$의 분자와 분모 계수를 구하고, 시스템함수 $H_a(s)$를 구한다.

$$H_a(s) = \frac{0.0438}{s^4 + 0.6192s^3 + 0.6140s^2 + 0.2038s + 0.0492}$$

```
============= Analog Filter Coefficients ======================
Numerator coefficients= [0.04380733]
Denomunator coefficients= [1.         0.61917437 0.61397968 0.20379071 0.04915264]
```

4. 그리고 "signal.bilinear()" 함수를 사용하여 이선형변환을 통해 디지털 시스템함수 $H_{LP}(Z)$의 분모와 분자 계수를 구하고, 시스템함수 $H_{LP}(Z)$를 구성하면 다음과 같다.

$$H_{LP}(Z) = \frac{0.0018 + 0.0073Z^{-1} + 0.0110Z^{-2} + 0.0073Z^{-3} + 0.0018Z^{-4}}{1 - 3.0543Z^{-1} + 3.8290Z^{-2} - 2.2925Z^{-3} + 0.5507Z^{-4}}$$

```
========== Digital Filter Coefficients ========================
Numerator coefficients= [0.00183555 0.0073422  0.0110133  0.0073422  0.00183555]
Denomunator coefficients= [ 1.         -3.05433968  3.82899923 -2.29245173
0.55074452]
```

5. 저역통과필터의 통과대역 차단주파수 $\Omega_c' = 0.2\pi$와 고역통과필터의 통과대역 차단주파수 $\Omega_c = 0.6\pi$를 사용하여, 표 8-1로부터 α를 다음과 같이 계산한다.

$$\alpha = \frac{-\cos[(\Omega_c{}'+\Omega_c)/2]}{\cos[(\Omega_c{}'-\Omega_c)/2]} = \frac{\cos[(0.2\pi+0.6\pi)/2]}{\cos[(0.2\pi-0.6\pi)/2]} = -0.38197$$

```
alpha= -0.38196601125010515
```

6. 대역변환 관계식을 이용하여 저주파대역을 고주파대역으로 정합시켜서 체비세프-1 고역통과필터의 시스템함수 $H(Z)$를 구한다.
   정합과정은 "chap08_module.py" 파일 내에 "zmapping()" 사용자정의함수를 만들고, 이를 호출하여 사용한다. "zmapping()" 함수는 디지털 저역통과필터의 시스템함수의 분자와 분모 계수, 그리고 주파수 변수 Z와 z 사이의 정합식의 분자와 분모 계수를 입력으로 받아서 새로운 디지털 주파수선택필터의 시스템함수의 분자와 분모 계수를 반환한다. 정합 함수인 "zmapping()" 함수는 모든 형태의 주파수선택필터의 설계에 공통으로 사용된다.

$$H(z) = H_{LP}(Z)|_{Z^{-1}=\frac{z^{-1}-0.38197}{1-0.38197z^{-1}}} = \frac{0.0067-0.0268z^{-1}+0.0402z^{-2}-0.0268z^{-3}+0.0067z^{-4}}{0.2760+0.4409z^{-1}+0.4818z^{-2}+0.2815z^{-3}+0.0848z^{-4}}$$

```
========== Digital Chebyshev-1 Highpass Filter==================
Numerator coefficients= [ 0.00669508 -0.02678032  0.04017048 -0.02678032  0.00669508]
Denomunator coefficients= [0.27595884 0.44090385 0.48180433 0.28149032 0.08482306]
```

7. 6단계에서 구해진 대역변환 후의 디지털 체비세프-1 고역통과필터의 주파수영역 크기응답과 0.2초 만에 10Hz에서 500Hz까지 변하는 처프신호에 대한 주파수선별 특성을 나타내면 다음 그림과 같으며, 설계 사양을 만족하는 것을 알 수 있다.

대역통과필터와 대역저지필터와 같은 주파수선택필터로의 대역변환도 마찬가지로 고역통과필터의 경우와 동일한 과정을 거치면서 또한 대역변환 표 8-1을 적용하면 디지털 IIR 필터를 설계할 수가 있을 것이다.

설계한 주파수선택필터인 디지털 고역통과필터의 주파수영역 크기응답은 다음 그림과 같으며, 설계 사양을 만족하는 것을 볼 수 있다.

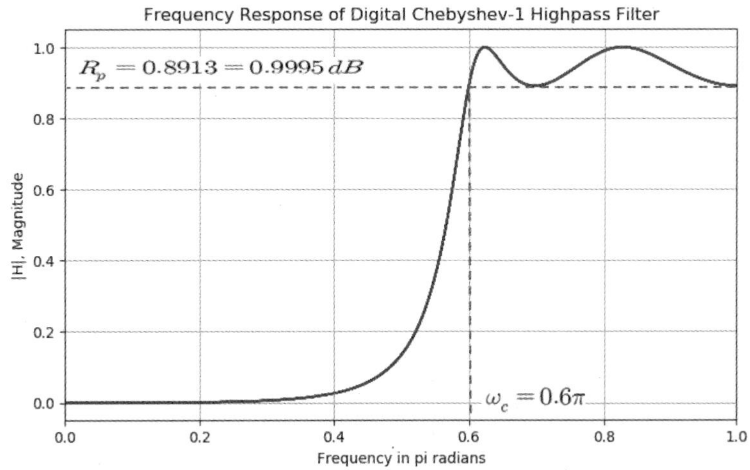

그리고 0.2초 만에 10Hz에서 500Hz까지 변하는 처프신호에 대한 주파수선별 결과를 다음 그림에 나타내었으며, 고주파대역이 체비세프-1 형태의 주파수필터링 특성을 보여주는 것을 알 수 있다.

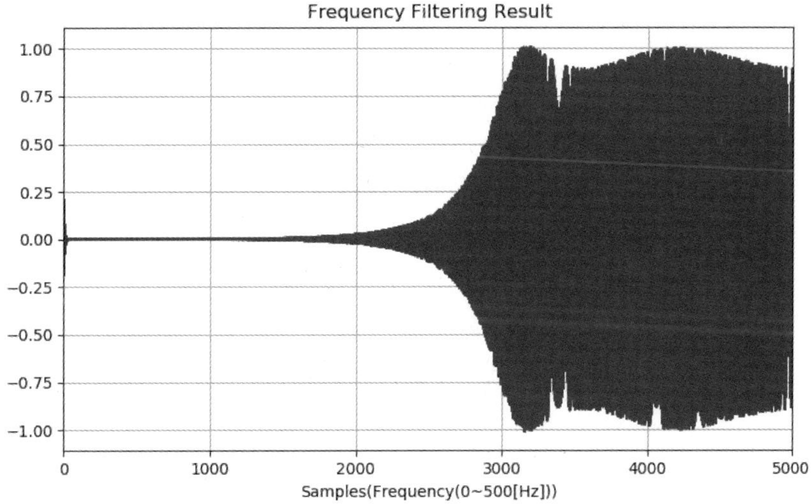

위의 디지털 체비세프-1 IIR 고역통과필터 설계 과정의 전체 소스코드를 다음과 같이 작성하고 "Chebyshev1_bilinear_transform_Highpass.py" 파일에 저장한다.

▌Chebyshev1_bilinear_transform_Highpass.py

```
import numpy as np
import matplotlib.pylab as plt
from scipy import signal
from chap08_module import *

Omegap=0.2*np.pi    #디지털 통과대역주파수 [rad]
Omegas=0.3*np.pi    #디지털 저지대역주파수 [rad]
Rp=1; As=15  #통과대역 리플과 저지대역 감쇠 [dB]
T=1; Fs=1/T     #샘플구간과 샘플주파수
wp=2/T*np.tan(Omegap/2); print("wp=",wp) #아날로그 통과대역 에지주파수 사전래핑
ws=2/T*np.tan(Omegas/2); print("ws=",ws) #아날로그 저지대역 에지주파수 사전래핑

print("\n","============= Filter order, Cutoff frequency ===================")
N,wc=signal.cheb1ord(wp,ws,Rp,As,analog="True")    #필터차수, 차단주파수
print("Filter order N=",N); print("Cutoff frequency, wc=",wc)
print("\n","============= Analog Filter ====================================")
c,d=signal.cheby1(N,Rp,wc,"lowpass",analog="True") #아날로그 시스템함수 계수
print("Numerator coefficients=",c); print("Denomunator coefficients=",d)
print("\n","========== Digital Filter(Direct Type) =========================")
b,a=signal.bilinear(c,d,Fs)     #이선형변환(s->z), 디지털 시스템함수 계수
print("Numerator coefficients=",b); print("Denomunator coefficients=",a)

Omegaphp=0.6*np.pi
alpha=-(np.cos((Omegap+Omegaphp)/2))/(np.cos((Omegap-Omegaphp)/2))
print("alpha=",alpha)
Nz=[-alpha,-1]; Dz=[1,alpha]
bhp,ahp=zmapping(b,a,Nz,Dz)
print("\n","========== Digital Chebyshev-1 Highpass Filter==================")
print("Numerator coefficients=",bhp); print("Denomunator coefficients=",ahp)

plt.figure(1)
Omega,H=signal.freqz(bhp,ahp)  #주파수축, 주파수응답
plt.plot(Omega/np.pi,abs(H),"blue"); plt.xlabel("Frequency in pi radians")
plt.title("Frequency Response of Digital Chebyshev-1 Highpass Filter")
plt.ylabel("|H|, Magnitude"); plt.grid(); plt.xlim(0,1)

plt.figure(2)
Frequency_response_Signal_filtering(bhp,ahp)
```

주파수 변수 Z와 z 사이의 정합을 실행하는 사용자정의함수 "zmapping()" 함수의 소스코드는 다음과 같으며, "chap08_module.py" 파일 내에 작성되어 있다.

```
def zmapping(bZ,aZ,Nz,Dz):
    bNzord=(len(bZ)-1)*(len(Nz)-1)
    aDzord=(len(aZ)-1)*(len(Dz)-1)
    bzord=len(bZ)-1; azord=len(aZ)-1
    bhp=np.zeros(bNzord+1)
    for k in range(bzord+1):
        pln=[1]
        for l in range(k):
            pln=np.convolve(pln,Nz)
        pld=[1]
        for l in range(bzord-k):
            pld=np.convolve(pld,Dz)
        bhp=bhp+bZ[k]*np.convolve(pln,pld)
    ahp=np.zeros(aDzord+1)
    for k in range(azord+1):
        pln=[1]
        for l in range(k):
            pln=np.convolve(pln,Nz)
        pld=[1]
        for l in range(azord-k):
            pld=np.convolve(pld,Dz)
        ahp=ahp+aZ[k]*np.convolve(pln,pld)
    return bhp,ahp
```

8.6 SciPy 라이브러리의 signal 함수에 의한 디지털 IIR 필터 설계

앞의 절들에서 아날로그필터 설계에 사용했던 함수들은 SciPy 라이브러리에서 제공하는 signal 관련 함수들이다. 이 함수들의 파라미터에서 "analog=True"를 사용하지 않으면, 디지털필터 설계에 직접 사용할 수 있다. 예를 들어서 버터워스 필터 함수의 경우 다음과 같이 사용한다.

```
c,d=signal.butter(N, wc, "lowpass",analog=True)      : 아날로그필터로 사용할 때
=> a,b=signal.butter(N, Omegac, "lowpass")           : 디지털필터로 사용할 때
```

8.6.1 디지털 버터워스 저역통과필터 설계

예제 8-13 다음과 같은 사양을 가지는 디지털 버터워스 저역통과필터를 설계하시오.

$$\Omega_p = 0.2\pi,\ \ \Omega_s = 0.3\pi,\ \ R_p = 1\text{dB},\ \ A_s = 15\text{dB}$$

1. 필요한 라이브러리를 불러오고, 사양을 정한다.

Digital_Butterworth_Lowpass.py

```
import numpy as np
import matplotlib.pylab as plt
from scipy import signal
from chap08_module import *

OmegaP=0.2*np.pi    #디지털 저지대역주파수 [rad]
OmegaS=0.3*np.pi    #디지털 통과대역주파수 [rad]
Rp=1    #통과대역 리플 [dB]
As=15    #저지대역 감쇠 [dB]
```

2. "signal.buttord()" 함수를 사용하여 필터의 차수 N과 차단주파수 Ω_c를 구한다.

```
print("\n","========== Digital Filtr Order/ Cutoff Frequency ===============")
N,OmegaC=signal.buttord(OmegaP/np.pi,OmegaS/np.pi,Rp,As) #필터차수, 차단주파수
print("Filter order, N=",N)
print("Cutoff frequency, OmegaC=",OmegaC,"*pi")
```

```
 ============ Digital Filtr Order, Cutoff Frequency =============
Filter order, N= 6
Cutoff frequency, OmegaC= 0.2220396216187887 *pi
```

3. “signal.butter()” 함수를 사용하여 시스템함수 $H(z)$의 분모와 분자 계수를 구하고, 이를 사용하여 시스템함수 $H(z)$를 구한다.

```
print("\n","=========== Digital Filter System Function =====================")
b,a=signal.butter(N,OmegaC,"lowpass") #시스템함수 분모/분자계수
print("Numerator coefficients=",b); print("Denominator coefficients=",a)
```

```
 ============= Digital Filter System Function =================
Numerator coefficients= [0.00057969 0.00347816 0.0086954  0.01159386 0.0086954
0.00347816
 0.00057969]
Denomunator coefficients= [ 1.         -3.31430024  4.95010197 -4.14325386
2.02754119 -0.54583227
  0.06284356]
```

$$H(z)=\frac{0.0006+0.0035z^{-1}+0.0087z^{-2}+0.0116z^{-3}+0.0087z^{-4}+0.0035z^{-5}+0.0006z^{-6}}{1-3.3143z^{-1}+4.9501z^{-2}-4.1433z^{-3}+2.0275z^{-4}-0.5458z^{-5}+0.0628z^{-6}}$$

4. “signal.freqz()” 함수를 사용하여 주파수영역 크기응답을 구하고 π 단위$(\pi/\pi=1)$의 주파수 축에 나타내고, “Frequency_response_Signal_filtering()” 사용자정의함수를 사용하여 0.2초 동안 10Hz에서 500Hz까지 변하는 처프신호에 대한 주파수필터링 특성을 시간 축에 나타내 본다.

```
Omega,H=signal.freqz(b,a) #주파수축에서 주파수영역 크기응답 보기
plt.subplot(2,1,1); plt.plot(Omega/np.pi,abs(H),"blue")
plt.title("Frequency Response of Digital Butterworth Lowpass Filter")
plt.ylabel("|H|, Mgnitude"); plt.grid(); plt.xlim(0,1)

plt.subplot(2,1,2)
Frequency_response_Signal_filtering(b,a) #시간 축에서 신호필터링 결과 보기
```

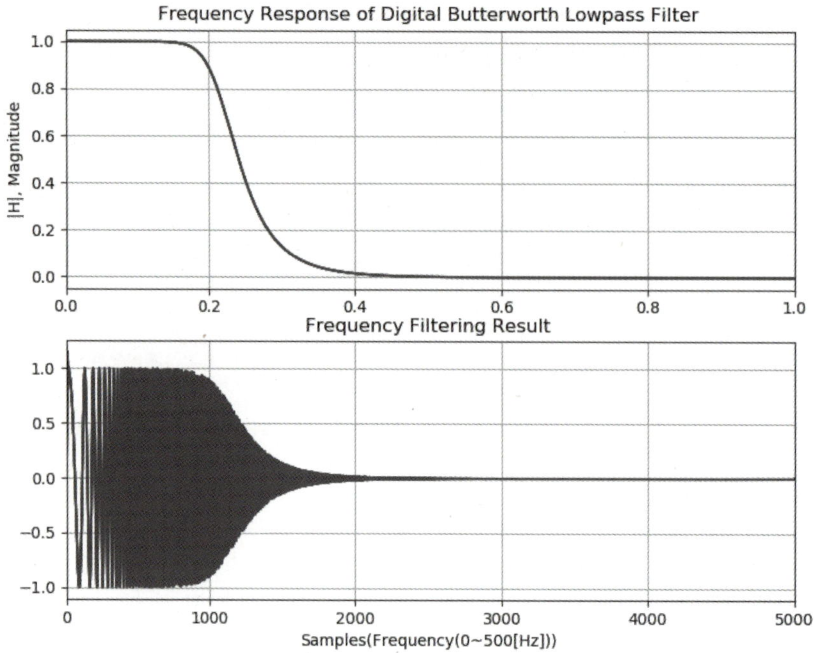

8.6.2 디지털 체비세프-1 고역통과필터 설계

예제 8-14 다음과 같은 사양을 가지는 디지털 체비세프-1 고역통과필터를 설계하시오.

$$\Omega_s = 0.4586\pi,\ \Omega_p = 0.6\pi,\ R_p = 1\text{dB},\ A_s = 15\text{dB}$$

1. 필요한 라이브러리를 불러오고, 사양을 정한다.

Digital_Chebyshev1_Highpass.py

```
import numpy as np
import matplotlib.pylab as plt
from scipy import signal
from chap08_module import *

OmegaS=0.4586*np.pi   #디지털 저지대역주파수 [rad]
OmegaP=0.6*np.pi   #디지털 통과대역주파수 [rad]
Rp=1   #통과대역 리플 [dB]
As=15   #저지대역 감쇠 [dB]
```

2. "signal.cheb1ord()" 함수를 사용하여 필터의 차수 N과 차단주파수 Ω_c를 구한다.

```
print("\n","========== Digital Filtr Order/ Cutoff Frequency ===============")
N,OmegaC=signal.cheb1ord(OmegaP/np.pi,OmegaS/np.pi,Rp,As) #필터차수, 차단주파수
print("Filter order, N=",N)
print("Cutoff frequency, OmegaC=",OmegaC,"*pi")
```

```
============ Digital Filtr Order, Cutoff Frequency =============
Filter order, N= 4
Cutoff frequency, OmegaC= 0.6 *pi
```

3. "signal.cheby1()" 함수를 사용하여 시스템함수 $H(z)$의 분모와 분자 계수를 구하고, 이를 사용하여 시스템함수 $H(z)$를 구한다.

```
print("\n","=========== Digital Filter System Function ======================")
b,a=signal.cheby1(N,Rp,OmegaC,"highpass") #시스템함수 분모/분자계수
print("Numerator coefficients=",b); print("Denominator coefficients=",a)
```

```
============== Digital Filter System Function ==================
Numerator coefficients= [ 0.02426115 -0.09704461  0.14556692 -0.09704461  0.02426115]
Denomunator coefficients= [1.         1.59771599 1.74592824 1.0200446  0.30737576]
```

$$H(z)=\frac{0.0243-0.0970z^{-1}+0.1456z^{-2}-0.0970z^{-3}+0.0243z^{-4}}{1+1.5977z^{-1}+1.7459z^{-2}+1.0200z^{-3}+0.3074z^{-4}}$$

4. "signal.freqz()" 함수를 사용하여 주파수영역 크기응답을 구하고 π 단위$(\pi/\pi=1)$의 주파수 축에 나타내고, "Frequency_response_Signal_filtering()" 사용자정의함수를 사용하여 0.2초 동안 10Hz에서 500Hz까지 변하는 처프신호에 대한 주파수필터링 특성을 시간 축에 나타내 본다.

```
Omega,H=signal.freqz(b,a) #주파수축에서 주파수영역 크기응답 보기
plt.subplot(2,1,1); plt.plot(Omega/np.pi,abs(H),"blue")
plt.title("Frequency Response of Digital Chebyshev1 Highpass Filter")
plt.ylabel("|H|, Mgnitude"); plt.grid(); plt.xlim(0,1)

plt.subplot(2,1,2)
Frequency_response_Signal_filtering(b,a) #시간 축에서 신호필터링 결과 보기
```

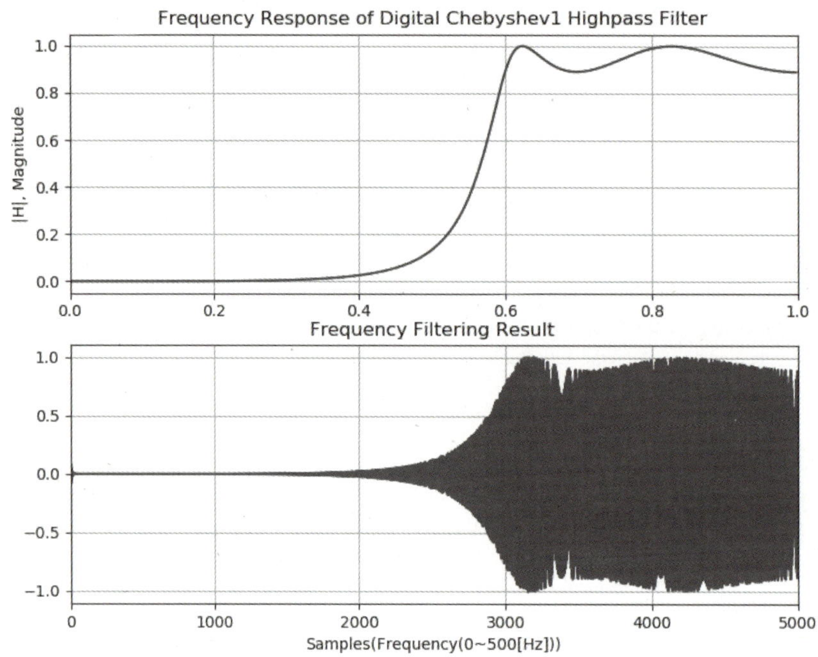

8.6.3 디지털 엘립틱 대역통과필터 설계

예제 8-15 다음과 같은 사양을 가지는 디지털 엘립틱 대역통과필터를 설계하시오.

$$\Omega_s = [0.3\pi,\ 0.75\pi],\ \Omega_p = [0.4\pi,\ 0.6\pi],\ R_p = 1\text{dB},\ A_s = 15\text{dB}$$

1. 필요한 라이브러리를 불러오고, 사양을 정한다.

▌Digital_Elliptic_Bandpass.py

```
import numpy as np
import matplotlib.pylab as plt
from scipy import signal
from chap08_module import *

OmegaS=[0.3*np.pi, 0.75*np.pi]   #디지털 저지대역주파수 [rad]
OmegaP=[0.4*np.pi, 0.6*np.pi]   #디지털 통과대역주파수 [rad]
Rp=1    #통과대역 리플 [dB]
As=40    #저지대역 감쇠 [dB]
```

2. "signal.ellipord()" 함수를 사용하여 필터의 차수 N과 차단주파수 Ω_c를 구한다.

```
OmegaS[0]=OmegaS[0]/np.pi; OmegaS[1]=OmegaS[1]/np.pi
OmegaP[0]=OmegaP[0]/np.pi; OmegaP[1]=OmegaP[1]/np.pi
print("\n","========== Digital Filtr Order/ Cutoff Frequency ===============")
N,OmegaC=signal.ellipord(OmegaP,OmegaS,Rp,As) #필터차수, 차단주파수
print("Filter order, N=",N)
print("Cutoff frequency, OmegaC=",OmegaC,"*pi")
```

```
============ Digital Filtr Order, Cutoff Frequency ============
Filter order, N= 4
Cutoff frequency, OmegaC= [0.4 0.6] *pi
```

필터의 차수는 두 배인 $N=8$이다.

3. "signal.ellip()" 함수를 사용하여 시스템함수 $H(z)$의 분모와 분자 계수를 구하고, 이를 사용하여 시스템함수 $H(z)$를 구한다.

```
print("\n","=========== Digital Filter System Function =====================")
b,a=signal.ellip(N,Rp,As,OmegaC,"bandpass") #시스템함수 분모/분자계수
print("Numerator coefficients=",b); print("Denominator coefficients=",a)
```

```
============== Digital Filter System Function ==================
Numerator coefficients= [ 1.96769146e-02 -1.09228818e-18  1.71428229e-02
8.73830544e-18
  3.32965254e-02 -9.28444953e-18  1.71428229e-02  4.36915272e-18
  1.96769146e-02]
Denomunator coefficients= [ 1.00000000e+00 -1.38777878e-15  3.03302405e+00
-3.44169138e-15
  3.81183153e+00 -3.10862447e-15  2.29112937e+00 -9.43689571e-16
  5.55367800e-01]
```

$$H(z)=\frac{0.0019-0.0171z^{-2}+0.0333z^{-4}+0.0171z^{-6}+0.0197z^{-8}}{1+3.0330z^{-2}+3.8118z^{-4}+2.2911z^{-6}+0.5554z^{-8}}$$

4. "signal.freqz()" 함수를 사용하여 주파수영역 크기응답을 구하고 π 단위($\pi/\pi=1$)의 주파수 축에 나타내고, "Frequency_response_Signal_filtering()" 사용자정의함수를 사용하여 0.2초 동안 10Hz에서 500Hz까지 변하는 처프신호에 대한 주파수필터링 특성을 시간 축에 나타내 본다.

```
Omega,H=signal.freqz(b,a) #주파수축에서 주파수영역 크기응답 보기
plt.subplot(2,1,1); plt.plot(Omega/np.pi,abs(H),"blue")
plt.title("Frequency Response of Digital Elliptic Bandpass Filter")
plt.ylabel("|H|, Mgnitude"); plt.grid(); plt.xlim(0,1)

plt.subplot(2,1,2)
Frequency_response_Signal_filtering(b,a) #시간 축에서 신호필터링 결과 보기
```

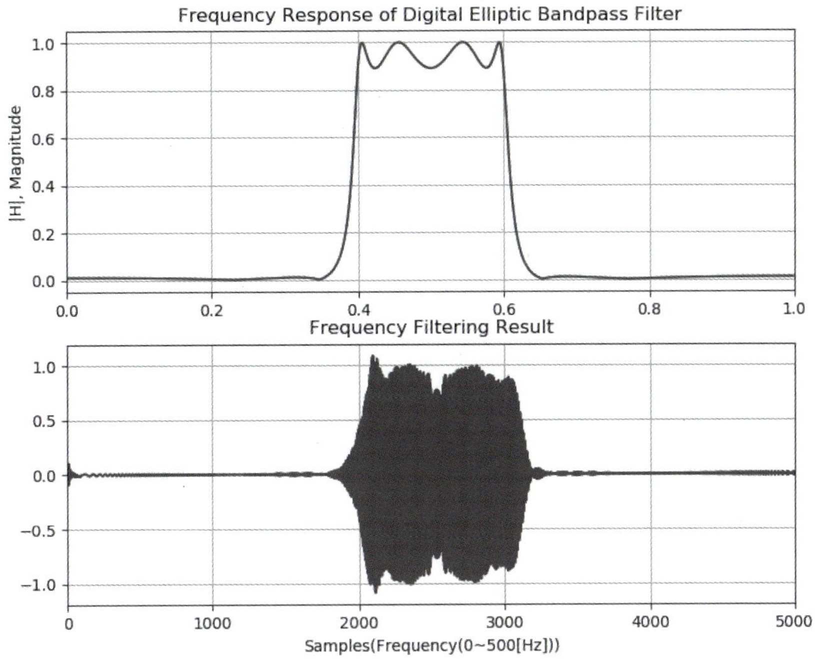

8.6.4 디지털 체비세프-2 대역저지필터 설계

예제 8-16 다음과 같은 사양을 가지는 디지털 체비세프-2 대역저지필터를 설계하시오.

$$\Omega_s = [0.4\pi,\ 0.7\pi],\ \Omega_p = [0.25\pi,\ 0.8\pi],\ R_p = 1\text{dB},\ A_s = 40\text{dB}$$

1. 필요한 라이브러리를 불러오고, 사양을 정한다.

Digital_Chebyshev2_Bandstop.py

```
import numpy as np
import matplotlib.pylab as plt
from scipy import signal
from chap08_module import *

OmegaS=[0.4*np.pi, 0.7*np.pi]   #디지털 저지대역주파수 [rad]
OmegaP=[0.25*np.pi, 0.8*np.pi]   #디지털 통과대역주파수 [rad]
Rp=1    #통과대역 리플 [dB]
As=40    #저지대역 감쇠 [dB]
```

2. "signal.cheb2ord()" 함수를 사용하여 필터의 차수 N과 차단주파수 Ω_c를 구한다.

```
OmegaS[0]=OmegaS[0]/np.pi; OmegaS[1]=OmegaS[1]/np.pi
OmegaP[0]=OmegaP[0]/np.pi; OmegaP[1]=OmegaP[1]/np.pi
print("\n","========== Digital Filtr Order/ Cutoff Frequency ===============")
N,OmegaC=signal.cheb2ord(OmegaP,OmegaS,Rp,As) #필터차수, 차단주파수
print("Filter order, N=",N)
print("Cutoff frequency, OmegaC=",OmegaC,"*pi")
```

```
 ============ Digital Filtr Order, Cutoff Frequency =============
Filter order, N= 5
Cutoff frequency, OmegaC= [0.37664937 0.71965363] *pi
```

필터의 차수는 두 배인 $N=10$이다.

3. "signal.cheby2()" 함수를 사용하여 시스템함수 $H(z)$의 분모와 분자 계수를 구하고, 이를 사용하여 시스템함수 $H(z)$를 구한다.

```
print("\n","=========== Digital Filter System Function =====================")
b,a=signal.cheby2(N,As,OmegaS,"bandstop") #시스템함수 분모/분자계수
print("Numerator coefficients=",b); print("Denominator coefficients=",a)
```

```
 ============== Digital Filter System Function ==================
Numerator coefficients= [0.15580554 0.24373388 0.76588063 0.86150856 1.51083966
1.24336204
 1.51083966 0.86150856 0.76588063 0.24373388 0.15580554]
Denomunator coefficients= [1.         1.04245605 1.39456471 1.14111019 1.50708142
0.90274314
 0.72196627 0.31624951 0.21778152 0.05128802 0.02365775]
```

$$H(z)=\frac{0.1558+0.2437z^{-1}+0.7658z^{-2}+0.8615z^{-3}+1.5108z^{-4}+1.2434z^{-5}}{1+1.0425z^{-1}+1.3946z^{-2}+1.1411z^{-3}+1.5071z^{-4}+0.9027z^{-5}}$$
$$\frac{1.5108z^{-6}+0.8615z^{-7}+0.7658z^{-8}+0.2437z^{-9}+0.1558z^{-10}}{0.7220z^{-6}+0.3162z^{-7}+0.2178z^{-8}+0.0513z^{-9}+0.0237z^{-10}}$$

4. "signal.freqz()" 함수를 사용하여 주파수영역 크기응답을 구하고 π 단위($\pi/\pi=1$)의 주파수 축에 나타내고, "Frequency_response_Signal_filtering()" 사용자정의함수를 사용하여 0.2초 동안 10Hz에서 500Hz까지 변하는 처프신호에 대한 주파수필터링 특성을 시간 축에 나타내 본다.

```
Omega,H=signal.freqz(b,a) #주파수축에서 주파수영역 크기응답 보기
plt.subplot(2,1,1); plt.plot(Omega/np.pi,abs(H),"blue")
plt.title("Frequency Response of Digital Chebyshev-2 Bandstop Filter")
plt.ylabel("|H|, Mgnitude"); plt.grid(); plt.xlim(0,1)

plt.subplot(2,1,2)
Frequency_response_Signal_filtering(b,a) #시간 축에서 신호필터링 결과 보기
```

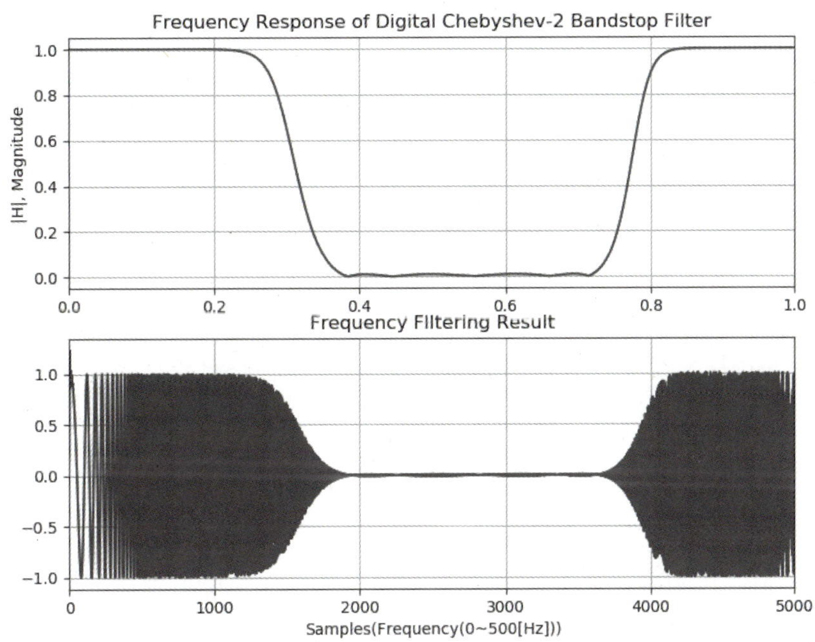

제8장 전체에서 사용된 사용자정의함수들을 작성한 "chap08_module.py" 파일은 다음과 같다.

chap08_module.py

```
import numpy as np
from scipy import signal
import matplotlib.pyplot as plt
from scipy.signal import chirp
from  matplotlib import patches, rcParams

def zplane(b,a):
    ax = plt.subplot(111)     #그림창을 만들고 단위원을 그린다.
    uc = patches.Circle((0,0), radius=1, fill=False,
                         color='black', ls='dashed')
    ax.add_patch(uc)
    if np.max(b) > 1:     #계수값 정규화
        kn = np.max(b)
        b = b/float(kn)
    else:
        kn = 1
    if np.max(a) > 1:
        kd = np.max(a)
        a = a/float(kd)
    else:
        kd = 1

    p = np.roots(a)     #극점, 영점 결정
    z = np.roots(b)
    k = kn/float(kd)

    t1 = plt.plot(z.real, z.imag, 'go', ms=10)     #영점 그리고 표시하기
    plt.setp( t1, markersize=10.0, markeredgewidth=1.0,
              markeredgecolor='k', markerfacecolor='g')

    t2 = plt.plot(p.real, p.imag, 'rx', ms=10)     #극점 그리고 표시하기
    plt.setp( t2, markersize=12.0, markeredgewidth=3.0,
              markeredgecolor='r', markerfacecolor='r')
    plt.title("Pole-Zero Diagram"); plt.grid()
```

```
    ax.spines['left'].set_position('center')
    ax.spines['bottom'].set_position('center')
    ax.spines['right'].set_visible(False)
    ax.spines['top'].set_visible(False)

    r = 1.5; plt.axis('scaled'); plt.axis([-r, r, -r, r])  #눈금 값 쓰기
    ticks = [-1, -.5, .5, 1]; plt.xticks(ticks); plt.yticks(ticks)

def zmapping(bZ,aZ,Nz,Dz):
    bNzord=(len(bZ)-1)*(len(Nz)-1)
    aDzord=(len(aZ)-1)*(len(Dz)-1)
    bzord=len(bZ)-1; azord=len(aZ)-1
    bhp=np.zeros(bNzord+1)
    for k in range(bzord+1):
        pln=[1]
        for l in range(k):
            pln=np.convolve(pln,Nz)
        pld=[1]
        for l in range(bzord-k):
            pld=np.convolve(pld,Dz)
        bhp=bhp+bZ[k]*np.convolve(pln,pld)
    ahp=np.zeros(aDzord+1)
    for k in range(azord+1):
        pln=[1]
        for l in range(k):
            pln=np.convolve(pln,Nz)
        pld=[1]
        for l in range(azord-k):
            pld=np.convolve(pld,Dz)
        ahp=ahp+aZ[k]*np.convolve(pln,pld)
     return bhp,ahp

def Frequency_response_Signal_filtering(b,a):
    system=[b,a,1]
    n,hn=signal.dimpulse(system)
    hh=hn[0]; M=len(hh)
    hn=np.zeros(M)
    for i in range(M):
```

```
    pp=hh[i]
    hn[i]=pp[0]
t=np.linspace(0,1,5000)
xn=chirp(t,f0=10, t1=0.2, f1=500, method="linear")
yn=np.convolve(hn,xn)
plt.plot(yn,"b"); plt.xlim(0,5000)
plt.title("Frequency Filtering Result")
plt.xlabel("Samples(Frequency(0~500[Hz]))"); plt.grid()
```

연습문제

1. 디지털 IIR 필터 설계를 위한 두 가지 접근 방법에 대해 그 과정을 블록도로 나타내고, 부분 기능들을 설명하시오.

2. 다음과 같은 설계 사양을 만족하는 아날로그 저역통과필터를 버터워스, 체비세프-1, 체비세프-2, 그리고 엘립틱의 네 가지 프로토타입으로 설계하고자 한다.

- 통과대역 리플: $R_p = 0.25\text{dB}$, 통과대역 에지주파수: 0.3π
- 저지대역 감쇠: $A_s = 50\text{dB}$, 저지대역 에지주파수: 0.4π

(1) 먼저 설계방정식을 사용하여 각 프로토타입 필터들의 차수 N을 계산하시오.

(2) "signal.buttord()", "signal.cheb1ord()", "signal.cheb2ord()", "signal.ellipord()" 함수를 사용하여 각 아날로그 프로토타입 필터들의 차수 N을 계산하시오. 그리고 설계방정식을 사용하여 구한 (1)의 결과와 일치하는지 확인하시오.

3. 2번 문제의 경우에 대해 "signal.butter()", "signal.cheby1()", "signal.cheby2()", "signal.ellip()" 함수를 사용하여 각 프로토타입 필터들의 시스템함수를 구하여 비교하시오.

4. 10kHz에서 0.5dB 또는 더 나은 리플을 가지고, 20kHz에서 적어도 45dB의 감쇠를 가지는 아날로그 버터워스 저역통과필터를 설계하시오. 그리고 설계한 필터의 시스템함수를 결정하고, 필터의 크기응답, 위상응답, 그리고 임펄스응답을 구해서 플로팅하시오. signal 함수들을 사용하시오.

5. 다음과 같은 특성을 가지는 아날로그 체비세프-1 저역통과필터를 설계하시오. 그리고 설계한 필터의 시스템함수를 결정하고, 크기응답, 위상응답, 그리고 임펄스응답을 구해서 플로팅하시오. signal 함수들을 사용하시오.

- 통과대역 리플: 0.5dB
- 통과대역 차단주파수: 4kHz
- 저지대역 감쇠: 45dB 이상

6. 250Hz에서 0.25dB 또는 더 나은 리플을 가지고, 400Hz에서 적어도 40dB의 감쇠를 가지는 아날로그 체비세프-2 저역통과필터를 설계하시오. 그리고 설계한 필터의 시스템함수를 결정하고, 크기응답, 위상응답, 그리고 임펄스응답을 구해서 플로팅하시오. signal 함수들을 사용하시오.

7. 신호 $x_a(t)$가 10kHz와 15kHz의 두 가지 주파수를 가지고 있다. 10kHz 성분은 0.25dB보다 낮은 감쇠로 통과시키는 반면에 15kHz 성분은 50dB 감쇠까지 억제하기를 원한다. 이러한 주파수선택 작용을 수행할 수 있는 최소 차수의 아날로그 체비세프-2 저역통과필터를 설계하고 그 크기응답을 통해 설계를 확인하시오. signal 함수들을 사용하시오.

8. 신호 $x_a(t)$는 10kHz와 15kHz의 두 가지 주파수를 가지는 아날로그신호이다. 10kHz 성분은 0.25dB보다 낮은 감쇠로 통과시키는 반면에 15kHz 성분은 50dB 감쇠까지 억제하기를 원한다. 이러한 주파수선택 작용을 수행할 수 있는 최소 차수의 아날로그 엘립틱 저역통과필터를 설계하고 그 크기응답을 통해 설계를 확인하시오. 그리고 5번 문제에서의 체비세프-2 설계와 그 결과를 비교하시오. signal 함수들을 사용하시오.

9. 다음과 같은 설계 사양을 가지는 디지털 저역통과필터를 버터워스, 체비세프-1, 체비세프-2, 그리고 엘립틱 프로토타입으로 설계하고자한다.

- 통과대역 리플: $R_p = 0.5\text{dB}$, 통과대역 에지주파수: 0.45π
- 저지대역 감쇠: $A_s = 60\text{dB}$, 저지대역 에지주파수: 0.5π

(1) 설계순서에 따라 먼저 아날로그필터를 설계하시오.

(2) 다음으로 이선형변환을 사용하여 디지털필터를 설계하시오.

(3) 설계한 프로토타입 디지털필터들에 대해 0.2초 만에 10Hz에서 500Hz까지 변하는 처프신호에 대한 주파수 선별 특성을 구하고 그 결과를 그림으로 비교해보시오. 관계되는 signal 함수들을 사용하시오.

10. 9번 문제에서 설계한 디지털 버터워스 저역통과필터에 대해, 주파수대역변환을 적용하여 통과대역 에지주파수가 $\omega_p = 0.7\pi$ 인 디지털 버터워스 고역통과필터를 설계하시오.

11. 통과대역 에지주파수와 리플이 각각 3.2kHz와 0.5dB이고, 3.8kHz에서 최소 저지대역 감쇠가 45dB이며, 샘플링주파수가 8kHz인 체비세프-1 프로토타입의 디지털 저역통과필터를 설계하려고 한다. 이선형변환기법과 "bilinear" 함수를 사용하여 크기응답을 구하고, 아날로그 프로토타입과 디지털필터의 임펄스응답을 비교해보시오.

12. 엘립틱 프로토타입을 사용하여 다음과 같은 조건을 만족하는 디지털 저역통과필터를 설계하시오. 그리고 처프신호에 대한 응답 결과를 나타내보시오.

- 통과대역 에지주파수: 0.3π, $R_p = 0.25\text{dB}$
- 저지대역 에지주파수: 0.4π, $A_s = 50\text{dB}$

13. "signal.butter()", "signal.cheby1()", "signal.cheby2()", "signal.ellip()" 함수를디지털필터 설계 전용으로 사용하여 다음과 같은 필터를 설계하시오.

(1) $\Omega_p = 0.2\pi,\ \Omega_s = 0.3\pi,\ R_p = 1\text{dB},\ A_s = 15\text{dB}$: 체비세프-1 저역통과필터

(2) $\Omega_p = 0.2\pi,\ \Omega_s = 0.3\pi,\ R_p = 1\text{dB},\ A_s = 15\text{dB}$: 버터워스 고역통과 필터

(3) $\Omega_s = [0.3\pi,\ 0.75\pi],\ \Omega_p = [0.4\pi,\ 0.6\pi],\ R_p = 1\text{dB},\ A_s = 15\text{dB}$: 체비세프-2 대역통과필터

(4) $\Omega_s = [0.4\pi,\ 0.7\pi],\ \Omega_p = [0.25\pi,\ 0.8\pi],\ R_p = 1\text{dB},\ A_s = 15\text{dB}$: 엘립틱 대역저지필터

찾아보기

한글

ㅇ

ㅈ

영문

B

C

D

E

F

H

I

L

Z

함수